"十二五"高职高专会计专业工学结合规划教材

经济法基础与应用

主　编　邓建敏　狐爱民　张小军

副主编　谭清风　汤　燕　张　莹

参　编　郑伟香　邱超劲　甘文婷

黄春花　钟慧莹　董永同

中国物资出版社

图书在版编目（CIP）数据

经济法基础与应用/邓建敏，狐爱民，张小军主编．—北京：中国物资出版社，2011.6
（2013.8 重印）

（"十二五"高职高专会计专业工学结合规划教材）

ISBN 978 - 7 - 5047 - 3814 - 1

Ⅰ.①经…　Ⅱ.①邓…②狐…③张…　Ⅲ.①经济法—中国—高等职业教育—教材
Ⅳ.①D922.29

中国版本图书馆 CIP 数据核字（2011）第 036252 号

策划编辑 左卫霞		**责任印制** 何崇杭	
责任编辑 涂　晟		**责任校对** 孙会香　梁　凡	

出版发行	中国物资出版社
社　　址	北京市丰台区南四环西路 188 号 5 区 20 楼　　　**邮政编码**　100070
电　　话	010 - 52227568（发行部）　　　　010 - 52227588 转 307（总编室）
	010 - 68589540（读者服务部）　　010 - 52227588 转 305（质检部）
网　　址	http://www.cfpress.com.cn
经　　销	新华书店
印　　刷	三河市西华印务有限公司
书　　号	ISBN 978 - 7 - 5047 - 3814 - 1/D·0072
开　　本	787mm×1092mm　1/16
印　　张 19.25	**版　　次** 2011 年 6 月第 1 版
字　　数 481 千字	**印　　次** 2013 年 8 月第 2 次印刷
印　　数 3001—5000 册	**定　　价** 34.00 元

出版说明

财会行业一直是传统行业里的常青树。随着我国经济环境的发展变化，会计行业有了新的发展趋势和职业亮点。国家经济发展与企业发展的需求，催生了对大量新生力量以及优质专业教材的需求。在此背景下，我们组织人员，编写了本套"'十二五'高职高专会计专业工学结合规划教材"系列丛书。

本套丛书具有如下特点：

1. 体现了最新的高职高专教育理念。按照"工学结合"人才培养模式的要求，采用"基于工作过程导向"的设计方法，以工作过程为导向，以项目和工作任务为载体进行应知应会内容的整合，符合教学规律。

2. 定位准确。准确体现财会专业培养方案及课程大纲的要求，内容紧贴财会专业的教学、就业实际，以"必需、够用"为标准进行取舍；充分考虑高职高专院校学生认知特点，语言简练、形式新颖、整体风格活泼，符合现代教学授受规律。

3. 根据最新《企业会计准则》、修订后的《中华人民共和国增值税暂行条例》和《中华人民共和国消费税暂行条例》等编写。内容上突出了会计和税法的新变化，反映了对企业会计业务的最新要求。

4. 校企合作开发教材。本套丛书由企业人员与学校一线教师共同开发完成。教师和企业相关人员共同研究教材内容，企业人员提供一线工作资料，教师执笔写作，编写完成后请企业专家审定，这就保证了教材内容更贴近会计工作实际。

5. 配有电子教学资料包。教师可以登录中国物资出版社网站（http：//www.clph.cn）"下载中心"下载教学资料包，该资料包包括教学指南、电子教案、习题答案，为老师们教学提供完整服务支持。

本套丛书在编写过程中，得到了众多编写教师、企业人员的大力支持和帮助，他们对教、学、研一体化教学进行了艰辛而有益的探索，对本套丛书的完成奉献了大量的精力和宝贵的时间，在此表示衷心感谢！并恳请各位专家、同行对本套丛书存在的不足之处给予批评和指正。

前　言

　　经济法课程作为高职高专经济管理类专业的基础课程，是一门集基础性、专业性、应用性于一体的课程。在教与学的过程中，广大师生普遍认为该课程枯燥无味、难教、难学、更难考。

　　本书由具有十几年一线教学经验的高校教师和法律界资深律师反复研讨，几经修改完善而成。在总结高职高专经济法教学改革的基础上，结合高职高专经济管理类专业特色，以学生的就业需要为导向，以培养高素质应用型、技能型人才为目的，以"必需、够用"为原则，兼收民商法和经济法的条款精选教材内容，并对教材的体例、大纲、内容等方面作了较大的创新，更生动有趣、易教、易学、更易考。

　　本书具有以下几个显著特点。

　　1. 新。主要表现在：①内容新。依据国家最新立法信息，精心编写了各章内容，充分吸纳了截至 2011 年 3 月 1 日的最新经济法方面的法律法规信息。②体例新。本书每章正文以"案例导入"开始，选取近期经济生活中的典型案例，统领章节内容体系。文中主要采用"文前思考"的以案说法形式编排理论内容，其间穿插"小贴士""法条链接"等，体现教师主导作用和学生主体作用的和谐统一，拓展学生的思维领域，锻炼学生分析与解决问题的能力，强化师生之间、学生之间的互动交流，实现了知识与趣味、理论与实践、法律与案例的有机结合。

　　2. 强。表现在：①直观性强。每章开篇有学习目标和知识导航，使该章的重要知识点一目了然，具有很强的直观性。②针对性强。不论是"案例导入"还是"文前思考"，抑或是"小贴士""法条链接"等，都是紧扣该章、该节的重点、难点，具有很强的针对性。③应用性强。以经济法应用能力的培养为主线，章后均附有"拓展阅读""职业知识检测"和"职业能力检测"，以促成学生综合应用能力的形成，有很强的应用性。

　　3. 广。①知识涉及面广。本教材共 12 章 48 节，包括《公司法》《合同法》《证券法》《社保法》等在内的 30 多部法律法规，所涉及的内容包括经济法总论、企业法律制度、公司法律制度、破产法律制度、合同法律制度、证券法律制度、支付结算和票据法律制度、财税法律制度、物权法律制度、知识产权法律制度、市场管理法律制度、劳动和社会保障法律制度等。②编者来源广。本书的编者来自广东省国防科技技师学院、交通运输部管理干部学院、甘肃林业职业技术学院、广东省电子商务技师学院、广东省机械技师学院等高职高专院校，以及广东千度律师事务所、粤一律师事务所等单位，他们注重理论知识输出的同时，更注重实践能力的训练。

本书由邓建敏、狐爱民、张小军担任主编；谭清风、汤燕、张莹担任副主编；郑伟香、邱超劲、甘文婷、黄春花、钟慧莹、董永同为参编。编写分工如下：邓建敏编写第一章，第二章第一节、第三节；狐爱民编写第二章第二节，第三章，第六章；张小军编写第十二章，合编第四章；汤燕编写第七章；郑伟香编写第九章，第十章；邱超劲编写第五章；甘文婷合编第八章；黄春花合编第八章；董永同合编第四章；钟慧莹编写第十一章；张莹整理电子教学资料包。全书由邓建敏、狐爱民负责总纂、修改和定稿。谭清风负责教材审稿，为本书的编写提出了很多宝贵的建议。本书在编写过程中得到中国物资出版社左卫霞编辑深入细致的指导，在此深表感谢。

本书可作为高职高专经济管理类专业教材使用，亦可作为高等院校相关专业专科、本科教学参考书和自学考试的学习参考书；还可作为从事经济管理工作人士的重要参考资料及相关职称考试参考教材。

本书在编写过程中，参考、借鉴了大量文献资料（详见参考文献），在此向作者致以诚挚的谢意。

由于编者水平有限，加之时间仓促，本书难免存在疏漏和不当之处，恳请各位专家和读者批评指正。

编　者
2011 年 3 月

目　　录

第一章　经济法总论

知识目标

1. 了解法律基本知识，了解经济法的产生发展史；
2. 熟悉经济法的概念与体系、违反经济法的法律责任的形式；
3. 掌握经济法律关系的三大要素、法律行为与代理制度、解决经济纠纷的主要途径。

能力目标

1. 能够正确判断各种经济法律关系的三大要素、区别各种法律行为与各种代理表现；
2. 能够选择适宜的经济纠纷解决途径，依法维护自身合法权益。

知识导航

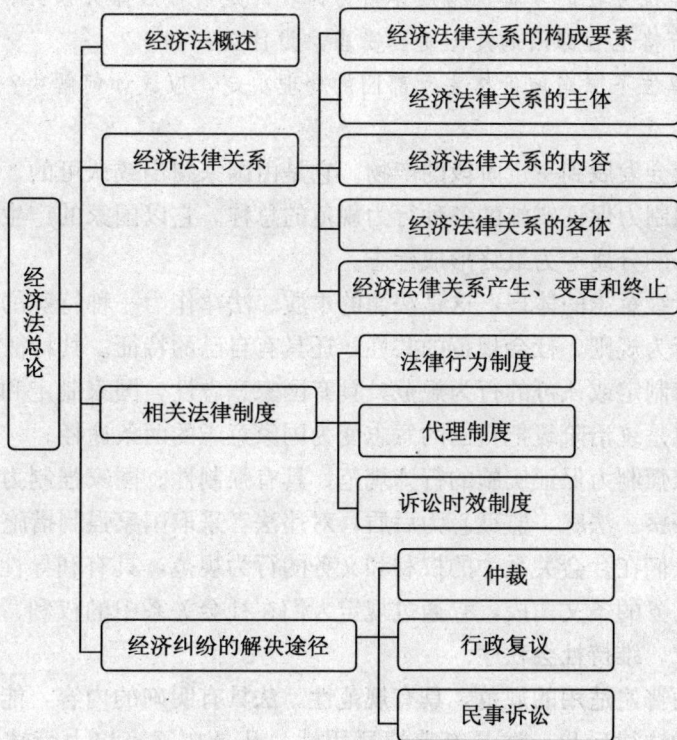

案例导入

近日，多地消费者举报"家乐福、沃尔玛等部分超市价签标低价结账收高价"。经查实，确有一些城市的部分超市存在虚构原价、低价招徕顾客，高价结算、不履行价格承诺、误导性价格标示等欺诈行为。

比如，沈阳沃尔玛中街店销售香雪高级饺子粉，标示原价30.9元/袋，降价后售价21.5元/袋，而实际原价23.9元/袋。销售的苏泊尔蒸锅，价签标明原价239元/个，现价99元/个，而实际并不存在239元/个的原价。

上海市家乐福南翔店销售弓箭球形茶壶，价签标示每个36.80元，实际结算价每个49.00元；销售丁香吉祥茶壶，价签标示每套36.90元，实际结算价每套66元。

昆明市家乐福世纪城店销售特色鱿鱼丝，销售价格为每袋138元，价签标示时用大号字体标示"13"，用小号字体标示"8.0"，诱导消费者误认为销售价格为每袋13.80元。

发改委指出，上述行为违反了《中华人民共和国价格法》（以下简称《价格法》）的有关规定，构成了价格欺诈的违法行为，严重侵害了消费者权益。目前，国家发改委已责成相关地方价格主管部门依法予以严肃处理，没收违法所得，并处违法所得5倍罚款；没有违法所得的或无法计算违法所得的，最高处以50万元的罚款。

（摘自中广网北京2011年1月26日消息）

请思考：

1. 上述相关单位存在的多种价格欺诈行为体现的是何种法律关系？
2. 相关地方价格主管部门的处理是否妥当，为什么？
3. 如果上述单位不服当地价格主管部门的处理决定，应该如何解决？

法律是人类社会发展到一定阶段的产物。它是由国家制定或认可的、代表统治阶级意志的，并由国家强制力保证实施的各种行为规范的总称。它以国家的产生、诉讼与审判的出现、权利与义务的分离等为最终形成标志。

法律是统治阶级意志的体现，这是法律的本质。法律作为一种特殊的行为规则和社会规范，不仅具有行为规则、社会规范的共性，还具有自己的特征。其特征主要包括：

①法是由国家制定或认可的行为规范，具有国家意志性。国家制定和认可是国家创制法的两种方式，也是统治阶级把自己的意志变为国家意志的两条途径。

②法是由国家强制力保证实施的行为规范，具有强制性。国家强制力是以国家的强制机构（如军队、警察、法庭、监狱）为后盾，对违法者采取国家强制措施。

③法是确定人们在社会关系中的权利和义务的行为规范，具有利导性。法的主要内容是由规定权利、义务的条文构成，它通过规定人们在社会关系中的权利、义务来实现统治阶级的意志和要求，维持社会秩序。

④法是明确而普遍适用的规范，具有规范性。法具有明确的内容，能使人们预知自己或他人一定行为的法律后果。法具有普遍适用性，凡是在国家权力管辖和法律调整的范围、期限内，对所有社会成员及其活动都普遍适用。

第一节　经济法概述

一、经济法的产生与发展

经济法同其他法律一样，是人类社会政治、经济发展到一定历史阶段的产物，是一个历史范畴。它作为法律体系的一部分，是国家用来管理社会经济生活的一种强制的法律手段。从人类进入阶级社会之后，随着国家与法律的出现，经济法就产生了。但当时没有民法、刑法、经济法等具体的法律的划分，所有的法律都共存于一部或几部大的法律之中，称为"诸法合一"或"诸法合体"。如古巴比伦的《汉谟拉比法典》、古罗马的《十二铜表法》中都有部分经济方面的条款，我国古代著名的"商鞅变法"过程中的"废井田、开阡陌"等相关法律和后来的唐律、大明律、大清律等历朝法律中，也都有大量有关经济方面的法律规定。

作为现代意义的一种部门法，经济法则产生于从自由资本主义向垄断资本主义过渡的19世纪末20世纪初。特别是在第二次世界大战后随着资本主义经济秩序的逐步稳定、社会主义经济建设的全面发展以及经济体制改革的不断推进，经济法在许多国家形成较为完备的体系和确定了相对独立的地位。西方国家的经济法，是在自由资本主义经济过渡到垄断资本主义经济过程中，国家为应对经济发展中出现的垄断、市场失灵和经济危机等问题，而迫切需要国家干预经济的背景下产生和发展起来的。在我国，经济法是在改革开放和加强经济法制背景下逐步兴起的，并随着社会主义市场经济体制建设步伐的推进而不断丰富和完善。经济法实际是社会经济集中和垄断的产物，是国家干预社会经济生活的具体表现。

二、经济法的概念和体系

【文前思考1-1】　杨帆同学初次接触经济法。他知道：民法调整的是平等主体的公民之间、法人之间、公民与法人之间的人身和财产关系；行政法调整的是行政管理过程中行政机关与其他国家机关、社会团体、企事业单位和公民之间的各种社会关系；刑法是规范犯罪、刑事责任和刑事处罚的法律规范的总称。由此他推出：经济法调整的是经济关系，它与其他法律部门没有关系。

请问：

1. 该观点对吗？如果错误，错在什么地方？
2. 经济法的体系包括哪几部分？

（一）经济法的概念

经济法的概念迄今尚没有形成统一的定论。一般认为：经济法是调整国家在管理与协调经济运行过程中发生的经济关系的法律规范的总称，依此理解，可从以下方面把握这一概念。

（1）经济法调整的是经济关系。凡不属于经济关系的社会关系均不属于经济法调整的范围，如行政管理关系、刑事关系等。

（2）经济法调整的是特定范围的经济关系。经济法并不调整所有的经济关系，经济法调整的经济关系的范围与国家管理和协调市场经济活动有关，是国家干预市场经济活动的结果。经济法所调整的经济关系往往是基于国家经济管理而在国家与企业之间发生的经济关系、企业内部基于行政管理而发生的经济关系以及国家与企业之间基于管理与被管理、监督与被监督、指令与服从的行政强制经济关系等。

（3）经济法调整的经济关系是与市场经济活动相联系的。经济法是为克服市场经济的缺陷而产生和发展的，经济法通过对在竞争市场中活动的经济主体的资格、组织、活动、行为等进行规范和约束而实现调控和规范经济的目的。

（4）经济法是经济法律规范的总称。在社会经济活动中，经济关系的范围十分广泛，具有多种类、多层次的特点，并且在一定条件下又可以相互转化和并存。经济关系的这种复杂性决定了它不可能仅由某一个法律部门来调整，而必须由多个法律部门分别加以规范。其他法律部门中也包含一定数量的经济法律规范，如行政法、民法等中都包含有一定数量的经济法律规范。因此，经济法是经济法律规范的总称。

（二）经济法的体系

经济法的体系问题，学者们的认识也各不相同。本书从经济法而非经济法学的角度，并按照经济关系以及经济法的调整对象，将经济法的体系主要分为四大部分，即市场主体法、市场管理法、宏观经济调控法、社会保障法。

（1）市场主体法。这是指经济组织的法律制度，主要是企业法律制度。经济组织法往往与民商法的主体制度难以作明确的区分，这里暂且将其概括为个人独资企业法、合伙企业法、涉外企业法、公有制企业法、公司法等。

（2）市场管理法。即调整市场管理关系的法律规范的总称，包括反垄断法、反不正当竞争法、消费者权益保护法等。

（3）宏观经济调控法。即调整宏观经济调控关系的法律规范的总和，包括计划法、预算法、财政法、税法、金融法、价格法等。

（4）社会保障法。即调整社会保障过程中发生的经济关系的法律规范的总称。比如劳动合同法、社会保险法等。

小贴士

经济法的渊源

经济法的渊源，又称经济法的表现形式，主要有以下几种：①宪法。如宪法确立了"国家实行社会主义市场经济"等基本经济制度；规定了"国家加强经济立法，完善宏观调控"；"中华人民共和国公民有依照法律纳税的义务"等。②法律。如《中华人民共和国票据法》（以下简称《票据法》）《中华人民共和国政府采购法》（以下简称《政府采购法》）《中华人民共和国企业所得税法》（以下简称《企业所得税法》）等。③法规。法规包括行政法规和地方性法规。行政法规是国务院制定的规范性文件，是经济法的主要渊源。如《企业财务会计报告条例》《中华人民共和国反倾销条例》（以下简称《反倾销条例》）等。地方性法规如《广东省实施〈中华人民共和国政府采购法〉办法》。④规章。如财政部颁布的《财政部关于进一步推进财政预算信息公开的指导意见》、证监会颁布的《证券公司管理办法》、上海市人民政府发布的《上海市开展对部分个人住房征收房产税试点的暂行办法》。⑤自治条例和单行条例。⑥司法解释。⑦国际条约或协定。我国制定、参加或认可的国际条约、双边或多边协定等也是经济法的渊源之一。比如我国加入世贸组织与相关国家签订的协议等。

三、违反经济法的法律责任

法律责任是指行为人因违法行为、违约行为或者法律规定而应承担的不利的法律后果。违反经济法的法律责任分为民事责任、行政责任和刑事责任。

（一）民事责任

民事责任主要是财产责任。形式主要有：停止侵害，排除妨碍，消除危险，返还财产，恢复原状，修理、重作、更换；赔偿损失，支付违约金；消除影响、恢复名誉；赔礼道歉。以上承担民事责任的形式，可以单独适用，也可合并使用。

（二）行政责任

行政责任是指由国家行政机关或国家授权的有关单位对违反经济法的单位或个人依法采取的行政制裁。行政责任包括行政处分和行政处罚。

（1）行政处分。这是对违反法律规定的国家机关工作人员或被授权、委托的执法人员所实施的内部制裁措施。行政处分种类有：警告、记过、记大过、降级、撤职、开除。

（2）行政处罚。这是行政主体对行政相对人违反行政法律规范尚未构成犯罪的行为所给予的法律制裁。行政处罚的种类有：警告，罚款；没收违法所得、没收非法财物；责令停产停业；暂扣或者吊销许可证、暂扣或者吊销执照；行政拘留；法律、行政法规规定的其他行政处罚。

（三）刑事责任

刑事责任是指经济法律关系主体违反经济法造成严重后果，即触犯了刑法构成犯罪的，依法给予行为人相应的刑事制裁，即刑罚。刑罚分为主刑和附加刑两类。主刑包括：管制、拘役、有期徒刑、无期徒刑、死刑。附加刑包括：罚金、剥夺政治权利、没收财产。主刑只可以独立使用；附加刑是附加与主刑一起使用，也可以单独使用。

第二节 经济法律关系

一、经济法律关系的概念

法律关系是由法律规范所确认的人与人之间的具有权利和义务内容的社会关系。法律关系是一种社会关系，但并非所有的社会关系都是法律关系，只有受法律规范所调整的社会关系才是法律关系。

　　经济法律关系是法律关系中的一种，是指经济法律规范确认和调整的经济主体之间所形成的权利和义务关系，即经济法主体根据经济法律规范产生的、经济法主体之间在国家管理与协调经济过程中形成的权利义务关系。

二、经济法律关系的构成要素

　　任何法律关系的构成要素都包括主体、内容、客体三个方面。经济法律关系的构成要素也不例外，也包括三个基本要素，缺少其中任何一个，都不能构成经济法律关系。具体如下。

（一）经济法律关系的主体

　　【文前思考1－2】　　张扬和李力初次接触经济法律关系的主体这部分内容，对于以下单位或个人可以成为经济法律关系的主体争论不休：①某市财政局；②某研究院；③某公司的子公司；④公民陈某；⑤某企业的销售部门。

　　请问：请你帮他们判断一下，上述单位或个人哪些属于经济法律关系的主体？

　　经济法律关系的主体简称经济法主体，是指在经济法律关系中，享有经济权利并承担经济义务的当事人。主要包括以下几类。

　　（1）国家机关。国家机关是行使国家职能的各种机关的通称，包括国家权利机关、国家行政机关、国家司法机关等。作为经济法律关系主体的国家机关，主要是指国家行政机关中的经济管理机关，如财政部门、税务部门、工商部门、物价部门、海关等。

　　（2）经济组织和社会团体。经济组织包括企业法人和非法人经济组织。它是市场中最主要的主体，是经济法律关系中最广泛的主体。如公司、个人独资企业等。社会团体主要是指人民群众或社会组织依法组成的非经营性的社会组织。如消费者协会、注册会计师协会等。

法条链接 ▶▶▶

法人必须具备的条件

　　《中华人民共和国民法通则》（以下简称《民法通则》）第36、第37条法人是指具有民事权利能力和民事行为能力，依法独立享有民事权利、承担民事义务的社会组织。法人必须具备四个条件：①依法成立；②有必要的财产或者经费；③有自己的名称、组织机构和场所；④能够独立地承担民事责任。按照《民法通则》的规定，法人可以分为企业法人、机关法人、事业单位法人和社会团体法人四类。

　　（3）经济组织的内部机构和有关人员。

　　（4）个人。包括个体工商户、农村承包经营户和自然人。当他们参与经济法律法规规定的经济活动时，便成为经济法律关系的主体。

小贴士

经济法主体资格的取得方式

①根据法律法规的规定或者根据有关国家机关的决定、命令和特别授权而取得，如国家机关；②经审批和登记注册而取得，如社会团体、事业单位、股份制企业等；③经登记注册而取得，如绝大多数市场主体；④经法律法规认可而取得，如公民只要具备劳动者、消费者的条件，就当然取得劳动者、消费者资格；⑤经章程、合同认可而取得，如企业内部组织只要符合企业章程的规定，就取得主体资格；农民签订承包合同，就成为农村土地承包户。

（二）经济法律关系的内容

【文前思考 1－3】 甲、乙两家企业签订标的额为 10 万元的买卖合同，约定 2010 年 12 月 1 日甲向乙发货，乙向甲付款。

请问：上述经济法律关系的内容是什么？

经济法律关系的内容是指经济法主体享有的经济权利和承担的经济义务。它是经济法律关系的核心，是联结经济法主体之间及主体与客体之间的桥梁与纽带。

1. 经济权利

经济权利是指经济法主体依法可以为或不为一定行为，以及要求他人为或不为一定行为的资格。不同的经济法主体享有的经济权利是不一样的，主要包括以下四个方面。

（1）经济职权。它是指国家机关及其工作人员在行使经济管理职能时依法享有的权利，如决策权、许可权、协调权、批准权、确认权、免除权、审核权、监督权、处罚权等。

（2）所有权和其他物权。所有权是指所有人依法对自己的财产享有占有、使用、收益和处分的权利。其他物权如担保物权、用益物权、留置权等。

（3）经营管理权。经营管理权是指所有者或者所有者授权的经营管理者对经营管理的财产享有的占有、使用、收益和处分的权利，以及由此产生的经营管理过程中的人事、劳动等方面的管理权利，如经营方式选择权、生产计划权、物资采购权、产品销售权等。

（4）请求权。请求权是经济法主体可以依法请求相对人为一定行为或不为一定行为的权利。这种权利通常在一方主体不履行应尽的职责或义务时发生，是一种救济性的权利，比如请求赔偿权、请求调解权、申诉举报权、申请复议权、提出仲裁权、提起诉讼权、债权等。

2. 经济义务

经济义务是指经济法主体依法或为满足权利主体的需要，必须为或不为一定行为的责任。经济主体的权利和义务相依而存，具有相对性和对等性。没有无义务的权利，也没有无权利的义务。权利与义务是统一的，不允许只享有权利而不承担义务，也不能只承担义务而不享有权利。

(三) 经济法律关系的客体

【文前思考 1-4】 ①A市土地管理局与某房产开发商签订土地使用权出让合同，出让位于市中心的商业用地一块；②甲、乙两公司签订烟丝加工合同一份。

请问：上述两份合同体现的经济法律关系的客体分别是什么？

经济法律关系的客体是指经济法主体权利和义务所共同指向的对象，是权利和义务关系形成的载体。经济法律关系的客体包括以下三种。

1. 物

这是指可为人们控制的、具有一定经济价值和实物形态的生产资料和消费资料。物可以是自然物，如土地、矿藏、水流、森林；也可以是人造物，如建筑物、机器等；以及充当一般等价物的货币和有价证券等。另外，并非所有的物都可以充当经济法律关系的客体，只有与经济法主体权利和义务相联系的物才符合经济法律关系客体的要求。

2. 经济行为

作为经济法律关系的客体的行为不是指人们的一切行为，而是指经济法律关系的主体为达到一定目的所进行的作为 (积极行为) 或不作为 (消极行为)，如生产经营行为、经济管理行为、完成一定工作的行为和提供一定劳务的行为等。

3. 非物质财富

非物质财富主要指智力成果、道德产品和经济信息等精神产品。

智力成果是指人们通过脑力劳动创造的能够带来经济价值的成果，如科学发明、技术成果、学术论著、艺术创作成果等。作为经济法律关系客体的智力成果，其法律表现形式主要有发明、实用新型、外观设计、专有技术、商标、专利、文学、艺术和科学作品等。道德产品是指人们在各社会活动中取得的非物化的道德价值，如荣誉称号、嘉奖表彰等。经济信息是指反映社会活动发生、变化等情况的各种消息、数据、情报和资料等的总称。

三、经济法律关系的产生、变更和终止

(一) 经济法律关系产生、变更和终止的概念

(1) 经济法律关系的产生。这是指经济法律关系的最初形成，也是经济法律关系变更和终止的前提和基础。具体来讲，是指经济法主体依据经济法律规范的条件和程序，形成受法律保护的经济权利和经济义务关系，如合同的订立、票据的签发、经济纠纷的诉讼等，都将产生相应的经济法律关系。经济法律关系一经形成，对双方主体也就有了法律的约束力。

(2) 经济法律关系的变更。这是指经济法律关系主体、客体、内容的变化。经济法律关系的变更既可以是经济法律要素的部分变更，也可以是全部变更。无论是部分变更，还是全部变更，都会形成一种新的经济法律关系。如劳动者与用人单位签订劳动合同后，就工资待遇、工作时间等达成变更协议的，这个劳动合同所确立的经济法律关系就发生了变更。

(3) 经济法律关系的终止。这是指经济法律关系主体之间的经济权利和义务关系的消灭。经济法律关系可以依当事人的协议或者履行义务而终止；也可以依不可抗力、意外事

件或一方当事人依法实施的单方面宣告行为而终止。经济法律关系终止后，双方的权利和义务关系也随之消灭。如加工承揽合同双方达成协议终止、租赁合同到期不再续期、房屋开发合同因地震而终止等。

（二）经济法律关系产生、变更和终止的条件

【文前思考1-5】　甲学校因举办2011元旦文艺汇演，需要向乙单位租借礼堂，并签订了租借合同。假设：①在汇演表演日乙单位因装修未完工而无法腾出礼堂供甲学校使用；②在合同履行前发生了恐怖袭击，乙单位的礼堂被毁坏，致使汇演不能如期举行。甲学校据此解除了与乙单位的租借合同。

请问：分别指出上述两种假设情况下，引起双方经济法律关系终止的法律事实是什么？

经济法律关系是根据经济法律规范在经济法主体间形成的权利和义务关系。但经济法律规范本身并不能必然在经济法主体间形成权利与义务关系，只有在一定的经济法律事实出现后，才能使经济法律关系以经济法律规范为依据而产生、变更和终止。因此，经济法律关系的产生、变更和终止需要同时具备以下三个条件。

（1）经济法律规范。这是经济法律关系产生、变更和终止的法律依据。

（2）经济法律主体。这是指权利和义务的实际承担者。

（3）经济法律事实。这是指能够引起经济法律关系产生、变更和终止的客观情况。经济法律事实包括行为和事件两大类。

①行为。这是指以经济法主体意志为转移的，能引起经济法律关系产生、变更和终止的有意识的活动。它是引起经济法律关系产生、变更和终止的最普遍的法律事实。按其与法律规范的要求是否一致，行为可以分为合法行为和违法行为。合法行为受到法律保护，如自觉纳税、正当竞争等行为；违法行为不受法律的认可和保护，相反还会受到法律的制裁，如发布虚假广告、乱排工业污水等行为。

②事件。这是指不以人们的主观意志为转移，能够引起经济法律关系产生、变更和终止的客观现象。经济法律事件，人们无法或难以预见和预测，也无法或难以克服和防止。水灾、火灾、虫灾、旱灾、地震等自然灾害；战争、政府更迭、国家解体、游行、示威、罢工等人为灾难均属法律事件。这些事件的出现和发生，既可以引起经济法律关系的产生，又可以引起经济法律关系的变更和终止。

第三节　相关法律制度

一、法律行为制度

（一）法律行为的概念特征

【文前思考1-6】　①甲与乙签订建设工程合同；②张三打算乘飞机去旅游；③甲不知乙不胜酒力而极力劝酒，致乙酒精中毒住院治疗；④非法占有他人财产、侵犯他人人身

权利、偷漏逃税款行为。

请问：上述几种行为是否属于法律行为，为什么？

法律行为，是指当事人以设立、变更、终止权利和义务为目的，以意思表示为要素，依法产生法律效力的合法行为。这是一种重要的法律事实。当事人通过法律行为自主地设立、变更或终止某种法律关系，达到自己追求的法律效果，从这点讲，法律行为真正体现了意思自治的精神。法律行为本是一个民法上的概念，但现在被广泛用于法理学和其他法律学科，并被赋予不同的含义。本书所讲的法律行为是指民事法律行为。它具有以下特征。

（1）以意思表示为要素。意思表示是指行为人将意欲达到某种法律后果的内在意思表现于外部的行为。意思表示是法律行为的核心要素，也是法律行为与非表意行为，如事实行为等相区别的重要标志。

（2）以设立、变更或终止权利和义务为目的。这一方面表明法律行为应是行为人有意识创设的、自觉自愿的行为，而非受胁迫、欺诈的行为；另一方面表明法律行为是行为人以达到预期目的为出发点和归宿的，这也是衡量法律行为法律效果的基本依据。

（3）是一种合法行为。这表明法律行为只有在内容和形式上符合法律的要求或不违背法律的规定，才能得到法律的承认和保护，也才能产生行为人所预期的法律后果，否则，该行为不但不会产生行为人预期的法律后果，而且还会受到法律的制裁。因此，违法行为不是法律行为。

（二）法律行为的分类

法律行为从不同角度可作不同的分类。不同类型的法律行为，具有不同的法律意义。

1. 按照法律行为的成立是否需要几方面的意思表示分类

按照法律行为的成立是否需要几方面的意思表示分为单方法律行为和双方法律行为。

（1）单方法律行为。单方法律行为是基于一方当事人的意思表示即可成立的法律行为。比如立遗嘱、委托授权、放弃继承、追认无权代理等行为，都属于单方法律行为。只要有行为人的一方意思表示就依法成立，不需要征得他人的同意。

（2）双方法律行为。双方法律行为是基于双方当事人意思表示一致而成立的法律行为。其特点是必须存在各方当事人的各自意思表示且要一致。仅有一方意思表示，或双方都有意思表示但彼此不一致，均不成立双方法律行为。如签约行为、联营行为都属于双方法律行为。

除了法律另有规定以外，单方法律行为自行为人独立表达其意思时即可成立，而双方法律行为则自双方当事人意思表示一致时成立。

2. 按照法律行为的成立是否交付标的物分类

按照法律行为的成立是否交付标的物分为诺成性法律行为和实践性法律行为。

（1）诺成性法律行为。诺成性法律行为又称不要物法律行为，是指仅以双方当事人意思表示一致即告成立的法律行为。大多数法律行为都是诺成性的，如买卖、承揽、租赁等。

（2）实践性法律行为。实践性法律行为则是指不仅要求双方当事人意思表示一致，而且要交付标的物才能成立的法律行为。其又称要物法律行为，比如保管、定金、质押等行为。其中，交付标的物的行为是此类法律行为成立的条件。

由此可见，交付标的物在这两类行为中具有不同的法律意义：在诺成性法律行为中交付标的物只是自法律行为成立之后的履行行为；而在实践性法律行为中则是法律行为成立所需的条件。

3. 按照法律行为的成立是否必须采用特定形式分类

按照法律行为的成立是否必须采用特定形式分为要式法律行为和不要式法律行为。

(1) 要式法律行为。要式法律行为是指必须采用某种特定的形式才能成立的法律行为。如根据《中华人民共和国合同法》（以下简称《合同法》）《中华人民共和国担保法》（以下简称《担保法》）的规定，融资租赁合同、建设工程合同、技术开发合同、保证合同、质押合同均应采用书面形式；而房地产抵押合同则不仅要用书面形式，而且还要向法定登记机关办理抵押登记。

(2) 不要式法律行为。不要式法律行为是指法律没有规定特定形式而允许当事人自由选择约定形式的法律行为。

区分要式法律行为和不要式法律行为的意义在于：不要式法律行为可以由当事人自由选择民事行为的形式，如可以协商采用书面形式（包括合同书、信件、数据电文等）、口头形式或者其他形式；要式行为要求当事人必须采取法定形式，否则法律行为不能成立。

4. 按照法律行为之间的依存关系分类

按照法律行为之间的依存关系可以分为主法律行为和从法律行为。

(1) 主法律行为。这是指不需要有其他法律行为的存在就可以独立成立的法律行为。

(2) 从法律行为。这是指从属于其他法律行为而存在的法律行为。例如，当事人之间订立一项借款合同，同时又订立一项担保合同。其中，借款合同是主合同，担保合同是从合同。

这种分类的法律意义在于便于明确主从法律行为的效力关系。从法律行为的效力依附于主法律行为。主法律行为不成立，从法律行为则不能成立；主法律行为无效，则从法律行为也当然不能生效。但主法律行为履行完毕，并不必然导致从法律行为效力的丧失。

法律行为除以上分类外，还有双务法律行为和单务法律行为、有偿法律行为和无偿法律行为等分类。

📖 小贴士 ★★

事件、事实行为、民事行为与民事法律行为

事件与人的意志是无关的，但依照法律规定能引起民事法律关系产生、变更、终止的法律事实；事实行为是行为人不具有设立变更民事法律关系的意图，但依照法律规定，能引起民事法律后果的行为，包括无因管理行为、正当防卫行为、紧急避险行为、侵权行为、遗失物的拾得行为、埋藏物的发现行为；民事行为是以意思表示为要素发生民事法律后果的行为，包括民事法律行为、无效民事行为、可变更或可撤销的民事行为、效力未定

的民事行为，但不包括侵权、违约、无因管理等事实行为；民事法律行为是以意思表示为要素，且发生法律后果的合法行为。

（三）法律行为的成立与生效

【文前思考1-7】 ①一天，甲在大街上碰到了乙，甲悄悄告诉乙有一批管制手枪，二人谈妥交易金额、数量、交货时间地点等；②春节期间，张先生开着刚买的爱车带着家人外出旅游，不料在高速公路上发生了自燃，幸好张先生一家逃脱及时才免此一劫，愤怒的张先生把4S店和汽车生产商告上了法庭。经专业机构检测，张先生买的车属于翻新车，4S店在销售时为了多提成，故意隐瞒了该车为翻新车的主要情节。

请问：上述行为是否成立和生效，为什么？

1. 法律行为的成立

法律行为的成立，应当符合法律行为的构成要素，即必须具有当事人、意思表示、标的三个要素。一些特别的法律行为，还必须具备其他特殊事实要素，如实践性法律行为的成立还必须有标的物的交付。

2. 法律行为的生效

法律行为的成立是法律行为生效的前提，法律行为从成立时起具有法律约束力，行为人非依法律规定或取得对方同意，不得擅自变更或解除。但是，已成立的法律行为不一定必然发生法律效力，只有具备一定有效条件的法律行为，才能产生预期的法律效果。法律行为的有效要件分为形式有效要件和实质有效要件。

（1）法律行为的形式有效要件。这是指行为人的意思表示的方式必须符合法律的规定。根据《民法通则》的规定，民事法律行为可以采用书面形式、口头形式或其他形式。书面形式分为一般书面形式和特殊书面形式。特殊书面形式主要包括公证、鉴证、审核批准、登记、公告等形式。一般来说，书面形式优于口头形式，特殊书面形式优于一般书面形式。其他形式主要有视听资料形式和沉默形式。法律规定采用特定形式的，应当依照法律规定。如果行为人对法律规定必须采用特定形式而未采用的，其所进行的法律行为不产生法律效力。

（2）法律行为的实质有效要件。

①行为人具有相应的民事行为能力。民事行为能力是指法律确认公民、法人或其他组织能够通过自己的行为实现民事权利、承担民事义务的资格。

②意思表示真实。这是指行为人的意思表示是其自愿作出的，并与其内心所表达的意思相一致。如果行为人的意思表示是基于胁迫、欺诈而作出的，则因其不能真实反映行为人的意志而不产生法律上的效力；如果行为人基于某种错误认识而导致意思表示与内在意志不一致，则只有在存在"重大错误"的情况下，才有权请求人民法院或者仲裁机关予以变更或者撤销；如果行为人故意作出不真实的意思表示，则该行为人无权主张行为无效，而"善意相对人"可根据情况主张行为无效。

③不违反法律或者社会公共利益。

小贴士

民事行为能力理解

根据规定：①无民事行为能力人，是指不满 10 周岁的未成年人或者"完全不能"辨认自己行为的精神病人；②限制民事行为能力人，是指 10～18 周岁的未成年人或者"不能完全"辨认自己行为的精神病人；③完全民事行为能力人，是指 18 周岁以上的成年人或者 16～18 周岁但以自己的劳动收入为主要生活来源的人。

（四）附条件和附期限的法律行为

【文前思考 1-8】　张大爷现有一套空房子，与刚毕业的小刘签订租赁合同。双方约定：等张大爷的儿子结婚之时即为租赁合同的到期日。

请问：该合同是属于附条件还是附期限的法律行为，为什么？

1. 附条件的法律行为

这是指当事人在法律行为中约定一定的条件，并以该条件的成就与否作为法律行为效力发生或灭失根据的法律行为。附条件的法律行为在符合条件时生效。如果所附条件是违背法律规定或不可能发生的，应当认定该民事行为无效。当事人恶意促使条件成就的，应当认定条件未成就；当事人恶意阻止条件成就的，应当认定条件已成就。

民事法律行为所附条件既可以是自然现象、事件，也可以是行为。但不管什么条件，都应该具备以下特征：①是将来发生的事实。已经发生的事实不能作为条件；②是不确定的事实。如果在民事法律行为成立时，该事实是将来必然发生的，则该事实应当作为民事法律行为的期限而非条件；③是当事人双方任意选择的事实，而非法定事实；④是合法事实且不与法律行为的内容相矛盾。

2. 附期限的法律行为

这是指当事人在法律行为中约定一定的期限，并以该期限的到来作为法律行为生效或解除的根据。期限是必然要到来的事实，这是与附条件的法律行为的条件的根本区别。法律行为所附的期限可以是明确的期限，如某年某月某日；也可以是不确定的期限，如"果实成熟之时"。

（五）无效民事行为和可变更、可撤销民事行为

【文前思考 1-9】　2011 年春节，两个好朋友正为下列行为争得面红耳赤：①9 岁的妞妞决定将自己的压岁钱 900 元捐赠给青海玉树地震灾区；②叶某的小孩半夜生重病需要马上送医院，但由于夜深及春节期间而打不到的士，正巧赵某开车路过，见状后提出按 100 元/千米支付车费送其到医院，叶某只好答应；③甲是集邮爱好者并以买卖邮票为第二职业。2011 年 2 月 8 日，到同事乙家拜年看到一套邮票，甲明知该套邮票近期市价已涨至 900 元，便请求以 200 元购买，乙并不知道行情便同意了。本年 3 月 2 日，乙知道了行情后，向法院请求撤销邮票买卖的行为。

请问：上述行为属于什么法律行为？

1. 无效民事行为

无效民事行为是指因欠缺法律行为的有效要件，不发生当事人预期法律后果的行为。根据《民法通则》，以下民事行为无效：①无民事行为能力人实施的；②限制民事行为能力人依法不能独立实施的；③一方以欺诈、胁迫的手段或者乘人之危，使对方在违背真实意思的情况下所为的；④恶意串通，损害国家、集体或者第三人利益的；⑤违反法律或社会公众利益的；⑥经济合同违反国家指令性计划的；⑦以合法形式掩盖非法目的的。

民事行为部分无效不影响其他部分的效力，其他部分仍然有效；无效的民事行为从行为开始起就没有法律约束力。

2. 可变更、可撤销民事行为

这是指可以因行为人自愿请求法院或仲裁机关予以变更或撤销而归于无效的民事行为。根据规定，下列民事行为，一方有权请求人民法院或仲裁机关予以变更或撤销：①行为人对行为内容有重大误解的。重大误解是指行为人因对行为的性质、对方当事人、标的物的品种、质量、规格和数量等的错误认识，使行为的后果与自己的真实意思相悖，并形成较大损失的情形；②显失公平的。显失公平是指一方当事人利用优势或利用对方没有经验，致使双方的权利义务明显违反公平、等价有偿原则的情形。

可变更、可撤销的民事行为在本质上属于"有效的"民事行为，在该行为被变更或撤销前对当事人具有约束力。具有变更、撤销权的当事人自"行为成立"之日起超过1年（对于可撤销的合同，具有撤销请求权的当事人应当在"知道或者应当知道"撤销事由之日起1年内）才请求变更或者撤销的，人民法院不予保护。可撤销的民事行为一经撤销，自行为开始时无效（可撤销的合同，一经撤销，合同自成立之日起无效）。

二、代理制度

（一）代理的概念特征

代理是指代理人在代理权限内，以被代理人的名义与第三人实施法律行为，由此产生的法律后果直接由被代理人承担的法律制度。代理具有以下三大法律特征。

（1）代理人是以被代理人名义实施的法律行为，即代替被代理人进行的法律行为。非以被代理人名义而是以自己的名义代替他人实施的法律行为，比如行纪、寄售等受托处分财产的行为，不属于代理行为。

（2）代理人在代理权限内有权独立自主地进行代理行为。非独立进行意思表示的行为，不属于代理行为，比如传递信息、居间行为等。

（3）代理行为的法律后果直接归属于被代理人。虽然代理行为是在代理人与第三人之间进行的，但行为的目的是为了实现被代理人的利益，代理人并不因其代理行为直接取得任何个人权益，因此其产生的权利义务理应由被代理人本人承受。这使代理行为与无效代理、冒名欺诈等行为区别开来。

小贴士 ★★

不属于代理的几种行为

行纪合同中的行纪人必须以"自己"的名义与第三人订立合同；委托合同中的受托人可以以"委托人"的名义，也可以以"自己"的名义与第三人订立合同；代人保管物品不涉及第三人；居间行为是指居间人向委托人报告订立合同的机会或者提供订立合同的媒介服务，居间人的作用仅限于"传话筒"，不能独立地进行意思表示。上述行为由于不符合代理的相关法律特征，所以不属于代理。

（二）代理的适用范围和种类

代理适用于民事主体之间设立、变更或者终止权利义务的法律行为，也适用于法律行为之外的其他行为（如申请行为、申报行为、诉讼行为）。依照法律规定或行为性质必须由本人亲自进行的行为（如遗嘱、婚姻登记、收养子女等）不能代理。代理可以分为以下三类。

（1）委托代理。委托代理又叫授权代理，是基于被代理人的委托所产生的代理。经济关系中的代理主要采取委托代理形式。

（2）法定代理。法定代理是根据法律规定而直接产生的代理。一般适用于被代理人是无行为能力人、限制民事行为能力人的情形。

（3）指定代理。这是指由有权的机关或人民法院的指定而产生的代理。如在没有法定代理人和委托代理人，或法定代理人相互推诿代理责任时，法院可依法指定代理人。

（三）滥用代理权

【文前思考 1－10】 A 受甲的委托买入一台设备（授权价格为 80 万～100 万元），同时 A 又受乙的委托卖出一台同样的设备（授权价格为 80 万～100 万元）。A 分别以甲、乙的名义签订了 90 万元的该设备买卖合同。

请问：以上情形是否属于滥用代理权？并说明理由，其法律后果如何？

代理制度的核心内容是代理权。代理权是代理人以他人名义独立为意思表示，并使其效果归属于他人的一种法律资格。代理权是整个代理关系的基础，代理人之所以能代替被代理人实施法律行为，就在于被代理人拥有代理权。违背代理权的设立宗旨和代理行为的基本准则，损害被代理人利益，行使代理权的行为就构成滥用代理权。

1. 滥用代理权的界定

常见的滥用代理权的情形有：①代理他人与自己进行民事活动；②代理双方当事人进行同一民事行为；③代理人与第三人恶意串通，损害被代理人的利益。

2. 滥用代理权的法律后果

代理人不得滥用代理权。代理人滥用代理权的，其行为视为无效行为，给被代理人及他人造成损失的，应当承担相应的赔偿责任。代理人和第三人恶意串通，损害被代理人利益的，由代理人和第三人负连带责任。

（四）无权代理

【文前思考1-11】 甲授权 A 买入设备（授权价格不能超过 100 万元），A 作为代理人，以甲的名义与乙签订了 120 万元的买卖合同。

请问：以上情形是否属于无权代理权？并说明理由，其法律后果如何？

无权代理是指没有代理权而以他人名义进行的代理行为。

1. 无权代理的界定

无权代理表现为三种形式：①没有代理权而实施的代理；②超越代理权实施的代理；③代理权终止后而实施的代理。

2. 表见代理

在无权代理的情况下，"善意"相对人"有理由"相信其有代理权的，该代理有效，直接由"被代理人"承担相应的法律责任。这种情况称为表见代理。表见代理的情形有以下形式。

（1）被代理人对第三人表示已将代理权授予他人，而实际并未授权。

（2）被代理人将某种有代理权的证明文件（如盖有公章的空白介绍信、空白合同文本、合同专用章）交给他人，他人以该文件使第三人相信其有代理权并与之进行法律行为。

（3）代理授权不明。

（4）代理人违反被代理人的意思或者超越代理权，第三人无过失地相信其有代理权而与之进行法律行为。

（5）代理关系终止后被代理人未采取必要的措施而使第三人仍然相信行为人有代理权，并与之进行法律行为。

3. 无权代理的法律后果

（1）在无权代理的情况下，只有经过被代理人的追认，被代理人才承担民事责任。未经追认的行为，由行为人承担民事责任。

（2）本人知道他人以本人名义实施民事行为而不作否认表示的，视为同意。第三人知道行为人无权代理，但仍与之实施民事行为，给他人造成损害的，由第三人和行为人负连带责任。

（3）授权委托书"授权不明"的，被代理人应当对第三人承担民事责任，代理人负连带责任。

（五）代理关系的终止

1. 委托代理终止的法定情形

此种情形有：①代理期间届满或者代理事务完成；②被代理人取消委托或代理人辞去委托；③代理人死亡；④代理人丧失民事行为能力；⑤作为被代理人或代理人的法人终止。

2. 法定代理或指定代理终止的法定情形

此种情形有：①被代理人取得或恢复民事行为能力；②被代理人或代理人死亡；③代

理人丧失民事行为能力；④指定代理的人民法院或指定单位取消指定；⑤由其他原因引起的被代理人和代理人之间的监护关系消灭。

代理人不履行代理职责而给被代理人造成损害的，应当承担民事责任。代理人知道被委托事项违法而仍然进行代理活动，或被代理人知道代理人违法却不表示反对，由代理人和被代理人负连带责任。委托代理转托时，应事先取得被代理人同意，或事后及时告知取得其同意，否则，由代理人负民事责任。但在紧急情况下为保护被代理人利益而转托的不在此限。

三、诉讼时效制度

【文前思考 1-12】　2010 年 3 月 8 日晚，林某到某餐厅用餐，第二天凌晨感觉身体严重不适，立即送医院抢救。医院诊断为食物中毒，花费 5000 多元，于 3 月 12 日出院。林某在 4 月 8 日找到该餐厅要求赔偿，遭到拒绝。林某决定起诉该餐厅。

请问：林某对餐厅的诉讼时效期间从什么时候开始计算，适用哪种诉讼时效期间？

（一）诉讼时效的概念及特点

诉讼时效是指民事权利受到侵害的权利人不行使权利达到一定期间而失去国家强制力保护的制度。根据《民法通则》，我国的诉讼时效有以下特点。

（1）诉讼时效以权利人不行使法定权利的事实状态的存在为前提。

（2）诉讼时效届满时消灭的是胜诉权，并不消灭实体权利。时效届满后，当事人自愿履行义务的，不受诉讼时效限制。义务人履行了义务后，又以超过诉讼时效为由反悔的，法律不予支持。

（3）诉讼时效具有强制性。任何时效都由法律法规强制规定，任何单位或个人对时效的延长、缩短、放弃等约定都是无效的。

（二）诉讼时效期间的概念和种类

诉讼时效期间是指权利人请求人民法院保护其民事权利的法定期间，分为以下两种。

1. 普通诉讼时效期间

这指在一般情况下普遍适用的诉讼时效期间。根据《民法通则》规定，普通诉讼时效期间为 2 年。

2. 特别诉讼时效期间

这指针对某些特定的民事法律关系而制定的诉讼时效期间。

（1）诉讼时效期间为 1 年的。包括：①身体受到伤害要求赔偿的；②出售质量不合格的商品未声明的；③延付或拒付租金的；④寄存财物被丢失或被损坏的。

（2）诉讼时效期间在 2（不含）年以上 20（含）年以下的。包括：①《中华人民共和国环境保护法》（以下简称《环境保护法》）规定：因环境污染损害赔偿提起诉讼的时效期间为 3 年，从当事人知道或者应当知道受到污染损害起时计算。②《中华人民共和国海商法》（以下简称《海商法》）规定：有关船舶发生油污损害的请求权，时效期间为 3 年，自损害发生之日起计算；但是，在任何情况下时效期间不得超过从造成损害的事故发生之日起 6 年。③《合同法》规定：因国际货物买卖合同和技术进出口合同争议提起诉讼或者申请仲裁的期限为 4 年，自当事人知道或者应当知道其权利受到侵害之日起计算。

诉讼时效期间从当事人知道或应当知道权利被侵害时起计算。从权利被侵害之日起超过 20 年，人民法院不予保护。

（三）诉讼时效的中止、中断和延长

1. 诉讼时效的中止

这是指在诉讼时效进行中，因一定的法定事由发生而阻碍了权利人行使请求权，暂时停止时效的进行，待阻碍时效的事由消失后，继续计算诉讼时效期间。阻碍诉讼时效的事由为不可抗力和其他障碍。根据《民法通则》，只有在诉讼时效期间的最后 6 个月发生前述事由的，才能中止诉讼时效。如果在诉讼时效期间的最后 6 个月之前发生，到最后 6 个月开始时法定事由已经消除的，则不能发生诉讼时效的中止；但如果该法定事由到最后 6 个月开始时仍然继续存在的，则适用诉讼时效的中止。

2. 诉讼时效的中断

这是指在诉讼时效进行中，因发生一定的法定事由，致使以前经过的时效期间全部无效，待该法定事由消除后，诉讼时效期间重新计算。根据《民法通则》，以下为引起诉讼时效中断的法定事由：①权利人提起诉讼；②当事人一方向义务人提出请求履行义务的要求；③当事人一方同意履行义务。

3. 诉讼时效的延长

是指人民法院对已经完成的诉讼时效，根据特殊情况给予延长。这是法律赋予司法机关的一种自由裁量权。

第四节　经济纠纷的解决途径

经济法律关系的主体在经济管理和经济活动中难免会产生争议。为了保护当事人的合法权益，维护社会经济秩序，必须采取有效的方式对经济纠纷予以及时解决。另外，由于经济关系的复杂化，导致经济冲突具有多样性，因此，解决经济冲突的途径也具有多元性。其主要包括：当事人协商和解、有权机关进行调解（包括民间调解、行政调解、仲裁调解和法院调解）、仲裁、行政复议和诉讼。本节主要介绍后三种。

一、仲裁

【文前思考 1-13】　2010 年年底，甲市的 A 企业与乙市的 B 企业订立了一份电梯买卖合同。后来在合同履行中发生了争议。

请问：

1. A、B 企业是否可选择仲裁方式解决争议，仲裁协议的内容包括哪些？

2. 假设 A、B 企业在仲裁协议中约定由丙市的仲裁委员会进行仲裁，该仲裁委员会决定公开审理，但 B 企业表示反对。此约定合法吗？B 企业反对正确吗？

3. 假使该仲裁委员会于 2011 年 3 月 15 日作出裁决书并于 3 月 16 日送达，请问裁决书什么时候生效？

4.A 企业不服，准备向法院起诉。由于 A 企业拒绝履行仲裁裁决，B 企业便向该仲裁委员会申请执行，被仲裁委员会拒绝。A 企业能否向法院起诉？仲裁委员会拒绝 B 企业的执行申请是否正确？

仲裁是指发生争议的各方当事人依照事先约定或事后达成的书面仲裁协议，共同选定仲裁机构并由其对争议依法作出具有约束力裁决的一种争议解决机制。仲裁是一种解决经济纠纷的有效方式，在现实生活中被广泛应用。仲裁的基本法律规定是 1994 年 8 月 31 日第八届全国人民代表大会常务委员会第九次会议审议通过，并于次年 9 月 1 日起施行的《中华人民共和国仲裁法》（以下简称《仲裁法》）。

（一）仲裁的基本原则

（1）自愿原则。自愿原则是仲裁制度的基本原则。根据这一原则，当事人如果采取仲裁方式解决纠纷，必须先自愿达成仲裁协议。没有仲裁协议，一方申请仲裁的，仲裁组织不予受理；当事人还可以自愿选择仲裁机构、仲裁员、审理方式和开庭形式、仲裁时间和地点等。

（2）依据事实和法律，公平合理地解决纠纷的原则。

（3）独立仲裁原则。其具体体现在：①仲裁组织不隶属于任何国家机关，其依法独立仲裁，不受任何行政机关、社会团体和个人的干涉；②仲裁不实行级别管辖和地域管辖，仲裁组织体系中的仲裁协会、仲裁委员会和仲裁庭三者间相对独立；③仲裁独立于审判。

（4）一裁终局原则。仲裁裁决作出后，当事人就同一纠纷再申请仲裁或向法院起诉的，仲裁委员会或人民法院不予受理。但是裁决被人民法院依法裁定撤销或不予执行的，当事人可以重新达成仲裁协议申请仲裁，也可以向法院起诉。

（二）仲裁的适用范围

根据《仲裁法》规定：平等主体的公民、法人和其他组织之间发生的合同纠纷和其他财产权益纠纷，可以仲裁。下列纠纷不能提请仲裁或者不适用《仲裁法》。

（1）涉及婚姻、收养、监护、抚养、继承的纠纷。

（2）依法应当由行政机关处理的行政争议。比如土地所有权纠纷；专利、商标等知识产权被侵的纠纷。

（3）劳动争议的仲裁以及农业集体经济组织内部的农业承包合同纠纷的仲裁。

（三）仲裁机构和仲裁协议

（1）仲裁机构。根据《仲裁法》，仲裁委员会是受理经济纠纷案件，进行仲裁工作，解决经济纠纷的法人组织。仲裁委员会可以在直辖市和省、自治区人民政府所在地的市设立，也可以根据需要在其他设区的市设立，不按行政区划层层设立。仲裁委员会独立于行政机关，与行政机关没有隶属关系。仲裁委员会之间也没有隶属关系。

（2）仲裁协议。仲裁协议是双方当事人自愿把他们之间可能发生或者已经发生的经济纠纷提交仲裁机构裁决的书面约定。仲裁协议应以书面形式订立。口头达成仲裁的意思表示无效。仲裁协议的内容包括：①请求仲裁的意思表示；②仲裁事项；③选定的仲裁委员会。

仲裁协议一经依法成立，即具有法律约束力。仲裁协议独立存在，合同的变更、解除、终止或者无效，不影响仲裁协议的效力。

（四）仲裁程序

（1）仲裁申请和受理。申请仲裁必须符合以下条件。

①有仲裁协议；②有具体的仲裁请求和事实、理由；③属于仲裁委员会的受理范围。

仲裁委员会收到仲裁申请书之日起 5 日内，认为符合受理条件的，应当受理并通知当事人；认为不符合受理条件的，应当书面通知当事人不予受理并说明理由。

（2）仲裁庭的组成。仲裁庭可由 1 名仲裁员或 3 名仲裁员组成。由 3 名仲裁员组成的，设首席仲裁员。仲裁庭组成后，仲裁委员会应当将仲裁庭的组成情况书面通知当事人。

（3）仲裁裁决。仲裁应当开庭进行。当事人协议不开庭的，仲裁庭可以根据仲裁申请书、答辩书以及其他材料作出裁决。仲裁一般不公开进行。当事人协议公开的，可以公开进行，但涉及国家秘密的除外。

二、行政复议

【文前思考 1-14】　　刚接触行政复议的小白对以下情况是否属于行政复议范围感到疑惑：①某公司不服税务局对其作出的罚款决定；②某公司不服工商局对其作出的吊销营业执照决定；③某公司不服公安局对其作出的查封财产决定；④某行政机关公务员不服单位对其作出的记过处分决定；⑤某企业不服工商局对买卖合同纠纷作出的调解。

请问：

1. 上述哪些情形能申请行政复议，哪些不能，为什么？

2. 在情形②中，如果可以申请行政复议，举证责任为哪方？

3. 如果行政复议机关于 2011 年 1 月 25 日作出加盖印章的行政复议决定书，并于 1 月 27 日送达，则行政复议决定书生效的时间是什么时候？

行政复议是指公民、法人和其他组织认为行政机关的具体行政行为侵犯其合法权益，依法向特定行政机关提出申请，由受理该申请的行政机关对原具体行政行为依法进行审查并作出行政复议决定的活动。行政复议的基本法律规定是 1999 年 4 月 29 日全国人大常委会第九次会议通过，并于当年 10 月 1 日起施行的《中华人民共和国行政复议法》（以下简称《行政复议法》）。

（一）行政复议的范围

根据《行政复议法》，有下列情形之一的，公民、法人或者其他组织可以依照本法申请行政复议：①对行政机关作出的警告、罚款、没收违法所得、没收非法财物、责令停产停业、暂扣或者吊销许可证、暂扣或者吊销执照、行政拘留等行政处罚决定不服的；②对行政机关作出的限制人身自由或者查封、扣押、冻结财产等行政强制措施决定不服的；③对行政机关作出的有关许可证、执照、资质证、资格证等证书变更、中止、撤销的决定不服的；④对行政机关作出的关于确认土地、矿藏、水流、森林、山岭、草原、荒地、滩涂、海域等自然资源的所有权或者使用权的决定不服的；⑤认为行政机关侵犯合法的经营自主权的；⑥认为行政机关变更或者废止农业承包合同，侵犯其合法权益的；⑦认为行政机关违法集资、征收财物、摊派费用或者违法要求履行其他义务的；⑧认为符合法定条件，申请行政机关颁发许可证、执照、资质证、资格证等证书，或者申请行政机关审批、登记有关事项，行政机关没有依法办理的；⑨申请行政机关履行保护人身权利、财产权利、受教育权利的法定职责，行政机关没有依法履行的；⑩申请行政机关依法发放抚恤金、社会保险金或者最低生活保障费，行政机关没有依法发放的；⑪认为行政机关的其他具体行政行为侵犯其合法权益的。

（二）行政复议程序

（1）复议申请。公民、法人或者其他组织认为具体行政行为侵犯其合法权益的，可以自知道该具体行政行为之日起 60 日内提出行政复议申请，但是法律规定的申请期限超过 60 日的除外。申请人应当依法向有管辖权的行政复议机关申请行政复议申请。申请可以是书面的，也可以是口头的。

（2）复议受理。行政复议机关收到行政复议申请后，应当在 5 日内进行审查，对不符合法律规定的行政复议申请，决定不予受理，并书面告知申请人；对符合法律规定，但是不属于本机关受理的行政复议申请，应当告知申请人向有关行政复议机关提出。

（3）复议决定。行政复议的举证责任，由被申请人承担。行政复议机关应当自受理申请之日起 60 日内作出行政复议决定，但是法律规定的行政复议期限少于 60 日的除外。

📖 小贴士 ★★

行政复议参加人

行政复议参加人包括申请人、被申请人和第三人。依法申请行政复议的公民、法人或其他组织是申请人，作出具体行政行为的行政机关是被申请人，同申请行政复议的具体行政行为有利害关系的其他公民、法人或其他组织，可以作为第三人参加行政复议。

三、民事诉讼

【文前思考 1－15】　①某企业因与银行发生票据支付纠纷而准备起诉银行；②甲公司与乙公司发生买卖合同纠纷，准备起诉乙公司；③A 单位与某保险公司发生保险合同纠纷，准备起诉。

请问：

1. 根据诉讼管辖，某企业、甲公司、A 单位分别可以选择何地的人民法院起诉？

2. 如果相关人民法院作出判决后，当事人不服的，还可以采取何种措施？

3. 如果当事人拒绝履行已经生效的判决，对方当事人如何维护自己的权利？

诉讼俗称"打官司"，是指人民法院根据纠纷当事人的请求，运用审判权确认争议各方权利义务关系，解决经济纠纷的活动。经济纠纷所涉及的诉讼包括民事诉讼和行政诉讼。

民事诉讼是指人民法院在当事人和其他诉讼参与人的参加下，以审理、判决、执行等方式解决民事纠纷的活动。由于解决经济纠纷所涉及的诉讼绝大部分属于民事诉讼，所以本节主要就民事诉讼进行介绍。民事诉讼适用《中华人民共和国民事诉讼法》（以下简称《民事诉讼法》）的有关规定。

公民之间、法人之间、其他组织之间以及他们相互之间因财产关系和人身关系发生纠纷，可以提起民事诉讼。

（一）民事诉讼的基本制度

1. 合议制度

这是指由若干名审判员组成合议庭对民事案件实行集体审理和评议的制度。实行合议制，目的是为了发挥集体的智慧，弥补个人能力上的不足，以保证案件的审判质量。合议庭由三个以上的单数的审判人员组成，实行少数服从多数，且少数意见应当如实记入评议记录。与其相对的是独任制度。一审简易程序采用独任制审理。独任制审理只适用于事实清楚、权利义务关系明确、争议不大的简单民事案件。

2. 回避制度

这是指审判人员或其他有关人员（如书记员、翻译人员等）具有法定情形，必须回避，不参与本案件审理或其他诉讼活动的审判制度。回避制度是保证案件获得公正审理的制度。由法定的回避情形、回避的适用范围、申请回避和作出决定的程序等内容组成。

3. 公开审判制度

这是指法院对民事案件的审理过程和判决结果向群众、向社会公开的制度。按照法律的规定，除不予公开和可以不公开审理的案件外，一律依法公开审理。同时，不论是否公开审理的案件，宣判时均一律公开进行。

4. 两审终审制度

这是指一个民事案件经过两级人民法院审判后即告终结的制度。据此，当事人不服一审判决、裁定的，可以上诉至二级人民法院。二审为终审，从二审判决、裁定作出之日起，即发生法律效力。当然，并非每一案件必须经过两审。如果当事人对生效的判决、裁定仍不服的，可在两年内申请再审，但不影响判决、裁定的执行。

（二）民事诉讼管辖

诉讼管辖是各级法院之间以及不同地区的同级法院之间，受理第一审民事案件、经济纠纷案件的职权范围和具体分工。管辖可以按照不同标准作多种分类，其中最重要、最常用的是级别管辖和地域管辖。

1. 级别管辖

级别管辖是根据案件性质、案情繁简、影响范围来确定上下级人民法院受理第一审案件的分工和权限。我国人民法院分为四级，即基层人民法院、中级人民法院、高级人民法院和最高人民法院。此外还有专门法院，即军事法院、海事法院和铁路运输法院。以上法院的分级设置，构成了我国法院的体制。大多数民事案件均归基层人民法院管辖。

2. 地域管辖

这是指确定同级人民法院之间在各自管辖的地域内审理第一审案件的分工和权限，又分为一般地域管辖、特殊地域管辖和专属管辖等。

（1）一般地域管辖。这是以被告住所地为依据来确定案件的管辖法院，即实行"原告就被告"的原则。被告住所地与经常居住地不一致的，由经常居住地人民法院管辖。同一诉讼的几个被告住所地、经常居住地由两个以上人民法院管辖的，各该人民法院都有管辖权。但对被劳改教养的人、被监禁的人提起诉讼的，由原告住所地或经常居住地人民法院管辖。

（2）特殊地域管辖。这是指以诉讼标的所在地、法律事实所在地为标准确定管辖。如因合同纠纷提起的诉讼，由被告住所地或者合同履行地人民法院管辖。因保险合同纠纷提起的诉讼，由被告住所地或保险标的物所在地人民法院管辖等。

（3）专属管辖。下列案件适用专属管辖：①因不动产纠纷提起的诉讼，由不动产所在地人民法院管辖；②因港口作业中发生纠纷提起的诉讼，由港口所在地人民法院管辖；③因继承遗产纠纷提起的诉讼，由被继承人死亡时住所地或者主要遗产所在地人民法院管辖。

原告向两个以上有管辖权的人民法院起诉的，由最先立案的人民法院管辖。

（三）民事诉讼程序

1. 第一审程序

这是指人民法院审理当事人起诉案件所适用的程序，主要包括以下阶段。

（1）起诉和受理。起诉是指公民、法人或其他组织认为自己的经济权利受到侵害或与他人发生争议，而向法院提出诉讼请求，要求予以司法保护、依法作出裁判的诉讼行为。起诉必须符合下列条件：①原告是与本案有直接利害关系的当事人；②有明确的被告；③有具体的诉讼请求和事实、理由；④属于人民法院受理和管辖的范围。

人民法院收到起诉，经审查，认为符合起诉条件的，应当在 7 日内立案，并在立案之日起 5 日内将起诉状副本发送被告，被告在收到之日起 15 日内提出答辩状。人民法院认为不符合起诉条件的，应当在 7 日内裁定不予受理；原告对裁定不服的，可以提起上诉。

（2）调查和调解。法院审理经济纠纷案件，根据当事人的自愿，应在弄清事实、分清是非的基础上先行调解。调解达成协议的，人民法院应当制作调解书，经双方当事人签字和法院盖章后生效，具有法律效力。调解未达成协议或调解书送达前一方或双方反悔的，人民法院应当及时判决。

（3）开庭审理。经济案件的审理，除涉及国家秘密或涉及商业秘密经当事人申请不公开审理外，一般应公开进行。开庭前 3 日应通知当事人及其他诉讼参加人。当事人经人民法院传票传唤，无正当理由拒不到庭的，或未经许可中途退庭的：如果是原告，可按撤诉处理，被告反诉的，可以缺席判决；如果是被告，可以缺席判决。

人民法院一律公开宣告判决。当庭宣判的，应当在 10 日内送达判决书；定期宣判的，应当立即发给判决书。宣告判决时，必须告知当事人上诉权利、期限和上诉法院。

2. 第二审程序

当事人不服法院第一审判决的，有权在判决书送达之日起 15 日内向上一级法院提起上诉。如果在上诉期内当事人不上诉，第一审判决就是发生法律效力的判决。第二审法院的判决是终审判决，也就是发生法律效力的判决。第二审人民法院审理上诉案件，适用第一审普通程序。

当事人拒绝履行已经发生法律效力的判决、裁定、调解书和其他应当履行的法律文书时，对方当事人可以向人民法院的执行组织申请执行，强制义务人履行义务。

法条链接 ▶▶

二审审理后的处理

《民事诉讼法》第153条第二审人民法院对上诉案件，经过审理，按照下列情形，分别处理：①原判决认定事实清楚，适用法律正确的，判决驳回上诉，维持原判决；②原判决适用法律错误的，依法改判；③原判决认定事实错误，或者原判决认定事实不清，证据不足，裁定撤销原判决，发回原审人民法院重审，或者查清事实后改判；④原判决违反法定程序，可能影响案件正确判决的，裁定撤销原判决，发回原审人民法院重审。当事人对重审案件的判决、裁定，可以上诉。

拓展阅读

法院的裁定与判决的区别

民事裁定是人民法院在审理民事案件的过程中对有关诉讼程序的事项作出的判定，民事裁定的书面形式，就是民事裁定书。民事判决是指法院对民事案件依法定程序审理后对案件的实体问题依法作出的具有法律效力的结论性判定，民事判决的书面形式，就是民事判决书。民事裁定和民事判决，虽然都是人民法院在民事诉讼过程中作出的具有法律效力的结论性判定，但是，二者又不相同。

第一，作出的依据和解决的问题不同。裁定所依据的是程序法，是解决诉讼中的程序问题；判决所依据的是实体法，解决的是案件的实体问题，是对当事人的实体争议和请求所作出的结论。

第二，使用的阶段不同。裁定在诉讼的各阶段都有可能发生，一个案件可能有多个裁定；而判决通常在案件审理终结时作出，一般一个案件一个判决。

第三，表现形式不同。裁定可以是书面形式，也可以是口头形式；而判决只能是书面形式。

第四，是否允许上诉及上诉期间不同。除不予受理、对管辖权有异议、驳回起诉的裁定可以上诉外，其他裁定一律不准上诉；一审判决可以上诉。可以上诉的裁定，当事人有权在裁定书送达之日起10日内向上一级人民法院提起上诉；当事人不服一审判决的，有权在判决书送达之日起15日内向上一级人民法院提起上诉。

职业知识检测

一、单项选择题

1.《中华人民共和国反垄断法》，在经济法的体系中属于（ ）。

A. 宏观调控法　　B. 市场管理法　　C. 市场主体法　　D. 社会保障法

2. 下列选项中，属于我国经济法渊源中的行政法规的有（ ）。

A.《预算法》　　　　　　　　　B.《合同法》

C.《河南省消费者权益保护条例》　　D.《国家金库条例》

3. 下列各项中，属于经济法律事实事件的是（ ）。

A. 发行股票　　B. 签订合同　　C. 发生地震　　D. 承兑汇票

4. 下列行为中，属于代理行为的是（ ）。

A. 居间行为　　　　　　　　　B. 行纪行为

C. 代人保管物品行为　　　　　　D. 保险公司业务员的揽保行为

5. 张某于 2010 年 10 月 1 日从 A 公司购买了一台电热水器，2010 年 10 月 10 日在首次使用时因产品质量问题身体受到伤害，根据我国《民事诉讼法》的规定，张某有权向人民法院提起诉讼的期间为（ ）。

A. 2010 年 10 月 1 日至 2011 年 10 月 1 日

B. 2010 年 10 月 1 日至 2012 年 10 月 1 日

C. 2010 年 10 月 10 日至 2011 年 10 月 10 日

D. 2010 年 10 月 10 日至 2013 年 10 月 10 日

二、多项选择题

1. 下列各项中，属于经济法的调整对象的有（ ）。

A. 市场主体调控关系　　　　　B. 市场运行调控关系

C. 宏观经济调控关系　　　　　D. 社会保障调控关系

2. 下列各项中，能够作为经济法律关系客体的有（ ）。

A. 商品　　B. 商标　　C. 公民　　D. 组织

3. 下列代理行为中，属于滥用代理权的有（ ）。

A. 超越代理权进行代理

B. 代理人与第三人恶意串通，损害被代理人利益

C. 没有代理权而进行代理

D. 代理他人与自己进行民事行为

4. 乙以甲公司的名义采取下列方式与他人订立合同，法律后果归属于甲公司的有（ ）。

A. 乙使用偷盗的甲公司合同专用章，与善意的丙公司订立的合同

B. 乙使用甲公司交给的合同专用章，超越甲公司授权范围与善意的戊公司订立的合同

C. 乙使用伪造的甲公司合同专用章，与善意的丁公司订立的合同

D. 乙使用甲公司交给的合同专用章,在代理权终止后,与善意的庚公司订立的合同

5. 2010 年 10 月 1 日,甲公司与乙公司发生买卖合同纠纷,根据我国《民事诉讼法》的规定,甲公司在起诉乙公司时,可以选择的人民法院有( )。

A. 合同履行地人民法院　　　　　B. 合同标的物所在地人民法院

C. 被告住所地人民法院　　　　　D. 合同签订地人民法院

三、判断题

1. 只有合法行为才能引起相应的经济法律关系产生、变更或终止。( )

2. 可撤销的民事行为一经撤销,自撤销之日起开始无效。( )

3. 甲公司与乙银行订立一份借款合同,甲公司到期未还本付息。乙银行于还本付息期限届满后 1 年零 6 个月时向有管辖权的人民法院对甲公司提起诉讼,要求甲公司偿还本金、支付利息并承担违约责任。乙银行的行为引起诉讼时效中断。( )

4. 仲裁庭作出的仲裁裁决书发生法律效力后,如果当事人一方不履行裁决的,另一方当事人可以依据《民事诉讼法》的有关规定向人民法院申请执行。( )

5. 行政复议决定书自作出之日起发生法律效力。( )

职业能力检测

案例一　经济法律关系的三要素

甲(出租方)、乙(承租方)两人于 2011 年 1 月 1 日签订为期 1 年的房屋租赁合同。合同主要条款为:月租金 900 元,每月 1 日支付,水电管理费另计;押 3 个月租金,签订合同之日给付;房屋自收到押金和第 1 个月租金时交付使用,使用期间房屋的维修费等由出租方承担,承租方有合理使用权,未经出租方同意,不得转租,不得用于其他非法用途。

思考:该案例中的合同关系是否属于经济法律关系,如果是,请指出其构成要素?

案例二　仲裁与诉讼

A、B 两企业签订 100 万的买卖合同,事先双方签订仲裁协议。出现合同纠纷的时候 A 企业向人民法院提起诉讼。起诉时 A 企业未告知人民法院存在仲裁协议,法院受理诉讼。

思考:

1. 如果 B 企业希望采用仲裁方式解决纠纷,应该怎么办?如果 A 企业对仲裁庭作出的生效的裁决不服的,能否再提起诉讼?

2. 如果经查实,发现仲裁协议中没有选定的仲裁委员会,法律后果如何?

3. 如果 B 企业没有采取任何行动,法律后果是什么?如果 A 企业对一审法院的判决不服的,应该如何维护自己的权利?

案例三　诉讼时效的中止、中断

关某于 2009 年 5 月 9 日从某百货商场购买了一煤气灶后,因其出国工作而一直没有

使用。2010年6月10日，关某回国使用煤气灶时，发现存在质量问题，他回忆当时购买煤气灶时该商场并未声明存在质量问题。

思考：

1. 如果关某起诉，是否已超过诉讼时效期间？

2. 2010年8月10日发生地震，9月10日停止，是否引起诉讼时效的中止？

3. 2010年12月25日，双方达成书面赔偿协议，百货商场同意在年底前赔偿关某损失5000元。但截至年底，百货商场仍未偿付，如何看待双方于12月25日达成的协议？

4. 关某于2011年3月18日才提起诉讼，百货商场以已过诉讼实效为由，拒付赔偿款，这种意见是否正确，为什么？

第二章 企业法律制度

知识目标

1. 了解独资、合伙、外商投资企业的概念、特征及设立条件与程序、出资方式等规定；

2. 掌握个人独资、合伙、外商投资企业的投资人及事务管理规定；

3. 掌握普通合伙企业的财产构成、事务执行、与第三方关系及入伙、退伙规定；

4. 掌握有限合伙企业的特殊规定；

5. 理解个人独资、合伙、外商投资企业的解散与清算的相关法律规定。

能力目标

1. 能够依据法律规定办理个人独资、合伙、外商投资企业的设立、变更及解散等事务；

2. 正确分析解决个人独资、合伙、外商投资企业的事务管理纠纷案例。

知识导航

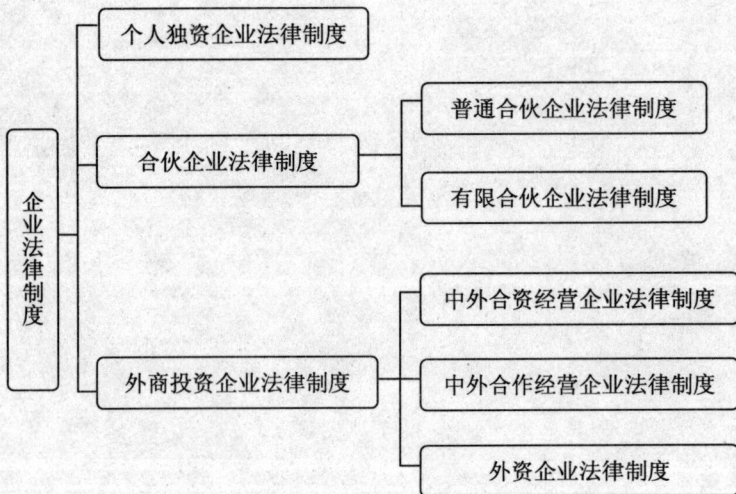

李响快大学毕业了，他没有像其他同学那样忙着找工作，而是准备利用自己在大学期间做兼职积累的经验和财富开设一家企业，但是由于先前很多时间花在兼职赚钱上，没有好好学习经济法知识，对相关的法律法规不是很了解，不知道一个投资人可以设立什么样的企业……在同学的帮助下，李响的个人独资企业经营得红红火火，为了扩大经营，又把同宿舍的哥们张扬拉了进来，而他们的经营伙伴前进公司也想加入其中。而隔壁班的美籍留学生戈尔也想加入，或者自己也想注册成立一家个人独资企业。

请思考：

1. 什么是企业？我国对企业的设立、运营、解散和清算有哪些规定？

2. 设立个人独资、合伙企业有些什么规定？外国人可以申请设立吗？

企业是指依法设立的，从事生产、流通、服务等经营活动，以产品或劳务满足社会需要，并以获取利润为目的的、具有独立或相对独立法律人格的经济组织。企业具有以下特征。

①企业是依法设立的经济组织；

②企业是以赢利为目的的；

③企业从事的是生产、流通、服务等经营活动；

④企业具有独立或相对独立的法律人格。

根据不同的分类标准，企业可有不同的分类，常见的分类如下。

①根据出资方式和承担的法律责任划分为个人独资企业、合伙企业和公司；

②根据企业规模划分为大型企业、中型企业和小型企业；

③根据企业的法律地位划分为法人企业和非法人企业。

企业法，是规范企业的设立、运行、变更、终止及其组织结构、明确企业权利义务关系的法律规范的总称。企业法有广义和狭义之分，广义的企业法指有关企业的一切行为的法律规范的总称，包括宪法、民商法、经济法、行政法、劳动法等各种法律中有关企业的规定；狭义的企业法仅指企业主体法，主要表现为对企业组织的规范，如个人独资企业法、合伙企业法、外商投资企业法、公司法等，本章主要介绍前三个，公司法在第三章详细介绍。

第一节　个人独资企业法律制度

一、个人独资企业法律制度概述

为了规范个人独资企业的行为，保护个人独资企业投资人和债权人的合法权益，维护社会经济秩序，我国于 1999 年 8 月 30 日颁布了《中华人民共和国个人独资企业法》（以下简称《个人独资企业法》），共六章四十八条，并于 2000 年 1 月 1 日起施行。

法条链接 ▶▶

个人独资企业的定义

《个人独资企业法》第 2 条本法所称个人独资企业，是指依照本法在中国境内设立，由一个自然人投资，财产为投资人个人所有，投资人以其个人财产对企业债务承担无限责任的经营实体。

个人独资企业具有以下特征。
①投资人是一个自然人。
②投资人对企业债务承担无限责任。
③企业内部机构设置简单，经营管理方式灵活。
④非法人企业。个人独资企业不具备法人资格，不能独立地承担民事责任，其民事责任最终由投资人承担。但却是独立的民事主体，可以以企业的名义从事民事活动。

二、个人独资企业的设立

（一）设立条件

【文前思考 2-1】 老李是即将退休的法官，为了让自己退休后的生活更丰富多彩，他出资 8 万元开设一家以经营茶叶为主的个人独资企业，他为自己的企业取了个好听的名称叫"聚友茶有限公司"，然后在自己家附近租了个门面，并聘请了 2 名茶艺师帮他打理。

请问：该个人独资企业的投资人、企业名称、出资、经营场所、从业人员等设立条件有哪些符合规定，哪些不符合规定？

设立个人独资企业应当具备以下条件。

（1）投资人为一个自然人。该自然人要求是中国公民且具有完全民事行为能力，但不包括外籍人。另外，国家机关、企事业单位等组织，以及法律、行政法规禁止从事营利性活动的人（国家公务员、警官、法官、检察官、商业银行工作人员等），不得作为个人独资企业的投资人。

（2）有合法的企业名称。个人独资企业的名称应当与其责任形式及从事的营业相符合，即名称中不得使用"有限""有限责任""公司"等字样，可以叫厂、店、部、中心、工作室等。

（3）有投资人申报的出资。投资人可以个人财产出资，也可以家庭共有财产作为个人出资。以家庭共有财产作为个人出资的，应当在设立登记申请书上予以注明。《个人独资企业法》对个人独资企业的出资数额并未作限制。根据国家工商管理总局《关于实施〈个人独资企业管理办法〉有关问题的通知》的规定，设立个人独资企业可以用货币、实物、土地使用权、知识产权或者其他财产权利出资。

（4）有固定的生产经营场所和必要的生产经营条件。

（5）有必要的从业人员。

（二）设立程序

【文前思考2-2】 老赵在A市开设了一家个人独资的服装销售店，聘请懂销售的老王管理企业业务，除了未领取营业执照外，一切准备就绪并打算开业。老赵的朋友说，个人独资企业也要到工商部门登记领取营业执照，否则就是违法经营。

老赵的女儿住在B市，老赵想在B市再设立一个分店，他只听过分公司，不知道个人独资企业可不可以开设分支机构。

一切手续完备后，老赵的服装销售店经营得红红火火。一年后，老赵年纪大了，又只有这么一个女儿，所以想把这个店转到女儿名下。

请问：

1. 个人独资企业需要提交哪些资料、履行哪些手续才能成立？

2. 如果个人独资企业开设分支机构，需要履行哪些手续？

3. 老赵把这个店转到女儿名下，需要变更登记吗？

1. 申请

申请设立个人独资企业，应当由投资人或者其委托的代理人向个人独资企业所在地的登记机关提交设立申请书、投资人身份证明、生产经营场所使用证明等文件。申请书应当载明下列事项：①企业的名称和住所；②投资人的姓名和居所；③投资人的出资额和出资方式；④经营范围。

委托代理人申请设立登记时，应当出具投资人的委托书和代理人的合法证明。从事法律、行政法规规定须报经有关部门审批的业务，应当在申请设立登记时提交有关部门的批准文件。

2. 审批

登记机关应当在收到设立申请文件之日起15日内，对符合规定条件的，予以登记，发给营业执照；对不符合规定条件的，不予登记，应当给予书面答复并说明理由。

个人独资企业的营业执照签发日期，为个人独资企业成立日期。在领取个人独资企业营业执照前，投资人不得以个人独资企业名义从事经营活动。

三、个人独资企业的投资人及事务管理

（一）投资人的权利义务

个人独资企业投资人对本企业的财产依法享有所有权，其有关权利可以依法进行转让或继承。

个人独资企业投资人以其个人财产对企业债务承担无限责任；在申请企业设立登记时明确以其家庭共有财产作为个人出资的，应当依法以家庭共有财产对企业债务承担无限责任。

（二）个人独资企业的事务管理

【文前思考2-3】 甲出资3万元设立个人独资企业A，主要经营水果买卖。企业聘

请乙管理事务,同时规定:凡对外签定标的额超过1万元的合同,须经甲同意。一次乙到偏远山区采购,由于信号不好联系不上甲,就自作主张以A企业的名义向不知情的农庄签订了价值2万元的水果合同,2天后农庄将水果发至A企业,但甲以乙的行为超越职权为由拒绝支付货款。

请问:以上情形是否违反相关法律的规定?

个人独资企业的事务管理包括管理方式和管理内容。

1. 个人独资企业的事务管理方式

(1) 一种是投资人自行管理。

(2) 另一种是委托或聘用他人管理企业事务。投资人委托或聘用他人管理企业事务的,应当与受托人或者被聘用人签订书面合同,明确职权范围;投资人对受托人或者被聘用人职权的限制,不得对抗善意第三人。

小贴士

第三人的定义

"第三人"是指受托人或者被聘用人以外的与企业发生经济业务关系的人,比如企业的客户、供应商等。"善意第三人"是指第三人在有关经济业务事项交往中,没有与受托人或者被聘用人串通、故意损害投资人利益的人。

另外,受托人或者被聘用人在管理个人独资企业事务时,不得有下列行为。

①利用职务上的便利,索取或者收受贿赂;

②利用职务或者工作上的便利侵占企业财产;

③挪用企业的资金归个人使用或者借贷给他人;

④擅自将企业资金以个人名义或者以他人名义开立账户储存;

⑤擅自以企业财产提供担保;

⑥未经投资人同意,从事与本企业相竞争的业务;

⑦未经投资人同意,同本企业订立合同或者进行交易;

⑧未经投资人同意,擅自将企业商标或者其他知识产权转让给他人使用;

⑨泄露本企业的商业秘密;

⑩法律、行政法规禁止的其他行为。

2. 个人独资企业的事务管理内容

(1) 个人独资企业应当依法设置会计账簿,进行会计核算。

(2) 个人独资企业招用职工的,应当依法与职工签订劳动合同,保障职工的劳动安全,按时、足额发放职工工资。

(3) 个人独资企业应当按照国家规定参加社会保险,为职工缴纳社会保险费。

(4) 个人独资企业可以依法申请贷款、取得土地使用权,并享有法律、行政法规规定的其他权利。

（5）任何单位和个人不得违反法律、行政法规的规定，以任何方式强制个人独资企业提供财力、物力、人力；对于违法强制提供财力、物力、人力的行为，个人独资企业有权拒绝。

法条链接 ▶▶▶

对个人独资企业侵犯职工合法权益的处罚

《个人独资企业法》第39条个人独资企业违反本法规定，侵犯职工合法权益，未保障职工劳动安全，不缴纳社会保险费用的，按照有关法律、行政法规予以处罚，并追究有关责任人员的责任。

四、个人独资企业的解散与清算

【文前思考2-4】 宏涛企业是汪某投资设立的一家个人独资企业。两年来，经营状况一直不佳，不能偿还到期的李某的债务，汪某决定解散企业。

经查证，宏涛企业和汪某个人的财产及债权债务如下：①宏涛企业的银行存款2万元、向客户收回债权1万元、厂房等实物折价8万元；②汪某个人可执行的财产价值3万元；③宏涛企业欠员工工资3万元、欠社保2万元、欠缴税款2万元、欠李某贷款5万元、欠奔腾公司货款7万元。

请问：清算人如何指定？宏涛企业债务应如何清偿？宏涛企业解散后，汪某是否还要继续对未清偿完的债务进行清偿？如果奔腾公司在5年内都未提出偿债请求的，5年后汪某的偿还义务是否消失？

（一）解散事由
个人独资企业有以下情形之一时，应当解散：
（1）投资人决定解散；
（2）投资人死亡或者被宣告死亡，无继承人或者继承人决定放弃继承；
（3）被依法吊销营业执照；
（4）法律、行政法规规定的其他情形。

小贴士

个人独资企业被吊销营业执照的原因

个人独资企业被依法吊销营业执照的原因有：提交虚假文件，或采取其他欺骗手段取得登记，情节严重的；涂改、出租、转让营业执照，情节严重的；个人独资企业成立后无正当理由超过六个月未开业的，或者开业后自行停业连续六个月以上的。

(二) 个人独资企业的清算

个人独资企业解散，要按照规定进行清算，收回债权，清偿债务。

1. 清算人的产生

清算人是指清算企业中执行清算事务及对外代表者。个人独资企业解散，由投资人自行清算或者由债权人申请人民法院指定清算人进行清算。

2. 通知与公告程序

投资人自行清算的，应当在清算前 15 日内书面通知债权人，无法通知的，应当予以公告。债权人应当在接到通知之日起 30 日内，未接到通知的应当在公告之日起 60 日内，向投资人申报其债权。清算期间，个人独资企业不得开展与清算目的无关的经营活动。在清偿债务前，投资人不得转移、隐匿财产。如果违反，将依法追回其财产，并按照有关规定予以处罚；构成犯罪的，追究刑事责任。

3. 财产清偿顺序

个人独资企业解散的，财产应当按照下列顺序清偿。

①所欠职工工资和社会保险费用；②所欠税款；③其他债务。

个人独资企业财产不足以清偿债务的，投资人应当以其个人的其他财产予以清偿。个人独资企业清算结束后，投资人或者人民法院指定的清算人应当编制清算报告，并于 15 日内到登记机关办理注销登记。

4. 投资人的持续清偿责任

个人独资企业解散后，原投资人对个人独资企业存续期间的债务仍应承担偿还责任，但债权人在 5 年内未向债务人提出偿债请求的，该责任消灭。

5. 注销登记

个人独资企业清算结束后，投资人或者人民法院指定的清算人应当编制清算报告，并于 15 日内到登记机关办理注销登记。

法条链接 ▶▶

对投资人承担责任顺序的规定

《个人独资企业法》第 43 条投资人违反本法规定，应当承担民事赔偿责任和缴纳罚款、罚金，其财产不足以支付的，或者被判处没收财产的，应当先承担民事赔偿责任。

第二节　合伙企业法律制度

一、合伙企业法律制度概述

为了规范合伙企业的行为，保护合伙企业及其合伙人、债权人的合法权益，维护社会经济秩序，促进社会主义市场经济的发展，我国于 1997 年 2 月 23 日通过了《中华人民共和国合伙企业法》（以下简称《合伙企业法》）。2006 年 8 月 27 日，第十届全国人民代表大会常务委员会第二十三次会议进行了修订，修订后的《合伙企业法》自 2007 年 6 月 1 日起施行。

《合伙企业法》中的合伙，是指两个及以上的人为了共同目的，相互约定共同出资、共同经营、共享收益、共担风险的自愿联合。

法条链接 ▶▶▶

合伙企业的定义

《合伙企业法》第 2 条本法所称合伙企业，是指自然人、法人和其他组织依照本法在中国境内设立的普通合伙企业和有限合伙企业。

二、普通合伙企业

普通合伙企业，是指由普通合伙人组成，合伙人对合伙企业的债务依照《合伙企业法》规定承担无限连带责任的一种合伙企业。普通合伙企业有两大特点：普通合伙企业由普通合伙人组成；合伙人对合伙企业债务依法承担无限连带责任，法律另有规定的除外。

（一）普通合伙企业的设立

【文前思考 2－5】　2010 年 9 月，甲、乙、丙、丁设立一个普通合伙企业。其中，甲、乙、丁为辞职职工，丙为非公司制的集体所有制企业。共同拟订的合伙协议约定：甲以劳务出资，而乙、丁以实物出资，对企业债务承担无限责任，并由甲、乙负责公司的经营管理事务；丙以货币出资，对企业债务以其出资额承担有限责任，但不参与企业的经营管理。

请问：在合伙企业的设立中，请指出哪些地方不符合规定？

1. 普通合伙企业设立的条件

（1）有两个以上合伙人。合伙人可以是自然人，也可以是法人或其他组织。合伙人是自然人的，应当具有完全民事行为能力。国有独资公司、国有企业、上市公司以及公益性的事业单位、社会团体不得成为普通合伙人。

（2）有书面合伙协议。

（3）有合伙人认缴或者实际缴付的出资。合伙人可以用货币、实物、知识产权、土地使用权或者其他财产权利出资，也可以用劳务出资。

（4）有合伙企业的名称和生产经营场所。

（5）法律、行政法规规定的其他条件。

2. 普通合伙企业的设立登记

申请人提交的登记申请材料齐全、符合法定形式，企业登记机关能够当场登记的，应予当场登记，发给营业执照。除此之外，企业登记机关应当自受理申请之日起 20 日内，作出是否登记的决定。符合规定的，予以登记，发给合伙企业营业执照；对不符合规定条件的，不予登记，并应当给予书面答复，说明理由。

（二）普通合伙企业财产

1. 合伙企业财产的构成

（1）合伙人的出资。

（2）以合伙企业名义取得的收益。这主要包括合伙企业的公共积累资金、未分配的盈余、合伙企业债权、合伙企业取得的工业产权和非专利技术等财产权利。

（3）依法取得的其他财产。根据法律、行政法规的规定合法取得的其他财产，如合法接受赠与的财产等。

2. 合伙企业财产的性质

合伙企业财产具有独立性和完整性。根据《合伙企业法》的规定，合伙人在合伙企业清算前，不得请求分割合伙企业的财产。但是，法律另有规定的除外。合伙人在合伙企业清算前私自转移或者处分合伙企业财产的，合伙企业不得以此对抗善意第三人。

【文前思考 2-6】 甲、乙、丙三人合伙开办一工厂，后甲因急事用钱，要将自己的5万元份额转让，乙和第三人丁均欲以同一价格购买。

请问：根据合伙企业法的规定甲应该如何处理？

3. 合伙人财产份额的转让

（1）向外转让——除合伙协议另有约定外，合伙人向合伙人以外的人转让其在合伙企业中的全部或者部分财产份额时，须经其他合伙人一致同意。

（2）内部转让——合伙人之间转让在合伙企业中的全部或者部分财产份额时，应当通知其他合伙人。

（3）优先购买权——合伙人向合伙人以外的人转让其在合伙企业中的财产份额的，在同等条件下，其他合伙人有优先购买权。但是，合伙协议另有约定的除外。

（三）普通合伙企业合伙事务的执行

1. 形式

（1）全体合伙人共同执行合伙事务。

（2）委托一个或者数个合伙人对外代表合伙企业，执行合伙事务。

委托一个或者数个合伙人执行合伙事务的，其他合伙人不再执行合伙事务。对合伙协议或者全体合伙人作出的决定以外的某些事项，如果没有委托一个或数个合伙人执行时，可以由全体合伙人共同执行或者由全体合伙人决定委托给某一个特定的合伙人办理。

📖 **小贴士** ⭐

必须经全体合伙人一致同意的事项

合伙企业委托一名或数名合伙人执行合伙企业事务时，以下事项必须经全体合伙人一致同意：①改变合伙企业的名称；②改变合伙企业的经营范围；③处分合伙企业的不动产；④转让或者处分合伙企业的知识产权和其他财产权利；⑤以合伙企业名义为他人提供担保；⑥聘任合伙人以外的人担任合伙企业的经营管理人员。

提示：其中③、④、⑤属于处分企业财产；①、②、⑥属于需要办理变更登记的事项。

2. 合伙事务执行的决议办法

(1) 合伙人对合伙企业有关事项作出决议，按照合伙协议约定的表决办法办理；

(2) 合伙协议未约定或者约定不明确的，实行合伙人一人一票并经全体合伙人过半数通过的表决办法；

(3)《合伙企业法》对合伙企业的表决办法另有规定的，从其规定。

3. 合伙企业的损益分配

合伙企业损益遵循以下分配原则。

(1) 合伙协议有约定的就按照约定；

(2) 合伙协议没有约定的，就协商；

(3) 协商不成就按照实缴出资比例；

(4) 无法确定出资比例的，由合伙人平均分配、分担。

合伙协议不得约定将全部利润分配给部分合伙人或者由部分合伙人承担全部亏损。

4. 非合伙人参与经营管理

除合伙协议另有约定外，经全体合伙人一致同意，可以聘任合伙人以外的人担任合伙企业的经营管理人员。

(四) 合伙企业与第三人的关系

1. 合伙企业对外代表权的效力

可以取得合伙企业对外代表权的合伙人，主要有以下三种情况。

(1) 由全体合伙人共同执行合伙企业事务的，全体合伙人都有权对外代表合伙企业；

(2) 由部分合伙人执行合伙企业事务的，只有受委托执行合伙企业事务的那一部分合伙人有权对外代表合伙企业；

(3) 由于特别授权在单项合伙事务上有执行权的合伙人，依照授权范围可以对外代表合伙企业。

合伙企业对合伙人执行合伙事务以及对外代表合伙企业权利的限制，不得对抗善意第三人。

【文前思考2-7】 甲、乙、丙三人成立了一个合伙企业，其中甲欠某公司10万元，该公司欠合伙企业10万元。乙于两年前欠丁60万元，现已到期，丁多次催要无效。现乙的个人财产仅有40万元。

请问：根据合伙企业法律制度的规定，以上情形应如何处理？

2. 合伙企业和合伙人的债务清偿

(1) 合伙企业的债务清偿与合伙人的关系。

①合伙企业财产优先清偿。

②合伙人的无限连带清偿责任。

③合伙人之间的债务分担和追偿。

法条链接 ▶▶

合伙企业亏损分担比例

《合伙企业法》第33条①合伙企业的利润分配、亏损分担，按照合伙协议的约定办理；②合伙协议未约定或者约定不明确的，由合伙人协商决定；③协商不成的，由合伙人按照实缴出资比例分担；④无法确定出资比例的，由合伙人平均分担。

合伙人之间的分担比例对债权人没有约束力。

（2）合伙人的债务清偿与合伙企业的关系。

①合伙人发生与合伙企业无关的债务，相关债权人不得以其债权抵消其对合伙企业的债务；也不得代位行使合伙人在合伙企业中的权利。

②合伙人的自有财产不足以清偿其与合伙企业无关的债务的，该合伙人可以以其从合伙企业中分取的收益用于清偿；债权人也可以依法请求人民法院强制执行该合伙人在合伙企业中的财产份额用于清偿。

人民法院强制执行合伙人的财产份额时，应当通知全体合伙人，其他合伙人有优先购买权；其他合伙人未购买，又不同意将该财产份额转让给他人的，依照《合伙企业法》的规定为该合伙人办理退伙结算，或者办理削减该合伙人相应财产份额的结算。

（五）普通合伙企业的入伙与退伙

1. 普通合伙企业的入伙

（1）入伙的条件和程序。

新合伙人入伙，除合伙协议另有约定外，应当经全体合伙人一致同意，并依法订立书面入伙协议。订立入伙协议时，原合伙人应当向新合伙人如实告知原合伙企业的经营状况和财务状况。

（2）新合伙人的权利和责任。

入伙的新合伙人与原合伙人享有同等权利，承担同等责任。但是，入伙协议另行约定的，从其约定。新合伙人对入伙前合伙企业的债务承担无限连带责任。

2. 普通合伙企业的退伙

（1）退伙原因。

合伙企业的退伙原因见下表。

合伙企业的退伙原因

退伙原因	自愿退伙	协议退伙	合伙协议约定合伙期限的,在合伙企业存续期间,有下列情形之一的,合伙人可以退伙: ①合伙协议约定的退伙事由出现 ②经全体合伙人一致同意 ③发生合伙人难以继续参加合伙的事由 ④其他合伙人严重违反合伙协议约定的义务 合伙人违反规定退伙的,应当赔偿由此给合伙企业造成的损失
		通知退伙	合伙协议未约定合伙期限的,合伙人在不给合伙企业事务执行造成不利影响的情况下,可以退伙,但应当提前30日通知其他合伙人。合伙人违反规定退伙的,应当赔偿由此给合伙企业造成的损失
	法定退伙	当然退伙	合伙人有下列情形之一的,当然退伙: ①作为合伙人的自然人死亡或者被依法宣告死亡 ②个人丧失偿债能力 ③作为合伙人的法人或者其他组织依法被吊销营业执照、责令关闭、撤销,或者被宣告破产 ④法律规定或者合伙协议约定合伙人必须具有相关资格而丧失该资格 ⑤合伙人在合伙企业中的全部财产份额被人民法院强制执行 合伙人被依法认定为无民事行为能力人或者限制民事行为能力人的,经其他合伙人一致同意,可以依法转为有限合伙人,普通合伙企业依法转为有限合伙企业。其他合伙人未能一致同意的,该无民事行为能力或者限制民事行为能力的合伙人退伙 退伙事由实际发生之日为退伙生效日
		除名	合伙人有下列情形之一的,经其他合伙人一致同意,可以决议将其除名: ①未履行出资义务 ②因故意或者重大过失给合伙企业造成损失 ③执行合伙事务时有不正当行为 ④发生合伙协议约定的事由 对合伙人的除名决议应当书面通知被除名人。被除名人接到除名通知之日,除名生效,被除名人退伙 被除名人对除名决议有异议的,可以自接到除名通知之日起30日内,向人民法院起诉

(2)退伙的效果。

①财产继承。合伙人死亡或者被依法宣告死亡的,对该合伙人在合伙企业中的财产份额享有合法继承权的继承人,按照合伙协议的约定或者经全体合伙人一致同意,从继承开始之日起,取得该合伙企业的合伙人资格。

法条链接 ▶▶▶

合伙企业财产继承的相关规定

《合伙企业法》第 50 条有下列情形之一的，合伙企业应当向合伙人的继承人退还被继承合伙人的财产份额：①继承人不愿意成为合伙人；②法律规定或者合伙协议约定合伙人必须具有相关资格，而该继承人未取得该资格；③合伙协议约定不能成为合伙人的其他情形。

合伙人的继承人为无民事行为能力人或者限制民事行为能力人的，经全体合伙人一致同意，可以依法成为有限合伙人，普通合伙企业依法转为有限合伙企业。全体合伙人未能一致同意的，合伙企业应当将被继承合伙人的财产份额退还该继承人。

②退伙结算。退伙人在合伙企业中财产份额的退还办法，由合伙协议约定或者由全体合伙人决定，可以退还货币，也可以退还实物。

合伙人退伙时，合伙企业财产少于合伙企业债务的，退伙人应当依照法律规定分担亏损。

退伙人对基于其退伙前的原因发生的合伙企业债务，承担无限连带责任。

（六）特殊的普通合伙企业

1. 特殊的普通合伙企业的概念

特殊的普通合伙企业，是指以专业知识和专门技能为客户提供有偿服务的专业服务机构。特殊的普通合伙企业名称中应当标明"特殊普通合伙"字样。

2. 特殊的普通合伙企业的责任形式

（1）责任承担。

①有限责任与无限连带责任相结合：一个合伙人或者数个合伙人在执业活动中因故意或者重大过失造成合伙企业债务的，应当承担无限责任或者无限连带责任，其他合伙人以其在合伙企业中的财产份额为限承担责任。

②无限连带责任：合伙人在执业活动中非因故意或者重大过失造成的合伙企业债务以及合伙企业的其他债务，由全体合伙人承担无限连带责任。

（2）责任追偿。合伙人执业活动中因故意或者重大过失造成的合伙企业债务，以合伙企业财产对外承担责任后，该合伙人应当按照合伙协议的约定对给合伙企业造成的损失承担赔偿责任。

三、有限合伙企业

（一）有限合伙企业的概念和法律适用

1. 有限合伙企业概念

有限合伙企业，是指由有限合伙人和普通合伙人共同组成，普通合伙人对合伙企业债务承担无限连带责任，有限合伙人以其认缴的出资额为限对合伙企业债务承担责任的合伙组织。

小贴士

有限合伙企业与普通合伙企业、有限责任公司的比较

①在经营管理上：普通合伙企业的合伙人，一般均可参与合伙企业的经营管理。而在有限合伙企业中，有限合伙人不执行合伙事务，而由普通合伙人从事具体的经营管理。有限责任公司的股东有权参与公司的经营管理（含直接参与和间接参与）。

②在风险承担上：普通合伙企业的合伙人之间对合伙债务承担无限连带责任。有限责任公司的股东对公司债务以其各自的出资额为限承担有限责任。而有限合伙企业中，不同类型的合伙人所承担的责任则存在差异，其中有限合伙人以其各自的出资额为限承担有限责任，普通合伙人之间承担无限连带责任。

2. 有限合伙企业的法律适用

凡是《合伙企业法》中对有限合伙企业有特殊规定的，应当适用有关《合伙企业法》中对有限合伙企业的特殊规定。无特殊规定的，适用有关普通合伙企业及其合伙人的一般规定。

（二）有限合伙企业设立的特殊规定

【文前思考2-8】 甲、乙、丙、丁四人在商讨设立有限合伙企业的有关事宜，在该有限合伙企业的设立条件中，他们有以下认识：①有限合伙企业名称中应当标明"有限"字样；②有限合伙企业至少应当有一个普通合伙人；③有限合伙人可以用劳务出资；④有限合伙企业登记事项中应当载明有限合伙人的姓名或者名称及实缴的出资数额。

请问：上述关于有限合伙企业的认识中哪些观点是正确的，哪些是错误的，并说明理由。

有限合伙企业设立的特殊规定包括以下6项内容。

1. 有限合伙企业人数

（1）《合伙企业法》规定，有限合伙企业由2个以上50个以下合伙人设立；但是，法律另有规定的除外。有限合伙企业至少应当有1个普通合伙人。

（2）自然人、法人和其他组织可以依照法律规定设立有限合伙企业。

（3）国有独资公司、国有企业、上市公司以及公益性的事业单位、社会团体不得成为有限合伙企业的普通合伙人。

（4）有限合伙企业仅剩有限合伙人的，应当解散；有限合伙企业仅剩普通合伙人的，应当转为普通合伙企业。

2. 有限合伙企业名称

有限合伙企业名称中应当标明"有限合伙"字样；不能标明"普通合伙""特殊普通合伙""有限公司""有限责任公司"等字样。

3. 有限合伙企业协议

4. 有限合伙人出资形式

有限合伙人可以用货币、实物、知识产权、土地使用权或者其他财产权利作价出资。有限合伙人不得以劳务出资。

5. 有限合伙人出资义务

《合伙企业法》规定，有限合伙人应当按照合伙协议的约定按期足额缴纳出资；未按期足额缴纳的，应当承担补缴义务，并对其他合伙人承担违约责任。

6. 有限合伙企业登记事项

有限合伙企业登记事项中应当载明有限合伙人的姓名或者名称及认缴的出资数额。

(三) 有限合伙企业事务执行的特殊规定

【文前思考 2-9】　2011 年 5 月，甲、乙、丙、丁共同出资设立一家从事餐饮业务的有限合伙企业。合伙协议约定：丙为普通合伙人，甲、乙和丁均为有限合伙人，2011 年 6 月，甲以合伙企业普通合伙人的身份与银行签订了借款合同，经查，银行有充分理由认为甲为该合伙企业的普通合伙人。

请问：甲以普通合伙人身份与银行签订借款合同，甲对此业务承担的责任应如何确定？

1. 有限合伙企业事务执行人

有限合伙企业由普通合伙人执行合伙事务。

2. 禁止有限合伙人执行合伙事务

(1) 有限合伙人不执行合伙事务，不得对外代表有限合伙企业。

(2) 第三人有理由相信有限合伙人为普通合伙人并与其交易的，该有限合伙人对该笔交易承担与普通合伙人同样的责任。

(3) 有限合伙人未经授权以有限合伙企业名义与他人进行交易，给有限合伙企业或者其他合伙人造成损失的，该有限合伙人应当承担赔偿责任。

3. 有限合伙企业利润分配

有限合伙企业不得将全部利润分配给部分合伙人；但是，合伙协议另有约定的除外。

4. 有限合伙人权利

(1) 有限合伙人可以同本企业进行交易，合伙协议另有约定的除外。

(2) 有限合伙人可以经营与本企业相竞争的业务，合伙协议另有约定的除外。

(四) 有限合伙企业财产出质与转让的特殊规定

1. 有限合伙人财产份额出质

有限合伙人可以将其在有限合伙企业中的财产份额出质；但是，合伙协议另有约定的除外。

2. 有限合伙人财产份额转让

(1) 有限合伙人可以按照合伙协议的约定向合伙人以外的人转让其在有限合伙企业中的财产份额，但应当提前 30 日通知其他合伙人。

(2) 有限合伙人对外转让其在有限合伙企业中的财产份额，应当依法进行：一是要按照合伙协议的约定进行转让；二是应当提前 30 日通知其他合伙人。

（3）有限合伙人对外转让其在有限合伙企业的财产份额时，有限合伙企业的其他合伙人有优先购买权。

（五）有限合伙人债务清偿的特殊规定

有限合伙人的自有财产不足清偿其与合伙企业无关的债务的，该合伙人可以以其从有限合伙企业中分取的收益用于清偿；债权人也可以依法请求人民法院强制执行该合伙人在有限合伙企业中的财产份额用于清偿。人民法院强制执行有限合伙人的财产份额时，应当通知全体合伙人。在同等条件下，其他合伙人有优先购买权。

（六）有限合伙企业入伙与退伙的特殊规定

【文前思考 2 - 10】　甲正在考虑成为某有限合伙企业新入伙的有限合伙人，他对于入伙前有限合伙企业的债务承担的责任方式不是很清楚。有人说是承担无限连带责任，有人说是以其认缴的出资额为限承担责任，有人说是不承担任何责任，有人说是只承担过错责任。

请问：以上哪种说法是正确的？并说明理由。

1. 有限合伙企业入伙的特殊规定

新入伙的有限合伙人对入伙前有限合伙企业的债务，以其认缴的出资额为限承担责任。

📖 **小贴士** ☆★

有限合伙企业与普通合伙企业关于入伙的不同

新入伙的有限合伙人对入伙前有限合伙企业的债务，以其认缴的出资额为限承担责任；在普通合伙企业中，新入伙的合伙人对入伙前合伙企业的债务承担无限连带责任。

2. 有限合伙企业退伙的特殊规定

（1）有限合伙人出现下列情形时当然退伙。

①作为合伙人的自然人死亡或者被依法宣告死亡；

②作为合伙人的法人或者其他组织依法被吊销营业执照、责令关闭、撤销，或者被宣告破产；

③法律规定或者合伙协议约定合伙人必须具有相关资格而丧失该资格；

④合伙人在合伙企业中的全部财产份额被人民法院强制执行。

（2）有限合伙人丧失民事行为能力的处理。

作为有限合伙人的自然人在有限合伙企业存续期间丧失民事行为能力的，其他合伙人不得因此要求其退伙。

（3）有限合伙人继承人的权利。

作为有限合伙人的自然人死亡、被依法宣告死亡或者作为有限合伙人的法人及其他组织终止时，其继承人或者权利承受人可以依法取得该有限合伙人在有限合伙企业中的资格。

（4）有限合伙人退伙后责任承担。

有限合伙人退伙后，对基于其退伙前的原因发生的有限合伙企业债务，以其退伙时从有限合伙企业中取回的财产承担责任。

（七）合伙人性质转变的特殊规定

（1）除合伙协议另有约定外，普通合伙人转变为有限合伙人，或者有限合伙人转变为普通合伙人，应当经全体合伙人一致同意。

（2）有限合伙人转变为普通合伙人的，对其作为有限合伙人期间有限合伙企业发生的债务承担无限连带责任。

（3）普通合伙人转变为有限合伙人的，对其作为普通合伙人期间合伙企业发生的债务承担无限连带责任。

四、合伙企业的解散和清算

（一）合伙企业的解散

合伙企业有下列情形之一的，应当解散。

（1）合伙期限届满，合伙人决定不再经营；

（2）合伙协议约定的解散事由出现；

（3）全体合伙人决定解散；

（4）合伙人已不具备法定人数满 30 天；

（5）合伙协议约定的合伙目的已经实现或者无法实现；

（6）依法被吊销营业执照、责令关闭或者被撤销；

（7）法律、行政法规规定的其他原因。

（二）合伙企业的清算

（1）合伙企业解散，应当由清算人进行清算。清算人由全体合伙人担任；经全体合伙人过半数同意，可以自合伙企业解散事由出现后 15 日内指定一个或者数个合伙人，或者委托第三人担任清算人。自合伙企业解散事由出现之日起 15 日内未确定清算人的，合伙人或者其他利害关系人可以申请人民法院指定清算人。

（2）通知债权人。清算人自被确定之日起 10 日内将合伙企业解散事项通知债权人，并于 60 日内在报纸上公告。债权人应当自接到通知书之日起 30 日内，未接到通知书的自公告之日起 45 日内，向清算人申报债权。

（3）清偿顺序。合伙企业财产在支付清算费用和职工工资、社会保险费用、法定补偿金以及缴纳所欠税款、清偿债务后的剩余财产，依照《合伙企业法》关于利润分配和亏损分担的规定进行分配。

（4）注销登记。

（5）不能清偿到期债务的处理。合伙企业不能清偿到期债务的，债权人可以依法向人民法院提出破产清算申请，也可以要求普通合伙人清偿。合伙企业依法被宣告破产的，普通合伙人对合伙企业债务仍应承担无限连带责任。

第三节　外商投资企业法律制度

一、外商投资企业法律制度概述

外商投资企业是指依照中华人民共和国法律的规定，在中国境内设立的，由中国投资者和外国投资者共同投资或者仅由外国投资者投资的企业。外商投资企业包括中外合资经营企业、中外合作经营企业（以下简称合作企业）、外资企业三种主要形式，即人们通常称的"三资企业"。

小贴士

中外合资股份有限公司

外商投资企业还有另外一种形式，即中外合资股份有限公司，是指外国的公司、企业和其他经济组织或者个人（简称外国股东）同中国的公司、企业或者其他经济组织（简称中国股东），依照中国的法律法规，在中国境内设立的，全部资本由等额股份构成，股东以其所认购的股份对公司承担责任，公司以其全部财产对公司债务承担责任，中外股东共同持有公司股份的企业法人。

（一）外商投资企业的法律特征

（1）外商投资企业的资本部分或全部由外商投入。

（2）外商投资企业是外商直接投资举办的企业。

（3）外商投资企业是中国的企业。

（二）外商投资企业法

外商投资企业法是我国制定的调整外商投资企业在我国设立、组织、活动和终止等过程中发生的各种经济关系的法律规范的总称。它主要由《中华人民共和国中外合资经营企业法》（1979年7月1日制定，2001年3月15日第二次修订，以下简称《合营企业法》）、《中华人民共和国中外合作经营企业法》（1988年4月13日制定，2000年10月31日修订，以下简称《合作企业法》）、《中华人民共和国外资企业法》（1986年4月12日制定，2000年10月31日修订，以下简称《外资企业法》）构成，此外还有这些法律的"实施条例""实施细则"等。

二、中外合资经营企业法律制度

中外合资经营企业（以下简称合营企业）又称股权式合营企业。它是由外国公司、企业和其他经济组织或者个人同中国的公司、企业或其他经济组织在中国境内共同投资举办的企业。

📒 **小贴士** ⭐★

合营企业的特征

合营企业具有以下特征：①合营的中方为中国的公司企业或其他经济组织，但不包括个人，而合营的外方可以包括个人；②合营企业为有限责任公司，是中国法人；③合营各方按照平等互利的原则，共同投资、共同经营，按照各自出资比例共担风险、共负盈亏；④合营企业不设股东会，其最高权力机构为董事会。

（一）中外合资经营企业的设立

1. 设立条件

在中国境内设立合营企业，应当能够促进中国经济的发展和科学技术水平的提高，符合国家指导外商投资方向的规定及外商投资产业指导目录。

📋 **法条链接** ▶▶

合营企业不予批准的情形

《合营企业法实施条例》第4条申请设立合营企业有下列情况之一的，不予批准：①有损中国主权的；②违反中国法律的；③不符合中国国民经济发展要求的；④造成环境污染的；⑤签订的协议、合同、章程显属不公平，损害合营一方权益的。

2. 设立程序

合营企业的设立程序包括三个步骤，具体规定如下。

（1）申请。申请设立合营企业，由合营双方共同向审批机关报送下列文件。

①设立合营企业的申请书；

②合营各方共同编制的可行性研究报告；

③由合营各方授权代表签署的合营企业协议、合同和章程；

④由合营各方委派的合营企业董事长、副董事长、董事人选名单；

⑤审批机关规定的其他文件。

（2）审批。合营企业的审批机关是商务部或者省级商务主管部门。除按照国家有关规定由商务部负责审批的合营企业外，其他合营企业的设立由省级商务主管部门审批，报商务部备案。

审批机关应当在收到全部文件之日起3个月内决定是否批准。合营企业经批准后由审批机关发给批准证书。

（3）工商登记。合营企业应当自收到批准证书之日起1个月内，向工商行政管理机关办理登记手续。合营企业的营业执照签发日期，即为该合营企业的成立日期。

（二）中外合资经营企业的注册资本与投资总额

【文前思考 2－11】 ①某外方和中方共同出资成立合营企业，投资总额为 1200 万美元。双方约定注册资本为 480 万美元。其中，外商用评估作价的设备出资 80 万美元，中方用现金 400 万美元出资。②国内甲企业与国外乙公司共同投资举办合营企业丙，其中甲出资 40%，乙出资 60%，投资总额 800 万美元，分期出资。营业执照签发日为 2010 年 7 月 1 日。

请问：

1. ①中有哪些不符合法律规定？

2. ②中甲、乙各自至少应出资多少？第一期出资至少多少，最迟在什么时间内缴清？

1. 注册资本

注册资本是指为设立合营企业在登记管理机关登记的资本总额，即合营各方认缴的出资额之和。依据我国有关法律法规规定，合营企业的注册资本应当符合下列条件。

（1）在合营企业的注册资本中，外方合营者的出资比例一般不得低于 25%。

（2）合营企业在合营期限内，不得减少注册资本。但因投资总额和生产经营规模等发生变化，确需减少注册资本的，须经审批机关批准。合营企业在合营期间增加注册资本，法律没有禁止，但应当经合营各方协商一致，并由董事会会议通过，报经原审批机关核准。合营企业增减注册资本，应当修改合营企业章程，办理变更登记手续。

（3）合营企业的注册资本应符合《中华人民共和国公司法》（以下简称《公司法》）对有限责任公司注册资本最低限额的规定。

2. 投资总额

投资总额是指按照合营企业的合同、章程规定的生产规模，需要投入的基本建设资金和生产流动资金的总和。它由注册资本和合营企业的借款构成，因而投资总额要大于注册资本。

合营企业的注册资本和投资总额要保持适当、合理的比例。现行有关规定如下。

（1）投资总额在 300 万（含）美元以下的，注册资本至少应占投资总额的 7/10；

（2）投资总额在 300 万美元以上至 1000 万（含）美元的，注册资本至少应占投资总额的 1/2，其中投资总额在 420 万美元以下的，注册资本不得低于 210 万美元；

（3）投资总额在 1000 万美元以上至 3000 万（含）美元的，注册资本至少应占投资总额的 2/5，其中投资总额在 1250 万美元以下的，注册资本不得低于 500 万美元；

（4）投资总额在 3000 万美元以上的，注册资本至少应占投资总额的 1/3，其中投资总额在 3600 万美元以下的，注册资本不得低于 1200 万美元。

（三）中外合资经营企业的出资方式与出资期限

1. 出资方式

合营各方可以现金、实物、工业产权、专有技术等投资。外方作为投资的设备和技术，必须是适合我国需要的先进设备和技术，并应经中方合营者的企业主管部门审查同意，报审批机构批准；中方合营者的投资还可以是场地使用权，如果场地使用权未作为中方合营者投资的一部分，合营企业应向中国政府缴纳场地使用费。合营各方缴付出资后应由中国的注册会计师验资，出具验资报告，由合资企业据此发给出资证明。

2. 出资期限

【文前思考 2-12】 国内甲企业与韩国乙企业签订合营合同：约定注册资本 800 万元，出资比例为 4∶6，一次缴清各自的出资。经批准于 2010 年 7 月 1 日领取营业执照。至 2010 年 12 月 31 日，甲企业已缴清全部出资，乙企业未缴付，甲企业催告乙企业在 1 个月内缴清，乙企业超过 1 个月仍未缴付。

请问：以上情形是否符合相关法律的规定？甲企业应该如何处理？

合营各方应当在合营合同中明确出资期限，并且应当按照合营合同规定的期限缴清各自的出资。《合营企业各方出资的若干规定》及《补充规定》对此作了如下具体规定。

（1）合营合同规定一次缴清出资的，合营各方应在营业执照签发之日起 6 个月内缴清。

（2）合营合同规定分期缴付出资的，合营各方第一期出资不得低于各自认缴出资额的 15%，并且应当在营业执照签发之日起 3 个月内缴清。

（3）合营各方未能在规定期限内缴付出资的，视同合营企业自动解散，合营企业批准证书自动失效。

（4）合营一方未按照合同的规定如期缴付或者缴清出资的，即构成违约。

（5）合营企业合同经审批后，如确因特殊情况需要超过合同规定的缴资期限缴资的，应报原审批机关和登记机关备案，并办理相关手续。

（四）中外合资经营企业出资额的转让

合营一方向第三者转让其全部或者部分股权的，须经合营他方同意，并报审批机构批准，向登记管理机构办理变更登记手续。合营一方转让其全部或者部分股权时，合营他方有优先购买权。合营一方向第三者转让股权的条件，不得比向合营他方转让的条件优惠。违反上述规定的，其转让无效。

（五）中外合资经营企业的组织机构

【文前思考 2-13】 国内某企业与美国某企业在北京设立某合营企业。合营企业设立董事会，董事任期 3 年，不得连任。外方担任董事长，中方担任副董事长并兼任总经理，总经理为法人代表。

请问：上述内容是否符合规定？

1. 权力机构

合营企业的组织形式虽然是有限责任公司，但并不设立股东会。

2. 经营管理机构

经营管理机构负责企业的日常经营工作。经营管理机构设总经理 1 人，副总经理若干人，其他高级管理人员若干人。总经理或者副总经理不得兼任其他经济组织的总经理或者副总经理，不得参与其他经济组织对本企业的商业竞争。

法条链接 ▶▶

合营企业需要一致通过的事项

《合营企业法实施条例》第33条下列事项由出席会议的董事一致通过方可作出决议：①合营企业章程的修改；②合营企业的中止、解散；③合营企业注册资本的增加、减少；④合营企业的合并、分立。

（六）中外合资经营企业的期限、解散和清算

1. 合营期限

合营企业的合营期限，按不同行业、不同情况，作不同的约定。约定合营期限的合营企业，合营各方同意延长合营期限的，应在距合营期满6个月前向审查批准机关提出申请。审查批准机关应自接到申请之日起1个月内决定批准或不批准。

小贴士

需要约定经营期限的情形

根据外商投资产业指导目录，属于国家鼓励和允许投资的项目，合营合同、协议或章程中可以约定期限，也可以不约定期限，但举办的合营企业属于下列行业的，应当约定期限，具体包括：①服务性行业，如饭店、公寓、写字楼、娱乐、饮食、出租汽车、彩扩、洗相、维修、咨询等；②从事土地开发及房地产经营的；③从事资源勘察开发的；④国家规定限制投资项目的；⑤国家法律、法规规定其他需要约定合营期限的。

2. 解散

合营企业在下列情况下解散。

（1）合营期限届满；

（2）企业发生严重亏损，无力继续经营；

（3）合营一方不履行合营企业协议、合同、章程规定的义务，致使企业无法继续经营；

（4）因自然灾害、战争等不可抗力遭受严重损失，无法继续经营；

（5）合营企业未达到其经营目的，同时又无发展前途；

（6）合营企业合同、章程所规定的其他解散原因已经出现。

3. 清算

合营企业宣告解散时，应当进行清算。合营企业应当按照《外商投资企业清算办法》的规定成立清算委员会，由清算委员会负责清算事宜。

三、中外合作经营企业法律制度

【文前思考2-14】 一家登记为有限责任公司的中外合作经营企业，其合作合同和章程中规定：外方以设备和现金出资，中方以厂房和土地使用权出资，合营期间所得收益首先用于偿付外方出资的本息；偿付完毕后的合营期间，双方按各3：5的比例分配收益；合营期满时，该企业的全部固定资产无偿归中方所有。

请问：该合作合同和章程是否有效，该合作企业能否登记为有限责任公司？

中外合作经营企业（以下简称合作企业）又称契约式合营企业。它是由外国公司、企业和其他经济组织或者个人同中国的公司、企业或其他经济组织在中国境内共同举办的，由双方通过合作经营企业合同约定各自的权利和义务的企业。

小贴士

合作企业的特征

与合营企业相比，合作企业具有以下特征：①是契约式企业。合作双方的投资、合作条件、收益或产品的分配、风险或亏损的承担等均由当事人在合作企业合同中协商约定，合作企业合同是企业成立的基本依据，合营各方的权利义务不是取决于投资比例与股份，而是取决于合作企业合同的约定。而合营企业为股权式企业，当事人的基本权利和义务依法应根据股权比例确定；②组织形式灵活。可以是法人企业，也可以是非法人企业。而合营企业必须是法人企业；③组织机构灵活。可以设董事会、联合管理委员会或委托第三方管理。而合营企业采用董事会制；④合作的外方可以先行收回投资。合营企业中外双方共同出资，外方不能先行收回投资。

（一）中外合作经营企业的设立

【文前思考2-15】 某中外合作经营企业在其合作企业合同中有以下约定：①合作企业注册为有限责任公司，外方出资100万美元，中方以土地使用权和厂房出资；②外方出资中的80万美元为设备，于公司取得营业执照后3个月内运抵公司所在地；③外方出资中的60万美元为现金，由外方向境外银行借贷，公司以设备提供担保；④公司不设董事会，由双方各派1名代表组成联合管理委员会，作为公司的权力机构。

请问：以上约定哪些为我国法律允许的，哪些为不允许的？

1. 设立条件

在中国境内设立合作企业，应当符合国家的发展政策和产业政策，遵守国家关于指导外商投资方向的规定。国家鼓励举办产品出口的或者技术先进的生产型合作企业。

2. 设立程序

合作企业的设立程序包括三个步骤，具体规定如下。

（1）申请。申请设立合作企业，应由中国合作者向审批机关报送相关文件。

（2）审批。审批机关应当在收到全部文件之日起45日内决定是否批准。合作企业经批准后由审批机关发给批准证书。

（3）工商登记。合作企业应当自收到批准证书之日起1个月内，向工商行政管理机关

（以下简称登记管理机构）办理登记手续。合作企业的营业执照签发日期，即为该合作企业的成立日期。合作企业应当自成立之日起 30 日内向税务机关办理税务登记。

（二）中外合作经营企业的注册资本与投资、合作条件

【文前思考 2–16】　中外双方经过多次协商，准备签署一项中外合作经营的合同，合作企业合同的内容中有以下条款：①合作企业投资的注册资本为 50 万美元，中方出资 40 万美元，外方出资 10 万美元，自营业执照核发之日起一年半内，应将资本全部缴齐。②合作企业的合作期限为 12 年，合作期满时，合作企业的全部固定资产无偿归中国合作者所有，外国合作者依法可以在合作期限内先行回收投资。

请问：上述条款是否合法？为什么？

1. 注册资本

合作企业的注册资本可以用人民币表示，也可以用合作各方约定的一种可自由兑换的外币表示。注册资本在合作期间不得减少，但因投资总额和生产规模等发生变化，确需减少的，须经审批机关批准。合作企业的注册资本与投资总额的比例，参照合营企业的有关规定执行。

2. 合作企业的投资和合作条件

（1）出资方式。合作各方应依照法律规定和合作企业合同的约定向合作企业投资或提供合作条件。

（2）出资比例。在依法取得法人资格的合作企业，外国合作者的投资比例一般不低于合作企业注册资本的 25%。在不具有法人资格的合作企业中，对合作各方向合作企业投资或者提供条件的具体要求，由商务部确定。

（3）出资期限。合作各方应当根据合作企业的生产经营需要，在合作企业合同中约定合作各方向合作企业投资或提供合作条件的期限。

（4）合作各方的出资转让。合作各方相互转让或者合作一方向合作他方以外的他人转让其在合作企业合同中全部或部分权利的，须经合作他方书面同意，并报审批机关批准。审批机关应当自收到有关转让文件之日起 30 日内决定是否批准。

（三）中外合作经营企业的组织形式和组织机构

1. 组织形式

具有法人资格的合作企业，其组织形式为有限责任公司。不具有法人资格的合作企业，合作各方的关系是一种合伙关系，合作各方根据其认缴的出资额或者提供的合作条件，在合作合同中约定各自承担责任的比例，但不影响合作各方对外连带责任的承担。

2. 组织机构

合作企业在组织机构的设置上与合营企业相比有较大的灵活性，具体可以有以下三种形式。

（1）董事会制。具备法人资格的合作企业，一般实行董事会制。董事会是合作企业的最高权力机构，决定合作企业的重大问题。

（2）联合管理制。不具备法人资格的合作企业，一般实行联合管理制。联合管理机构由合作各方代表组成，是合作企业的最高权力机构，决定合作企业的重大问题。

董事会或者联合管理委员会成员不得少于 3 人，其名额的分配由中外合作者参照其投资或者提供的合作条件协商确定。

董事会或者联合管理委员会会议每年至少召开 1 次，经 1/3 以上的董事或者委员提议，可以召开董事会临时会议或者联合管理委员会临时会议。

董事会会议或者联合管理委员会会议作出的决议，须经全体董事或委员的过半数通过。

(3) 委托管理制。经合作各方一致同意，合作企业可以委托合作一方经营管理，另一方不参加管理；也可以委托合作方以外的第三方经营管理。合作企业成立后改为委托第三方经营管理的，属于合作合同的重大变更，必须经董事会或者联合管理机构一致同意，并报审批机关审批，向工商行政管理机关办理变更登记手续。

法条链接 ▶▶

合作企业需要一致通过的事项

《合作企业法实施条例》第 29 条下列事项由出席董事会会议或者联合管理委员会会议的董事或者委员一致通过，方可作出决议：①合作企业章程的修改；②合作企业注册资本的增加或者减少；③合作企业的解散；④合作企业的资产抵押；⑤合作企业合并、分立和变更组织形式；⑥合作各方约定由董事会会议或者联合管理委员会会议一致通过方可作出决议的其他事项。

(四) 中外合作经营企业的收益分配和投资回收

1. 收益分配

合作企业的中外合作者可以在合同中约定采用分配利润、分配产品或者其他方式分配收益。合作企业约定采用分配产品或者其他方式分配收益的，应当按照中国税法的有关规定，计算应纳税额。

2. 外国合作者先行收回投资

外国合作者在合作期限内可以申请下列方式先行收回其投资：①在按照投资或者提供合作条件进行分配的基础上，在合作企业合同中约定扩大外国合作者的收益分配比例；②经财政税务机关按照国家有关税收的规定审查批准，外国合作者在合作企业缴纳所得税前回收投资；③经财政税务机关和审查批准机关批准的其他回收投资方式。

(五) 中外合作经营企业的期限、解散和清算

1. 合作期限

合作企业的期限由中外合作者协商确定，并在合作企业合同中订明。合作期限届满，合作各方协商同意延长的，应当在期限届满的 180 天前向审批机关提出申请，说明原合作合同执行情况、延长合作期限的原因，同时报送合作各方就延长的期限内各方的权利义务等事项达成的协议。

2. 解散

合作企业因下列情形之一出现时解散。

①合作期限届满；②合作企业发生严重亏损，或者因不可抗力遭受严重损失，无力继续经营；③中外合作者一方或者数方不履行合作企业合同、章程规定的义务，致使合作企业无法继续经营；④合作企业合同、章程中规定的其他解散原因已经出现；⑤合作企业违反法律、行政法规，被依法责令关闭。

上述款第②、④项所列情形发生，应当由合作企业的董事会或者联合管理委员会作出决定，报审查批准机关批准。在上述第③项所列情形下，不履行合作企业合同、章程规定的义务的中外合作者一方或者数方，应当对履行合同的他方因此遭受的损失承担赔偿责任；履行合同的一方或者数方有权向审查批准机关提出申请，解散合作企业。

3. 清算

合作企业的清算事宜依照国家有关法律、行政法规及合作企业合同、章程的规定办理。

四、外资企业法律制度

【文前思考 2-17】　新加坡一投资者拟投资 100 万（其中现金 10 万、设备 50 万、专有技术 40 万）美元在天津设立一软件公司。该投资者准备在该外资企业设立后用 10 万美元先行运作，设备和专有技术 4 个月后再逐步到位。

请问：该拟设立的外资企业在出资方式和出资期限上是否符合规定？

外资企业亦称外商独资经营企业。它是指由外国公司、企业和其他经济组织或者个人，依照中国有关法律，经中国政府批准，在中国境内设立的全部资本由外国投资者投资的企业。它不包括外国公司、企业和其他经济组织在中国境内设立的分支机构。

小贴士

外资企业的特征

外资企业具有以下特征：①是依照中国法律在中国境内设立的中国籍的企业，而非外国企业；②全部资本由外国投资者投资，在批准范围内享有生产经营自主权、自主经营、自负盈亏；③企业自主权大。外资企业有权自主决定企业的组织机构及利润分配方式。

（一）外资企业的设立

1. 设立条件

设立外资企业，必须有利于中国国民经济的发展，能够取得显著的经济效益。国家鼓励外资企业采用先进技术和设备，从事新产品开发，实现产品升级换代，节约能源和原材料，并鼓励举办产品出口的外资企业。

法条链接 ▶▶▶

不予批准的外资企业

《外资企业法实施细则》第 5 条申请设立外资企业,有下列情况之一的,不予批准。①有损中国主权或者社会公共利益的;②危及中国国家安全的;③违反中国法律法规的;④不符合中国国民经济发展要求的;⑤可能造成环境污染的。

2. 设立程序

外资企业的设立程序包括三个步骤,具体规定如下。

(1) 申请。①外国投资者应先向拟设立外资企业所在地的县级及以上人民政府提交报告,县级及以上人民政府应当在收到外国投资者提交的报告之日起 30 日内以书面形式答复;②外国投资者通过拟设立外资企业所在地的县级及以上人民政府向审批机关提出申请,并报送相关文件。

(2) 审批。审批机关应当在收到全部文件之日起 90 日内决定是否批准。审批机关如果发现资料不齐备或有其他不当之处,可以要求限期补报或者修改。

(3) 工商登记。外国投资者应当自收到批准证书之日起 30 日内,向工商行政管理机关办理登记手续。外资企业应当自成立之日起 30 日内向税务机关办理税务登记。

(二) 外资企业的注册资本与外国投资者的出资

1. 注册资本

外资企业的注册资本要与其经营规模相适应,注册资本与投资总额的比例,目前参照合营企业的有关规定执行。注册资本在经营期限内不得减少,但因投资总额和生产规模等发生变化,确需减少的,须经审批机关批准。

2. 出资方式

外国投资者可以用可自由兑换的外币出资,也可以用机器设备、工业产权、专有技术等作价出资。外国投资者以机器设备作价出资的,该机器设备应当是外资企业生产所必需的设备,该机器设备的作价不得高于同类机器设备当时的国际市场正常价格。外国投资者以工业产权、专有技术作价出资的,该工业产权、专有技术应当为外国投资者所有。该工业产权、专有技术的作价应当与国际上通常的作价原则相一致,其作价金额不得超过外资企业注册资本的 20%。经审批机关批准,外国投资者也可以用其从中国境内举办的其他外商投资企业获得的人民币利润出资。

3. 出资期限

外国投资者缴付出资的期限应当在设立外资企业申请书和外资企业章程中载明。外国投资者可以分期缴付出资,但最后一期出资应当在营业执照签发之日起 3 年内缴清。其中第一期出资不得少于外国投资者认缴出资额的 15%,并应当在外资企业营业执照签发之日起 90 天内缴清。

外国投资者未能在外资企业营业执照签发之日起 90 日内缴付第一期出资的,或者无正当理由逾期 30 天不出资的，外资企业批准证书即自动失效。外资企业应当向工商行政管理机关办理注销登记手续，缴销营业执照；不办理注销登记手续和缴销营业执照的，由工商行政管理机关吊销其营业执照，并予以公告。

外国投资者有正当理由要求延期出资的，应当经审批机关同意，并报工商行政管理机关备案。

外国投资者缴付每期出资后，外资企业应当聘请中国的注册会计师验证，并出具验资报告，报审批机关和工商行政管理机关备案。

（三）外资企业的组织形式和组织机构

1. 组织形式

外资企业的组织形式可以是有限责任公司，经批准也可以是其他责任形式。

2. 组织机构

外资企业应根据其组织形式设立董事会并推选出董事长，同时向审批机关备案。董事长是企业的法定代表人。

（四）外资企业的期限、终止和清算

1. 外资企业的期限

外资企业的经营期限，根据不同行业和企业的具体情况，由外国投资者在设立外资企业的申请书中拟订，经审批机关批准。外资企业的经营期限，从其营业执照签发之日起计算。

外资企业经营期满需要延长经营期限的，应当在距经营期满 180 天前向审批机关报送延长经营期限的申请书。审批机关应当在收到申请书之日起 30 天内决定批准或者不批准。外资企业经批准延长经营期限的，应当自收到批准延长期限文件之日起 30 天内，向工商行政管理机关办理变更登记手续。

2. 外资企业的终止

外资企业有下列情形之一的，应予终止：①经营期限届满；②经营不善，严重亏损，外国投资者决定解散；③因自然灾害、战争等不可抗力而遭受严重损失，无法继续经营；④破产；⑤违反中国法律法规，危害社会公共利益被依法撤销；⑥外资企业章程规定的其他解散事由已经出现。

外资企业如存在上述②、③、④项所列情形，应当自行提交终止申请书，报审批机关核准。审批机关作出核准的日期为企业的终止日期。

3. 外资企业的清算

外资企业宣告终止时，应当进行清算。除上述④、⑤项所列情形应当按照中国有关法律规定进行清算外，其他情形终止的，应当在终止之日起 15 天内对外公告并通知债权人，并在终止公告发出之日起 15 天内，提出清算程序、原则和清算委员会人选，报审批机关审核后进行清算。

外资企业在清算结束之前，外国投资者不得将该企业的资金汇出或者携出中国境外，不得自行处理企业的财产。外资企业清算结束，其资产净额和剩余财产超过注册资本的部分视同利润，应当依照中国税法缴纳所得税。外资企业清算结束，应当向工商行政管理机关办理注销登记手续，缴销营业执照。

拓展阅读

个人独资企业和个体工商户的区别

随着全民创业的热潮兴起，个人独资企业这种组织形式越来越受到各地中小投资者的欢迎。然而，也有不少投资者在创业时遇到一个困惑：是设立个人独资企业好还是设立个体工商户好？事实上，个人独资企业和个体工商户虽然都具有设立灵活、登记手续简便等特点，但两者还是有不少区别的，需要投资者通盘考虑，根据自身情况选准组织形式。

第一，个人独资企业必须要有固定的生产经营场所和合法的企业名称，而个体工商户可以不起字号名称，也可以没有固定的生产经营场所，可以进行流动经营。

第二，个体工商户的投资者与经营者必须为同一人，即投资设立个体工商户的自然人。而个人独资企业的投资人可以委托或聘用他人管理个人独资企业事务，即所有权与经营权可以分离，这就决定了个人独资企业更符合现代企业制度的特征。

第三，个人独资企业可以设立分支机构，也可以委派他人作为个人独资企业分支机构负责人，但由设立该分支机构的个人独资企业承担责任。个体工商户不能设立分支机构。

第四，在民事、行政、经济法律制度中，个人独资企业是其他组织或其他经济组织的一种形式，能以企业自身的名义进行法律活动。而个体工商户是否能够作为其他组织或其他经济组织的一种形式，一直是国内有关专家的争论焦点。更多的时候，个体工商户是以公民个人名义来开展法律活动的。另外，个人独资企业与个体工商户作为市场主体，参与市场经济其他活动的能力也不同。例如，个人独资企业可以成为公司的股东，从而以企业名义享有公司股东的权利和义务；而个体工商户一般只能以个人投资者身份成为公司股东。

第五，个人独资企业与个体工商户在财务制度和税收政策上的要求也不尽相同。事实上，这也是投资者比较关心的问题。根据《个人独资企业法》的规定，个人独资企业必须建立财务制度，以进行会计核算。而个体工商户由于情况复杂，是否需要建立会计制度，争论较多。从目前的实际情况看，个体工商户可以按照税务机关的要求建立账簿，如果税务部门不作要求，也可以不进行会计核算。另外，在税收政策方面，一般来说，个体工商户较难被认定为一般纳税人，而符合条件的个人独资企业则可以被认定为一般纳税人。

职业知识检测

一、单项选择题

1. 下列关于个人独资企业法律特征的表述正确的是（　　）。

A. 不能从事民事活动　　　　B. 不是独立的民事主体

C. 是法人企业　　　　　　　D. 是非法人企业

2. 普通合伙企业各合伙人对合伙企业的债务承担（　　）。

A. 无限责任　　B. 有限责任　　C. 连带责任　　D. 无限连带责任

3. 甲为有限合伙企业的普通合伙人。经全体合伙人一致同意，甲转为有限合伙人。对其作为普通合伙人期间有限合伙企业发生的债务，甲承担责任的正确表述是（　　）。

A. 以其实缴的出资额为限承担责任　　B. 以其认缴的出资额为限承担责任

C. 承担无限连带责任　　D. 不承担责任

4. 中外合作经营企业是（　　）。

A. 企业法人　　B. 契约式企业　　C. 非法人企业　　D. 外国企业

5. 合营企业的最高权力机构是（　　）。

A. 股东大会　　B. 董事会　　C. 监事会　　D. 职工代表大会

6. 外商投资企业投资各方未能在规定的期限内缴付出资的，视同（　　）。

A. 需要延期缴付出资　　B. 违约

C. 外商投资企业自动解散　　D. 外商投资企业未成立

二、多项选择题

1. 以下有关个人独资企业设立条件的表述正确的有（　　）。

A. 投资人可以是中国的公务员，也可以是外国公民

B. 投资人可以家庭共有财产作为个人出资

C. 企业名称中不得使用"有限""公司"等字样

D. 企业必须有符合规定的最低注册资本

2. 除合伙企业另有约定外，下列事项，应经全体合伙人一致同意的有（　　）。

A. 改变合伙企业的名称

B. 合伙企业之间转让在合伙企业的财产份额

C. 处分合伙企业的不动产

D. 以合伙企业的名义为他人提供担保

3. 根据《合伙企业法》，可以作为合伙人出资的有（　　）。

A. 货币　　B. 实物　　C. 劳务　　D. 专利技术

4. 外商独资企业是（　　）。

A. 非中国法人　　B. 外国企业

C. 经审批设立的企业　　D. 无中方出资的企业

5. 中外合作企业特点有（　　）。

A. 外方合作者可以先行收回投资　　B. 各方的权利义务由合作合同约定

C. 管理机构具有多样性　　D. 法人资格具有可选择性

6. 根据外商投资企业的有关法律规定，下列关于中外合资经营企业与中外合作经营企业区别的正确表述有（　　）。

A. 合营企业外方投资比例不得低于注册资本 25%，而合作企业外方投资比例没有限制

B. 合营企业按照出资比例分配收益，而合作企业按照合同约定分配收益

C. 合营企业必须是依法取得法人资格的企业，而合作企业可以不具备法人资格

D. 合营企业在经营期间外方不得先行回收投资，而合作企业在经营期间内外方在一定条件下可以先行回收投资。

三、判断题

1. 个人独资企业不具有法人资格，但是有独立承担民事责任的能力。（　　）

2. 合伙协议可以进行修改，但必须经过全体合伙人的 2/3 以上同意。（　　）

3. 特殊的普通合伙企业中一个合伙人或者数个合伙人在执业活动中因故意或者重大过失造成合伙企业债务的，应当承担无限责任或者无限连带责任，其他合伙人以其在合伙企业中的财产份额为限承担责任。（　　）

4. 中外合营企业的投资总额即合营各方认缴的出资额之和，即注册资本。（　　）

5. 中外合作企业期限届满，合作双方协商同意要求延长合作期限，应当在期满前 180 天向审查批准机关提出申请。（　　）

6. 外资企业应当每月按照企业职工计税工资总额的 2% 拨交工会经费，由本企业工会依照有关工会经费管理办法使用。（　　）

职业能力检测

案例一　个人独资企业投资人的责任和事务管理

薛某为一下岗职工，2009 年 1 月 16 日以家庭共有财产申报设立一家经营餐饮的个人独资企业。企业开业后，由于菜式独特，生意兴隆，不到一年，又设立了两家分店，注册了自己的商标，并聘请了两名店长分别负责经营。2009 年 12 月，薛某因车祸需要静养半年，于是将企业交给妻子王某打理。由于王某经营不力，企业效益下滑，此时，第一分店店长私自把该企业的商标权应用到与其弟合伙开设一家与本餐饮企业具有相同特色的另一家餐饮企业，并任经理，主要工作精力转移。第二分店因拖欠房租水电等被起诉至法院，薛某以店长承包经营为由提出抗辩。2010 年 12 月，薛某未经清算就决定解散企业，不再偿还债务。经查，经营期间，该餐饮企业并没有为员工购买社保。

思考：根据相关法律规定指出以上资料中存在哪些问题？

案例二　有限合伙企业的设立及经营

2010 年 10 月，A、B、C、D 四人按规定共同投资设立了一从事生产食品的有限合伙企业。合伙企业约定以下事项：

1. A 以现金 4 万元出资，B 以房屋作价 12 万元出资，C 以劳务作价 3 万元出资，另以专利权作价 6 万元出资，D 以银行存款 8 万元作为出资；

2. D 为普通合伙人，其他三人均为有限合伙人；合伙企业的事务由 C、D 执行，对外代表合伙企业，A、B 不执行合伙企业事务，对外不代表合伙企业。

3. 合伙企业经过相关部门纠正后，合伙企业得以成立，在当年的生产经验活动中发生了以下事项：

（1）2010 年 11 月，A 未经其他合伙人同意向该合伙企业销售了一批食品原料，经查，该事项在合伙协议中并未约定。

（2）2010 年 12 月，D 未经其他合伙人同意购买了该合伙企业销售的食品，经查，该事项在合伙协议中并未约定。

（3）2011 年 1 月，C 不小心从楼上摔下来摔成植物人，A、B、D 一致要求 C 退伙。

思考：根据相关法律规定指出以上资料中存在哪些问题？

案例三 中外合资经营企业的设立条件

国内某奶制品企业想引进外资，经过与国外某知名奶制品企业协商，达成建立中外合资经营企业的协议。主要内容：投资总额 1200 万美元，其中注册资本 500 万美元。中方以货币、厂房、机器设备、土地使用权等作价 360 万美元出资；外方以生产奶制品的专利技术作价 150 万美元作为出资。以中方的名义贷款 300 万美元，作为企业的流动资金，并由中方所在的财政局提供担保；合营期间，经双方同意，可减少注册资本；双方一致同意选择适用外国法律。合营企业成立后，外方作为投资的专利技术因缺乏专利证书，被其所在国海关扣留。合营企业经营 3 年后，经董事会会议决定，从利润中拨出 20 万美元先行返还外方投资。

思考：根据相关法律规定指出以上资料中存在哪些问题？

第三章　公司法律制度

知识目标

1. 了解公司的概念、特征及其分类；
2. 掌握有限责任公司和股份有限公司的设立条件、设立程序、组织机构及职责权限；
3. 熟悉一人有限公司、国有独资公司、上市公司的特殊规定；
4. 理解公司合并、分立、解散、清算的相关法律规定。

能力目标

1. 能够依据法律规定办理公司的设立、变更及解散和清算等事务；
2. 注意对比两种类型公司在设立条件、组织机构、股权转让等方面的异同；
3. 正确分析解决公司的管理责任方面的纠纷案例。

知识导航

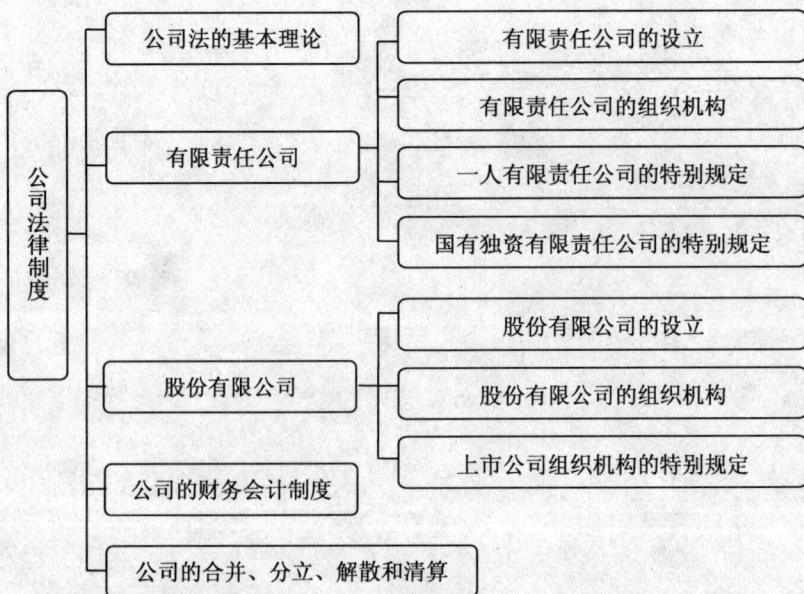

案例导入

振兴公司、银河公司、瀚海公司三个公司在北京市设立灿明灯具有限责任公司（以下简称"灿明公司"），拟定的注册资本为 100 万元，振兴公司以货币出资 10 万元，以机器设备出资 20 万元，银河公司以货币出资 10 万元，以专利权出资 35 万元，瀚海公司以厂房出资 25 万元。但在公司登记时，工商行政管理机关有关人员指出股东出资不符合法律规定，经过更正后公司得以成立。

灿明公司 2009 年董事会通过如下决议：①根据公司产品市场营销业务发展的需要，决定增设市场开发部，并根据总经理的提名聘任张明为市场开发部经理；②根据总经理的提名，解聘财务负责人李岚的职务，聘任监事王朝阳兼任财务负责人。

灿明公司生产的灯具物美价廉，销量一度旺盛。2010 年却发生严重滞销，销售额持续下降，公司赶紧展开调查。发现公司董事会的董事王为，于 2009 年 8 月与几个朋友合资投资设立另一个照明器具有限责任公司，王为担任常务副总经理，具体负责生产经营。该公司生产的灯具在用料、款式、功能方面均与灿明公司生产的灯具相差无几。于是，灿明公司董事会作出如下决议：①要求王为将其从另一个照明器具有限责任公司取得的收入归灿明公司所有；②撤销王为公司董事的职务，增补赵雅俊为公司的董事。

请思考：

1. 什么是公司？我国法律对公司的设立、组织机构及其职权有哪些规定？

2. 公司法关于公司的董事、监事、高级管理人员的资格和义务有哪些规定？

公司是指依照公司法设立的有独立的法人财产，享有法人财产权的企业法人。《中华人民共和国公司法》（以下简称《公司法》）所称公司，是指依照公司法在中国境内设立的有限责任公司和股份有限公司。公司具有以下特征。

①公司是企业法人，有独立的法人财产，享有法人财产权；

②公司股东依法享有资产收益、参与重大决策和选择管理者等权利；

③公司从事经营活动，必须遵守法律、行政法规，遵守社会公德、商业道德，诚实守信，接受政府和社会公众的监督，承担社会责任；

④公司的合法权益受法律保护，不受侵犯。

《公司法》是规定公司法律地位、调整公司组织关系、规范公司在设立、变更与终止过程中的组织行为的法律规范的总称。《公司法》于 1993 年 12 月 29 日第八届全国人民代表大会常务委员会第五次会议通过；随后修订过两次，新的《公司法》于 2005 年 10 月 27 日第十届全国人民代表大会常务委员会第十八次会议修订通过，自 2006 年 1 月 1 日起施行。这部法律主要规范的是有限责任公司和股份有限公司。下面主要以我国修订后的《公司法》为依据，介绍这两种公司形式。

第一节 公司法的基本理论

一、公司的分类

【文前思考3-1】 A公司、B公司两家公司在北京市设立AB家具有限责任公司（以下简称"AB公司"），注册资本为100万元。由于AB公司生产的家具款式新颖、质量上乘，销量一度旺盛。

AB公司2011年股东会议如期召开，股东一致认为公司经营情况良好，应该扩大经营规模，会议通过如下决议：①根据公司产品市场营销业务发展的需要，决定在广州市设立子公司一家。②根据公司产品市场营销业务发展的需要，决定在天津市设立一家分公司。

请问：

1. 我国《公司法》中所指的公司有哪些？公司还有哪些其他分类？

2. 总公司和分公司、母公司和子公司有什么异同？何种公司具有法人资格？

（一）按公司资本结构和股东对公司债务承担责任的方式划分为有限责任公司、股份有限公司、无限公司和两合公司

有限责任公司又称有限公司，是指股东以其认缴的出资额为限对公司承担责任，公司以其全部财产对公司的债务承担责任的公司。

股份有限公司是指将公司全部资本分为等额股份，股东以其认购的股份为限对公司承担责任，公司以其全部财产对公司的债务承担责任的公司。

无限公司是指由两个以上的股东组成，全体股东对公司债务承担无限连带责任的公司。

两合公司是指由负无限责任的股东和负有限责任的股东组成，无限责任股东对公司债务负无限连带责任，有限责任股东仅就其认缴的出资额为限对公司债务承担责任。

我国《公司法》规定的公司形式仅为有限责任公司和股份有限公司。我国现行立法体系的公司包括：有限责任公司与股份有限公司、一人有限责任公司、国有独资公司、上市公司、外商投资公司。

（二）以公司信用基础为标准分为资合公司、人合公司及资合兼人合公司

资合公司是指以资本的结合作为信用基础的公司，其典型的形式为股份有限公司。

人合公司是指以股东个人的财力、能力和信誉作为信用基础的公司，其典型的形式为无限公司。

资合兼人合的公司是指同时以公司资本和股东个人信用作为公司信用基础的公司，其典型的形式为两合公司。

（三）以公司组织关系为标准划分为母公司与子公司、总公司与分公司

1. 母公司与子公司

母公司也称控股公司，是指通过掌握其他公司的股份从而实际控制其他公司生产经营的公司。

子公司是指其生产经营活动受母公司影响、控制的公司，是一个独立的法人。可称之为子公司的情形：全资子公司；绝对控股子公司（母公司持有子公司50％以上股权）；相对控股子公司（母公司持有子公司50％以下股权，但足以控制子公司）。

2. 总公司和分公司

分公司是总公司的分支机构或附属机构，分公司不具有法人资格，其民事责任由总公司承担。

小贴士

控股股东

控股股东是指其出资额占有限责任公司资本总额50％以上或者其持有的股份占股份有出资额或者持有的股份所享有的表决权足以对股东会或者股东大会的决议产生重大影响的股东。

二、股东及股东权利

（一）股东

股东可以是自然人，也可以是法人。但自然人作为发起人股东应当具备完全行为能力，法律禁止不可设立公司的自然人（如公务员）作为公司的股东。

（二）股东权利

股东权利的内容包括以下内容：表决权、选举和被选举权、依法转让出资额或者股份的权利、知情权、建议和质询权、新股优先认购权、股利分配请求权、提议召开临时股东（大）会的权利、临时提案权、异议股东股份收买请求权、申请法院解散公司的权利、公司剩余财产的分配请求权。

三、公司的登记管理

【文前思考3-2】 李先生与三位好朋友商量，准备出资35万元，在某个城市设立一个公司，公司的名称叫"中国好友公司"，并租赁了办公场所，招聘了工作人员。

请问：该公司的名称是否符合有关规定，为什么？

（一）公司登记管辖

我国的公司登记机关是工商行政管理机关。我国公司登记实行国家、省（自治区、直辖市）、市（县）三级管辖制度。

（二）登记事项

公司主要登记事项包括：

（1）公司名称。

①公司名称＝所属行政区划名称＋字号＋行业特点＋公司组织形式。

例如：北京市友谊商场股份有限公司＝北京市＋友谊＋商场＋股份有限公司

②公司只能使用一个名称。

③企业名称中使用"总"字，必须下设三个以上分支机构；不能独立承担责任的分支机构，其名称应当冠以其所属企业名称，缀以"分……""分厂""分店"等。

法条链接 ▶▶

公司名称的规定

《公司法》第 8 条依照本法设立的有限责任公司，必须在公司名称中标明"有限责任公司"或者"有限公司"字样。依照本法设立的股份有限公司，必须在公司名称中标明股份有限公司或者股份公司字样。

（2）公司住所。一个公司可以有多个经营场所，但登记的住所只能有一个。公司以其主要办事机构所在地为住所。公司的住所应当在其公司登记机关辖区内。

（3）法定代表人姓名。公司法定代表人依照公司章程的规定，可以由董事长、执行董事或者经理担任。

（4）注册资本和实收资本。

①有限责任公司的注册资本为在公司登记机关登记的全体股东"认缴"的出资额。

②股份有限公司采取发起方式设立的，注册资本为在公司登记机关登记的全体发起人"认购"的股本总额。

③股份有限公司采取募集方式设立的，注册资本为在公司登记机关登记的"实收"股本总额。

（5）公司类型。公司登记的类型包括有限责任公司和股份有限公司。一人有限责任公司应当在公司登记中注明自然人独资或者法人独资，并在公司营业执照中载明。

（6）公司经营范围。公司的经营范围由公司章程规定，并依法登记。公司可以修改公司章程，改变经营范围，但是应当办理变更登记。公司的经营范围中属于法律、行政法规规定须经批准的项目，应当依法经过批准。

（7）公司营业期限。

（三）设立登记

1. 公司名称预先核准

申请名称预先核准，应当由全体股东或发起人指定的代表或者共同委托的代理人向公司登记机关提出申请。预先核准的公司名称保留期为 6 个月。在保留期内，预先核准的公司名称不得用于从事经营活动，不得转让。

2. 公司设立的申请与登记

（1）有限责任公司设立的申请。设立有限责任公司，应当由全体股东指定的代表或者共同委托的代理人向公司登记机关申请设立登记。

设立国有独资公司，应当由国务院或者地方人民政府授权的本级人民政府国有资产监督管理机构作为申请人，申请设立登记。

法律、行政法规或者国务院决定规定设立有限责任公司必须报经批准的，应当自批准之日起 90 日内向公司登记机关申请设立登记；逾期申请设立登记的，申请人应当报批准机关确认原批准文件的效力或者另行报批。

（2）股份有限公司的设立申请。设立股份有限公司，应当由董事会向公司登记机关申请设立登记。以募集方式设立股份有限公司的，应当于创立大会结束后 30 日内向公司登记机关申请设立登记。

（3）分公司的设立申请。公司设立分公司，应当自决定作出之日起 30 日内向分公司所在地的公司登记机关申请登记；法律、行政法规或者国务院决定规定必须报经有关部门批准的，应当自批准之日起 30 日内向公司登记机关申请登记，领取营业执照。公司应当自分公司登记之日起 30 日内，持分公司的《营业执照》到公司登记机关办理备案。分公司的经营范围不得超出公司的经营范围。

（4）公司设立的申请与登记程序。公司的《企业法人营业执照》正本或者分公司的《营业执照》正本应当置于公司住所或者分公司营业场所的醒目位置。公司可以根据业务需要向公司登记机关申请核发营业执照若干副本。任何单位和个人不得伪造、涂改、出租、出借、转让营业执照。

（四）变更登记

1. 变更登记事项

公司营业执照记载的事项发生变更的，公司应当依法办理变更登记，由公司登记机关换发营业执照。涉及下述两种情形的变更，应当自公告之日起 45 日后申请变更登记。

（1）公司减少注册资本的，应当自公告之日起 45 日后申请变更登记，并应当提交公司在报纸上登载公司减少注册资本公告的有关证明和公司债务清偿或者债务担保情况的说明。

（2）公司合并、分立的，应当自公告之日起 45 日后申请登记，提交合并协议和合并、分立决议或者决定以及公司在报纸上登载公司合并、分立公告的有关证明和债务清偿或者债务担保情况的说明。法律、行政法规或者国务院决定规定公司合并、分立必须报经批准的，还应当提交有关批准文件。

其余依法需要变更登记的，自作出变更决定或决议之日起 30 日内申请变更登记。

2. 备案事项

公司章程修改未涉及登记事项的，公司应当将修改后的公司章程或公司章程修正案送原公司登记机关备案。公司董事、监事、经理发生变动，应当向原公司登记机关备案。

（五）注销登记

有分公司的公司申请注销登记，应当提交分公司的注销登记证明。如果仅是分公司被撤销、依法责令关闭、吊销营业执照的，公司应当自决定作出之日起 30 日内向该分公司的公司登记机关申请注销登记。

第二节　有限责任公司

一、有限责任公司的设立

【文前思考 3-3】　小张、小王、小罗、小肖四个自然人欲设立一有限责任公司，从事运输业务，小张以自有的一辆红岩牌卡车和现金 20 万元作为出资，小王以其经营交通运输管理部门审批的一条客运线路和自有房屋出资，小罗、小肖分别以自己现从事运输业务的四辆红岩牌卡车和两辆客车作为出资。经有关机构评估，作为出资的五辆红岩牌卡车共作价 90 万元，两辆客车作价 40 万元，小王的自有房屋作价 24 万元。四人共同订立了公司章程，写明下列事项：

公司名称为：×××运输有限责任公司；

公司住所为：×市×街×号（小王的自有房屋住址）；

公司注册资本 180 万元；

股东分别为小张、小王、小罗、小肖四人。

各股东以上述出资方式和出资额在公司成立时一次交足；公司设股东会，不设董事会和监事会，股东会会议每年召开一次，公司法定代表人为公司执行董事，公司由小张担任执行董事，小王担任公司财务负责人，小罗、小肖为监事。

请问：

1. 该运输公司的设立符合《公司法》规定的设立条件吗？

2. 假设符合成立条件，如果四个股东想分期缴纳出资，最晚的出资期限是何时？

3. 假设公司成立后，小张欲转让自己的股份给小冯，是否受到限制？

有限责任公司又称有限公司，是指依照《公司法》的有关规定设立的，股东以其认缴的出资额为限对公司承担责任，公司以其全部财产对公司的债务承担责任的企业法人。

有限责任公司具有以下几个主要特征：①有限责任公司的股东均负有有限责任；②有限责任公司的资本不分为等额股份，证明股东出资份额的权利证书称为出资证明书，而不是股票；③有限责任公司的股东有最高人数的限制，我国《公司法》的规定是 50 人；④有限责任公司的设立程序比较简单。

公司的设立是指公司的发起人组建公司，并使其按照法定程序取得法人资格的过程。

（一）有限责任公司的设立条件

（1）股东符合法定人数。

有限责任公司由 50 个以下股东出资设立，允许设立一人公司。

（2）股东出资达到法定资本最低限额。

①有限责任公司注册资本的最低限额为人民币 3 万元，法律、行政法规对有限责任公司注册资本的最低限额有较高规定的，从其规定。

②公司全体股东的首次出资额不得低于注册资本的 20%，也不得低于法定的注册资本

最低限额，其余部分由股东自公司成立之日起两年内缴足；其中，投资公司可以在5年内缴足。

③股东可以用货币出资，也可以用实物、知识产权、土地使用权等，还可以用货币估价并可以依法转让的非货币财产作价出资。全体股东的货币出资金额不得低于有限责任公司注册资本的30%。以货币出资的，应当将货币出资足额存入有限责任公司在银行开设的账户；以非货币财产出资的，应当依法办理其财产权的转移手续。

股东不按照规定缴纳出资的，除应当向公司足额缴纳外，还应当向已按期足额缴纳出资的股东承担违约责任。有限责任公司成立后，发现作为设立公司出资的非货币财产的实际价额显著低于公司章程所定价额的，应当由交付该出资的股东补足其差额；公司设立时的其他股东承担连带责任。

法条链接 ▶▶▶

验资报告

《公司法》第29条股东缴纳出资后，必须经依法设立的验资机构验资并出具证明。

（3）股东共同制定公司章程。

有限责任公司股东共同制定公司章程。有限责任公司章程应当载明下列事项：公司名称和住所；公司经营范围；公司注册资本；股东的姓名或者名称；股东的出资方式、出资额和出资时间；公司的机构及其产生办法、职权、议事规则；公司法定代表人；股东会会议认为需要规定的其他事项。股东应当在公司章程上签名、盖章。

（4）有公司名称，建立符合有限责任公司要求的组织机构。

（5）有公司住所。

（二）设立程序

股东的全部出资经法定的验资机构验资后，由全体股东指定的代表或者共同委托的代理人向公司登记机关申请设立登记。符合《公司法》规定条件的，公司登记机关予以登记，发给公司营业执照。公司营业执照签发日期为有限责任公司成立日期。登记主管机关核准登记后，公司应当发布公司登记公告。公司成立后，股东不得抽逃出资。

二、有限责任公司的组织机构

【文前思考3-4】　2011年3月某有限责任公司董事会通过如下决议：

①根据公司产品市场营销业务发展的需要，决定增设市场开发部，并根据总经理廖先生的提名聘任张宁为市场开发部经理；②根据总经理廖先生的提名，解聘财务负责人李岚的职务，聘任监事小肖兼任财务负责人；③撤销王豪公司董事的职务，增补孙明为公司的董事；④2011年1月，经检查，发现该公司设立时股东郑东出资的机器设备价值显著低于公司章程所定价额，但经过该次董事会的决议，将其补足出资的义务免除。

请问：

1. 有限责任公司的组织机构有哪些？各有什么职权？

2. 该公司董事会的决议有什么违法之处？

(一) 股东会

有限责任公司的股东会由全体股东组成，是公司的权力机构。

1. 股东会是公司的权力机构

股东会行使下列职权。

(1) 决定公司的经营方针和投资计划；

(2) 选举和更换非由职工代表担任的董事、监事，决定有关董事、监事的报酬事项；

(3) 审议批准董事会或者执行董事的报告；

(4) 审议批准监事会或者监事的报告；

(5) 审议批准公司的年度财务预算方案、决算方案；

(6) 审议批准公司的利润分配方案和弥补亏损方案；

(7) 对公司增加或者减少注册资本作出决议；

(8) 对发行公司债券作出决议；

(9) 对公司合并、分立、变更公司形式、解散和清算等事项作出决议；

(10) 修改公司章程；

(11) 公司章程规定的其他职权。

2. 股东会会议

股东会会议分为定期会议和临时会议。定期会议应当依照公司章程的规定按时召开。代表 1/10 以上表决权的股东，1/3 以上的董事，监事会或者不设监事会的公司的监事提议召开临时会议的，应当召开临时会议。

3. 股东会会议的召集

首次股东会会议由出资最多的股东召集和主持，依法行使职权。以后的股东会会议，公司设立董事会的，由董事会召集，董事长主持；董事长不能或者不履行职务的，由副董事长主持；副董事长不能或者不履行职务的，由半数以上董事共同推举一名董事主持。公司不设董事会的，股东会会议由执行董事召集和主持。董事会或者执行董事不能或者不履行召集股东会会议职责的，由监事会或者不设监事会的公司的监事召集和主持；监事会或者监事不召集和主持的，代表 1/10 以上表决权的股东可以自行召集和主持。

召开股东会会议，应当于会议召开 15 日以前通知全体股东，但公司章程另有规定或者全体股东另有约定的除外。

4. 股东会决议

股东会会议由股东按照出资比例行使表决权，但公司章程另有规定的除外。股东会会议作出以下特别决议的，必须经代表 2/3 以上具有表决权的股东通过。

(1) 修改公司章程的决议；

(2) 增加或者减少注册资本的决议；

(3) 公司合并、分立、解散或者变更公司形式的决议。

5. 股东会决议的无效和撤销

(1) 公司股东会的决议内容违反法律、行政法规的无效。

(2) 股东会召集程序、表决方式违反法律、行政法规或者公司章程，或者决议内容违反公司章程的，股东可以自决议作出之日起 60 日内，请求人民法院撤销。

(二) 董事会

1. 董事会的组成

有限责任公司设董事会，其成员为 3～13 人。两个以上的国有企业或者其他两个以上的国有投资主体投资设立的有限责任公司，其董事会成员中应当有公司职工代表；其他有限责任公司董事会成员中也可以有公司职工代表。董事会中的职工代表由公司职工通过职工代表大会、职工大会或者其他形式民主选举产生。董事会设董事长一人，可以设副董事长。董事长、副董事长的产生办法由公司章程规定。

2. 董事任期

董事任期由公司章程规定，但每届任期不得超过 3 年。董事任期届满，连选可以连任。

3. 董事会职权

董事会对股东会负责，行使下列职权。

(1) 召集股东会会议，并向股东会报告工作；

(2) 执行股东会的决议；

(3) 决定公司的经营计划和投资方案；

(4) 制订公司的年度财务预算方案、决算方案；

(5) 制订公司的利润分配方案和弥补亏损方案；

(6) 制订公司增加或者减少注册资本以及发行公司债券的方案；

(7) 制订公司合并、分立、变更公司形式、解散的方案；

(8) 决定公司内部管理机构的设置；

(9) 决定聘任或者解聘公司经理及其报酬事项，并根据经理的提名决定聘任或者解聘公司副经理、财务负责人及其报酬事项；

(10) 制定公司的基本管理制度；

(11) 公司章程规定的其他职权。

🖊️ **小贴士** ⭐⭐

股东会和董事会职权的比较

董事会是股东会的执行机构，所以在两者的职权中，一般由股东会"审议批准"或"作出决议"的事项，要由董事会起草"方案"。如股东会的第 (3) (4) (5) (6) (7) 项职权是"审议批准"或"作出决议"性质的权力，需要由董事会起草"方案"，恰恰董事会职权中的 (4) (5) (6) (7) 项职权就是对此起草"方案"。

股东会决定公司的"经营方针和投资计划"，而董事会决定公司的"经营计划和投资方案"。

4. 董事会的召集

董事会会议由董事长召集和主持；董事长不能或者不履行职务的，由副董事长召集和主持；副董事长不能或者不履行职务的，由半数以上董事共同推举一名董事召集和主持。

5. 董事会的议事方式和表决

董事会决议的表决，实行一人一票。董事会应当对所议事项的决定作成会议记录，出席会议的董事应当在会议记录上签名。

（三）监事会

1. 监事会人数及构成

有限责任公司设立监事会，其成员不得少于3人。股东人数较少或者规模较小的有限责任公司，可以设一至两名监事，不设立监事会。监事会应当包括股东代表和适当比例的公司职工代表，其中职工代表的比例不得低于1/3，具体比例由公司章程规定。监事会中的职工代表由公司职工通过职工代表大会、职工大会或者其他形式民主选举产生。

监事会设主席1人，由全体监事过半数选举产生。监事会主席召集和主持监事会会议；监事会主席不能履行职务或者不履行职务的，由半数以上监事共同推举1名监事召集和主持监事会会议。董事、监事、高级管理人员不得兼任监事。

2. 监事会职权

（1）检查公司财务；

（2）对董事、高级管理人员执行公司职务的行为进行监督，对违反法律、行政法规、公司章程或者股东会决议的董事、高级管理人员提出罢免的建议；

（3）当董事、高级管理人员的行为损害公司的利益时，要求董事、高级管理人员予以纠正；

（4）提议召开临时股东会会议，在董事会不履行本法规定的召集和主持股东会会议职责时召集和主持股东会会议；

（5）向股东会会议提出提案；

（6）依照《公司法》第152条的规定，对董事、高级管理人员提起诉讼；

（7）公司章程规定的其他职权。

法条链接 ▶▶▶

监事的职权

《公司法》第55条监事可以列席董事会会议，并对董事会决议事项提出质询或者建议。监事会、不设监事会的公司的监事发现公司经营情况异常，可以进行调查；必要时，可以聘请会计师事务所等协助其工作，费用由公司承担。

3. 监事会的召开和主持

监事会每6个月至少召开一次会议。监事可以提议召开临时监事会会议。监事决议应当经半数以上监事通过。监事每届3年，监事任期届满，连选可以连任。兼事会由监事会主席召集主持。监事会应当对所议事项的决定作成会议记录，出席会议的监事应当在会议记录上签名。

（四）经理

有限责任公司可以设经理，由董事会决定聘任或者解聘。经理对董事会负责，行使下列职权：①主持公司的生产经营管理工作，组织实施董事会决议；②组织实施公司年度经营计划和投资方案；③拟订公司内部管理机构设置方案；拟订公司的基本管理制度；④制定公司的具体规章；⑤提请聘任或者解聘公司副经理、财务负责人；⑥决定聘任或者解聘除应由董事会决定聘任或者解聘以外的负责管理人员；⑦董事会授予的其他职权。

公司章程对经理职权另有规定的，从其规定。经理列席董事会会议。

法条链接 ▶▶▶

执行董事可以兼任公司经理

《公司法》第51条股东人数较少或者规模较小的有限责任公司，可以设一名执行董事，不设董事会。执行董事可以兼任公司经理。执行董事的职权由公司章程规定。

三、公司董事、监事、高级管理人员的资格和义务

【文前思考3-5】　某股份有限公司为一家于2010年7月在上海证券交易所上市交易的上市公司，其实收股本为人民币12000万元，董事会由7名董事组成。该公司总经理肖某违反公司章程的规定，擅自决定将公司200万元的资金借贷给其亲属投资开发房地产项目，获得好处费20万元，后由于房地产市场行情剧变，该笔借款至今无法收回，给该公司造成了损失。

请问：根据《公司法》和相关法规，肖某所得的好处费应该如何处理？

（一）公司董事、监事、高级管理人员的资格

根据《公司法》规定，有下列情形之一的，不得担任公司的董事、监事、高级管理人员。

（1）无民事行为能力或者限制民事行为能力。

（2）因贪污、贿赂、侵占财产、挪用财产或者破坏社会主义市场经济秩序，被判处刑罚，执行期满未逾5年，或者因犯罪被剥夺政治权利，执行期满未逾5年。

（3）担任破产清算的公司、企业的董事或者厂长、经理，对该公司、企业的破产负有个人责任的，自该公司、企业破产清算完结之日起未逾3年。

（4）担任因违法被吊销营业执照、责令关闭的公司、企业的法定代表人，并负有个人责任的，自该公司、企业被吊销营业执照之日起未逾3年。

（5）个人所负数额较大的债务到期未清偿。

公司违反《公司法》的上述规定选举、委派董事、监事或者聘任高级管理人员的，该选举、委派或者聘任无效。公司董事、监事、高级管理人员在任职期间出现上述所列情形

的，公司应当解除其职务。

（二）公司董事、监事、高级管理人员的义务

公司董事、监事、高级管理人员应当遵守法律、行政法规和公司章程，对公司负有忠实义务和勤勉义务。公司董事、监事、高级管理人员不得利用职权收受贿赂或者其他非法收入，不得侵占公司的财产。董事、高级管理人员不得有下列行为。

（1）挪用公司资金；

（2）将公司资金以其个人名义或者以其他个人名义开立账户存储；

（3）违反公司章程的规定，未经股东会、股东大会或者董事会同意，将公司资金借贷给他人或者以公司财产为他人提供担保；

（4）违反公司章程的规定或者未经股东会、股东大会同意，与本公司订立合同或者进行交易；

（5）未经股东会或者股东大会同意，利用职务便利为自己或者他人谋取属于公司的商业机会，自营或者为他人经营与所任职公司同类的业务。

四、一人有限责任公司的特别规定

【文前思考 3 - 6】　赵某欲设立一人有限责任公司，在对《公司法》进行一段时间的学习后，他认为一人有限公司是这样的：①股东不能证明公司财产独立于股东自己财产的，应当对公司债务承担连带责任；②股东首次出资额不得低于注册资本的20％，也不得低于法定的注册资本最低限额，其余部分由股东自公司成立之日起两年内缴足；③一个自然人只能投资设立一个一人有限责任公司。该一人有限责任公司不能投资设立新的一人有限责任公司。于是赵某按照自己的理解去工商行政管理部门办理设立登记，但是，工作人员告诉他有些理解是错误的。

请问：赵某的哪些理解是不正确的？

一人有限责任公司的注册资本最低限额为人民币 10 万元。股东应当一次足额缴纳公司章程规定的出资额，不允许分期缴付出资。

一个自然人只能投资设立一个一人有限责任公司，禁止其设立多个一人有限责任公司，而且该一人有限责任公司不能投资设立新的一人有限责任公司。一人有限责任公司应当在公司登记中注明自然人独资或者法人独资，并在公司营业执照中载明。

一人有限责任公司应当于每一会计年度终了时编制财务会计报告，并经会计师事务所审计。

一人有限责任公司不设股东会。法律规定的股东会职权由股东行使，当股东行使相应职权作出决定时，应当采用书面形式，并由股东签字后置备于公司。

一人有限责任公司的股东不能证明公司财产独立于股东自己财产的，应当对公司债务承担连带责任。

五、国有独资公司的特别规定

国有独资公司不设股东会，由国有资产监督管理机构行使股东会职权。国有资产监督

管理机构可以授权公司董事会行使股东会的部分职权。

公司的合并、分立、解散、增减注册资本和发行公司债券，必须由国有资产监督管理机构决定；其中，国务院有关规定确定的重要国有独资公司的合并、分立、解散、申请破产，应当由国有资产监督管理机构审核后，报本级人民政府批准。

董事会成员由国有资产监督管理机构委派；但是，董事会成员中的职工代表由公司职工代表大会选举产生。董事长、副董事长由国有资产监督管理机构从董事会成员中指定。

国有独资公司监事会成员不得少于 5 人，其中职工代表的比例不得低于 1/3。监事会主席由国有资产监督管理机构从监事会成员中指定。

国有独资公司的董事长、副董事长、董事、高级管理人员，未经国有资产监督管理机构同意，不得在其他有限责任公司、股份有限公司或者其他经济组织兼职。

六、有限责任公司的股权转让

【文前思考 3-7】　有限责任公司股东王先生欲转让其股权，于 2010 年 5 月 27 日发出书面转让通知，股东张先生 2010 年 6 月 14 日收到该转让通知。

请问：张先生需要在几号之前对该转让事项进行答复，否则视为同意转让。

（一）股权转让的限制

（1）有限责任公司的股东之间可以相互转让其全部或者部分股权。

（2）股东向股东以外的人转让股权，应当经其他股东过半数同意。股东应就其股权转让事项书面通知其他股东征求同意，其他股东自接到书面通知之日起满 30 日未答复的，视为同意转让。其他股东半数以上不同意转让的，不同意的股东应当购买该转让的股权；不购买的，视为同意转让。两个以上股东主张行使优先购买权的，协商确定各自的购买比例；协商不成的，按照转让时各自的出资比例行使优先购买权。

（3）人民法院依照法律规定的强制执行程序转让股东的股权时，应当通知公司及全体股东。其他股东在同等条件下有优先购买权。其他股东自人民法院通知之日起满 20 日不行使优先购买权的，视为放弃优先购买权。

（二）股权回购请求权

有下列情形之一的，对股东会该项决议投反对票的股东可以请求公司按照合理的价格收购其股权：公司连续 5 年不向股东分配利润，而公司该 5 年连续赢利，并且符合法律规定的分配利润条件的；公司合并、分立、转让主要财产的；公司章程规定的营业期限届满或者章程规定的其他解散事由出现，股东会会议通过决议修改章程使公司存续的。

自股东会会议决议通过之日起 60 日内，股东与公司不能达成股权收购协议的，股东可以自股东会会议决议通过之日起 90 日内向人民法院提起诉讼。

第三节　　股份有限公司

股份有限公司，是指依照《公司法》的有关规定设立的，全部资本分成相等股份并通过发行股票筹集资本，股东以其认购的股份为限对公司债务承担有限责任，公司是以其全部财产对公司的债务承担责任的企业法人。

股份有限公司具有以下几个主要特征：①公司的资本分为等额股份，股份采取股票的形式；②公司的股东均负有有限责任；③股份有限公司的设立程序较为复杂。

📖 小贴士 ★

有限责任公司与股份有限公司的主要区别

①设立方式不同（发起设立；发起设立或者募集设立）。②股东人数上下限规定不同（50人以下；发起人2～200人）。③股权的表现形式不同（出资证明书；股票）。④股权的转让方式不同（法律限制；自由转让）。⑤注册资本的最低限额不同（3万元；500万元）。⑥组织机构不同（灵活；必须设置三大组织机构）。⑦公司所有权与经营权的分离程度不同（分离程度比较低；分离程度比较高）。⑧信息披露义务不同（法律无限制；法定义务）。

一、股份有限公司的设立

【文前思考3-8】　甲、乙、丙、丁四位投资者认为目前物流行业很火爆，共同商量设立一股份有限公司，甲出资100万元，乙出资200万元，丙出资50万元。

请问：根据《公司法》规定，丁至少应出资多少万元才可以设立一个股份有限公司？这是什么设立方式？

（一）设立条件

（1）发起人符合法定人数。股份有限公司须有2人以上200人以下的发起人，其中须有半数以上的发起人在中国境内有住所。

（2）发起人认购和募集的股本达到法定资本最低限额。

①股份有限公司注册资本的最低限额为人民币500万元。

②发起设立的，公司全体发起人的首次出资额不得低于注册资本的20%，其余部分由发起人自公司成立之日起两年内缴足；其中，投资公司可以在五年内缴足。

以募集设立方式设立股份有限公司的，发起人认购的股份不得少于公司股份总数的35%；但法律、行政法规另有规定的，从其规定。

③出资方式同有限责任公司。

（3）股份发行、筹办事项符合法律规定。

（4）发起人制定公司章程，采用募集方式设立的需经创立大会通过。

（5）有公司名称，建立符合股份有限公司要求的组织机构。

（6）有公司住所。

（二）设立方式

股份有限公司的设立，可以采取发起设立或者募集设立的方式。

（1）发起设立，是指由发起人认购公司应发行的全部股份而设立公司。

（2）募集设立，是指由发起人认购公司应发行股份的一部分，其余股份向社会公开募集或者向特定对象募集而设立公司。

发起设立可以分期出资；而募集设立的股份有限公司注册资本为在公司登记机关登记的实收股本总额，不允许分期出资。

（三）设立程序

（1）发起人、认股人缴纳股款或者交付抵作股款的出资后，除未按期募足股份、发起人未按期召开创立大会或者创立大会决议不设立公司的情形外，不得抽回其股本。

（2）有限责任公司变更为股份有限公司时，折合的实收股本总额不得高于公司净资产额。

（3）发起人应当自股款缴足之日起 30 日内主持召开公司创立大会。发起人应当在创立大会召开 15 日前将会议日期通知各认股人或者予以公告。创立大会应有代表股份总数过半数的发起人、认股人出席，方可举行。

（4）创立大会行使下列职权。

①审议发起人关于公司筹办情况的报告；

②通过公司章程；

③选举董事会成员；

④选举监事会成员；

⑤对公司的设立费用进行审核；

⑥对发起人用于抵作股款的财产的作价进行审核；

⑦发生不可抗力或者经营条件发生重大变化直接影响公司设立的，可以作出不设立公司的决议。

（四）公司设立失败的后果

股份有限公司成立后，发起人未按照公司章程的规定缴足出资的，应当补缴；其他发起人承担连带责任。股份有限公司成立后，发现作为设立公司出资的非货币财产的实际价额显著低于公司章程所定价额的，应当由交付该出资的发起人补足其差额；其他发起人承担连带责任。

股份有限公司的发起人应当承担下列责任：①公司不能成立时，对设立行为所产生的债务和费用负连带责任；②公司不能成立时，对认股人已缴纳的股款，负返还股款并加算银行同期存款利息的连带责任；③在公司设立过程中，由于发起人的过失致使公司利益受到损害的，应当对公司承担赔偿责任。

二、股份有限公司的组织机构

【文前思考 3-9】　长运股份有限公司董事会由 11 名董事组成。2010 年 5 月 10 日，公司董事长张某召集并主持召开董事会会议，出席会议的共 8 名董事，另有 3 名董事因事请假。董事会会议讨论的下列事项，经表决有 6 名董事同意而获通过：①鉴于公司董事会成员工作任务加重，决定给每位董事会成员涨工资30％。②鉴于监事会成员中的职工代表李某生病，决定由本公司职工王某参加监事会。③鉴于公司的财务会计工作任务日益繁重，拟将财务科升格为财务部，并面向社会公开招聘会计人员 3 人，招聘会计人员事宜及财务科升格为财务部的方案经股东大会通过后付诸实施。

请问：

1. 股份有限公司设立哪些组织机构？各自有什么职权？

2. 长运公司董事会会议的召开和表决程序是否符合法律规定？为什么？

3. 长运公司董事会通过的事项有无不符合法律规定之处？为什么？

（一）股东大会

股份有限公司由股东组成股东大会，股东大会是公司的权力机构。

1. 股份有限公司股东大会的职权

其职权范围与有限责任公司股东会相同。

2. 股份有限公司股东大会的形式

股份有限公司股东大会分为年会和临时会议。

有下列情形之一的，应当在两个月内召开临时股东大会。

（1）董事人数不足《公司法》规定人数或者公司章程所定人数的 2/3 时；

（2）公司未弥补的亏损达实收股本总额 1/3 时；

（3）单独或者合计持有公司 10％以上股份的股东请求时；

（4）董事会认为必要时；

（5）监事会提议召开时；

（6）公司章程规定的其他情形。

3. 股份有限公司股东大会的召集

召开股东大会会议，应当将会议召开的时间、地点和审议的事项于会议召开 20 日前通知各股东；临时股东大会应当于会议召开 15 日前通知各股东。

单独或者合计持有公司 3％以上股份的股东，可以在股东大会召开 10 日前提出临时提案并书面提交董事会。董事会应当在收到提案后两日内通知其他股东，并将该临时提案提交股东大会审议。

股东大会不得对向股东通知中未列明的事项作出决议。

4. 股份有限公司股东大会的表决和决议事项

股东大会决议的事项分为普通事项与特别事项两类。股东大会对普通事项作出决议，必须经出席会议的股东所持表决权过半数通过。但是，股东大会作出修改公司章程、增加或者减少注册资本的决议，以及公司合并、分立、解散或者变更公司形式的决议，必须经出席会议的股东所持表决权的 2/3 以上通过。股东出席股东大会会议，所持每一股份有一表决权。但是，公司持有的本公司股份没有表决权。

股东大会应当对所议事项的决定作成会议记录，主持人、出席会议的董事应当在会议记录上签名。

（二）董事会

（1）股份有限公司设董事会，其成员为 5～19 人。董事会设董事长 1 人，可以设副董事长 1～2 人。董事长和副董事长由董事会以全体董事的过半数选举产生。董事长为公司的法定代表人。

(2) 股份有限公司设董事会对股东会负责,行使的职权同有限责任公司的董事会职权。

(3) 上市公司董事会可以按照股东大会的有关决议,设立战略、审计、提名、薪酬与考核等专门委员会。专门委员会成员全部由董事组成,其中审计委员会、提名委员会、薪酬与考核委员会中独立董事应占多数并担任召集人,审计委员会中至少应有一名独立董事是会计专业人士。

(4) 董事会每年度至少召开两次会议。代表1/10以上表决权的股东、1/3以上董事或者监事会,可以提议召开董事会临时会议。

(5) 董事会会议应有过半数的董事出席方可举行。董事会会议应由董事本人出席,董事因故不能出席,可以书面委托其他董事代为出席。

(6) 董事应当对董事会的决议承担责任。董事会的决议违反法律、行政法规或者公司章程、股东大会决议,致使公司遭受严重损失的,参与决议的董事对公司负赔偿责任。但经证明在表决时曾表明异议并记载于会议记录的,该董事可以免除责任。

(三) 股份有限公司的监事会

股份有限公司设监事会,成员不得少于3人,并应在其组成人员中推选1名主席。监事会由股东代表和适当比例的公司职工代表组成,其中职工代表的比例不得低于1/3,具体比例由公司章程规定。监事会中的职工代表由公司职工通过职工代表大会、职工大会或者其他形式民主选举产生。董事、监事、高级管理人员不得兼任监事。股份有限公司的监事会的职权同有限责任公司监事会的职权规定。

监事会每6个月至少召开一次会议。监事可以提议召开临时监事会会议。监事决议应当经半数以上监事通过。

(四) 股东有限公司的经理

(1) 股份有限公司设经理,由董事会聘任或者解聘。经理对董事会负责,可由董事会成员兼任。经理主要负责主持公司的生产经营管理工作、组织实施董事会决议等。

(2) 上市公司的总经理必须专职,总经理在集团等控股股东单位不得担任除董事以外的其他职务。

(3) 公司应当定期向股东披露董事、监事、高级管理人员从公司获得报酬的情况。公司不得直接或者通过子公司向董事、监事、高级管理人员提供借款。上市公司总经理及高层管理人员必须在上市公司领薪,不得由控股股东代发薪水。

三、上市公司组织机构的特别规定

【文前思考3-10】 振兴股份有限公司为上市公司,该公司2011年4月4日召开董事会会议,该次会议召开情况及讨论事项如下。

第一,公司董事会成员由7名董事组成。出席该次股东会议的有张某、袁某、胡某、谢某;董事左某参加全国人民代表大会不能出席会议,电话委托董事张某代为出席并行使表决权;董事陈某因为出国考察不能出席会议;董事任某因为生病不能出席会议,委托董事会秘书代为出席会议并行使表决权。

第二，出席本次会议的董事一致决定，将以下事项提交股东大会审议通过。

请求股东大会制订公司利润分配方案和弥补亏损方案；制订公司年度预决算方案。同时董事会还审议批准了监事会的报告，对发行公司债券作出相关决议。

第三，为确保公司长期发展，使公司更趋稳定，该次会议决定将董事任期修改为每届5年。

第四，该次会议的记录，由出席会议的全体董事和列席会议的监事签名。

请问：

1. 股份有限公司与有限责任公司有哪些异同？
2. 该股份有限公司在董事会的召开方面有哪些不合法之处？

增加股东大会特别决议事项：上市公司在一年内购买、出售重大资产或者担保金额超过公司资产总额 30％的，应当由股东大会作出决议，并经出席会议的股东所持表决权的 2/3 以上通过。

上市公司设立独立董事。上市公司设立董事会秘书，是公司的高级管理人员，负责公司股东大会和董事会会议的筹备、文件保管以及公司股权管理，办理信息披露事务等事宜。

增设关联关系董事的表决权排除制度。上市公司董事与董事会会议决议事项所涉及的企业有关联关系的，不得对该项决议行使表决权，也不得代理其他董事行使表决权。该董事会会议由过半数的无关联关系董事出席即可举行，董事会会议所作决议须经无关联关系董事过半数通过。出席董事会的无关联关系董事人数不足 3 人的，应将该事项提交上市公司股东大会审议。

股权激励计划的激励对象可以包括上市公司的董事、监事、高级管理人员、核心技术（业务）人员，以及公司认为应当激励的其他员工，但不应当包括独立董事。

第四节　公司的财务会计制度

一、公司财务会计制度概述

公司应当依照法律、行政法规和国务院财政部门的规定建立本公司的财务、会计制度。除法定的会计账簿外，不得另立会计账簿。对公司资产，不得以任何个人名义开立账户存储。

公司应当依法编制财务会计报告。公司应当依法披露有关财务、会计资料。有限责任公司应当按照公司章程规定的期限将财务会计报告送交各股东。股份有限公司的财务会计报告应当在召开股东大会年会的 20 日前置备于本公司，供股东查阅；公开发行股票的股份有限公司必须公告其财务会计报告。公司应当依法聘用会计师事务所对财务会计报告审查验证。

二、公司的主要财务会计制度

(一) 公司财务会计报告

公司财务会计报告主要包括：资产负债表；利润表；现金流量表；所有者权益变动表；附注等。

有限责任公司应当按照公司章程规定的期限将财务会计报告送交各股东。股份有限公司的财务会计报告应当在召开股东大会年会的 20 日前置备于本公司，供股东查阅；公开发行无记名股票的股份有限公司必须公告其财务会计报告。

公司聘用、解聘承办公司审计业务的会计师事务所，依照公司章程的规定，由股东会、股东大会或者董事会决定。

(二) 利润分配

【文前思考 3 - 11】　某股份有限公司为一家于 2006 年 10 月在上海证券交易所上市交易的上市公司，2011 年 4 月，中国证监会在对该公司进行的例行检查中发现如下事实：该公司因原材料成本大幅上涨，造成 2010 年度亏损 560 万元，股东大会决议以 360 万元的法定公积金和 200 万元的资本公积金弥补亏损。

请问：

1. 公司股东大会弥补亏损的决议是否符合规定？

2. 公司的利润分配顺序是什么？

1. 利润分配顺序

(1) 弥补以前年度的亏损，但不得超过税法规定的弥补期限。

(2) 缴纳所得税。

(3) 弥补在税前利润弥补亏损之后仍存在的亏损。

(4) 提取法定公积金。

(5) 提取任意公积金。

(6) 向股东分配利润。

公司股东会、股东大会或者董事会违反规定，在公司弥补亏损和提取法定公积金之前向股东分配利润的，股东必须将违反规定分配的利润退还公司。

公司持有的本公司股份不得分配利润。

2. 公积金

(1) 公积金的分类。公积金分为盈余公积金和资本公积金两类。盈余公积金是从公司税后利润中提取的公积金，分为法定公积金和任意公积金两种。法定公积金按照公司税后利润的 10% 提取，当公司法定公积金累计额为公司注册资本的 50% 以上时可以不再提取。

(2) 公积金的用途。

①弥补公司亏损；但是，资本公积金不得用于弥补公司的亏损。

②扩大公司生产经营。

③转增公司资本。用法定公积金转增资本时，《公司法》规定，转增后所留存的该项公积金不得少于转增前公司注册资本的 25%。

第五节　公司的合并、分立、解散和清算

一、公司的合并和分立

【文前思考 3 - 12】　　甲公司决定将销售部门和设备运输部门分离出去，组建乙设备销售公司和丙设备运输公司，并且决定：甲公司以前所负的全部债务由新组建的丙公司承担。甲公司原来欠丁公司货款 10 万元，现在丁公司要求偿还该笔到期货款，经查，公司在分立前未与丁公司达成债务清偿的书面协议。

请思考：

1. 公司合并和分立时的债权和债务问题。

2. 根据《公司法》的规定，该 10 万元货款的偿还办法是什么？为什么？

(一) 公司的合并

公司合并是指两个以上公司依照法定程序合并为一个公司的法律行为。合并可以采取吸收合并和新设合并的形式。一个公司吸收其他公司为吸收合并，被吸收的公司解散。两个以上公司合并设立一个新的公司为新设合并，合并各方解散。

(1) 合并、分立、减资通知公告债权人的程序。

公司应当自作出合并决议之日起 10 日内通知债权人，并于 30 日内在报纸上公告（分立、减资同）。

债权人自接到通知书之日起 30 日内，未接到通知书的自公告之日起 45 日内，可以要求公司清偿债务或者提供相应的担保（分立、减资同）。

(2) 公司合并时，合并各方的债权债务，应当由合并后存续的公司或者新设的公司承继。

(二) 公司的分立

公司分立，其财产作相应的分割，并编制资产负债表及财产清单。公司应当自作出分立决议之日起 10 日内通知债权人，并于 30 日内在报纸上公告。

公司分立前的债务由分立后的公司承担连带责任。但是，公司在分立前与债权人就债务清偿达成的书面协议另有约定的除外。

二、公司的解散和清算

(一) 公司的解散

公司解散的原因有以下 5 种情形。

(1) 公司章程规定的营业期限届满或者公司章程规定的其他解散事由出现；

(2) 股东会或者股东大会决议解散；

(3) 因公司合并或者分立需要解散；

(4) 依法被吊销营业执照、责令关闭或者被撤销；

（5）人民法院依法予以解散。

公司经营管理发生严重困难，继续存续会使股东利益受到重大损失，通过其他途径不能解决的，持有公司全部股东表决权 10%以上的股东，可以请求人民法院解散公司。

（二）公司的清算

（1）清算组。因公司解散原因的第 1 项、第 2 项、第 4 项、第 5 项规定而解散的，公司应当在解散事由出现之日起 15 日内成立清算组，开始清算。有限责任公司的清算组由股东组成，股份有限公司的清算组由董事或者股东大会确定的人员组成。逾期不成立清算组进行清算的，债权人可以申请人民法院指定有关人员组成清算组进行清算。

（2）有下列情形之一，债权人申请人民法院指定清算组进行清算的，人民法院应予受理。

①公司解散逾期不成立清算组进行清算的；

②虽然成立清算组但故意拖延清算的；

③违法清算可能严重损害债权人或者股东利益的。

（3）清算组成员可以从下列人员或者机构中产生。

①公司股东、董事、监事、高级管理人员；

②依法设立的律师事务所、会计师事务所、破产清算事务所等社会中介机构；

③依法设立的律师事务所、会计师事务所、破产清算事务所等社会中介机构中具备相关专业知识并取得执业资格的人员。

（4）人民法院指定的清算组成员有下列情形之一的，人民法院可以根据债权人、股东的申请，或者依职权更换清算组成员。

①有违反法律或者行政法规的行为；

②丧失执业能力或者民事行为能力；

③有严重损害公司或者债权人利益的行为。

（5）清算工作程序。

①登记债权。清算组应当自成立之日起 10 日内通知债权人，并于 60 日内在报纸上公告。债权人应当自接到通知书之日起 30 日内，未接到通知书的自公告之日起 45 日内，向清算组申报其债权。

②清理公司财产，制订清算方案。清算方案应当报股东会、股东大会或者人民法院确认。

③清偿债务。公司财产在分别支付清算费用、职工的工资、社会保险费用和法定补偿金，缴纳所欠税款，清偿公司债务后的剩余财产，有限责任公司按照股东的出资比例分配，股份有限公司按照股东持有的股份比例分配。清算期间，公司存续，但不得开展与清算无关的经营活动。

④公告公司终止。

三、违反公司法的法律责任

【文前思考 3-13】 某公司在公司例行的年度审计当中被查出，在设立之初存在虚报注册资本的问题。该公司注册资本为 550 万元，其真实的注册资本应该为 350 万元。

请问：

1. 违反《公司法》的法律责任有哪些？

2. 根据我国《公司法》的规定，对虚报注册资本的公司，应处以虚报注册资本金额一定比例的罚款，具体规定是什么？

公司发起人、股东，虚报注册资本、提交虚假材料或者采取其他欺诈手段隐瞒重要事实取得公司登记的，由公司登记机关责令改正，对虚报注册资本的公司，处以虚报注册资本金额5%以上15%以下的罚款；对提交虚假材料或者采取其他欺诈手段隐瞒重要事实的公司，处以5万元以上50万元以下的罚款；情节严重的，撤销公司登记或者吊销营业执照。构成犯罪的，依《中华人民共和国刑法》（以下简称《刑法》）规定追究刑事责任。单位犯此罪的，对单位处以罚金，并对其直接负责的主管人员和其他直接责任人员，处3年以下有期徒刑或者拘役。

公司的发起人、股东虚假出资，未交付或者未按期交付作为出资的货币或者非货币财产的，由公司登记机关责令改正，处以虚假出资金额5%以上15%以下的罚款。构成犯罪的，依《刑法》规定追究刑事责任，处5年以下有期徒刑或者拘役，并处或者单处虚假出资金额2%以上10%以下的罚金。单位犯此罪的，对单位处以罚金，并对其直接负责的主管人员和其他直接责任人员，处5年以下有期徒刑或者拘役。

法条链接 ▶▶▶

法律责任

《公司法》第201条公司的发起人、股东在公司成立后，抽逃其出资的，由公司登记机关责令改正，处以所抽逃出资金额5%以上15%以下的罚款。

《公司法》第202条公司违反本法规定，在法定的会计账簿以外另立会计账簿的，由县级以上人民政府财政部门责令改正，处以5万元以上50万元以下的罚款。

《公司法》第203条公司在依法向有关主管部门提供的财务会计报告等材料上作虚假记载或者隐瞒重要事实的，由有关主管部门对直接负责的主管人员和其他直接责任人员处以3万元以上30万元以下的罚款。

《公司法》第204条公司不依照本法规定提取法定公积金的，由县级以上人民政府财政部门责令如数补足应当提取的金额，可以对公司处以20万元以下的罚款。

《公司法》第205条公司在合并、分立、减少注册资本或者进行清算时，不依照本法规定通知或者公告债权人的，由公司登记机关责令改正，对公司处以1万元以上10万元以下的罚款。

《公司法》第212条公司成立后无正当理由超过6个月未开业的，或者开业后自行停业连续6个月以上的，可以由公司登记机关吊销营业执照。公司登记事项发生变更时，未依照本法规定办理有关变更登记的，由公司登记机关责令限期登记；逾期不登记的，处以1万元以上10万元以下的罚款。

拓展阅读

股份与股票

第一，股份与股票的含义。

股份是指由股份有限公司发行的股东所持有的通过股票形式来表现的可以转让的资本的一部分。股份是股份公司均分其资本的基本计量单位，对股东而言，则表示其在公司资本中所占的投资份额。

股票是指由股份公司公开发行的，用以证明投资者股东身份和权益，并据以获得股息和红利的凭证，它是一种有价证券。

第二，股份与股票的特征。

股份具有以下的特征：它是股份公司一定量资本额的代表；它是股东出资额及其股东权的体现；它是计算股份公司资本的最小单位，不能再继续分割。

股票具有以下的特征：收益性，股票收益的大小取决于公司的经营状况和赢利水平；风险性，股票的收益性与股票的风险性相对应。收益的大小与风险的大小成正比；稳定性，股东与发行股票的公司之间存在稳定的经济关系，发行股票筹集到的资金使公司有一个稳定的存续时间；流通性；股份的伸缩性，是指股票所代表的股份既可拆细，又可以合并；价格的波动；经营决策的参与性。

第三，股票的分类。

股票按股东的权利可分为普通股和优先股。普通股的收益完全依赖公司赢利的多少，因此风险较大，但享有优先认股、赢余分配、参与经营表决、股票自由转让等权利。优先股享有优先领取股息和优先得到清偿等优先权利，但股息是事先确定好的，不因公司赢利多少而变化，一般没有投票及表决权，而且公司有权在必要的时间收回。优先股还分为参与优先和非参与优先、积累与非积累、可转换与不可转换、可回收与不可回收等几大类。

股票按股票持有者可分为国家股、法人股、个人股。三者在权利和义务上基本相同。不同点是国家股投资资金来自国家，不可转让；法人股投资资金来自企事业单位，必须经中国人民银行批准后才可以转让；个人股投资资金来自个人，可以自由上市流通。

股票按票面形式可分为有面额、无面额及有记名、无记名。有面额股票在票面上标注出票面价值，一经上市，其面额往往没有多少实际意义；无面额股票仅标明其占资金总额的比例。我国上市的都是有面额股票。记名股将股东姓名记入专门设置的股东名簿，转让时须办理过户手续；无记名股的名字不记入名簿，买卖后无须过户。《公司法》规定，公司向发起人、法人发行的股票，应当为记名股票，并应当记载该发起人、法人的名称或者姓名，不得另立户名或者以代表人姓名记名。

职业知识检测

一、单项选择题

1. 2010 年 8 月，甲、乙、丙共同出资设立了 A 有限责任公司。2011 年 5 月，丙与丁两人达成协议，将其在 A 公司的出资全部转让给丁，甲、乙都不同意。下列解决方案中，不符合《公司法》规定的是（　　）。

A. 由甲或者乙购买丙的出资

B. 由甲和乙共同购买丙的出资

C. 如果甲、乙均不愿购买，丙无权将出资转让给丁

D. 如果甲、乙均不愿购买，丙有权将出资转让给丁

2. 甲、乙、丙共同出资设立一有限责任公司。其中，丙以房产出资 30 万元。公司成立后又吸收丁入股。后查明，丙作为出资的房产仅值 20 万元，丙现有可执行的个人财产 6 万元。下列处理方式中，符合公司法律制度规定的是（　　）。

A. 丙以现有可执行财产补交差额，不足部分由丙从公司分得的利润予以补足

B. 丙以现有可执行财产补交差额，不足部分由甲、乙补足

C. 丙以现有可执行财产补交差额，不足部分由甲、乙、丁补足

D. 丙无须补交差额，甲、乙、丁都不承担补足出资的连带责任

3. 关于公司设立分公司和子公司，下列说法正确的是（　　）。

A. 分公司和子公司都不具备法人资格

B. 分公司不具备法人资格，子公司具备法人资格

C. 分公司具备法人资格，子公司不具备法人资格

D. 分公司和子公司都具备法人资格

4. 有限责任公司股东会决议由股东（　　）行使表决权。

A. 按照公司章程规定

B. 按照出资比例

C. 按照所持有每一股份有一表决权

D. 一人一票

5. 某依法设立的公司注册资本为 50 万元，该公司的股东人数应符合《公司法》的规定，该法定人数应为（　　）。

A. 2 个以上　　　B. 5 个以上　　　C. 50 个以下　　　D. 5 个以上 100 个以下

二、多项选择题

1. 根据《中华人民共和国公司法》的规定，下列选项中，属于有限责任公司监事会职权的有（　　）。

A. 提议召开临时股东会

B. 检查公司财务

C. 要求董事和经理纠正损害公司利益的行为

D. 监督董事、经理在执行职务时违反法律、法规或者公司章程的行为

2.《公司法》规定董事会的主要职权有（　　　）。

A. 决定公司的经营方针和投资计划　　　B. 决定公司的内部管理机构设置

C. 制定公司的基本管理制度　　　　　　D. 聘任或解聘公司的总经理

3. 下列不可以成为有限责任公司的监事的人为（　　　）。

A. 董事　　　　　　　B. 本公司职工　　　　C. 财务负责人　　　　D. 国家公务员

4. 必须经代表 2/3 以上表决权的股东通过的事项包括（　　　）。

A. 选举更换董事

B. 合并、分立、解散

C. 变更公司形式（有限责任公司变更为股份有限公司）

D. 修改公司章程

5.《公司法》规定有限责任公司股东临时会议召开的条件包括（　　　）。

A. 代表 1/4 以上表决权的股东提议召开　　　B. 1/3 以上董事提议召开

C. 监事提议召开　　　　　　　　　　　　　D. 1/3 以上监事提议召开

三、判断题

1. 股份有限公司股东可以自由向股东以股东以外的人转让股份，无须经股东大会审议通过，而有限责任公司股东向股东以外的人转让出资，须经股东会审议通过。（　　　）

2.《公司法》规定决定公司的经营方针和投资计划是股东会或股东大会的职权。（　　　）

3.《公司法》规定，公司分配当年税后利润，应当提取利润的 10％列入公司法定公积金，并提取利润的 5％～10％列入公司法定公益金。公司法定公积金累计额为公司注册资本的 50％以上的，可不再提取。（　　　）

4. 公司的总经理、副总经理和财务负责人三个职务由董事会任免，其他管理人员由总经理任免。（　　　）

5. 根据《公司法》规定股份有限公司发起人认购的股份不得少于公司股份总数的35％。（　　　）

职业能力检测

案例一　公司的设立和股权转让

2010 年 5 月 1 日，甲、乙、丙、丁四公司经商议签订了一份合同，合同约定：四方共同出资改造甲所属的微波炉厂，并把厂名定为宏大微波炉有限责任公司；注册资本为 4200 万元，其中：甲以旧厂房作价 1000 万元，并以红星牌微波炉商标折价 200 万元作为出资。乙以现金 550 万元，并以微波炉生产技术折价 450 万元作为出资。丙、丁各以现金 1000 万元作为出资；在合同生效后 10 日内四方资金必须到位，由甲办理公司登记手续。2010 年 5 月 5 日，甲、乙、丙都按合同规定办理了出资手续和财产转移手续，但丁提出，因资金困难，要求退出。甲、乙、丙均表示同意，并重新签订了一份合同，将公司的注册资本该为 3200 万元。2010 年 7 月 1 日，经工商注册登记宏大公司正式成立。2010 年 8 月 1 日，丙提出因自己的公司技术改造缺乏资金，要求抽回自己的出资，同时愿意赔偿其他股东的经济损失各 50 万元，宏大公司股东会研究后没有同意丙的要求。2010 年 11 月 5 日，甲公司提出将自己所有股权的 1/3 转让给戊。

思考：

1. 甲、乙、丙、丁四方签订的合同约定的出资是否符合法律规定？为什么？

2. 对丁的要求，甲、乙、丙三方是否应当接受？

3. 对丙的要求，宏大公司股东会的决议是否正确？为什么？

4. 对甲的要求，应如何处理？

案例二　公司的设立和分公司

甲、乙均为国有企业，2011 年 3 月，两企业经过多次协商，达成共同出资设立荣昌国有独资有限责任公司的协议。该协议规定：

甲企业出资 250 万元，其中货币 150 万元，注册商标作价 100 万元；乙企业出资 300 万元，其中货币 100 万元，专利权作价 150 万元，劳务 50 万元。

公司在 A 地设有具有法人资格的分公司，独立进行经营活动。

公司设立 3 年后，双方按出资比例抽回各自出资的 30%。

其他（略）

思考：该协议在内容上有哪些违法之处？为什么？

案例三　股份有限公司的董事会

甲股份有限公司董事会由 11 名董事组成。2010 年 12 月 10 日，公司董事长张某召集并主持召开董事会会议，出席会议的共 8 名董事，另有 3 名董事因事请假。董事会会议讨论的下列事项，经表决有 6 名董事同意而获通过：①鉴于公司董事会成员工作任务加重，决定给每位董事会成员涨工资 30%。②鉴于监事会成员中的职工代表李某生病，决定由本公司职工王某参加监事会。③鉴于公司的财务会计工作任务日益繁重，拟将财务科升格为财务部，并面向社会公开招聘会计人员 3 人，招聘会计人员事宜及财务科升格为财务部的方案经股东大会通过后付诸实施。

思考：

1. 甲公司董事会会议的召开和表决程序是否符合法律规定？为什么？

2. 甲公司董事会通过的事项有无不符合法律规定之处？请分别说明理由。

案例四　股份有限公司的董事会

甲、乙、丙三人分别出资 7 万元、8 万元和 35 万元，成立了一家有限责任公司。其中甲、乙的出资为现金，丙的出资为房产。公司成立后，又吸收丁的出资 10 万元入股。半年后，该公司因经营不善，拖欠巨额债务。法院在执行中查明，丙作为出资的房产仅值 15 万元。又查明，丙现有可执行的个人财产 10 万元。

思考：

1. 依照《公司法》的规定，公司的设立需要哪些必要条件？

2. 对于丙的不实出资依据《公司法》的规定应该如何处理？

第四章　破产法律制度

知识目标

1. 了解破产的概念、破产的条件与程序等相关法律规定；
2. 掌握破产申请与破产受理、管理人及债务人财产的规定；
3. 掌握债权人的债权申报与债权人会议制度、重整及和解制度的相关规定；
4. 理解破产宣告与破产清算。

能力目标

1. 能够依法处理企业破产申请、受理和清算等程序问题；
2. 正确分析债权人的权利和义务；
3. 能够独立进行破产程序运作与明确各程序间的区别；
4. 能够有效解决破产财产管理和破产程序中的实务问题。

知识导航

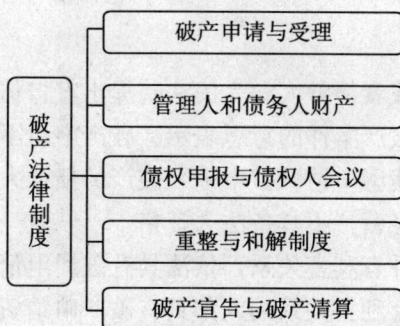

破产法律制度
- 破产申请与受理
- 管理人和债务人财产
- 债权申报与债权人会议
- 重整与和解制度
- 破产宣告与破产清算

案例导入

　　华杰公司是一家从事钢材买卖的公司，刚开始的时候生意做得非常好。这时公司为了更好的发展决定扩大规模，但由于扩大后经营不善，公司出现了巨大亏损，同时还欠了几家公司的货款无力偿还，现公司想申请破产。

请思考：

1. 什么是破产？破产程序是如何起动的？

2. 申请破产一定就是倒闭吗？破产中还有其他的程序吗？

破产是指债务人不能清偿到期债务时，为保护债权人的利益，通过法定程序将债务人的全部资产供债权人公平受偿，并免除债务人不能清偿的其他债务，由法院宣告债务人破产解散的法律制度。破产的法律特征是：①债务人不能清偿到期债务；②是一种特殊的诉讼程序；③破产是清偿债务、实现债权的一种特殊形式。

破产原因是适用破产程序所依据的特定法律事实，也是法院进行破产宣告所依据的特定事实状态。它必须是实际存在并符合法律规定的事实状态。自 2007 年 6 月 1 日起施行的《中华人民共和国企业破产法》（以下简称《企业破产法》）规定了企业法人的破产原因：企业法人不能清偿到期债务，并且资产不足以清偿全部债务或者明显缺乏清偿能力的，依照本法规定清理债务。企业法人有前款规定情形，或者有明显丧失清偿能力可能的，可以依照本法规定进行重整。

破产是通过司法程序处理的无力偿债事件。这里所说的司法程序包括三种：重整、和解、破产清算。通过当事人在一定程度上的自由选择，三种程序之间存在一定的可转换性。因而不能把破产案件简单地归结为清算倒闭事件。破产清算是公平清理债务的一种方法，但不是唯一方法。《企业破产法》设立了上述三种程序，鼓励当事人积极寻求以避免企业倒闭清算的方式来公平清理债务。

第一节　破产申请与受理

一、破产申请

破产申请，是指债权人或者债务人向人民法院提出宣告债务人破产的请求。破产申请是破产申请人请求法院受理破产案件的意思表示。破产申请不是破产程序开始的标志，而是破产程序开始的条件。在我国申请（被申请）破产的债务人应当具备法人资格。个体工商户、合伙组织和农村承包经营户不具备法人资格。

破产申请人是与破产案件有利害关系，依法具有破产申请资格的民事主体。需要说明的是，并非所有与破产案件有利害关系的人都具有破产申请资格。例如，公司的股东、董事，不得以股东或董事名义申请公司破产。根据我国法律规定，只有债权人和债务人才是合格的破产申请人。

（一）破产申请的分类

【文前思考 4-1】　日西贸易有限责任公司（以下简称"日西公司"）系由甲公司和乙公司分别出资 300 万元和 200 万元设立。日西公司在经营中因投资决策发生严重失误，造成重大损失，不能清偿到期债务，向人民法院申请破产。

请问：该公司能申请公司破产吗？法院受理的要求是什么？法院接受申请后如何进行

审查？何时要给予答复？

1. 债权人申请

根据《企业破产法》的规定，债务人不能清偿到期债务，债权人可以向人民法院提出对债务人进行重整或者破产清算的申请。即债权人申请债务人破产的条件是"债务人不能清偿到期债务"。但法律并不要求债权人在提出破产申请时对债务人的破产原因加以证明。

📖 **小贴士** ⭐

债权人申请破产应提交的材料

根据规定，债权人申请债务人破产，应当向人民法院提交下列材料：①债权发生的事实与证据；②债权性质、数额、有无担保，并附证据；③债务人不能清偿到期债务的证据。

2. 债务人申请

债务人申请自己破产，要符合两个条件：一是不能清偿到期债务；二是债务人为全民所有制企业的，还要经过其上级主管部门同意。具有法人资格的非全民所有制企业根据法律规定申请宣告自己破产的，不存在须经其上级主管部门同意的问题。

📋 **法条链接** ▶▶

破产申请书和有关证据

《企业破产法》第8条向人民法院提出破产申请，应当提交破产申请书和有关证据。破产申请书应当载明下列事项：①申请人、被申请人的基本情况；②申请目的；③申请的事实和理由；④人民法院认为应当载明的其他事项。

债务人提出申请的，还应当向人民法院提交财产状况说明、债务清册、债权清册、有关财务会计报告、职工安置预案以及职工工资的支付和社会保险费用的缴纳情况。

3. 依法负有清算责任的人申请

《企业破产法》第7条规定，企业法人已解散但未清算或者未清算完毕，资产不足以清偿债务的，依法负有清算责任的人应当向人民法院申请破产清算。企业法人已解散但未清算或者未清算完毕的，属于清算法人，即为清算目的而存在的法人。依法负有清算责任的人可以是有限责任公司的股东、股份有限公司的董事或股东大会确定的人员等。

（二）破产申请的撤回

根据《企业破产法》的规定，人民法院受理破产申请前，申请人可以请求撤回申请。申请人向人民法院提出破产申请和撤回破产申请都是在行使法律赋予的权利，但申请人请求撤回申请是有时间限制的。根据司法解释，人民法院以裁定形式准许申请人撤回破产申请的，在撤回之前已经支出的费用由破产申请人承担。

二、破产案件的受理

破产案件的受理，是指人民法院就破产申请进行审查后，对其中符合法定申请条件和要求的案件予以立案的行为。人民法院收到破产申请后，应当在法定时限内对破产申请进行形式审查和实质审查。法院经审查认为破产申请符合法定条件的，应当裁定受理破产申请；法院认为破产申请不符合法定条件或者申请理由不成立的，则应裁定驳回破产申请。法院裁定受理破产申请，是破产程序开始的标志。

（一）破产申请的受理时限

1. 债权人申请的受理时限

债权人提出破产申请的，人民法院应当自收到申请之日起5日内通知债务人。债务人对申请有异议的，应当自收到人民法院的通知之日起7日内向人民法院提出。人民法院应当自异议期满之日起10日内裁定是否受理。

2. 债务人和依法负有清算责任的人申请的受理时限

此情形不存在债务人提出异议的问题，因此，人民法院应当自收到破产申请之日起15日内裁定是否受理。

3. 特殊情况下申请的受理时限

当出现一些比较特殊的情况时，如：债权人人数众多、债权债务关系复杂、资产状况混乱等，人民法院难以在很短的时间内完成对破产申请的审查。此时，为了保证受理裁定的正确性，人民法院可以经上一级人民法院的批准，将裁定受理的时间延长15日。

（二）受理审查

我国的破产程序开始制度，实行的是对破产申请审查受理制而不是当然受理制。因此，对破产申请的审查是案件受理程序的必要环节，对破产申请的审查包括形式审查和实质审查两方面。

1. 形式审查

这是旨在判定破产申请是否具备法律规定的申请形式。形式审查中发现可以补正的形式缺陷的，人民法院有权责令申请人补正。形式审查的内容主要包括：①申请人是否具备破产申请资格；②债务人是否为依法可适用企业破产程序的主体；③受案法院对本案是否有管辖权；④申请文件是否符合《企业破产法》第8条的要求，即申请书内容完备，相关证据齐备和法定文件齐备。

2. 实质审查

这是旨在判定破产申请是否具有法律规定的破产申请实质条件，即债务人是否存在破产原因。破产原因的存在是一个事实问题。对这种事实的确定通常需要一个调查和证明的过程，而这个过程只能在破产程序开始以后才能进行。所以，在破产案件受理阶段的实质审查是一种表面事实的审查，即依据申请人提交的材料，对债务人是否具有《企业破产法》第2条或者（在债权人申请的情况下）第7条第2款规定的事由。

（三）破产申请的驳回

1. 裁定不受理破产申请

人民法院在收到破产申请书以及相关的证据材料后，通过审查认为不符合破产条件的，应该依法作出不受理的裁定。裁定不受理破产申请可以有效地防止债权人滥用破产申请损害债务人的商业信誉等合法权益，以及债务人假借破产之名逃避债务，损害债权人的合法权益。

2. 受理后驳回破产申请

人民法院在受理破产申请后，裁定破产宣告前，发现债务人不具备法定的破产原因时，可以驳回该申请，终结破产程序。破产申请人对驳回破产申请的裁定不服的，可以在裁定送达之日起 10 日内向上一级人民法院提起上诉。

（四）受理裁定的送达、管理人的任命、受理通知和公告

【文前思考 4-2】 假设日西贸易有限责任公司申请破产后法院经过审查决定受理该公司的破产申请。

请问：

1. 破产受理后应在什么时间内通知？还应告知何人？

2. 法院决定受理还应当做些什么事情？

1. 受理裁定的送达

人民法院受理破产申请的，应当自裁定作出之日起 5 日内送达申请人。债权人提出申请的，人民法院应当自裁定作出之日起 5 日内送达债务人。受理裁定的送达，应直接送交受送达人。直接送达有困难的，可以根据实际情况，采用民事诉讼法规定的其他方式送达。债务人应当自裁定送达之日起 15 日内，向人民法院提交财产状况说明、债务清册、债权清册、有关财务会计报告以及职工工资的支付和社会保险费用的缴纳情况。

2. 管理人的任命

人民法院裁定受理破产申请的，应当同时指定管理人。管理人的任命以法院依职权选任为原则，以债权人会议选任为补充。债权人会议有异议的，可以请求法院更换管理人，但是否更换管理人由法院决定。任命管理人对于实现债务人财产的及时保全是十分必要的，也有利于保护债权人合法权益和保障破产程序的公正有效实施。

3. 受理通知和公告

（1）受理通知和公告的对象和方式。人民法院应该自受理破产申请的裁定作出后尽快通知债权人并以公告通知所有的利害关系人。公告对象是不特定主体，凡属已经公告的事项，均视为利害关系人已知。《企业破产法》第 14 条规定，人民法院应当自裁定受理破产申请之日起 25 日内通知已知债权人，并予以公告。

小贴士

公告的意义

公告的意义，在于使未知的债权人和其他利害关系人能够尽可能地得知破产申请受理的事实及相关事项，并使破产程序对他们与债务人之间的法律关系自动地发生约束力。这里所指的其他利害关系人，包括作为本案债务人企业的债务人、该企业财产的持有人、该

企业的出资人、职工和待履行合同的相对人、对该企业占有的财产享有取回权的人，以及其他对该企业享有权利和负有义务的人。

（2）受理通知和公告的内容。通知和公告应当载明下列事项：申请人、被申请人的名称或者姓名；人民法院受理破产申请的时间；申报债权的期限、地点和注意事项；管理人的名称或者姓名及其处理事务的地址；债务人的债务人或者财产持有人应当向管理人清偿债务或者交付财产的要求；第一次债权人会议召开的时间和地点；人民法院认为应当通知和公告的其他事项。

（五）破产案件受理后的法律后果

1. 对债务人的有关人员的义务

债务人的有关人员是指企业的法定代表人。经人民法院决定，可以包括企业的财务管理人员和其他经营管理人员，如企业的董事、监事、经理、财务总监等。自人民法院受理破产申请的裁定送达债务人之日起至破产程序终结之日，债务人的有关人员承担下列义务：妥善保管其占有和管理的财产、印章和账簿、文书等资料；根据人民法院、管理人的要求进行工作，并如实回答询问；列席债权人会议并如实回答债权人的询问；未经人民法院许可，不得离开住所地；不得新任其他企业的董事、监事、高级管理人员。

2. 对债务人的法律后果

人民法院受理破产申请后，债务人对个别债权人的债务清偿无效；有关债务人财产的保全措施应当解除，执行程序应当中止；已经开始而尚未终结的有关债务人的民事诉讼或者仲裁应当中止，在管理人接管债务人的财产后，该诉讼或者仲裁继续进行；有关债务人的民事诉讼，只能向受理破产申请的人民法院提起。

3. 对管理人的法律后果

人民法院受理破产申请后，管理人对破产申请受理前成立而债务人和对方当事人均未履行完毕的合同有权决定解除或者继续履行，并通知对方当事人。管理人自破产申请受理之日起 2 个月内未通知对方当事人，或者自收到对方当事人催告之日起 30 日内未答复的，视为解除合同。管理人决定继续履行合同的，对方当事人应当履行；但是，对方当事人有权要求管理人提供担保，管理人不提供担保的，视为解除合同。

4. 对债务人的债务人或者财产持有人的法律后果

人民法院受理破产申请后，债务人的债务人或者财产持有人应当向管理人清偿债务或者交付财产。故意违反法律规定向债务人清偿债务或者交付财产，使债权人受到损失的，不免除其清偿债务或者交付财产的义务。

第二节　管理人和债务人财产

一、管理人

破产程序开始后，无论是进行重整、清算还是和解，都需要对企业法人进行持续的管理。这其中包括必要的财产清理、营业维持、权利行使和财产处分，有必要设立中立的专门机构来执行破产程序管理，特别是破产财产和事务的管理，这种专门机构就是破产管理人。破产管理人应当在人民法院裁定受理破产申请时同时指定。

【文前思考4-3】 东方汽车公司于2008年1月10日成立。2年后公司壮大，这时南方公司与西方公司也加入到东方公司中。3年后公司难以经营，现在东方汽车公司已经是资不抵债，只好申请破产。公司现在资产只有汽车3台、办公设备以及对甲公司的50万债权。法院审查后认为符合破产的条件并决定受理。

请问：

1. 法院应当何时确定管理人？什么人能成为管理人？

2. 东方汽车公司的财产有哪些？都是债务人财产吗？对债务人财产能行使哪些权利？

(一) 管理人的资格

根据规定，管理人可以由有关部门、机构的人员组成的清算组或者依法设立的律师事务所、会计师事务所、破产清算事务所等社会中介机构担任。人民法院根据债务人的实际情况，可以在征询有关社会中介机构的意见后，指定该机构具备相关专业知识并取得执业资格的人员担任管理人。个人担任管理人的，应当参加执业责任保险。

法条链接 ▶▶

不得担任管理人的情形

《企业破产法》第24条有下列情形之一的，不得担任管理人：①因故意犯罪受过刑事处罚；②曾被吊销相关专业执业证书；③与本案有利害关系；④人民法院认为不宜担任管理人的其他情形。

(二) 管理人的职责

《企业破产法》第25条规定了管理人的一般职责：接管债务人的财产、印章和账簿、文书等资料；调查债务人财产状况，制作财产状况报告；决定债务人的内部管理事务；决定债务人的日常开支和其他必要开支；在第一次债权人会议召开之前，决定继续或者停止债务人的营业；管理和处分债务人的财产；代表债务人参加诉讼、仲裁或者其他法律程序；提议召开债权人会议；人民法院认为管理人应当履行的其他职责。

管理人依法执行职务，向人民法院报告工作，并接受债权人会议和债权人委员会的监督。管理人应当列席债权人会议，向债权人会议报告职务执行情况，并回答询问。管理人没有正当理由不得辞去职务。管理人辞去职务应当经人民法院许可。

二、债务人财产

破产申请受理时属于债务人的全部财产，以及破产申请受理后至破产程序终结前债务人取得的财产，为债务人财产。债务人财产包括有形财产、无形财产、货币和有价证券、投资权益和债权等。

（一）撤销权和追回权

1. 撤销权和追回权

在债务人无力偿债或者即将陷于无力偿债的情况下，利益相关者对于债务人的财产存在着公平清偿和企业维持的合理预期。由此产生法律对债务人财产加以保全和防止个别人抢先受偿的秩序要求。《企业破产法》针对程序开始前的交易活动设立的撤销权和追回权，就是适应这种秩序要求而建立的。

2. 撤销权和追回权的追诉对象

《企业破产法》第31条至第33条规定了三类破产前交易，分别赋予其可撤销或者无效的法律效果。同时，第34条赋予管理人以追回权，以收回因这些交易而让予的财产。

法条链接 ▶▶

撤销权和追回权的追诉对象

《企业破产法》第31条　人民法院受理破产申请前1年内，涉及债务人财产的下列行为，管理人有权请求人民法院予以撤销：①无偿转让财产的；②以明显不合理的价格进行交易的；③对没有财产担保的债务提供财产担保的；④对未到期的债务提前清偿的；⑤放弃债权的。

《企业破产法》第32条　人民法院受理破产申请前6个月内，债务人有本法第2条第一款规定的情形，仍对个别债权人进行清偿的，管理人有权请求人民法院予以撤销。但是，个别清偿使债务人财产受益的除外。

《企业破产法》第33条　涉及债务人财产的下列行为无效：①为逃避债务而隐匿、转移财产的；②虚构债务或者承认不真实的债务的。

《企业破产法》第34条　因本法第31条、第32条或者第33条规定的行为而取得的债务人的财产，管理人有权追回。

《企业破产法》第36条　债务人的董事、监事和高级管理人员利用职权从企业获取的非正常收入和侵占的企业财产，管理人应当追回。

（二）取回权

取回权是指从管理人接管的财产中取回不属于债务人的财产的请求权。取回权有以下法律特征：取回权是对特定物的返还请求权；取回权是以物权为基础的请求权；取回权是在破产程序中行使的特别请求权；取回权标的物在被取回以前，视同为债务人财产，由管理人管理和支配。

法条链接 ▶▶▶

取回权的规定

《企业破产法》第37条　人民法院受理破产申请后，管理人可以通过清偿债务或者提供为债权人接受的担保，取回质物、留置物。前款规定的债务清偿或者替代担保，在质物或者留置物的价值低于被担保的债权额时，以该质物或者留置物当时的市场价值为限。

《企业破产法》第38条　人民法院受理破产申请后，债务人占有的不属于债务人的财产，该财产的权利人可以通过管理人取回。但是，本法另有规定的除外。

《企业破产法》第39条　人民法院受理破产申请时，出卖人已将买卖标的物向作为买受人的债务人发运，债务人尚未收到且未付清全部价款的，出卖人可以取回在运途中的标的物。但是，管理人可以支付全部价款，请求出卖人交付标的物。

（三）破产抵消权

破产抵消权，是指破产债权人在破产宣告前对破产人负有债务的，不论债的种类和到期时间，得于清算分配前以破产债权抵消其所负债务的权利。破产抵消权的行使应当遵守以下规则。

（1）破产抵消权的行使，应以管理人为对象，以意思表示为之。破产抵消权的行使应以抵消的单方意思表示为之。这种意思表示，应向特定的对象作出。这一特定对象就是破产管理人。债权人向管理人提出破产抵消的主张，经管理人承认，始发生抵消的效果。

（2）破产抵消权的行使，应以债权申报为必要。破产抵消是债权人行使权利的一种特殊方式。债权申报是债权人参加破产程序的必要条件。因此，债权人只有在债权申报以后，才取得受破产法保护的地位。

小贴士 ★★

不适用破产抵消的情形

债权人在破产申请受理前对债务人负有债务的，可以向管理人主张抵消。但是，有下列情形之一的，不得抵消：①债务人的债务人在破产申请受理后取得他人对债务人的债权的。②债权人已知债务人有不能清偿到期债务或者破产申请的事实，对债务人负担债务的；但是，债权人因为法律规定或者有破产申请一年前所发生的原因而负担债务的除外。③债务人的债务人已知债务人有不能清偿到期债务或者破产申请的事实，对债务人取得债权的；但是，债务人的债务人因为法律规定或者有破产申请一年前所发生的原因而取得债权的除外。

（四）破产费用和共益债务

【文前思考4-4】　针对前述东方汽车公司破产案例。

请问：

1. 东方汽车公司破产中可能产生哪些破产费用？哪些是共益债务？

2. 撤销权、追回权、抵消权这三种权力是在什么情况下行使的？它们之间有何区别？

(1) 破产费用。这是指破产程序开始后，为破产程序的进行以及为全体债权人的共同利益而从债务人财产中优先支付的费用。《企业破产法》第 41 条规定：人民法院受理破产申请后发生的下列费用为破产费用：破产案件的诉讼费用；管理、变价和分配债务人财产的费用；管理人执行职务的费用、报酬和聘用工作人员的费用。

(2) 共益债务。这是指破产程序中为全体债权人的共同利益而管理、变价和分配破产财产而负担的债务。人民法院受理破产申请后发生的下列债务为共益债务：①因管理人或者债务人请求对方当事人履行双方均未履行完毕的合同所产生的债务；②债务人财产受无因管理所产生的债务；③因债务人不当得利所产生的债务；④为债务人继续营业而应支付的劳动报酬和社会保险费用以及由此产生的其他债务；⑤管理人或者相关人员执行职务致人损害所产生的债务；⑥债务人财产致人损害所产生的债务。

(3) 破产费用和共益债务的清偿。主要采用以下原则。

①随时清偿。破产费用和共益债务由债务人财产随时清偿。在债务人财产足以清偿破产费用和共益债务时，二者的清偿不分先后。

②破产费用优先清偿。在债务人财产不足以清偿所有破产费用和共益债务的情况下，先行清偿破产费用。

③按比例清偿。债务人财产不足以清偿所有破产费用或者共益债务的，按照比例清偿。

④不足清偿时的终结程序。债务人财产不足以清偿破产费用的，管理人应当提请人民法院终结破产程序。如果此时尚未宣告债务人破产，则无须宣告。

第三节　债权申报与债权人会议

一、债权申报

债权申报是指破产债权人在人民法院受理破产申请后依照法定程序和期限，主张并证明其债权存在，以便参加破产程序的法律行为。人民法院受理破产申请时对债务人享有债权的债权人，依法定程序行使权利申报债权。

【文前思考 4-5】　远红食品公司原本是一家从事面包生产的企业。在市场竞争激烈的情况下由于对市场的定位出现错误，经营越来越差，最后没有办法清偿到期债务，不得不选择破产。张某、李某、A 公司、B 公司听到消息后纷纷向远红公司申报债权。

请问：张某、李某、A 公司、B 公司应何时申报债权？其申报债权有何要求？

（一）债权申报的期限

债权申报期限是允许债权人向法院申报其债权的固定期间。人民法院受理破产申请后，应当确定债权人申报债权的期限。债权申报期限自人民法院发布受理破产申请公告之日起计算，最短不得少于 30 日，最长不得超过 3 个月。

（二）债权申报的范围

可申报的债权要满足以下几点要求。

（1）须为以财产给付为内容的请求权。给付标的为劳务或者不作为的请求权，不能申报。

（2）须为以债务人财产为受偿基础的请求权。此处的债务人财产是指受破产程序拘束的财产。

（3）须为法院受理破产申请前成立的对债务人享有的债权。至于债权的到期时间，不影响申报资格。《企业破产法》规定，未到期的债权，在破产申请受理时视为到期。

（4）须为平等民事主体之间的请求权。因此，对债务人的罚款等财产性行政处罚，不得申报。

（5）须为合法有效的债权。

《企业破产法》规定，附条件、附期限的债权和诉讼、仲裁未决的债权，债权人可以申报。不具备上述条件的债权被申报的，管理人有权提出异议。申报人坚持申报的，管理人可以在债权表中另页记载，并载明所发现的问题，以供债权人会议作出决定。必要时，管理人可以请求人民法院裁定不予确认。

法条链接 ▶▶

不必申报的债权

《企业破产法》第 48 条债权人应当在人民法院确定的债权申报期限内向管理人申报债权。债务人所欠职工的工资和医疗、伤残补助、抚恤费用，所欠的应当划入职工个人账户的基本养老保险、基本医疗保险费用，以及法律、行政法规规定应当支付给职工的补偿金，不必申报，由管理人调查后列出清单并予以公示。职工对清单记载有异议的，可以要求管理人更正；管理人不予更正的，职工可以向人民法院提起诉讼。

（三）债权申报的方式

债权人申报债权时，应当书面说明债权的数额和有无财产担保，并提供如下证据。

（1）债权证明。即证明债权的真实性、有效性的文件，如合同、借据、法院判决等。

（2）身份证明。债权人自己申报的应当提交合法有效的身份证明，代理申报人应当提交委托人的有效身份证明、授权委托书和债权证明。

（3）担保证明。申报的债权有财产担保的，应当提交证明财产担保的证据。

破产案件受理后，债权人向人民法院提起新诉讼的，应予驳回。其起诉不具有债权申报的效力。

（四）逾期申报和未申报

【文前思考 4 - 6】 针对远红食品公司的上述破产案例。

请问：如果 A 公司、B 公司逾期申报债权会出现什么后果？如果张某、李某未能申报债权结果会怎样？

在人民法院确定的债权申报期限内，债权人未申报债权的，可以在破产财产最后分配前补充申报；但是，此前已进行的分配，不再对其补充分配。为审查和确认补充申报债权的费用，由补充申报人承担。债权人未依照《企业破产法》规定申报债权的，不得依照《企业破产法》规定的程序行使权利。其后果是：

（1）债务人破产清算的，除非债务人有保证人或者其他连带债务人，该未申报债权成为永久履行不能。

（2）债务人重整的，该未申报债权在重整计划执行期间不得行使权利；在重整计划执行完毕后，可以按照重整计划规定的同类债权的清偿条件行使权利。

（3）债务人和解的，该未申报债权在和解协议执行期间不得行使权利；在和解协议执行完毕后，可以按照和解协议规定的清偿条件行使权利。

二、债权人会议

债权人会议是指全体债权人参加破产程序并集体行使权利的决议机构。债权人会议是债权人团体在破产程序中的意思发表机关。债权人会议在本质上是一个组织体，而不是临时性的集会活动。

（一）债权人自治原则

债权人自治是指全体债权人通过债权人会议，对破产程序进行中涉及债权人利益的各重大事项作出决定，并监督破产财产管理和分配的一系列权利，以及保障这些权利实现的有关程序制度。实行债权人自治是《企业破产法》的一项重要原则。

（二）债权人会议的程序规则

（1）债权人会议的组成。债权人依法申报债权后，成为债权人会议的成员。凡是债权人会议的成员，都享有出席会议的权利。《企业破产法》第 60 条规定，债权人会议设主席一人，由人民法院从有表决权的债权人中指定。债权人会议主席主持债权人会议。

（2）债权人会议的职权。债权人会议行使下列职权：核查债权；申请人民法院更换管理人，审查管理人的费用和报酬；监督管理人；选任和更换债权人委员会成员；决定继续或者停止债务人的营业；通过重整计划；通过和解协议；通过债务人财产的管理方案；通过破产财产的变价方案；通过破产财产的分配方案；人民法院认为应当由债权人会议行使的其他职权。

（3）债权人会议的召开。第一次债权人会议由人民法院召集，自债权申报期限届满之日起 15 日内召开。以后的债权人会议，在人民法院认为必要时，或者管理人、债权人委员会、占债权总额 1/4 以上的债权人向债权人会议主席提议时召开。召开债权人会议，管理人应当提前 15 日通知已知的债权人。

（4）债权人会议的决议。债权人会议的决议，对于全体债权人均有约束力。债权人会议的决议，由出席会议的有表决权的债权人过半数通过，并且其所代表的债权额占无财产担保债权总额的 1/2 以上。但是，《企业破产法》另有规定的除外。债权人会议应当对所议事项的决议作成会议记录。债权人认为债权人会议的决议违反法律规定，损害其利益的，可以自债权人会议作出决议之日起 15 日内，请求人民法院裁定撤销该决议，责令债权人会议依法重新作出决议。

（三）债权人委员会

（1）债权人委员会的组成。债权人会议不是一个常设机构，不能经常性地召集和作出决定。为了保证债权人充分地行使权利，特别是行使对债务人财产的管理、处分和破产财产变价、分配过程的监督权，有必要将债权人的集体决定权授予他们的代表机构，这种代表债权人会议行使监督权利的机构，就是债权人委员会。

📖 小贴士 ☆★

债权人委员会

债权人委员会由债权人会议决定设立。债权人会议有权决定其设立或不设立，也有权决定其变更或解散。按照《企业破产法》的规定，债权人委员会由债权人会议选任的债权人代表和一名债务人的职工代表或者工会代表组成。债权人委员会成员不得超过 9 人。债权人委员会成员应当经人民法院书面决定认可。

（2）债权人委员会的一般监督权。监督债务人财产的管理和处分；监督破产财产分配；提议召开债权人会议；债权人会议委托的其他职权。债权人委员会执行职务时，有权要求管理人、债务人的有关人员对其职权范围内的事务作出说明或者提供有关文件。管理人、债务人的有关人员违反《企业破产法》规定拒绝接受监督的，债权人委员会有权就监督事项请求人民法院作出决定；人民法院应当在 5 日内作出决定。

第四节 重整与和解制度

一、重整

重整是指债务人为免受破产宣告，根据已经生效的和解协议和企业的实际状况，制订整顿计划和方案，对企业进行整顿，以使企业摆脱亏损，恢复活力。被申请破产的企业与债权人会议达成的和解协议，被人民法院认可后，企业法人便进入整顿阶段。

【文前思考 4-7】 2010 年 10 月，里欧水泥有限公司因经营不善、市场竞争激烈等原因导致资不抵债，不能清偿到期债务，但公司以拥有丰富的石灰石矿产资源，企业生产工艺设备先进，产品前景良好，通过引进战略投资者，股东增加出资等方式，可以清偿债务为由，向市法院申请破产重整。

请问：该企业申请重整的条件是什么？重整程序如何起动？

（一）重整原因

企业因为经营或者财务发生困难将导致不能清偿到期债务的，也可以适用《企业破产法》规定的重整程序。换句话说，企业法人无论是基于已经发生的无力偿债的事实状态，还是将要发生的无力偿债的事实状态，都可以申请企业重整。重整程序可适用于两种情形：一是债务人具备破产原因，即不能清偿到期债务并且资产不足以清偿全部债务的，或者不能清偿到期债务并且明显缺乏清偿能力的；二是债务人将要出现破产原因，即有明显丧失清偿能力可能的。

（二）重整程序的发动

重整程序的申请人分为两种情况：一是破产案件受理前的初始重整申请，可以由债务人或者债权人提出；二是破产案件受理后，破产宣告前的后续重整申请，初始申请为债权人申请债务人破产清算的，可以债务人或者持有债务人注册资本 1/10 以上的一名或数名出资人提出。人民法院经审查认为重整申请符合《企业破产法》规定的，应当裁定许可债务人进行重整并予以公告。

（三）重整期间

重整期间是重整程序开始后的一个法定期间，其目的在于防止债权人在重整管理期间对债务人及其财产采取诉讼或其他程序行动，以便保护企业的营运价值和制订重整计划。《企业破产法》第 72 条规定："自人民法院裁定债务人重整之日起至重整程序终止，为重整期间。"除了具备法定原因提前终止重整程序外，重整期间包括以下两个阶段。

（1）重整计划制备阶段。即从人民法院裁定债务人重整之日起，到债务人或者管理人向人民法院和债权人会议提交重整计划草案时止。这一期间通常为 6 个月，但有正当理由的，经债务人或者管理人请求，人民法院可以裁定延期 3 个月。

（2）重整计划通过阶段。即从重整计划草案提交时起，到债权人会议表决后人民法院裁定批准或不批准重整计划并终止重整程序，或者依据表决未通过的事实裁定终止重整程序时止。这一期间没有法定期限，由人民法院酌情决定。

（四）重整期间的财产管理

（1）管理人监督下的债务人自行管理。在重整期间，经债务人申请，人民法院批准，债务人可以在管理人的监督下自行管理财产和营业事务。依法已接管债务人财产和营业事务的管理人应当向债务人移交财产和营业事务，其管理人的职权由债务人行使。

（2）管理人负责及债务人参与的管理。在债务人没有提出自行营业的申请或其申请未获法院批准的情况下，管理人负责管理财产和营业事务的，可以聘任债务人的经营管理人员负责营业事务。

（五）重整期间营业保护的特别规定

（1）对担保物权的限制。按照《企业破产法》的规定，对债务人享有的担保物权，如抵押权、质权，只能在和解程序或者清算程序开始后才能行使。同时，《企业破产法》规定：在重整期间，对债务人的特定财产享有的担保权暂停行使。但是，担保物有损坏或者价值明显减少的可能，足以危害担保权人权利的，担保权人可以向人民法院请求恢复行使担保权。

（2）对新借款的担保。对债务人企业的继续营业来说，取得资金和其他资源供应是至关重要的。《企业破产法》规定，重整期间债务人或者管理人为继续营业而借款的，可以为该借款设定担保。

（3）对取回权的限制。债务人通过租赁、借用、合作经营等法律关系占有、使用的他人财产，对于债务人在重整期间的继续营业是非常重要的。《企业破产法》规定，债务人合法占有的他人财产，该财产的权利人在重整期间要求取回的，应当符合事先约定的条件。

（4）对出资人和管理层的限制。企业拯救的一个决定性因素是债权人和其他利益相关者对企业复兴的信心。《企业破产法》规定，在重整期间，债务人的出资人不得请求投资收益分配。

小贴士

管理层的除外股权转让

在某些情况下，股权转让不会对重整产生消极影响，甚至有积极作用（例如吸引新投资者）。所以，《企业破产法》第 77 条规定，在重整期间，债务人的董事、监事、高级管理人员不得向第三人转让其持有的债务人的股权。但是，经人民法院同意的除外。

（六）重整程序的终止

《企业破产法》规定，在重整计划提交表决前，可以基于两类原因提前终止重整程序。

（1）继续重整存在重大障碍。在重整期间，有下列情形之一的，经管理人或者利害关系人请求，人民法院应当裁定终止重整程序，并宣告债务人破产。①债务人的经营状况和财产状况继续恶化，缺乏挽救的可能性；②债务人有欺诈、恶意减少债务人财产或者其他显著不利于债权人的行为；③由于债务人的行为致使管理人无法执行职务。

（2）未按时提交重整计划草案。根据《企业破产法》第 79 条的规定，债务人或者管理人自人民法院裁定债务人重整之日起 6 个月内，或者在人民法院裁定延期后的 3 个月内，没有向人民法院和债权人会议提交重整计划草案的，人民法院应当裁定终止重整程序，并宣告债务人破产。

（七）破产重整计划的制订

既然企业是为了避免破产而进行的重整，那么，重整就需要达到一定效果。为取得良好效果，一个完善的重整计划就必不可少。所以，重整计划不仅可以指引重整中的各项活动有序进行，也是法定要求。

1. 制定主体和时间

（1）制定主体。债务人自行管理财产和营业事务的，由债务人制订重整计划草案；管理人负责管理财产和营业事务的，由管理人制订重整计划草案。

（2）制定时间。根据《企业破产法》的规定，债务人或者管理人应当自人民法院裁定债务人重整之日起 6 个月内，同时向人民法院和债权人会议提交重整计划草案。规定的期限届满，经债务人或者管理人请求，有正当理由的，人民法院可以裁定延期 3 个月。

2. 重整计划的内容

《企业破产法》第 81 条规定了重整计划应当包括的最低限度的内容：债务人的经营方案、债权分类、债权调整方案、债权受偿方案、重整计划的执行期限、重整计划执行的监督期限、有利于债务人重整的其他方案。

(八) 重整计划的通过和批准

1. 表决程序

(1) 会议召集。人民法院应当自收到重整计划草案之日起 30 日内召开债权人会议。

(2) 分组表决程序。在债权人会议审议重整计划时，债务人或者管理人应当向债权人会议就重整计划草案作出说明，并回答询问。

小贴士

重整计划的表决程序

债权人会议应当依照规定的债权分类分成不同的表决组，对重整计划进行分组表决。出席会议的同一表决组的债权人过半数同意重整计划草案，并且其所代表的债权额占该组债权总额的 2/3 以上的，即为该组通过重整计划草案。各表决组均通过重整计划草案时，重整计划即为通过。自重整计划通过之日起 10 日内，债务人或者管理人应当向人民法院提出批准重整计划的申请。

2. 批准程序

批准程序是人民法院行使司法审查权的过程。在审查过程中，人民法院可以根据案情的需要，进行开庭或不开庭的审理。人民法院审理后，可以针对不同情况作出不同结果的裁定。

(1) 通过后的审查批准。对于已获通过并提请批准的重整计划，人民法院应当进行审查。人民法院经审查认为重整计划符合《企业破产法》规定的，应当自收到申请之日起 30 日内裁定批准，同时终止重整程序，并予以公告。

(2) 未通过时的强行批准。由于企业重整不仅关系到债权人的利益，而且关系到其他利害关系人的利益和社会公共利益，因此，面对个别表决组出于自身利益而拒绝通过重整计划的情形，《企业破产法》规定了重整计划未通过时的强行批准制度。

(3) 不予批准。人民法院审查后认为提请批准的重整计划在实体上或者程序上不符合《企业破产法》的规定，应当裁定不予批准，同时终止重整程序，并宣告债务人破产。

(九) 重整计划的执行

(1) 重整计划的执行人。重整计划由债务人负责执行。管理人在重整期间主持营业的，应当在人民法院裁定批准重整计划后，将其接管的财产和营业事务移交债务人。

(2) 重整计划的监督人。自人民法院裁定批准重整计划之日起，在重整计划规定的监督期内，由管理人监督重整计划的执行。

（3）重整计划的约束力。经人民法院裁定批准的重整计划，对债务人和全体债权人均有约束力。

重整计划因执行完毕而终止。重整计划执行完毕后，债务人应当及时向人民法院提交执行报告。人民法院审查确认后，裁定终结破产案件。自法院裁定终结破产案件时确认的重整计划执行完毕之日起，债务人对于依照重整计划减免的债务免除清偿责任。

二、和解

【文前思考 4 - 8】 某机电厂于 2008 年 5 月开业，起初该厂年年略有赢利。2010 年 5 月，因主管人员和经办人员玩忽职守，造成了 1500 万元贷款被骗。该厂因此陷入困境，出现严重支付不能的状态，部分债权人向人民法院申请宣告电机厂破产还债。电机厂认为本厂资不抵债的主要原因在于贷款被骗，因此尚有挽救的可能。因此，向债权人会议提出了和解协议草案。

请问：该厂和解的条件、效力与结果是什么？

和解是指达到破产界限的债务人，为了避免破产清算，与债权人会议达成和解协议，按照和解协议减免的债务，自和解协议执行完毕时起，债务人不再承担清偿责任。

（一）和解程序的申请

在人民法院受理破产申请后，宣告债务人破产前，债务人可以向人民法院申请和解。和解程序的申请必须符合 3 项条件。

（1）和解的申请人必须是已经具备破产原因的债务人。

（2）申请和解的债务人应当遵守有关破产申请的一般规定，向人民法院提交相关的证据和文件。

（3）债务人在申请和解时必须提交和解协议草案。

（二）和解协议的成立和生效

（1）和解协议的成立。和解协议成立的方式，实质上是一种合同订立的方式，即债务人以提出和解协议草案的形式向债权人团体发出要约，债权人会议以通过和解协议草案的决议形式作出承诺。

小贴士

和解协议的达成

债权人会议通过和解协议草案的决议，符合"由出席会议的有表决权的债权人的过半数同意，并且其所代表的债权额占无财产担保债权总额的 2/3 以上"条件时，即达成和解协议。

（2）和解协议的生效。债务人和债权人达成和解协议，必须经人民法院裁定认可方能生效。这样有利于保护债权人合法权益和维护程序公正。人民法院认可和解协议的，应当发布公告，终止破产程序。和解协议自公告之日起具有法律效力。和解协议生效后，管理人应当向债务人移交财产和营业事务，并向人民法院提交执行职务的报告。

（三）和解协议的法律效果

自和解协议生效时起，破产程序终结，债务人恢复财产管理。全体和解债权人受和解协议的约束。债务人作为和解协议的另一方当事人，应受协议的约束。

（四）和解失败的法律效果

按照《企业破产法》的规定，和解实质上是一个合同的成立、生效和履行的过程。在这一过程中，如果出现合同不成立、不生效、无效或者不履行的事实，则应当有相应的法律效果。为此，《企业破产法》针对不同情形作出了以下规定。

（1）和解协议不成立、不生效。和解协议草案经债权人会议表决未获得通过，或者已经债权人会议通过的和解协议未获得人民法院认可的，人民法院应当裁定终止和解程序，并宣告债务人破产。

（2）和解协议无效。因债务人的欺诈或者其他违法行为而成立的和解协议，无论该违法事由是被发现于协议生效以前还是协议生效以后，人民法院都应当裁定其无效，并宣告债务人破产。

（3）和解协议执行不能。债务人不能执行或者不执行和解协议的，人民法院经和解债权人请求，应当裁定终止和解协议的执行，并宣告债务人破产。

小贴士

法庭外的和解

实践中，在和解申请前或者申请后，当事人之间就和解事项开展法庭外谈判，是十分正常的现象。《企业破产法》的法律政策应该是鼓励当事人开展企业拯救。因此，承认当事人可以在法庭外自行和解，经法院认可后具备相当于法庭内和解的效力，体现了对当事人意思自治的尊重，也体现了立法者鼓励和解和重视企业拯救的政策。而且，允许当事人自行和解也有利于节省司法资源。

第五节　破产宣告与破产清算

一、破产宣告

破产宣告，就是法院对债务人具备破产原因的事实作出有法律效力的认定。破产宣告是一种司法行为，它产生一系列法律后果，标志着破产案件无可逆转地进入清算程序，债务人无可挽回地陷入破产倒闭。根据《企业破产法》规定，债务人被宣告破产后，债务人称为破产人，债务人财产称为破产财产，人民法院受理破产申请时对债务人享有的债权称为破产债权。

【文前思考4-9】　某公司有3个股东，甲、乙、丙三人。注册资本为100万元，各占1/3。后因公司需要向外募集150万元，由于乙、丙能力所限，无法筹集到任何资金，完全由甲自己掏出150万元进行注资。后公司经营不力，进入破产清算，而公司此时只能卖价40万元。

请问：法院应当怎样对该公司进行破产宣告与破产清算？破产宣告后会产生怎样的法律后果？破产清算的程序是怎样的？

（一）破产宣告的裁定

破产宣告的裁定，是人民法院对债务人具备破产原因的事实作出认定的法定方式。人民法院依照《企业破产法》规定宣告债务人破产的，应当自裁定作出之日起5日内送达债务人和管理人，自裁定作出之日起10日内通知已知债权人，并予以公告。按照司法解释，人民法院宣告企业破产，应当公开进行；应当通知债权人、债务人到庭，当庭宣告裁定；拒不到庭的，不影响裁定的效力。

（二）破产宣告的效果

（1）对破产案件的效果。就是破产案件转入破产清算程序。

（2）对债务人的效果。破产宣告对债务人产生身份上、财产上的一系列法律后果。即债务人成为破产人；债务人财产成为破产财产；债务人丧失对财产和事务的管理权。

（3）对债权人的效果。破产宣告使债权人获得了行使权利的特别许可。

①有财产担保的债权人即别除权人可以由担保物获得清偿。

②无财产担保的债权人依破产分配方案获得清偿。无财产担保的债权人不享有由特定财产优先受偿的权利。而只能依照法律规定的清偿顺序，通过法定程序集体确定分配方案，由破产财产获得清偿。

（4）对第三人产生的效力。

①破产企业所有债务人应按法院通知的要求偿还债务；

②破产人的财产持有人应当按照法院的通知向清算组交付财产；

③破产人的开户银行应当将破产人的银行账户供清算组使用；

④债务人的财产在其他民事诉讼程序中被查封、扣押、冻结的，采取此类强制措施的法院在接到受理破产案件的法院的通知后必须解除此类强制措施。

二、破产清算

破产清算是指宣告企业破产以后，由管理人接管，对破产财产进行清算、评估和处理、分配。

（一）破产财产变价

破产财产变价，是指管理人将非金钱的破产财产，通过合法方式加以出让，使之转化为金钱形态，以便于清算分配的过程。破产宣告后，接管破产财产的管理人即应迅速着手进行破产财产的变价工作。破产清算以金钱分配为原则，实物分配为例外。变价出售破产财产应当通过拍卖进行。但是，债权人会议另有决议的除外。破产企业可以全部或者部分变价出售。企业变价出售时，可以将其中的无形资产和其他财产单独变价出售。按照国家规定不能拍卖或者限制转让的财产,应当按照国家规定的方式处理。

(二)破产财产分配

破产管理人将变价后的破产财产,根据符合法定顺序并经合法程序确定的分配方案,对全体破产债权人进行公平清偿。破产分配标志着破产清算的完成。破产财产分配方案经人民法院裁定认可后,由管理人执行。

1. 破产财产分配顺序

破产财产应优先清偿破产费用和共益债务,主要包括:破产案件诉讼费用;破产财产管理、变卖、分配所需的费用;管理人执行职务的费用、报酬和聘用工作人员的费用;为全体债权人的共同利益而在破产程序中负担的债务。根据《企业破产法》规定,破产财产在优先清偿破产费用和共益债务后,依照下列顺序清偿,破产财产不足以清偿同一顺序的清偿要求的,按照比例分配。

(1)破产人所欠职工的工资和医疗、伤残补助、抚恤费用,所欠的应当划入职工个人账户的基本养老保险、基本医疗保险费用,以及法律、行政法规规定应当支付给职工的补偿金;

(2)破产人欠缴的除前项规定以外的社会保险费用和破产人所欠税款;

(3)普通破产债权。

2. 破产财产分配方式

破产财产的分配应当以货币分配方式进行。但是,债权人会议另有决议的除外。管理人应当及时拟订破产财产分配方案,提交债权人会议讨论。破产财产分配方案经人民法院裁定认可后,由管理人执行。管理人按照破产财产分配方案实施多次分配的,应当公告本次分配的财产额和债权额。对于附生效条件或者解除条件的债权;债权人未受领的破产财产分配额;对于诉讼或者仲裁未决的债权,管理人应当将其提存。

法条链接 ▶▶▶

破产财产分配方案应当载明的事项

《企业破产法》第115条管理人应当及时拟订破产财产分配方案,提交债权人会议讨论。破产财产分配方案应当载明下列事项:①参加破产财产分配的债权人名称或者姓名、住所;②参加破产财产分配的债权额;③可供分配的破产财产数额;④破产财产分配的顺序、比例及数额;⑤实施破产财产分配的方法,债权人会议通过破产财产分配方案后,由管理人将该方案提请人民法院裁定认可。

(三)破产程序终结

破产程序终结是指破产程序不可逆转地归于结束。破产程序终结可能意味着破产程序预期目标的实现,也可能意味着破产程序预期目标的不能实现。根据《企业破产法》第120条的规定,破产人无财产可供分配的,管理人应当请求人民法院裁定终结破产程序。管理人在最后分配完成后,应当及时向人民法院提交破产财产分配报告,并提请人民法院裁定终结破产程序。人民法院应当自收到管理人终结破产程序的请求之日起 15 日内作出是否终结破产程序的裁定。裁定终结的，应当予以公告。

(四) 破产企业注销登记

破产程序终结，企业法人依法终止其民事行为能力，管理人应当向破产企业的原登记机关申请注销原公司登记。办理完注销登记之后，破产企业的法人主体资格归于消灭。根据《企业破产法》第 121 条的规定，管理人应当自破产程序终结之日起 10 日内，持人民法院终结破产程序的裁定，向破产人的原登记机关办理注销登记。管理人于办理注销登记完毕的次日终止执行职务。但是，存在诉讼或者仲裁未决情况的除外。

拓展阅读

别除权的概念和特征

别除权是指债权人不依破产程序，而由破产财产中的特定财产单独优先受偿的权利。别除权具有以下法律特征。

第一，别除权以担保权为基础。只有在破产案件受理时已经合法取得担保权的债权人才能够享有别除权。这里所说的担保权，是指物的担保意义上的担保权，即所谓担保物权。我国法律给予别除权以比较充分的保护。《企业破产法》第 109 条规定：对破产人的特定财产享有担保权的权利人，对该特定财产享有优先受偿的权利。财产担保包括三种形式：抵押、质押和留置。

第二，别除权以实现债权为目的。设立担保制度的目的是保障债权的实现。因此，担保权从属于受担保的债权。债权的有效和存续是担保权有效和存续的前提。债权消灭，担保权也随之消灭。同样，债权的范围和实现条件，也就是担保权的范围和实现条件。

第三，别除权以破产人的特定财产为标的物。别除权享受优先清偿权利的财产来源是设置了担保权的担保物。破产法称担保物为别除权标的物。别除权标的物必须是特定财产，即特定物或者特定化的种类物。

第四，别除权的行使不参加集体清偿程序。享有别除权的债权人，称作别除权人。别除权人有权就担保物单独优先受偿。所谓优先受偿，就是在全体债权人的集体清偿程序以外个别地和排他地接受清偿。

第五，别除权标的物不计入破产财产。破产申请受理后，别除权标的物虽然也属于债务人财产，并且可能在破产宣告前为管理人接管（除已经被担保权人占有的外），但为了实现别除权的优先受偿，因此，别除权标的物不计入破产财产。

职业知识检测

一、单项选择题

1. 下列关于破产的法律特征中，表述不正确的有 (　　)。

A. 债务人不能清偿到期债务

B. 是清偿债务、实现债权的一种特殊形式

C. 是通过司法程序处理的无力偿债事件

D. 是一种特殊的诉讼程序

2. 债权人提出破产申请的，人民法院应当自收到申请之日起（   ）内通知债务人。

A. 5 日　　　　　B. 7 日　　　　　C. 10 日　　　　　D. 15 日

3. 具备管理人资格，可以担任管理人的社会中介机构，不包括（   ）。

A. 清算组　　　　　　　　　　B. 律师事务所

C. 会计师事务所　　　　　　　D. 破产清算事务所

4. 债权人申报债权时，应当提供的证据中，不包括（   ）。

A. 债权证明　　　B. 工资证明　　　C. 身份证明　　　D. 担保证明

5. 债权人会议的决议，由出席会议的有表决权的债权人过半数通过，并且其所代表的债权额占无财产担保债权总额的（   ）以上。

A. 1/3　　　　　B. 2/3　　　　　C. 1/2　　　　　D.1/4

6. 从人民法院裁定债务人重整之日起，到债务人或者管理人向人民法院和债权人会议提交重整计划草案时止，这一期间通常为（   ）。

A. 3 个月　　　　B. 4 个月　　　　C. 5 个月　　　　D. 6 个月

7. 破产财产应优先清偿（   ）。

A. 破产费用　　　　　　　　　B. 所欠职工工资

C. 所欠税款　　　　　　　　　D. 普通破产债权

二、多项选择题

1.《企业破产法》设立的三种处理破产案件的司法程序是（   ）。

A. 破产清算　　　B. 破产宣告　　　C. 和解　　　D. 重整

2. 人民法院对破产申请的形式审查内容主要包括（   ）。

A. 申请人是否具备破产申请资格

B. 债务人是否为依法可适用企业破产程序的主体

C. 受案法院对本案是否有管辖权

D. 申请文件是否符合要求

3. 人民法院受理破产申请后发生的（   ）费用，为破产费用。

A. 破产案件的诉讼费用　　　　B. 管理、变价和分配债务人财产的费用

C. 管理人执行职务的费用、报酬　　D. 聘用工作人员的费用

4. 在重整期间，有下列（   ）情形的，经管理人或者利害关系人请求，人民法院应当裁定终止重整程序，并宣告债务人破产。

A. 债务人的经营状况和财产状况继续恶化，缺乏挽救的可能性

B. 债务人有欺诈、恶意减少债务人财产的行为

C. 债务人有其他显著不利于债权人的行为

D. 由于债务人的行为致使管理人无法执行职务

5. 和解程序的申请必须符合（   ）条件。

A. 申请人是已具备破产原因的债务人

B. 申请人应遵守破产申请的一般规定

C. 申请人向法院提交相关的证据和文件

D. 申请人必须提交和解协议草案

三、判断题

1. 企业破产案件由债务人住所地人民法院管辖。(　　　)

2. 人民法院裁定受理破产申请的，应当同时选举管理人。(　　　)

3. 《企业破产法》中的"债务人财产"概念，与"破产财产"概念相同。(　　　)

4. 债权人会议是一个常设机构，能经常性地召集和作出决定。(　　　)

5. 根据《企业破产法》的规定，债务人被宣告破产后，称为被破产人。(　　　)

职业能力检测

案例一　债务人财产与管理人的取回权

甲公司以两辆奥迪轿车作为质押物向银行借款 100 万元，到期无力还款，甲公司申请宣告破产。人民法院受理了申请，并指定了管理人，管理人向银行提出清偿债务以取回轿车。银行同意，经评估，轿车市场价值 80 万元，银行本息债权 110 万元。

思考：

1. 轿车是否属于债务人财产？为什么？

2. 管理人是否有权向银行清偿债务以取回轿车，能清偿多少万元？为什么？

案例二　重整程序

张某、李某和美澳公司共同出资设立了飞亚有限责任公司。张某出资 20%，李某出资 10%，美澳公司出资 70%，美澳公司的总经理王某任飞亚公司的董事长。飞亚公司成立后一直经营困难，长期拖欠欧陆公司货款，欧陆公司向人民法院申请宣告飞亚公司破产。法院受理了申请，并指定方正律师事务所为管理人。飞亚公司向法院提出重整申请，法院经审查后，裁定重整。并确定重整期间飞亚公司自行管理和营业。重整计划通过，飞亚公司在履行重整计划期间，有隐匿财产行为，经欧陆公司请求，法院裁定终止重整程序，宣告飞亚公司破产。

思考：

1. 方正律师事务所是否可以成为破产管理人？为什么？

2. 除飞亚公司外，有权提出重整申请的主体有哪些？

3. 法院是否可以裁定终止重整程序，为什么？

案例三　撤销权与破产清算

国有企业联华纺织厂，因不能清偿到期债务，向人民法院提出破产申请，人民法院受理此案后，依照法定程序宣告该纺织厂破产，并指定管理人接管该纺织厂。随后，管理人对纺织厂的财产进行了清理。其中，联华纺织厂欠丙公司到期货款 150 万元。破产申请受理之日前 6 个月应丙公司的要求，联华纺织厂与丙公司签订了一份担保合同，担保合同约定：若合同签订之日起 3 个月内联华纺织厂不能支付丙公司 150 万元欠款，则以联华纺织厂二号厂房折价抵押偿还丙公司欠款。经评估确认，二号厂房变现价值为 200 万元。

思考：

1. 联华纺织厂为丙公司设定抵押权的行为是否有效？为什么？
2. 联华纺织厂的破产财产分配顺序如何？为什么？

第五章 合同法律制度

知识目标

1. 熟悉有关合同、合同法的概念、合同形式与内容、合同订立程序的法律规定；
2. 掌握有关合同生效、效力待定、无效、可撤销的法律规定；
3. 掌握有关合同履行原则、规则、双务合同中当事人抗辩权的法律规定；
4. 熟悉有关合同担保原理、担保合同无效、保证、定金的法律规定；
5. 掌握有关合同变更、转让、终止的法律规定；熟悉违约责任。

能力目标

1. 系统了解《合同法》，对遇到的合同问题能查阅有关的法律规定和司法解释；
2. 运用所学理论知识正确分析解决生活中的合同纠纷案例。

知识导航

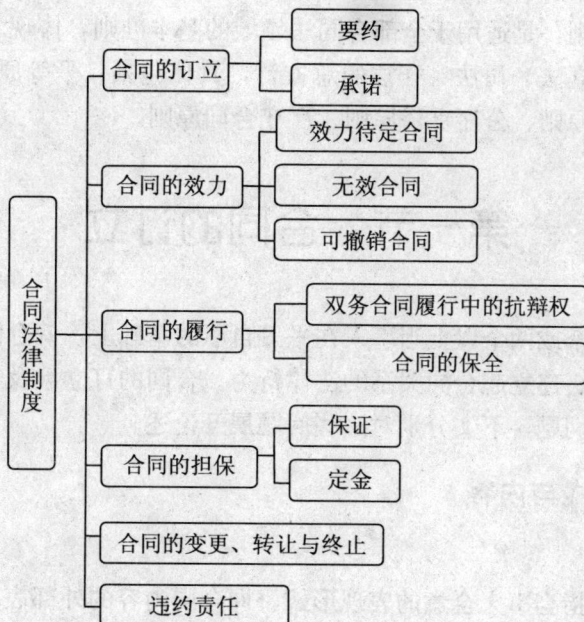

合同法律制度
- 合同的订立
  - 要约
  - 承诺
- 合同的效力
  - 效力待定合同
  - 无效合同
  - 可撤销合同
- 合同的履行
  - 双务合同履行中的抗辩权
  - 合同的保全
- 合同的担保
  - 保证
  - 定金
- 合同的变更、转让与终止
- 违约责任

案例导入

2010 年 6 月张岩与王峰订立服装买卖合同，约定张岩于当年 9 月 30 日前向王峰供应女式羽绒服 1000 件，王峰收到货后 5 天内交付货款。但订约 2 个月后，因市场对羽绒服需求增加，王峰遂提出变更合同，要求张岩增加供应 2000 件，张岩同意并与王峰补充签订了合同。另外，张岩与李静是夫妻，但结婚多年未有小孩，双方拟收养一名孤儿，遂与孤儿院签订一份收养协议。

请思考：

1. 什么是合同？我国对合同的订立、效力、履行、变更与终止等有什么规定？

2. 以上两个合同是否都属于《合同法》的适用范围，为什么？

合同是平等主体的自然人、法人、其他组织之间设立、变更、终止民事权利义务关系的协议。

合同法是调整平等主体的自然人、法人、其他组织之间设立、变更、终止民事权利义务关系的法律规范的总称，主要规范合同的订立、效力、履行、变更、解除、保全、违反合同的责任等问题。故本章也是主要围绕合同的订立、合同的效力、合同的履行、合同的变更与转让、合同的终止、违约责任而展开论述。本章下述的现行《合同法》已由中华人民共和国第九届全国人民代表大会第二次会议于 1999 年 3 月 15 日通过，该法分为总则、分则和附则，共 23 章 428 条，自 1999 年 10 月 1 日起施行。

《合同法》适用于平等主体的自然人、法人、其他组织之间设立、变更、终止民事权利义务关系的协议。婚姻、收养、监护等有关身份关系的协议，适用其他法律的规定。

合同法的基本原则，是适用于全部合同法领域的基本准则，体现了合同法的基本理念与价值，是进行合同立法、司法、守法的总方针，具体包括：平等原则、合同自愿原则、公平原则、诚实信用原则、公序良俗原则、严守合同原则。

第一节　合同的订立

合同订立，是两个或两个以上当事人在平等自愿的基础上，就合同的主要条款经过协商取得一致意见，最终建立起合同关系的法律行为。合同的订立涉及合同内容与形式、合同订立的程序等法律问题，下文分别对这些问题展开论述。

一、合同的形式与内容

（一）合同的形式

合同的形式，是指当事人合意的表现形式，即合同内容的外部表现，也即合同内容的载体。依据《合同法》第 10 条第 1 款的规定，当事人订立合同，有书面形式、口头形式与其他形式。其中，书面形式是指以文字等有形的表现形式订立合同的形式。若当事人约定，或者行政法规规定订立合同应采用书面形式的，则应当采用书面形式。书面形式包括合同书、信件、数据电文，而电报、电传、电子数据交换、电子邮件属于数据电文。

（二）合同的内容

【文前思考5-1】　甲公司将位于广州的一商品房出让给乙方，合同对当事人名称、标的、数量、质量、价款作了约定。其后，乙请求甲公司交付房屋，但因此时房价攀升，甲公司想将该房高价转让给丙，于是提出因其与乙签订的合同没有约定房屋房款交付时间，故双方签订的合同无效，为此其无须向乙履行交付房屋的义务。

请问：甲公司的说法有法律依据吗？为什么？

合同的内容，是指对合同当事人权利义务的具体规定，即合同当事人订立合同的各项具体的意思表示。合同的内容除少数是由法律规定以外，绝大部分是由合同当事人约定的，而当事人则是通过拟定合同条款来表现的。

1. 合同一般包括的条款

①当事人的名称或姓名以及住所，合同当事人包括自然人、法人、其他组织；②标的；③数量；④质量；⑤价款或报酬；⑥履行的期限、地点和方式；⑦违约责任；⑧解决争议的方法。

上述八条款只是提示性条款，属于建议性规范，意在提醒当事人尽量将合同条款订立得周详，以免滋生纠纷，其不属于强制性规范，缺乏某一条并不当然导致合同不成立或不生效。

2. 合同条款的补正与补充

一般而论，当合同缺乏上述八条款中某些条款时，可通过以下方式补充说明。

（1）合同生效后，当事人就质量、价款或者报酬、履行地点等内容没有约定或者约定不明确的，可以协议补充；不能达成补充协议的，按照合同有关条款或者交易习惯确定。

（2）当事人就有关合同内容约定不明确，依照上述规定仍不能确定的，适用下列规定：①质量要求不明确的，按照国家标准、行业标准履行；没有国家标准、行业标准的，按照通常标准或者符合合同目的的特定标准履行。②价款或者报酬不明确的，按照订立合同时履行地的市场价格履行；依法应当执行政府定价或者政府指导价的，按照规定履行。③履行地点不明确，给付货币的，在接受货币一方所在地履行；交付不动产的，在不动产所在地履行；其他标的，在履行义务一方所在地履行。④履行期限不明确的，债务人可以随时履行，债权人也可以随时要求履行，但应当给对方必要的准备时间。⑤履行方式不明确的，按照有利于实现合同目的的方式履行。⑥履行费用的负担不明确的，由履行义务一方负担。

3. 格式条款

格式条款是指当事人为了重复使用而预先拟定的，并在订立合同时未与对方协商的条款。如中国电信与用户签订的电话安装使用合同、保险公司与投保人签订的保险合同，这些合同就是由格式条款组成的。

同时注意，法律规定拟定格式条款一方负有采取合理方式提请对方注意免除或限制责任的条款、对免除或限制责任条款予以解释说明的特有义务。

（1）格式条款无效的情形。

①违反了《合同法》第52、第53条规定的格式条款无效；

法条链接 ▶▶▶

格式条款违反以下法律无效

《合同法》第52条有下列情形之一的，合同无效：①一方以欺诈、胁迫的手段订立合同，损害国家利益；②恶意串通，损害国家、集体或者第三人利益；③以合法形式掩盖非法目的；④损害社会公共利益；⑤违反法律、行政法规的强制性规定。

《合同法》第53条合同中的下列免责条款无效：①造成对方人身伤害的；②因故意或者重大过失造成对方财产损失的。

②免除格式条款拟定者一方责任、加重对方责任、排除对方主要权利的格式条款无效。

（2）格式条款的解释。

①按常理解释。即一般的人在正常情况下，根据条款文义、合法性、合同上下文、交易习惯、诚实信用等因素所能作出的解释。

②对条款制作人不利的解释。当格式条款有两种以上解释时，应当作出不利于提供格式条款一方的解释。

③格式条款和非格式条款不一致的，应当采用非格式条款。

二、合同订立程序

合同的订立程序一般包括要约与承诺。

（一）要约

【文前思考5-2】 甲公司在电视上发布商业广告称："本公司有某型号的冷轧钢20万吨，是天津某钢铁厂的产品，每吨价格为1500元，我公司可以送货，先来先买，欲购从速，售完即止。"

请问：

1. 判断甲公司发布的商业广告是否为要约，并说明理由？

2. 若甲公司将商业广告改为"本公司有某型号的冷轧钢20万吨，是天津某钢铁厂的产品，每吨价格为1500元，欲购者请与我司联系"，判断该商业广告是否为要约并说明理由？

要约是指一方当事人向另一方当事人提出订立合同的条件，希望对方能完全接受此条件的意思表示。发出要约的一方称为要约人，受领要约的一方称为受要约人或承诺人。

1. 要约的构成要件

（1）要约是由具有订约能力的特定人作出的意思表示，而订约能力的主体应当具有相应的民事权利能力和民事行为能力。

（2）要约必须具有订立合同的意图。

（3）要约必须向要约人希望与其缔结合同的受要约人发出，即受要约人为特定的。

（4）要约的内容必须具体明确。

（5）要约必须送达到受要约人。

2. 要约邀请

要约邀请只是作出希望别人向自己发出要约的意思表示，因此，要约邀请可以向不特定的任何人发出，且其对于发出人与接受要约邀请的人，均没有约束力，要约邀请只是订立合同的准备行为。

《合同法》规定，寄送的价目表、拍卖公告、招标公告、招股说明书、商业广告等为要约邀请。但商品广告的内容符合要约规定的，则视为要约。

3. 要约生效时间

【文前思考5-3】　6月3日，甲通过其代理人向乙发出一书面函，请求乙以300万元的价格购买其位于某路段的一栋楼房，房子过户而产生的一切费用均由甲承担。该函于6月9日到达乙的邮箱，但因乙外出公干，其于6月15日回家才发现该函，并知悉该函的内容。

请问：甲的要约何时生效？

要约的生效是指要约发生法律效力。要约到达受要约人时生效。要约依据其作出方式的不同而区分为：

（1）以对话形式作出的要约，自受要约人了解时发生效力；

（2）以书面形式作出的要约于到达受要约人时发生效力；

（3）采用数据电文形式订立合同的，收件人指定特定系统接收数据电文的，该数据电文进入该特定系统的时间，视为到达时间；未指定特定系统的，该数据电文进入收件人的任何系统的首次时间，视为到达时间。

注意要约的到达是指到达受要约人及其代理人可控制的区域范围内，并不是指一定实际送达到受要约人或者其代理人手中，要约只要送达到受要约人通常的地址、住所或者能够控制的地方（如信箱等）即为送达，至于受要约人及其代理人是否看到，在所不论。

4. 要约的撤回、撤销、失效

【文前思考5-4】　2010年8月6日，A出口公司向B厂家邮寄出一份订单，订单列明了货物的名称、规格、价格，并要求B厂家送货上门。邮件发出后第二天，A出口公司因外国买家购买情况发生变化，于是决定取消邮寄给B厂家的订单。

请问：A出口公司能否取消该订单？如何取消？

（1）要约撤回。要约撤回是指要约在发生法律效力之前，要约人欲使其不发生法律效力而取消要约的意思表示。

（2）要约撤销。要约撤销是指要约在发生法律效力之后，要约人欲使其丧失法律效力而取消该要约的意思表示。但要约的撤销受到一定的限制：

①要约人确定了承诺期限或者以其他形式明示要约不可撤销；②受要约人有理由认为

要约是不可撤销的，并已经为履行合同做了准备工作。

小贴士

要约撤回与撤销的区别

要约撤回与要约撤销的重要区别在于两者发生的时间不同，要约的撤回须在要约到达受要约人之前或与要约同时到达受要约人，其目的是令未生效的要约不再生效；要约的撤销则须在要约到达受要约人，而受要约人尚未作出承诺前到达受要约人，其目的是消灭已经生效的要约对要约人的拘束力。

（3）要约失效。要约失效是指要约丧失其法律约束力。要约失效后，要约人不再受该要约效力的拘束，受要约人也不能享有承诺的权利和资格，即使受要约人作出承诺，也不能产生合同成立的后果。要约在以下情形下失效。

①受要约人拒绝要约的通知到达要约人；②要约人依法撤销要约；③承诺期限届满，受要约人未作出承诺；④受要约人对要约的内容作出实质性变更。

依《合同法》规定，有关合同标的、数量、质量、价款或者报酬、履行期限、履行地点和方式、违约责任和解决争议方法等的变更，是对要约内容的实质性变更。

（二）承诺

【文前思考5-5】 2011年2月20日，A公司向B公司发出一份报价单，称其愿意向B公司提供10万吨石灰石，每吨价格为10元，价格中包括运费在内，在合同成立后2年内运送，并规定15天内答复，否则过期不候。3月1日，B公司回复A公司，要求A公司从3月11日开始提供石灰石，每天提供1000吨。按照该规定，10万吨石灰石应当在同年6月份运完。A公司收到B公司答复后即致电B公司，称其已在备货准备履约。

请问：B公司3月1日对A公司的回复是否构成承诺并说明理由？

1. 承诺的构成要件

承诺指受要约人同意要约内容而与对方成立合同的意思表示。一般来说，一个合法有效的承诺，须具备以下五个要件。

（1）承诺人须为受要约人或其代理人。

（2）承诺必须向要约人或其代理人作出。

（3）承诺应在一定的期间内到达要约人。

①要约规定了承诺期限的，则承诺应当在该期限内到达要约人；

②要约没有规定承诺期限的，则承诺人应作出承诺的时间细分为：要约以双方面谈或电话交谈的方式提出的口头要约，则受要约人应即时作出承诺，否则，谈话结束后该项口头要约不复存在，除非当事人另有约定；要约以非对话方式作出的，即不是口头要约，承诺则应在合理期限内作出。

（4）承诺需要以一定的方式作出。依据《合同法》规定，承诺应当以通知的方式作出，但根据交易习惯或者要约表明可以通过行为作出承诺的除外。

（5）承诺的内容必须与要约的内容相一致。承诺的内容必须与要约的内容完全一致，不得作任何更改，是英美法与大陆法两大法系一致的原则，否则，视为新的要约。至于在何种情况下承诺的内容与要约内容不一致，则可参考上文要约失效的第四种情形。

2. 承诺的迟到、迟延与撤回

【文前思考5-6】　A公司2010年12月5日向B公司下一订单，订单列明了欲购买的货物名称、规格、价格等条款，并载明B公司必须于12月15日前作出承诺。该要约12月8日到达B公司，B公司12月16日以传真的方式作出承诺。

请问：B公司的承诺是否生效？为什么？

（1）承诺的迟到。承诺的迟到是指受要约人超过承诺期限发出承诺。承诺本应在承诺期限内作出，超过有效的承诺期限，要约已经失效，对于失效的要约发出承诺，不能发生承诺的效力，应视为新要约。

（2）承诺的迟延。承诺的迟延是指受要约人在承诺期限内发出承诺，按照通常情形能够及时到达要约人，但因其他原因致使承诺超过承诺期限到达要约人。注意原则上迟延的承诺仍为有效，除非要约人及时通知受要约人，因承诺逾期到达而无效。

（3）承诺的撤回。承诺的撤回是指受要约人阻止承诺发生法律效力的意思表示。与要约的撤回一样，阻止承诺发生法律效力的意思表示，应在承诺通知到达之前或者与承诺通知同时到达要约人，否则，若撤回承诺的通知晚于承诺的通知到达要约人，因承诺已经生效，合同已经成立，受要约人便不能撤回承诺。

第二节　合同的效力

一、合同的生效

【文前思考5-7】　2010年2月1日，甲乙签订合同，约定甲将其所有的小车出让给乙，价格为10万元，同时约定，当甲向丙购买的新车过户到甲的名下以后，甲乙之间的小车买卖合同才生效。但数月过去，甲仍未将小车交付给乙使用，亦未将小车转让至乙的名下。乙私下打听，才知丙已于3月4日将新车交付甲使用，并要求当天办理小车过户手续，而甲却以忙为借口，一直拒绝办理过户手续，且其旧车亦已经转让给丁，转让价格为13万元。

请问：2010年2月1日，甲乙签订小车买卖合同后，该合同效力如何？为什么？

合同生效是指已经成立的合同符合法定生效要件而受法律保护，产生当事人所预期的法律约束力。

（一）合同生效的要件

合同的效力，仅存在于已经成立并且具备法定要件的合同，而并非是所有已成立的合同。只有满足一定的要求，合同的效力才能够实现。根据《合同法》的规定，合同的生效应当符合下列条件。

(1) 合同当事人具有相应的民事权利能力与民事行为能力。

(2) 合同当事人的意思表示真实。

(3) 合同内容不违反法律和社会公共利益。

(4) 合同必须具备法律、行政法规所要求的形式。

(二) 合同生效时间

《合同法》根据合同类型的不同，分别规定了不同的合同生效时间。

(1) 依法成立的合同，原则上自成立时生效。

(2) 法律、行政法规规定应当办理批准、登记手续生效的，在依照其规定办理批准、登记手续后生效。

(3) 法律、行政法规规定合同应当办理登记手续，但未规定登记后生效的，当事人未办理登记手续不影响合同的效力，但合同的标的所有权及其他物权不能转移。

(4) 当事人对合同的效力可以附条件和期限。

依据《合同法》的规定，从效力的角度可以将合同划分为有效合同、无效合同、效力待定合同和可变更、可撤销的合同四大类。

二、效力待定合同

【文前思考 5 - 8】　　甲、乙为同事，因两人关系融洽，甲遂将自己的电脑免费借给乙使用。其后某天，因乙经济拮据在未告知甲的情况下，擅自以自己的名义与不知情的丙签订电脑转让合同，价格为 5000 元。随后，丙将 5000 元打进乙指定的账户，乙亦将电脑交付给丙。

请问：乙、丙签订的电脑转让合同效力如何？

效力待定合同是指于合同成立时是否发生效力尚不能确定，有待于其他行为使之确定的合同。

(一) 效力待定合同的特征

(1) 合同的缔约主体不合格，如缺乏代理权等，从而导致此类合同的效力无法确定。

效力待定的合同主体，涉及签订合同的双方当事人及第三人，其中与限制民事行为能力人、无权代理人、无权处分人订立合同的人称为相对人，一般来说，相对人主观上并不知对方是限制民事行为能力人、无权代理人、无处分权人，其是善意的；而此类合同中的限制行为能力人的法定代理人、被代理人、有权处分人则为第三人。

(2) 合同的效力取决于第三人行为，若第三人在一定期限内予以追认，则此类合同转化为有效合同，否则，则转化为无效或被撤销的合同。

追认是指第三人对限制民事行为能力人、无权代理人、无权处分人与相对人签订的合同事后予以认可的意思表示。

(二) 效力待定合同的种类

(1) 限制行为能力人订立的合同。

（2）表见代理以外的欠缺代理权而代理订立的合同。

（3）无权处分合同。就是指无处分权人处分他人财产，并与相对人订立转让财产的合同。若无权处分人事后取得处分权，或有权处分人追认，此合同有效。无权处分的合同虽然效力待定，但为了保护善意的第三人，即无权处分合同的相对人，当其是善意的，即其不知道处分人是无权的，且其已经为取得付出对价，则其取得处分物的所有权，该制度称为善意取得。如甲将从乙借回来的车卖给丙，如果丙不知道该车属乙所有，且支付了车款，则虽然甲是无权处分，但丙仍然取得该车所有权；但若甲是将车赠与丙，则无论丙是否知道车为乙所有，其均不能取得该车所有权。

（三）相对人享有的权利

（1）催告权。就是指相对人要求第三人在一定时间内明确答复是否承认限制民事行为能力人、无权代理人、无权处分人签订的合同，第三人逾期不作表示的，视为拒绝追认，此类合同不生效。法律明确规定限制行为能力人订立的合同、表见代理以外的欠缺代理权而代理订立的合同的催告期为一个月，无权处分合同的相对人的催告期间为合理期间。

（2）撤销权。就是指相对人在本人未予以追认之前，可撤销其与民事行为能力人、无权代理人、无权处分人所签订的合同。

三、无效合同

无效合同是指合同虽然已经成立，但因其在内容上违反了法律、行政法规的强制性规定和社会公共利益而无法律效力的合同。

（一）无效合同的特征

（1）违法性。一般来说本法所规定的无效合同都具违法性，它们大都违反了法律和行政法规的强制性规定和损害了国家利益、社会公共利益，例如，合同当事人非法买卖毒品、枪支等。

（2）自始无效性。所谓的自始无效，就是合同从订立时起，就没有法律约束力，以后也不会转化为有效合同。

（二）合同无效的情形

（1）一方以欺诈、胁迫的手段订立合同，损害国家利益。

（2）恶意串通，损害国家、集体或者第三人利益。如甲企业贿赂乙企业的采购人员，串通订立买卖合同，将其企业的次品当成合格产品卖给乙企业，从而损害乙企业的利益。

（3）以合法形式掩盖非法目的。如为逃避追赃或者法院强制执行其财产而以虚伪的买卖合同或者赠与合同隐匿财产。

（4）损害社会公共利益。如与他人签订合同出租场所卖淫、签订"工伤概不负责任"劳动合同。

（5）违反法律、行政法规的强制性规定。

无效合同自始无效。其法律后果是返还财产、赔偿损失、收归国家所有。

四、可撤销合同

【文前思考5-9】 2012年2月2日，李某到商场购买手机，见一款iphone手机标价

2800 元，而与其牌子款色相同的 iphone 手机在其他商场标价为 4800 元。为此，李某用信用卡支付 5600 元购买了两台。一星期后商场盘点，发现少了 4000 元，经查发现，原来该商场售货员将该款 4800 元的 iphone 手机误认为另一类价格便宜的手机，故将其价格误打为 2800 元。由于李某用信用卡结算，所以商场查出是李某少付了手机货款，故找到李某，要求其补交 4000 元或退回 2 台手机，商店退还 5600 元。李某认为彼此的买卖关系已经成立并交易完毕，商店不能反悔，拒绝商店的要求。

请问：商店的请求是否有法律依据？若有，其法律依据是什么？

可撤销合同又称为可撤销、可变更的合同，是指当事人在订立合同时，因意思表示不真实，法律允许撤销权人通过行使撤销权而使已生效的合同归于无效。

(一) 可撤销合同的特征

(1) 合同被撤销前有效，被撤销后自始无效。

(2) 合同的发生事由是因当事人的意思表示有缺陷。

(3) 合同的撤销要由撤销权人通过行使撤销权来实现。

(4) 撤销权人可以选择撤销或者变更合同。

(5) 可撤销合同的撤销，只能向法院或仲裁机构提出。

(二) 撤销权的消灭

(1) 撤销权应自合同成立时起 1 年内行使，否则撤销权消灭。注意此处的 1 年为不变期间，不能中止、中断或者延长。

(2) 具有撤销权的当事人知道撤销事由后明确表示或者以自己的行为放弃撤销权。

合同被撤销的法律后果是返还财产、赔偿损失。

法条链接 ▶▶▶

可变更或撤销的合同

《合同法》第 54 条：下列合同，当事人一方有权请求人民法院或者仲裁机构变更或者撤销：①因重大误解订立的；②在订立合同时显失公平的。一方以欺诈、胁迫的手段或者乘人之危，使对方在违背真实意思的情况下订立的合同，受损害方有权请求人民法院或者仲裁机构变更或者撤销。当事人请求变更的，人民法院或者仲裁机构不得撤销。

第三节 合同的履行

一、合同履行概述

合同的履行就是债务人按照合同的约定或者法律的规定，全面、正确地履行自己所承担的合同义务。在合同的履行过程中，合同当事人应该遵守一定的履行原则与规则，以便使合同的债权得到更好的实现。

（一）合同履行原则

【文前思考5-10】　2010年甲乙签订水果买卖合同，约定6月8日，由甲向乙提供40吨苹果、20吨葡萄，在B市的港口交货。交货当日，甲将货物运输至B市港口，却不见乙前来提货。甲致电乙，乙称其正在外地，暂时不能赶回来提货。甲等待乙提货阶段，因天气炎热，部分水果已经开始腐烂变质，但甲认为，水果变坏是因乙迟延受领货物所致，与己无关，故任由水果变坏，而不采取任何措施减少损失。故直至乙赶来领货时，发现2/3的水果已变质，根本无法食用。

请问：

1. 乙迟延受领货物违背了合同履行什么原则？

2. 甲任由水果变坏而不采取措施的行为违背合同履行什么原则？

（1）实际履行原则。实际履行是指当事人应当按照合同标的履行合同义务，合同标的是什么，当事人就应当履行什么，不能任意用其他标的代替。

（2）适当履行原则。适当履行原则又称正确履行或者全面履行原则，是指当事人应当按照合同的约定或者法律的规定全面、适当地履行合同，按照该原则，履行主体、履行标的、履行期限、履行地点、履行方式都要正确，即均符合合同的规定。

（3）协作履行原则。协作履行原则是指合同当事人不仅应履行自己的义务，而且还应当协助对方履行义务。

（4）经济合理原则。经济合理原则是指在合同的履行过程中，应讲求经济效益，以最少的成本取得最佳的合同效益。

（二）合同履行规则

【文前思考5-11】　2010年1月，甲乙签订合同，约定甲向乙供应花生油，每月1日供货，每次供货1吨，连续供应1年，乙收到货后即日交付货款，油价依据交付时的市场价格确定。甲依约交货三次，后因厂内压榨花生的机械出现故障，致使其4月1日无法交货，迟延至4月20日。但此时恰逢政府调整油价，油价大跌，乙要求按新的价格付款，而甲不同意，主张按4月1日的油价支付。

请问：甲的主张是否成立？为什么？

（1）合同内容约定不明确时的履行规则，参看本章第一节合同订立的相关阐述。

（2）执行政府定价或者政府指导价合同的履行规则。执行政府定价或者政府指导价的，在合同约定的交付期内政府价格调整时，按照交付时的价格计价。逾期交付标的物的，遇价格上涨时，按原价格执行；价格下降时，按照新价格执行。逾期提取标的物或者逾期付款的，遇价格上涨时，按新价格执行；价格下降时，按照原价格执行。

（3）合同履行涉及第三人时的规则。

①向第三人履行。当事人约定由债务人向第三人履行债务的，债务人未履行债务或履行债务不符合约定的，应由债务人向债权人承担违约责任。

②由第三人履行。当事人约定由第三人向债权人履行债务的，第三人未履行债务或履

行债务不符合约定的，应由债务人向债权人承担违约责任。

二、双务合同履行中的抗辩权

双务合同履行中的抗辩权，是指在符合法定条件时，当事人一方对抗对方当事人的履行请求权，暂时拒绝履行其债务的权利。它包括同时履行抗辩权、先履行抗辩权和不安抗辩权。

（一）同时履行抗辩权

【文前思考5－12】 A公司与B公司签订一买卖合同，约定A公司出售10吨一级陕西苹果给B公司，B公司支付货款4万元。后来A公司只交付了7吨苹果，同时却请求B公司付款4万元。

请问：B公司应向A公司支付多少货款？对于A公司的请求，B公司应怎样使用抗辩权？

1. 同时履行抗辩权的定义

同时履行抗辩权是指当事人互负债务，没有先后履行顺序的，应当同时履行，一方在对方履行前有权拒绝其履行要求。一方在对方履行债务不符合约定时，有权拒绝其相应的履行要求。同时履行抗辩权只适用于双务合同，单务合同不存在同时履行抗辩权的问题。

2. 同时履行抗辩权的构成要件

（1）当事人因同一双务合同而互负义务；

（2）双方互负的债务没有先后履行顺序且均已届清偿期；

（3）对方当事人未履行债务或未按约定履行债务；

（4）对方当事人客观上能够履行债务。

3. 同时履行抗辩权的效力

同时履行抗辩权属延期的抗辩权，并非永久的抗辩权，其只能暂时阻止对方当事人请求权的行使。若对方当事人完全履行了合同义务，同时履行抗辩权消灭，当事人应当履行自己的义务。

（二）先履行抗辩权

【文前思考5－13】 甲方为建筑工程的发包方，其于2011年1月与乙方签订一合同，约定由甲方将某工程发包给乙方，甲方于同年的2月30日前完成三通一平，乙方于3月1日进场施工，并于同年9月1日前竣工。3月1日后，甲方仍未完成三通一平，但甲方却要求乙方立即进场施工，否则要向甲方支付违约金。

请问：甲方的要求是否合理？乙方是否可以拒绝甲方的请求？为什么？

1. 先履行抗辩权的定义

先履行抗辩权是指在一个当事人互负债务的合同中，合同约定有先后履行顺序，在按约定应先履行的一方当事人未履行之前，后履行一方有权拒绝其履行要求。先履行一方履行债务不符合约定的，后履行一方有权拒绝其相应的履行要求。

2. 先履行抗辩权的构成要件

（1）当事人因同一合同互相债务；

（2）当事人一方须有先履行的义务；

（3）先履行的当事人不履行合同或者不适当履行合同。

3. 先履行抗辩权的效力

先履行抗辩权属延期的抗辩权，并非永久的抗辩权，其只能暂时阻止对方当事人请求权的行使。若对方当事人完全履行了合同义务，先履行抗辩权消灭，当事人应当履行自己的义务。

（三）不安抗辩权

【文前思考 5-14】　2010 年 5 月 1 日，甲方和乙方签订承揽合同一份。约定甲方按乙方的要求，为乙方加工 300 套桌椅，交货时间为 9 月 1 日，乙方应在 7 月 1 日前支付加工费 10 万元人民币。合同签订后，同年的 6 月 10 日，当地消防部门认为甲方生产车间存在严重的安全隐患，要求其停工整顿。乙方知道此事后，7 月 1 日就通知甲方，其将拒绝向甲方交付 10 万元。甲方当日回电，称愿以一商品房抵押给乙方，该商品房价值在 30 万元以上。

请问：

1. 乙方是否可以拒绝付款？为什么？

2. 如果乙方接受了甲方的抵押后，应该怎样办？

1. 不安抗辩权的定义

双务合同成立后，应当先履行的当事人有证据证明对方不能履行义务，或者有不能履行合同义务的可能时，在对方没有履行或者提供担保之前，有权中止履行合同义务。

2. 不安抗辩权的构成要件

（1）当事人因双务合同而互负债务；

（2）当事人一方须有先履行的义务且已届履行期；

（3）后履行一方有丧失或可能丧失履行债务能力的情形；

（4）后履行一方没有给付或未提供担保。

3. 后履行一方有丧失或可能丧失履行债务能力的几种情形

（1）经营状况严重恶化；

（2）转移财产、抽逃资金，以逃避债务；

（3）丧失商业信誉；

（4）有丧失或者可能丧失履行债务能力的其他情形。

4. 不安抗辩权的行使

（1）先履行一方仅能中止履行合同后，并应及时通知对方；

（2）中止合同后，后履行一方在一定期限内既没有恢复履行的能力，也没有提供适当担保，中止履行一方可解除合同；

（3）若中止履行合同后，后履行一方提供适当担保的，则应当恢复履行。

例如，某商业银行发贷前由于市场骤然变化使该企业产品难以销售，可能导致无力还贷，商业银行有权行使不安抗辩权，中止贷款。

三、合同的保全

合同保全是指法律为防止因债务人的财产不当减少或不增加而给债权人的债权带来损害，允许债权人为保证其债权的实现而采取的法律措施，保全措施包括代位权与撤销权两种。

（一）代位权

【文前思考 5－15】 乙方欠甲方 1 万元债务，到期未还。乙方没有其他财产，但丙方欠乙方 2 万货款，到期亦未归还，一直以来，乙方也没有向丙方主张。

请问：甲方是否可以向丙方主张归还 1 万元？甲方应通过什么途径主张？

1. 代位权的定义

代位权是指债务人怠于行使其到期债权，对债权人造成损害的，债权人向人民法院请求以自己的名义代位行使债务人债权的权利。

2. 代位权行使的条件

（1）债务人对第三人享有债权；

（2）债务人怠于行使自己的债权，已害及债权人的债权；

（3）债务人已陷于延迟履行；

（4）债务人的债权不能为专属于债务人自身的债权。

3. 代位权的行使

（1）行使主体为债权人，即债权人以其自身名义提出，原告只能是债权人；

（2）行使方式是债权人向人民法院提起诉讼；

（3）行使范围是以债权人的自身债权为限，不能超越。

（二）撤销权

【文前思考 5－16】 李某开了一家凉果厂（无法人资格），因其劳务输出到外国打工，遂于 2010 年 2 月 1 日将总价值为 6 万元的厂房及机械设备转赠给其侄子周某。李某曾欠张某 5 万元多年未还，2010 年 4 月 2 日张某到凉果厂索款，才发现该厂已易主，张某亦知晓李某已没有其他财产。

请问：

1. 张某享有什么权利去维护自己的债权？该权利应怎样行使？

2. 张某行使上述权利是否有时间限制？

1. 撤销权的定义

撤销权亦称废罢诉权，是指因债务人放弃债权或无偿转让财产，或者债务人以明显不合理的低价转让财产，对债权人造成损害，并且受让人知道该情形的，债权人可以请求人民法院撤销债务人的这种行为的权利。

2. 撤销权行使的条件

（1）客观要件是债务人实施了一定的有害于债权的行为。如债务人为了逃避债务将其财产赠给第三人，或免除了第三人对其负有的债务，或以明显低廉的价格转让其财产。

（2）主观要件是指债务人与第三人具有恶意。

3. 撤销权的行使

（1）行使主体为债权人，即债权人以其自身名义提出，原告只能是债权人；

（2）行使方式是债权人向人民法院提起诉讼；

（3）行使范围只限于债权人自身债权，不能超越；

（4）行使期限，若债权人知道或应当知道撤销事由的，自知道起1年内行使；若债权人不知道撤销事由的，自债务人损害债权行为之日起5年内行使。否则权利消失。

第四节 合同的担保

一、合同担保概述

【文前思考5-17】 甲向乙银行借款100万元，乙银行与丙签订抵押合同，以丙之房屋一栋作抵押。其后，乙银行将100万元的债权转让给丁银行。

请问：

1. 乙银行将主债权转让给丁银行时，丁银行能否取得对丙房屋的抵押权？

2. 若甲、乙银行之间的借款合同被法庭宣告无效，则乙银行、丙抵押合同的效力如何？

（一）担保与担保合同

担保是指以债务人或第三人的特定财产或者第三人的信用来保障特定债权人的债权得以实现的法律措施。

担保合同为从合同，担保的事宜就涉及两个合同。一为主合同，是由债权人与债务人签订的；二为担保合同，其是由担保人与主合同的债权人签订的，约定担保人对主合同中债权人债权的实现承担担保责任，若债务人不履行，则由担保人承担履行的责任。

（二）担保合同的无效

【文前思考5-18】 甲企业向乙银行贷款，乙银行与丙签订合同，约定丙为该笔贷款提供担保。

请问：

1. 若丙为某市的公立学校，其与乙银行签订的担保合同效力如何？为什么？

2. 若丙是自然人，但其用于抵押的物品早已被法院查封，则该担保合同效力如何？

3. 若丙为股份有限公司，但其与乙银行签订的担保合同被法院裁定无效，原因是该担保是由丙的董事违背公司章程，未经股东大会与董事会同意而擅自提供的，而乙银行对此不知情，则丙承担什么法律责任？

1. 担保合同无效的情形

（1）主合同无效，则担保合同也无效，除非法律或合同当事人有相反的约定。

（2）担保合同属于合同，故其违背《合同法》第 54 条规定时无效。请参看本章第二节无效合同的情形。

（3）一般情形下担保合同无效的表现：

①《担保法》规定某些主体不能提供担保，若这些主体提供担保，则该担保合同无效，除非法律有特别的规定。这些主体包括国家机关，学校、幼儿园、医院等公益法人，以及没有合法授权的企业法人的分支机构、职能部门提供的担保无效。

②以法律法规禁止流通、不可转让的财产设定的担保无效。

③违背《担保法解释》第 6 条规定而提供的对外担保无效。

法条链接 ▶▶

对外提供担保无效的情形

《担保法解释》第 6 条有下列情形之一的，对外担保合同无效：①未经国家有关主管部门批准或者登记对外担保的；②未经国家有关主管部门批准或者登记，为境外机构向境内债权人提供担保的；③为外商投资企业注册资本、外商投资企业中的外方投资部分的对外债务提供担保的；④无权经营外汇担保业务的金融机构、无外汇收入的非金融性质的企业法人提供外汇担保的；⑤主合同变更或者债权人将对外担保合同项下的权利转让，未经担保人同意和国家有关主管部门批准的，担保人不再承担担保责任。但法律法规另有规定的除外。

④特别情形下的担保合同无效，如违背了《公司法》第 143 条第 4 款的规定，公司接受本公司的股票作为质押权标的的，则该质押担保合同无效。

2. 无效担保合同的责任

依据《担保法》第 5 条第 2 款，担保合同无效，担保人当然不再承担担保合同所载明的担保责任。但有关当事人若有过错，则其要根据相应过错承担相关的民事责任。

二、保证

保证是指保证人和债权人约定，当债务人不履行债务时，保证人按照约定履行债务或者承担责任的行为。保证人与债权人为此而签订的合同成为保证合同。

（一）保证合同的内容

【文前思考 5-19】 甲向乙借款 10 万元，还款期限为 1 年，乙、丙签订保证合同，约定由丙提供担保，保证责任直至甲向乙还清本金与利息为止。乙发放贷款一年后，甲并没有偿还本息，为此，乙直接找到丙，要求其承担保证责任。丙抗辩说，保证合同没有约定保证方式，故其只是一般保证人，乙应该先向法院起诉甲，请求以甲的财产清偿，不足清偿部分才由其承担；而且，因保证期间约定不明确，最长就是 6 个月，而甲履行期届满至今已 1 年，故其无须再承担保证责任。

请问：

1. 丙承担什么方式的保证责任？乙须向法院起诉才能要求丙承担保证责任吗？

2. 丙承担保证责任的保证期间为多长？

一般来说，一个完善的保证合同，应该包括以下条款：

（1）被保证的主债权种类、数额。

（2）债务人履行债务的期限。保证合同需要约定债务人的履行期限，是因为保证人是在主债务履行期间届满后才承担保证责任，保证人的保证期间开始起算。

（3）保证的方式。

①一般保证。是指当事人在保证合同中约定，债务人不能履行债务时，由保证人承担保证责任。

②连带责任保证。是指一旦债务人未履行到期债务时，债权人可以要求债务人清偿债务，也可以要求保证人承担保证责任，亦可同时要求债务人、保证人承担清偿债务或损害赔偿的责任。

这两种方式的不同在于，一般保证的保证人在主合同纠纷未经审判或者仲裁，并就债务人财产依法强制执行仍不能履行债务前，对债权人可以拒绝承担保证责任，此权利亦称先诉抗辩权；而连带责任保证的债务人在主合同规定的债务履行期届满没有履行债务的，保证人可以要求债务人履行债务，也可以要求保证人在其保证范围内承担保证责任。

保证合同对保证方式没有约定或约定不明的，保证人承担连带保证责任。

（4）保证担保的范围。保证范围按以下次序确定。

①保证合同当事人自由约定；

②当事人没有约定或约定不明的，则保证担保的范围包括主债权及利息、违约金、损害赔偿金和实现债权的费用。

（5）保证期间。是指保证人承担保证责任的起止时间。保证人在规定的期间内承担保证责任，经过了该期间，保证人就不再承担保证责任。保证期间是从主债务履行期届满之日起算，而且保证期间不能中止、中断、延长，其是一个固定不变的期间。

①保证期间按以下次序确定。

a. 保证合同的当事人约定；

b. 若合同当事人没有约定，则推定为6个月；

c. 约定早于或等于主债务履行期限制的，视为没有约定，保证期间为6个月；

d. 约定含"保证责任直至主债务本息还清为止"等类似内容的，视为约定不明，推定保证期间为2年。

②保证期间经过的法律后果与表现。

保证期间经过，则保证人的保证责任永久性消灭，其无须再承担任何保证责任。针对保证方式的不同，保证期间的经过表现为。

a. 一般保证。在一般保证的保证期间，债权人未对债务人起诉或仲裁，即为保证期间经过，保证人无须再承担保证责任；

b. 连带责任保证。在连带责任保证的保证期间，债权人要求保证人承担保证责任的，即为保证期间经过，保证人无须再承担保证责任。

（二）保证人的责任

【文前思考5－20】 甲与乙银行签订借款合同，约定借款金额为25万元，借款期限为1年，并由丙作为借款保证人，保证期间为6个月。合同签订10个月后，因甲经营不善，无力偿还，故与银行协商一致，将借款期限延长8个月，但并未将此事通知丙。贷款到期后甲无力偿还，乙银行要求丙承担保证责任。

请问：丙需要承担担保责任吗？为什么？

1. 在保证期间内，主合同变更情况下保证人的保证责任

（1）主债权转让。债权人将主债权转让给第三人的，原则上保证人仍继续承担保证责任。除非保证人与债权人事先约定仅对特定的债权人承担保证责任，或者禁止债权转让的，则保证人不再承担保证责任。

（2）主债务转让。债权人许可债务人转让债务的，应当取得保证人书面同意，保证人对未经其同意转让的债务，不再承担保证责任。

（3）主合同内容变更。

①债权人与债务人对主合同数量、价款、币种、利率等内容作了变动，未经保证人同意，减轻债务人债务的，保证人当对变更后的合同承担保证责任；加重债务人债务的，保证人对加重的部分不承担保证责任。

②债权人与债务人对主合同履行期限作了变动，未经保证人书面同意，保证期间为原合同约定的或者法律规定的期间。

③债权人与债务人协议变动主合同内容，但并未实际履行的，保证人仍应当承担保证责任。

2. 保证人不再承担民事责任的情形

（1）主合同当事人双方串通，骗取保证人提供保证的；

（2）主合同债权人采取欺诈、胁迫等手段，使保证人在违背真实意思的情况下提供保证的。

三、定金

定金是合同当事人为了确保合同的履行，依据法律规定或者当事人双方的约定，由当事人一方在合同订立时，或者订立后、履行前，按合同标的额的一定比例，预先给付对方当事人的金钱或者其他代替物。定金既属于一种债的担保方式，也是《合同法》规定的一种违约责任形式，定金的性质是惩罚性的。

【文前思考5－21】 甲乙签订买卖合同，约定甲于3月2日前向乙交付50吨钢材，乙收到货后3天内向甲交付货款共20万元，合同还约定由乙向甲交付5万元定金，约定任何一方违约均需承担定金罚则。合同签订后，乙只向甲交付了2万元定金。

请问：甲乙双方约定的定金是否合法有效？为什么？

1. 定金合同的特征

（1）定金合同必须为书面形式的合同；

（2）定金合同从实际交付定金之日起生效，若实际交付的定金与约定的定金金额不一致，以实际交付的定金为准；

（3）定金的数额由当事人约定，但不得超过主合同标的额的 20%，若超过 20% 的，仅是超过部分无效。

2. 定金罚则

定金罚则是指给付定金方不履行合同义务的，无权请求返还定金；接受定金方不履行合同义务的，双倍返还定金。

3. 定金罚则的适用

【文前思考 5 - 22】　甲乙订立一购销合同，约定乙于 8 月 10 日前送 200 箱葡萄酒给甲，总价款为 30 万元，甲支付定金 10 万元给乙，并约定若将来乙不交付 200 箱葡萄酒，则乙双倍返还定金 20 万元；若甲不交付价款，则定金 10 万元由乙没收。其后，因乙未能交付 200 箱葡萄酒，甲要求返还 20 万元，乙不允，称双方只是约定订金，而非定金，故其只能返还 10 万元，为此双方诉至法院。

请问：乙方的抗辩理由成立吗？为什么？

定金罚则的适用：

（1）合同部分履行的，应当按照未履行部分所占合同约定内容的比例，适用定金罚则。

（2）因不可抗力、意外事件而致使违约的，不能适用定金罚则。

（3）因第三人原因而致违约的，适用定金罚则，受定金罚则的一方可向第三人追偿。

第五节　合同的变更、转让和终止

一、合同的变更

【文前思考 5 - 23】　甲乙双方签订一份合同，约定由甲向乙供应鲁花一级压榨花生油 5 千千克，价格是 25 元/千克，货由甲方送至乙方营业场所。后来，因山东连续降雨多日，导致花生失收，价格猛增。在此情况下，甲方与乙方补签一份合同，约定甲方继续向乙方供应花生油，但价格为 30 元/千克，并同时约定双方发生争议，由深圳仲裁委员会裁决。合同签订后，甲方打电话要求乙方上门提货，乙方却说甲方有义务送货上门。

请问：

1. 甲乙双方两次签订的合同有什么区别？改变了合同的什么条款？

2. 甲方能否不经乙方同意而改变送货方式？

3. 若甲方曾提出由乙方上门取货，但乙方对此不曾表态，则甲方是否仍负有送货义务？

4. 若双方发生争议，甲方可以向法院提起诉讼吗？

合同变更是指在合同成立以后，尚未履行或尚未完全履行以前，双方当事人协商一致，依照法律规定的条件和程序，对原合同条款进行的修改或补充。我国《合同法》所说的合同变更仅指合同内容的改变，而将合同主体债权人和债务人的改变，通过债权转让和债务转让的制度予以调整。

（一）合同变更的条件

（1）原已存在着合同关系。

（2）当事人协商一致。

（3）遵循法定的程序和方式。一般情况下，当事人的协商一致可直接变更合同，但有些合同，仍需履行法定的程序，如《中华人民共和国中外合作经营企业法》第7条规定：中外合作者在合作期限内协商同意对合作企业合同作重大变更的，应当报审查批准机关批准；变更内容涉及法定工商登记项目、税务登记项目的，应当向工商行政管理机关、税务机关办理变更登记手续。

（4）合同内容发生变化。注意若当事人对于合同变更的内容约定不明确的，在此情况下，推定合同未变更。

（二）合同变更的表现

合同变更可表现为合同标的的变更，如买索尼牌手提电脑变更为买戴尔台式电脑。合同标的数量和质量的变更，如本来计划租赁三辆普通面包车，后改为租赁五辆豪华大巴。合同履行地点的变更，由东京改为纽约。合同履行方式的改变，如原定为出卖人送货，后改为买受人自己提货。合同价款或者报酬条款的变更，如歌剧院支付给歌星演出费由5万元改为7万元。可能是合同履行期的提前或者延期，亦可能是违约责任、合同担保条款以及解决争议方式等合同内容的重新约定引致的变更。

（三）合同变更的效力

合同的变更原则上向将来发生效力，未变更的权利义务继续有效，已经履行的债务不因合同的变更而失去法律根据。合同的变更不影响当事人要求赔偿损失的权利。

二、合同的转让

合同的转让，是指在不变更合同内容即合同规定的权利义务的前提下，将合同规定的权利、义务或者权利与义务一并转让给第三方，由受让方承担合同的权利和义务。合同的转让根据转让的对象不同，可分为合同权利的转让、合同义务的转让和权利义务的一并转让（亦称概括转移）三种情形。根据转让的程度，可分为全部转让与部分转让。

（一）合同权利的转让

【文前思考5-24】 甲、乙银行、丙三方签订贷款合同，约定乙银行向甲发放30万元贷款，丙充当保证人。其后，乙银行向甲发放了贷款，并将其对甲的权利转让给丁银行，同时通知了甲。贷款期限届满后，丁银行向甲催收，要求甲返还贷款。甲抗辩说乙银行未经其同意而将贷款合同的权利转让给丁银行，故该转让无效，不愿意向丁银行还款。丁银行只能将甲与丙诉诸法院，并请求丙承担保证责任。丙抗辩说其只是与乙银行签订合同，而不是丁银行，故其无须向丁银行承担保证责任。

请问：

1. 甲不还钱的抗辩理由是否合法？为什么？

2. 丙是否仍需向丁银行承担保证责任？为什么？

合同权利的转让是指不改变合同权利的内容，由债权人将权利转让给第三人。债权人既可以将合同权利全部转让，也可以将合同权利部分转让。

1. 合同权利转让的条件

（1）让与人须存在有效的合同权利。

（2）让与人与受让人须就合同权利的转让达成合意。

（3）被让与的合同权利须具有可让与性。

（4）须通知债务人，但无须其同意。

（5）依照法律、行政法规的规定需要办理批准、登记等手续的，须办妥这些手续。

2. 合同权利转让的效力

（1）新债权人即受让人承继原债权人对债务人享有的主权利和从权利，但专属于债权人的从权利不能随主权利移转而移转。

（2）债务人只能向新的债权人履行，但其可以援用其对原债权人享有的抗辩权；同时，若债务人对原债权人享有到期债权，债务人可以向新债权人主张抵消。

（3）原债权人应保证其转让的权利无瑕疵。

（二）合同义务的转让

【文前思考 5 - 25】　商场 A 与服装厂 B 签订服装供应合同，约定于当年 9 月底以前，由服装厂 B 一次供应给商场 A 羽绒服 1000 件，其中男服 400 件，女服 600 件，合同总价款 30 万元，交货付款。合同签订后，服装厂 B 因临时接到一大的外贸订单，无暇生产羽绒服。于是其与服装厂 C 签订合同，将其与商场 A 签订的提供 1000 件羽绒服的合同义务转让给服装厂 C，随后并通知了商场 A。商场 A 知道后，立刻拒绝该合同义务的转让，并要求服装厂继续履行义务，否则承担违约责任。

请问：

1. 服装厂 B 是否可以擅自将合同的义务转让服装厂 C？为什么？

2. 若服装厂 C 向商场 A 提供 1000 件羽绒服，商场 A 是否可以拒绝受领？为什么？

合同义务的转让是指不改变合同义务的内容，由债务人将义务转让给第三人。债务人既可以将合同义务地全部转让，也可以将合同义务部分转让。

1. 合同义务转让的条件

（1）须有有效合同义务存在。

（2）让与人与受让人须就合同权利的转让达成合意。

（3）转让的合同义务须具有可让与性，即法律不禁止转让的义务才可转让。

（4）须经过债权人的同意。注意合同义务转让需要债权人的同意，而合同权利转让无须债务人的同意，通知债务人即可。

（5）依照法律、行政法规的规定需要办理批准、登记等手续的，须办妥这些手续。

2. 合同义务转让的效力

（1）新债务人即受让人应当承担与主债务有关的主债务与从债务，但同时其可以援用原债务人对原债权人的抗辩权。

（2）债权人只能向新的债务人要求履行。

（3）原债务人即让与人退出合同关系，不再作为合同的一方当事人。

（三）合同权利义务的一并转让

合同权利义务的一并转让，亦称合同权利义务的概括转让，是指由原合同当事人一方将其合同权利与义务一并转让给第三人，由第三人概括地继受这些权利义务。合同权利义务的一并转让包括根据当事人合意而发生的转让和根据法律规定而发生的法定转让，后者主要讲企业合并与分立。

三、合同的终止

（一）合同终止概述

【文前思考 5－26】 黄某向罗某借钱 3000 元，其表兄周某充当保证人。罗某将钱交付给黄某后，黄某因一直找不到工作，故无法偿还，罗某见黄某上有老母，下有残疾的幼儿，动了怜悯之心，于是告诉黄某，无须其再还钱。

请问：

1. 罗某无须黄某还钱的行为是合同权利义务终止的哪种方式？哪些情形下合同权利义务终止？

2. 若罗某无须黄某还钱，周某能否不再承担保证责任？为什么？

合同权利义务终止简称合同的终止，又称合同的消灭，是指合同当事人终止合同关系，合同确立的权利义务关系从而归于消灭。

1. 合同终止的效力

（1）当事人之间的权利义务消灭，债权人不再享有债权，债务人不再负担债务。

（2）债权的担保及其他从属的权利及义务消灭。

（3）负债字据的返还。

（4）合同终止后当事人仍负附随义务。

（5）合同终止不影响合同中结算和清理条款的效力。

2. 合同终止的情形

依据《合同法》第 91 条的规定，清偿、合同的解除、抵消、提存、免除、混同、法律规定或者当事人约定终止的其他情形均为合同权利义务终止的情形。

（二）清偿

债务已按约定履行即债务已经得到清偿，意指债务人按照约定的标的、质量、数量、价款或者报酬、履行期限、履行地点和方式全面履行合同义务，权利人已实现合同的权利，达到合同目的，合同权利义务即告终止。这是正常的、理想的合同终止的情形。

（三）合同的解除

【文前思考 5－27】 甲为一石材公司，乙为石材贸易公司。甲乙签订买卖合同，约定甲在 9 月 10 日前交付 60 吨大理石给乙，货到付款。但到了 9 月 10 日，甲仍未交付。为此，乙于 9 月 12 日发函催告甲，要求甲务必于 9 月 30 日前将货送到，否则其无法履行与另一外国公司的合同。但过了 9 月 30 日，甲仍未将货送到。

请问：

1. 甲于 9 月 10 日前不交货时，乙是否可以解除合同？为什么？

2. 乙发函给甲后，甲于 9 月 30 日前仍不交货，乙是否可以解除合同？

3. 乙发函给甲后，甲于 9 月 30 日前仍不交货，而导致乙损失 10 万元，乙是否既可解除合同，又可请求甲赔偿损失？

4. 若甲在 9 月 10 日前就告知乙，其将不会交付 60 吨大理石，乙是否可以解除合同？

合同解除是指在合同依法成立后而尚未全部履行前，当事人一方基于法律规定或当事人约定行使解除权，或是当事人双方协商同意而使合同权利义务关系归于消灭的行为。

1. 合同解除的种类

合同的解除，可依据法律的规定，亦可依据合同当事人的约定而解除。

（1）当事人双方约定的合同解除。

①单方解除。这是指一方当事人的解除权来自当事人双方在合同中的约定，当符合合同约定的解除情形出现时，享有解除权的一方以单方意思表示即可使合同消灭，不必征得对方的同意。如甲乙双方签订了房屋租赁合同，出租人甲与承租人乙约定，未经出租人同意，承租人允许第三人在该出租房屋居住的，出租人有权解除合同。也可以约定，出租房屋的设施出现问题，出租人不予以维修的，承租人有权解除合同。

②协议解除。这是指合同生效但未履行或未完全履行之前，当事人以解除合同为目的，经协商一致，订立一个解除原来合同的协议，该解除合同的约定是在原合同订立之后才达成的。

（2）法律规定的合同解除。法律规定的合同解除简称法定解除，是指一方当事人的解除权来自法律的直接规定，当符合法律规定的解除情形出现时，享有解除权的一方以单方意思表示即可使合同消灭，不必征得对方的同意。《合同法》第 94 条规定法定解除合同的情形有：

①因不可抗力致使不能实现合同目的。

②在履行期限届满之前，当事人一方明确表示或者以自己的行为表明不履行主要债务。

③当事人一方迟延履行主要债务，经催告后在合同期限内仍未履行。

④当事人一方迟延履行债务或者有其他违约行为致使不能实现合同目的。

⑤法律规定的其他情形。

2. 合同解除的法律后果

（1）尚未履行的债务消灭，终止履行；

（2）已经履行的，当事人可要求恢复原状或要求给予补偿；

（3）解除权人有损失的，可要求违约方赔偿损失；

（4）合同解除不影响合同中关于争议解决条款的效力。

（四）抵消

【文前思考 5 - 28】 甲向乙租赁了一店铺，用于销售浴具，其中每月租金为 6000 元。10 月 4 日，乙到甲的店面购买了一批浴具，总价格为 2 万元，当场提货并承诺 7 天内付款。一星期过后，乙并没有如约付款，于是甲上门找乙催收。乙认为，甲至今仍未缴纳 7、8、9 三个月租金，甲仍欠其 18000 元的租金费用，故前后债务相抵，其只需向甲支付 2000 元。双方发生争议，甲认为债务抵消必须经其同意，若乙要求债务抵消，则必须将原合同租赁期间由 2 年变为 5 年，否则不能抵消。

请问：乙行使的是什么权利，甲的抗辩理由是否成立？为什么？

抵消是指当事人互负到期债务，又互享债权，以自己的债权充抵对方的债权，使自己的债务与对方的债务在等额内消灭。抵消可分为法定抵消与约定抵消。

1. 法定抵消

法定抵消是指在具备法律所规定的条件时，依当事人一方的意思表示所为的抵消。法定抵消为单方的法律行为，依当事人一方的意思表示而发生，具有消灭债的效力。

2. 约定抵消

约定抵消亦称意定抵消，是指互负债务的当事人协商达到意见一致，互相消灭对方债权。与法定抵消相比较，约定抵消的条件不受限制，只要当事人互负债务，至于标的物种类、品质是否相同，履行期是否届满，诉讼时效是否已经超过，在所不问，只要双方当事人协商一致，即可抵消。

（五）提存

提存是指由于债权人的原因，债务人无法向其交付合同标的物时，债务人将该标的物交给提存机关而消灭合同的制度。提存后，债务人与债权人之间的债权债务关系消灭。债务人可以以提存的方式终止合同权利义务的情形是：

（1）债权人无正当理由拒绝领受标的物；

（2）债权人下落不明；

（3）债权人死亡未确定继承人或者丧失民事行为能力未确定临护人；

（4）法律规定的其他情形。

提存后，债务人应当及时通知债权人或其继续承人或监护人，但债权人下落不明的除外。注意提存之后，提存物因意外而毁损、灭失，其损失应该由债权人承担。

（六）免除

免除，是指债权人抛弃其全部或部分债权，从而全部或部分消灭合同权利义务的单方行为。债权人免除的意思应向债务人表示，且免除不得损害第三人利益。若免除全部债务时，全部债务绝对消灭；免除部分债务时，部分债务消灭。

（七）混同

混同是指债权与债务同归于一人，而使合同关系消灭的事实。产生混同的原因有两种，一是概括承受，即合同关系的一方当事人概括承受他方的权利与义务，如合并、兼并等原因致使债权债务同归一主体；二是特定承受，即因债权让与或债务承担而承受权利与义务，如债权人将其权利转让给债务人，致使债权债务同归一主体。

第六节 违约责任

一、违约责任概述

违约责任又称违反合同的民事责任，是指合同当事人不按合同的约定或者法律的规定履行义务所应承担的民事责任。

违约责任的归责原则是指确立行为人民事责任的根据和准则，是对民事责任的分配原则。我国《合同法》确立的违约责任归责原则是以严格责任原则为主，过错责任原则为辅。

违约责任的构成要件，是指违约当事人应具备何种条件才应承担违约责任。违约责任的构成要件可分为一般构成要件和特殊构成要件。从《合同法》的规定来看，严格责任的违约责任为一般情况，而过错责任的违约责任为特殊情况。为此，违约责任的一般构成要件，就是指作为严格责任的违约责任的构成要件。一般构成要件包括：①违约行为；②不存在法定和约定的免责事由。特殊构成要件包括：①违约方的过错；②违约行为；③不存在法定和约定的免责事由。

二、承担违约责任的方式

依据《合同法》的相关规定，承担违约责任的方式有继续履行、采取补救措施、损害赔偿、支付违约金、定金责任五种方式。

（一）继续履行

继续履行亦称实际履行、强制实际履行、依约履行，其指合同当事人一方不履行合同义务或履行合同义务不符合约定时，经另一方当事人的请求，法律强制其按照合同的约定继续履行合同的义务。注意继续履行以守约方请求为条件，法院不得进行判决。继续履行与其他违约责任方式的关系如下。

（1）继续履行可以与违约金、损害赔偿和定金责任并用。

一方违约时，若合同约定了违约金条款或定金条款，则非违约方可要求违约方承担继续履行与支付违约金或定金的责任；或一方违约而导致非违约方有损失时，则非违约方可要求违约方承担继续履行与给予损害赔偿的责任。

（2）实际履行不能与解除合同的方式并用。合同若解除，则不能要求违约一方继续履行合同义务。

（二）采取补救措施

采取补救措施是指债务人履行合同义务不符合约定，债权人根据合同履行情况要求债务人采取的补救履行措施。《合同法》第111条规定了补救方式可为修理、更换、重做、退货、减少价款或者报酬等多种。采取补救措施能与损害赔偿的责任方式并用。

（三）损害赔偿

损害赔偿又称为违约损害赔偿，是指违约方因不履行或不完全履行合同义务而给对方造成损失，依法和依据合同的规定应承担的赔偿损失的责任，损害赔偿原则上仅具有补偿性而不具有惩罚性，并以赔偿当事人实际遭受的全部损害为原则。损害赔偿的种类包括约定损害赔偿和法定损害赔偿。

（四）支付违约金

违约金是指由当事人通过协商预先确定的，在违约发生后作出的独立于履行行为以外的金钱给付。违约金是由当事人预先协商确定的一种承担违约责任的方式。

（五）定金责任

这里主要讲述定金与其他违约责任方式的关系，有关定金的其他论述请参看本章第四节的相关内容。

（1）定金可与损害赔偿并用。

（2）定金与违约金不能并用。

（3）定金与继续履行可以并用，除非当事人特别约定的是解约定金。

三、免责事由

免责事由是指导致合同不能履行或不能完全履行，但根据法律的规定或者当事人的约定应免除债务人全部或部分履行义务的事由。《合同法》规定了三种免责事由：法定事由、免责条款及法律的特别规定。

（一）法定事由

法定事由主要指不可抗力。不可抗力是指不能预见、不能避免并不能克服的客观情况。比如地震、台风、洪水、海啸、罢工、骚乱等。因不可抗力不能履行合同的，根据不可抗力的影响，部分或者全部免除责任，但法律另有规定的除外。当事人迟延履行后发生不可抗力的，不能免除责任。当事人一方因不可抗力不能履行合同的，应当及时通知对方，以减轻可能给对方造成的损失，并应当在合理期限内提供证明。

（二）免责条款

当事人可以在合同中约定，当出现一定的事由或条件时，可免除违约方的违约责任。但免责条款不得违反法律、行政法规的强制性规定。

（三）法律的特别规定

在法律有特别规定的情况下，可以免除当事人的违约责任。如《合同法》规定，承运人对运输过程中货物的毁损、灭失承担损害赔偿责任，但承运人证明货物的毁损、灭失是因不可抗力、货物本身的自然性质或者合理损耗以及托运人、收货人的过错造成的，不承担损害赔偿责任。

拓展阅读

定金与类似概念的区别适用

现实生活中，很多当事人签订合同是使用预付款、定金、保证金、押金等字眼的词，其实，这些词在法律上并没有正确的定性，法律只规定了定金的概念，但为了明晰当事人之间的权利义务，法律还是规定了定金与这些词之间的适用。

第一，若当事人交付定金、保证金等，但未约定其为定金性质的，即当事人没有约定交付一方违约不能按要求返还，收受一方违约须双倍返还的定金性质的，法院不予支持，即使法院不将其视为定金。《担保法解释》第 118 条规定，当事人交付留置金、担保金、保证金、订约金、押金或者定金等，但没有约定定金性质的，当事人主张定金权利的，人民法院不予支持。

第二，若当事人使用定金、保证金、押金等字眼，但同时亦约定其为定金性质的，即当事人约定交付一方违约不能按要求返还，收受一方违约须双倍返还的定金性质的，法院支持。其原因是，合同的解释应着重于双方的真实意思表示，而不应该拘泥合同当事人双方的用词。

职业知识检测

一、单项选择题

1. 下列有关要约生效的时间，其叙述不正确的是（　　）。

A. 要约到达受要约人时生效

B. 书面形式的要约于受要约人知晓要约内容时生效

C. 采用数据电文的，以数据电文进入收件人指定特定系统时生效

D. 未指定特定系统的，该数据电文进入收件人的任何系统的首次时生效

2. 受要约人在承诺期限内发出承诺，按照通常情形能够及时到达要约人，但因其他原因致使承诺超过承诺期限到达要约人的，即承诺迟延到达，则该承诺的效力为（　　）。

A. 无效　　　　　　B. 有效　　　　　　C. 效力待定　　　　D. 可撤销

3. 张某与周某签订房屋租赁合同，约定若张某的公司调遣其出国工作，则张某将房屋租给周某居住。这一合同的性质为（　　）。

A. 附生效条件的合同　　　　　　B. 附解除条件的合同

C. 附生效期限的合同　　　　　　D. 附解除期限

4. A 公司与 B 公司订立货物买卖合同，约定 A 公司于 9 月 20 日交货，B 公司收到货后 3 天内付款。但在约定交货期前，A 公司发现乙经营状况严重恶化，于是 A 公司可以行使（　　）。

A. 同时履行抗辩权　　　　　　B. 先履行抗辩权

C. 不安抗辩权　　　　　　　　D. 债权人撤销权

5. 小李将其手机借给小张使用，小张瞒着小李将此手机卖给了小杨。则小李与小杨之间买卖手机的合同效力为（　　）。

A. 可以变更或撤销　　　　　　B. 有效

C. 无效　　　　　　　　　　　D. 效力待定

二、多项选择题

1. 要约发出以后，遇有下列情况之一时，其效力即消灭的（　　）。

A. 受要约人拒绝要约的通知到达要约人

B. 承诺期限届满，受要约人未作出承诺

C. 要约人依法撤销要约

D. 受要约人对要约的内容作出非实质性变更的

2. 下列格式条款无效的情形有（　　　）。

A. 造成对方人身伤害的　　　　　　　B. 造成对方财产损害的

C. 排除对方主要权利　　　　　　　　D. 故意造成对方财产损失的

3. 下列属于无效合同的有（　　　）。

A. 一方以欺诈手段订立损害国家利益的合同

B. 显失公平的合同

C. 以合法形式掩盖非法目的

D. 违反法律、行政法规的强制性规定

4. 合同双方的权利义务终止的情形有（　　　）。

A. 合同的解除　　　B. 抵消　　　　　C. 提存　　　　　　D. 清偿

5. 我国《合同法》规定的违约责任方式有（　　　）。

A. 继续履行　　　　B. 损害赔偿　　　C. 支付违约金　　　D. 采取补救措施

三、判断题

1. 一般来说，承诺生效时合同即成立。（　　　）

2. 当事人订立合同，只能采用书面形式。（　　　）

3. 显示公平的合同，当事人只能要求撤销合同，不能要求变更合同。（　　　）

4. 合同的权利的转让，一定要得到债务人的同意方可生效。（　　　）

5. 我国《合同法》规定，一方违约必须要有过错才承担责任。（　　　）

职业能力检测

案例一　合同的形式

五矿公司与浦东公司订立钢材买卖合同，五矿公司在买卖合同书上盖上公章后，将该合同书寄给浦东公司，浦东公司收到合同书后就在该合同书上盖上公章。

思考：

1. 五矿公司与浦东公司以什么形式订立合同？

2. 若五矿公司打电话给浦东公司，让浦东公司提供 500 吨钢材，并列明规格、价格等，浦东公司当即允诺。随后就按电话内容发货给五矿公司，则双方是以什么形式订立合同？

案例二　合同的效力

甲乙是夫妇，结婚多年，但感情一直不和。2010 年 3 月，甲向法院提起离婚之诉。因乙是某公司的股东，享有该公司 35% 的股权，甲在离婚之诉中提出夫妻共同财产分割，请求分割股权，乙答辩说，股权已转让，其不再是该公司股东。据查，2010 年 5 月，在甲提起离婚诉讼的过程中，乙瞒着甲将其价值为 1000 万元的股权以 300 万元的价格转让给丙，而丙为乙的母亲。

思考：

1. 乙丙之间的股权转让合同效力如何？为什么？

2. 若法院认定股权转让合同无效，要求丙返还股权，而丙抗辩说，虽然股权转让合同被裁定无效，但因其是在股权转让合同被裁定无效之前，也就是股权转让合同仍有效之时取得股权，故其取得具备合法依据，无须返还股权。丙的抗辩理由成立吗？为什么？

3.《合同法》规定合同无效的情形有多少种？

案例三　违约责任

A公司与B公司签订买卖冰箱的合同，约定A公司于2月1日前向B公司交付1000台冰箱，B公司收到货物后于一个星期内交付货款，同时约定，若一方有迟延履行等违约行为，则需向对方支付100万元的违约金，其后情况是：

1. 在2月1日前，A公司发电告知B公司，因资金周转困难，A公司将不能履行合同。

2. 2月1日届满后，A公司不能正常交货，B公司要求其继续履行，并支付违约金，A公司抗辩说，既然需要继续履行合同义务，则B公司根本没损失，故无须再支付违约金。

3. A公司在2月1日不能正常交货，B公司要求其支付违约金。A公司抗辩说不能交货是因为当地政府发生骚乱，属于不可抗力，故无须承担违约责任向B公司支付违约金。但事后发现，政府骚乱是在2月10日才发生。而由此导致了B公司损失约为30万元。

思考：

1. A公司告知B公司其将不能履行合同时，B公司能否要求解除合同并要求A公司承担违约责任？

2. 当B公司要求A公司继续履行并支付违约金时，A公司的抗辩理由成立吗？

3. A公司能否以不可抗力为理由免除其承担违约责任？什么是不可抗力？

4. 若A公司向B公司支付违约金，其能否以违约金过高而要求适当将违约金减少？

第六章　证券法律制度

知识目标

1. 了解证券、证券市场、证券法的概念；了解证券机构；

2. 熟悉证券发行的一般规定；掌握股票的发行、公司债券的发行；

3. 掌握证券交易的一般规则；证券上市、持续信息公开、禁止的交易行为；

4. 熟悉上市公司的收购。

能力目标

1. 能够依据法律规定办理证券的发行、交易等事务；

2. 正确分析解决证券发行、上市交易方面的案例。

知识导航

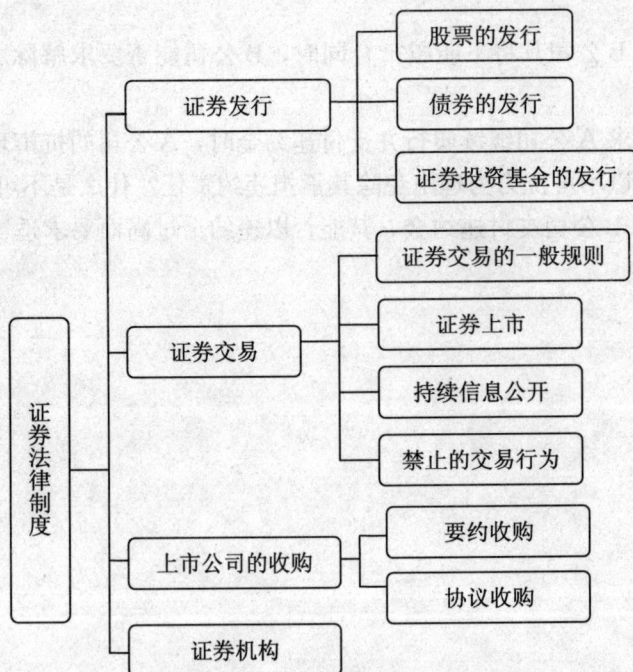

案例导入

宏图电子股份有限公司拟向公众公开发行股票 1000 万股，总额 8000 万元，其向中国证监会提出上市申请。后经中国证监会查明，宏图公司对外负债 1000 万元，但并未在相关年度的定期报告中进行披露。在证监会的要求下，宏图公司对所负债务的情况进行了披露。证监会经审查，认为宏图公司申请符合要求，批准其上市申请。

远大运输股份有限公司为募集资金拟向社会公开发行股票 2000 万股，总额 10000 万元，并向中国证监会提出申请。但未在相关年度的定期报告中披露其对外负债 3000 万元的事实。考虑到远大公司未披露的债务数额较大，故证监会对其申请没有批准。

请思考：

1. 宏图公司和远大公司违反了证券法的什么原则？

2. 中国证监会违反了证券法的什么原则？

证券是证明特定经济权利的凭证。证券必须依法设置，依照法律或行政法规规定的形式、内容、格式与程序制作、签发。

证券有广义和狭义之分。广义的证券一般指财物证券（如货运单、提单等）、货币证券（如支票、汇票、本票等）和资本证券（如股票、公司债券、投资基金份额等）。狭义的证券仅指资本证券。我国证券法规定的证券为股票、公司债券和国务院依法认定的其他证券，其他证券主要指投资基金份额、非公司企业债券、国家政府债券等，它具有以下的特征。

①证券的收益性；

②证券的风险性；

③证券的变现性；

④证券的参与性；

⑤证券的价悖性，即证券的票面价格和证券市场上的价格并不完全一致。

证券法是指调整证券发行与交易活动中发生的各种社会关系的法律规范的总称。证券法有广义和狭义之分，狭义的证券法是指 1998 年通过的、2005 年 10 月 27 日第十届全国人民代表大会常务委员会第十八次会议修改并自 2006 年 1 月 1 日起实施《中华人民共和国证券法》（以下简称《证券法》）。广义的证券法是指调整证券发行、证券交易、证券组织及证券监管关系的法律规范的总称，广义的证券法除了《证券法》以外，还包括与证券相关的其他证券法律、行政法规和部门规章，又称实质上的证券法。

第一节 证券发行

一、证券发行的概念及一般规定

【文前思考6-1】 某公司于 2010 年 12 月获得批准成为一家上市公司，股本总额 6

亿元，为增加资本，该公司拟向社会公开发行股票1000万股，总额20000万元。后又因为扩大生产经营规模的需要，决定向社会公开发行债券20000万元。

请问：该公司发行股票和债券，应当遵循哪一部法律的规定？

（一）证券发行的概念

证券的发行是指发行者向社会公开出售证券的法律行为，是发行者与投资者的法律关系。发行证券是一种要式法律行为。发行的方式、发行的程序及发行的各种文件，都必须严格依照证券法的规定，不能任意改变。

根据发行证券是否需要承销机构，可以分为证券的直接发行和证券的间接发行。根据证券的发行时间，分为证券的初次发行和证券的再次发行。再次发行又称为新股发行，在我国来讲，再次发行股份一般是指公司的增资发行。

（二）证券发行的一般规定

根据《证券法》的规定，公开发行证券，必须符合法律、行政法规规定的条件，并依法报经国务院证券监督管理机构或者国务院授权的部门核准或者审批；未经依法核准或者审批，任何单位和个人不得向社会公开发行证券。

1. 公开发行的条件

有下列情形之一的，为公开发行：

（1）向不特定对象发行证券的。

（2）向特定对象发行证券累计超过200人的。

（3）法律行政法规规定的其他发行行为。非公开发行证券，不得采用广告、公开劝诱和变相公开方式。

2. 保荐制度

法条链接 ▶▶

保荐制度

《证券法》第11条：发行人申请公开发行股票、可转换为股票的公司债券，依法采取承销方式的，或者公开发行法律、行政法规规定实行保荐制度的其他证券的，应当聘请具有保荐资格的机构担任保荐人。

保荐人应当遵守业务规则和行业规范，诚实守信，勤勉尽责，对发行人的申请文件和信息披露资料进行审慎核查，督导发行人规范运作。

保荐人的资格及其管理办法由国务院证券监督管理机构规定。

（1）上市公司保荐制度的概念。上市公司保荐制度是指由保荐人（券商）对发行人发行证券进行推荐和辅导，并核实公司发行文件中所载资料是否真实、准确、完整，协助发行人建立严格的信息披露制度，承担风险防范的法律责任。保荐人既是发行人的推荐人，又是其担保人。保荐人在推荐证券发行上市时既要承担推荐责任，又要承担连带担保责任，这实际上是将证券市场的政府监管职责部分转移给了原来作为上市推荐人的证券公司。

（2）证券经营机构有下列情形之一的，不得注册登记为保荐机构。

①保荐代表人数量少于 2 名；

②公司治理结构存在重大缺陷，风险控制制度不健全或者未有效执行；

③最近 24 个月因违法违规被中国证监会从名单中去除；

④中国证监会规定的其他情形。

3. 审核批准

（1）发行人依法申请核准发行证券所报送的申请文件的格式、报送方式，由依法负责核准的机构或者部门规定。

（2）发行人向国务院证券监督管理机构，或者国务院授权的部门报送的证券发行申请文件，必须真实、准确、完整。为证券发行出具有关文件的证券服务机构和人员，必须严格履行法定职责，保证其所出具文件的真实性、准确性和完整性。

（3）发行人申请首次公开发行股票的，在提交申请文件后，应当按照国务院证券监督管理机构的规定预先披露有关申请文件。

（4）国务院证券监督管理机构设发行审核委员会，依法审核股票发行申请。国务院证券监督管理机构依照法定条件负责核准股票发行申请。核准程序应当公开，依法接受监督。

（5）国务院证券监督管理机构或者国务院授权的部门对已作出的核准证券发行的决定，发现不符合法定条件或者法定程序，尚未发行证券的，应当予以撤销，停止发行。已经发行尚未上市的，撤销发行核准决定，发行人应当按照发行价并加算银行同期存款利息返还证券持有人；保荐人应当与发行人承担连带责任，但是能够证明自己没有过错的除外，发行人的控股股东、实际控制人有过错的，应当与发行人承担连带责任。

4. 证券承销

证券承销是指，证券公司与证券的发行人订立合同由证券公司帮助证券发行人发行证券的一种法律行为。证券公司为承销人，证券发行人为被承销人。承销人向被承销人收取承销费用。

法条链接 ▶▶▶

证券承销

《证券法》第 28 条：发行人向不特定对象公开发行的证券，法律、行政法规规定应当由证券公司承销的，发行人应当同证券公司签订承销协议。证券承销业务采取代销或者包销方式。证券代销是指证券公司代发行人发售证券，在承销期结束时，将未售出的证券全部退还给发行人的承销方式。证券包销是指证券公司将发行人的证券按照协议全部购入或者在承销期结束时将售后剩余证券全部自行购入的承销方式。

（1）向不特定对象发行的证券票面总值超过人民币 5000 万元的，应当由承销团承销。承销团应当由主承销和参与承销的证券公司组成。

（2）证券的代销、包销期限最长不得超过 90 日。证券公司在代销、包销期内，对所代销、包销的证券应当保证先行出售给认购人，证券公司不得为本公司预留所代销的证券和预先购入并留存所包销的证券。

（3）股票发行采取溢价发行的，其发行价格由发行人与承销的证券公司协商确定。

小贴士

发行失败

股票发行采用代销方式，代销期限届满，向投资者出售的股票数量未达到拟公开发行股票数量 70% 的，为发行失败。发行人应当按照发行价并加算银行同期存款利息返还股票认购人。

二、股票的发行

【文前思考 6-2】 某股份有限公司拟向社会公开发行股票，为取得发行资格，该公司伪造相关文件使其固定资产虚增 1500 万元，致使总资产虚增。该公司通过董事会的讨论决定，改变招股说明书所列筹集资金的用途。

请问：该公司是否符合公开发行股票的条件？

（一）设立发行

设立股份有限公司公开发行股票，应当符合《公司法》规定的条件和经国务院批准的国务院证券监督管理机构规定的其他条件。

设立发行应该向国务院证券监督管理机构报送募股申请和下列文件：①公司章程；②发起人协议；③发起人姓名或者名称，发起人认购的股份数、出资种类及验资证明；④招股说明书；⑤代收股款银行的名称及地址；⑥承销机构名称及有关的协议。依照本法规定聘请保荐人的，还应当报送保荐人出具的发行保荐书。

法律、行政法规规定设立公司必须报经批准的，还应当提交相应的批准文件。

（二）新股发行

（1）公司公开发行新股，应当符合下列条件。

①具备健全且运行良好的组织机构；

②具有持续赢利能力，财务状况良好；

③最近 3 年财务会计文件无虚假记载，并无其他重大违法行为；

④经国务院批准的国务院证券监督管理机构规定的其他条件。

（2）公司对公开发行股票所募集资金，必须按照招股说明书所列资金用途使用。改变招股说明书所列资金用途，必须经股东大会作出决议。

小贴士

招股说明书

招股说明书是发行人用来表示自己募股意思并载明发起人认购的股份数、发起人权利义务、发行价格和每股的票面金额、募股资金用途、募股起止日期等内容的书面文件。

三、债券发行

【文前思考 6 - 3】 某有限责任公司注册资本为 8000 万元，后来受到金融危机的不利影响，公司净资产变为 5800 万元。2010 年 12 月该公司为了筹集资金，决定向社会公开发行公司债券 2000 万元，由于不符合发行条件，该公司在申报材料中擅自降低负债，使其净资产虚增至 6200 万元。在公司债券募足资金后，该公司经股东大会决议将其中的 600 万元用于向高管人员发放工资和奖金。

请问：该公司做法违背了债券发行的哪些规定？

（一）债券发行的条件

公开发行公司债券，应当符合下列条件：①股份有限公司的净资产不低于人民币 3000 万元，有限责任公司的净资产不低于人民币 6000 万元；②累计债券余额不超过公司净资产额的 40%；③最近 3 年平均可分配利润足以支付公司债券 1 年的利息；④筹集的资金投向符合国家产业政策；⑤债券的利率不超过国务院限定的利率水平；⑥国务院规定的其他条件。

（二）债券发行的其他规定

（1）公开发行公司债券筹集的资金，必须用于核准的用途，不得用于弥补亏损和非生产性支出。

（2）有下列情形之一的，不得再次公开发行公司债券：

①前一次公开发行的公司债券尚未募足；

②对已公开发行的公司债券或者其他债务有违约或者延迟支付本息的事实，仍处于继续状态；

③违反《证券法》规定，改变公开发行债券所募集资金的用途。

四、证券投资基金的发行

【文前思考 6 - 4】 小王和小金正在学习证券发行的有关内容，小王认为基金和股票一样是由股份有限公司发行的，小金认为基金的主要发起人为按照国家有关规定设立的证券公司、信托投资公司和基金管理公司。

请问：基金的发起人是什么？

（一）证券投资基金的概念和分类

1. 证券投资基金的概念

证券投资基金（以下简称基金）是指一种利益共享、风险共担的集合证券投资方式，即通过发行基金单位，集中投资者的资金，由基金托管人托管，由基金管理人管理和运用资金，从事股票、债券等金融工具投资。

为了加强对证券投资基金的管理，保护基金当事人的合法权益，促进证券市场的健康、稳定发展，我国于1997年11月5日经国务院批准，1997年11月14日由国务院证券委员会发布《证券投资基金管理暂行办法》。

📖 小贴士 ★

基金托管人、基金管理人

经批准设立的基金，应当委托商业银行作为基金托管人托管基金资产，委托基金管理公司作为基金管理人管理和运用基金资产。基金托管人必须经中国证监会和中国人民银行审查批准。基金托管人、基金管理人应当在行政上、财务上相互独立，其高级管理人员不得在对方兼任任何职务。

2. 证券投资基金的分类

（1）从证券投资基金的市场特点出发，可分为私募基金和公募基金、上市基金和非上市基金等类型。

私募基金，指以非公开方式向特定投资者募集基金资金并以证券为投资对象的证券投资基金。它具有非公开性、募集性、大额投资性、封闭性和非上市性等特点。

公募基金，是指以公开发行方式向社会公众投资者募集基金资金并以证券为投资对象的证券投资基金。它具有公开性、可变现性、高规范性等特点。

上市基金，是指基金单位在证券交易所挂牌交易的证券投资基金。该类基金由于可以在交易所上市，所以发行比较容易，发行量也较大。

非上市基金，是指基金单位不能在证券交易所挂牌交易的证券投资基金，包括可变现基金和不可流通基金两种。可变现基金是指基金虽不在证券交易所挂牌交易，但可通过"赎回"来收回投资的证券投资金，如开放式基金。不可流通基金，是指基金既不能在证券交易所公开交易又不能通过"赎回"来收回投资的证券投资基金，如某些私募基金。

（2）按规模是否固定分类，可分为封闭式证券投资基金（封闭式基金）和开放式证券投资基金（开放式基金）。封闭式证券投资基金，又称为固定式证券投资基金，是指基金的预定数量发行完毕，在规定的时间（也称"封闭期"）内基金资本规模不再增大或缩减的证券投资基金。开放式证券投资基金，又称为变动式证券投资基金，是指基金资本可因发行新的基金证券或投资者赎回本金而变动的证券投资基金。

（二）证券投资基金的发行

法条链接 ▶▶

基金的发行

《证券法》第 5、6、10 条基金的设立，必须经中国证券监督管理委员会（以下简称中国证监会）审查批准。基金发起人可以申请设立开放式基金，也可以申请设立封闭式基金。封闭式基金的存续时间不得少于 5 年，最低募集数额不得少于 2 亿元。

1. 设立基金的条件

设立基金，应当具备下列条件。

（1）主要发起人为按照国家有关规定设立的证券公司、信托投资公司、基金管理公司；

（2）每个发起人的实收资本不少于 3 亿元，主要发起人有 3 年以上从事证券投资经验、连续赢利的记录，但是基金管理公司除外；

（3）发起人、基金托管人、基金管理人有健全的组织机构和管理制度，财务状况良好，经营行为规范；

（4）基金托管人、基金管理人有符合要求的营业场所、安全防范设施和与业务有关的其他设施；

（5）中国证监会规定的其他条件。

申请设立开放式基金，还必须在人才和技术设施上能够保证每周至少一次向投资者公布基金资产净值和申购、赎回价格。

2. 基金发行成立

封闭式基金的募集期限为 3 个月，自该基金批准之日起计算。封闭式基金自批准之日起 3 个月内募集的资金超过该基金批准规模的 80% 的，该基金方可成立。开放式基金自批准之日起 3 个月内净销售额超过 2 亿元的，该基金方可成立。

封闭式基金募集期满时，其所募集的资金少于该基金批准规模的 80% 的，该基金不得成立。开放式基金自批准之日起 3 个月内净销售额少于 2 亿元的，该基金不得成立。基金发起人必须承担基金募集费用，已募集的资金并加计银行活期存款利息必须在 30 天内退还基金认购人。

3. 基金管理公司

设立基金管理公司，应当具备下列条件，并经国务院证券监督管理机构批准。

（1）有符合《证券投资基金法》和《公司法》规定的章程；

（2）注册资本不低于 1 亿元人民币，且必须为实缴货币资本；

（3）主要股东具有从事证券经营、证券投资咨询、信托资产管理或者其他金融资产管理的较好的经营业绩和良好的社会信誉，最近 3 年没有违法记录，注册资本不低于 3 亿元人民币；

（4）取得基金从业资格的人员达到法定人数；

（5）有符合要求的营业场所、安全防范设施和与基金管理业务有关的其他设施；

（6）有完善的内部稽核监控制度和风险控制制度；

（7）法律、行政法规规定的和经国务院批准的国务院证券监督管理机构规定的其他条件。

第二节　证券交易

一、证券交易的一般规则

证券交易是指证券持有人依照《证券法》和证券交易规则，向其他投资者或者交易方转让证券的行为。证券交易从本质上说是一种买卖行为，以已经依法发行的证券为标的。

（一）依法进行交易

证券交易当事人依法买卖的证券，必须是依法发行并交付的证券。非依法发行的证券，不得买卖。依法发行的股票、公司债券及其他证券，法律对其转让期限有限制性规定的，在限定的期限内不得买卖。依法公开发行的股票、公司债券及其他证券，应当在依法设立的证券交易所上市交易或者在国务院批准的其他证券交易场所转让。

（二）集中竞价交易方式

证券在证券交易所上市交易，应当采用公开的集中交易方式或者国务院证券监督管理机构批准的其他方式。

证券交易以现货和国务院规定的其他方式进行交易。证券交易当事人买卖的证券可以采用纸面形式或者国务院证券监督管理机构规定的其他形式。

（三）竞业禁止

证券交易所、证券公司和证券登记结算机构的从业人员、证券监督管理机构的工作人员以及法律、行政法规禁止参与股票交易的其他人员，在任期或者法定限期内，不得直接或者以化名、借他人名义持有、买卖股票，也不得收受他人赠送的股票。任何人在成为前款所列人员时，其原已持有的股票，必须依法转让。

（四）保密和收费原则

证券交易所、证券公司、证券登记结算机构必须依法为客户开立的账户保密。

证券交易的收费必须合理，并公开收费项目、收费标准和收费办法。证券交易的收费项目、收费标准和管理办法由国务院有关主管部门统一规定。

（五）回避原则

为股票发行出具审计报告、资产评估报告或者法律意见书等文件的证券服务机构和人员，在该股票承销期内和期满后 6 个月内，不得买卖该种股票。为上市公司出具审计报告、资产评估报告或者法律意见书等文件的证券服务机构和人员，自接受上市公司委托之日起至上述文件公开后 5 日内，不得买卖该种股票。

（六）交易禁止

上市公司董事、监事、高级管理人员、持有上市公司股份 5％以上的股东，将其持有的该公司的股票在买入后 6 个月内卖出，或者在卖出后 6 个月内又买入，由此所得收益归该公司所有，公司董事会应当收回其所得收益。但是，证券公司因包销购入售后剩余股票而持有 5％以上股份的，卖出该股票不受 6 个月的时间限制。

小贴士

不得转让股份的规定

①发起人持有的本公司股份，自公司成立之日起 1 年内不得转让。②公开发行股份前已经发行的股份自公司股票在证券交易所上市交易之日起 1 年内不得转让。③公司董事、监事、高级管理人员应当向公司申报所持有的本公司股份及其变动情况，在任职期间每年转让的股份不得超过其所持有本公司股份总数的 25％，所持本公司股份自公司股票上市交易之日起 1 年内不得转让。

二、证券上市

证券上市是指公开发行的证券依法在证券交易所进行集中竞价交易的行为。证券上市可以提高证券的流通性，扩大上市公司的知名度，获得较高的商品信誉。证券上市法律制度包括上市的条件、上市的程序、暂停上市和终止上市等内容。

（一）上市的条件

1. 股票上市的条件

股份有限公司申请股票上市交易，应当符合下列条件。

（1）股票经国务院证券监督管理机构核准已公开发行；

（2）公司股本总额不少于人民币 3000 万元；

（3）公开发行的股份达到公司股份总数的 25％以上；公司股本总额超过人民币 4 亿元的，公开发行股份的比例为 10％以上；

（4）公司最近 3 年无重大违法行为，财务会计报告无虚假记载。

证券交易所可以规定高于前款规定的上市条件，并报国务院证券监督管理机构批准。

2. 债券上市的条件

公司申请公司债券上市交易，应当符合下列条件。

（1）公司债券的期限为 1 年以上；

（2）公司债券实际发行额不少于人民币 5000 万元；

（3）公司申请债券上市时仍符合法定的公司债券发行条件。

3. 基金上市的条件

申请上市的基金，必须符合下列条件。

（1）基金的募集符合《证券投资基金法》的规定；

（2）基金合同期限为 5 年以上；

（3）基金募集金额不低于 2 亿元人民币；

（4）基金持有人不少于 1000 人；

（5）基金份额上市交易规则规定的其他条件。

（二）上市的程序

证券上市一般经过申请、核准、信息公开和安排上市几个阶段。

申请证券上市交易，应当向证券交易所提出申请，由证券交易所依法审核同意，并由双方签订上市协议。证券交易所根据国务院授权的部门的决定安排政府债券上市交易。

股票上市交易申请或公司债券上市交易申请经证券交易所审核同意后，签订上市协议的公司应当在规定的期限内公告股票上市的有关文件或债券上市的有关文件，并将该文件置备于指定场所供公众查阅。

（三）暂停上市交易和终止上市交易

1. 暂停股票上市交易

上市公司有下列情形之一的，由证券交易所决定暂停其股票上市交易。

（1）公司股本总额、股权分布等发生变化，不再具备上市条件；

（2）公司不按规定公开其财务状况，或者对财务会计报告作虚假记载，可能误导投资者；

（3）公司有重大违法行为；

（4）公司最近 3 年连续亏损；

（5）证券交易所上市规则规定的其他情形。

2. 终止股票上市交易

上市公司有下列情形之一的，由证券交易所决定终止其股票上市交易：

（1）公司股本总额、股权分布等发生变化，不再具备上市条件，在证券交易所规定的期限内仍不能达到上市条件；

（2）公司不按规定公开其财务状况，或者对财务会计报告作虚假记载，且拒绝纠正；

（3）公司最近 3 年连续亏损，在其后一个年度内未能恢复赢利；

（4）公司解散或者被宣告破产；

（5）证券交易所上市规则规定的其他情形。

3. 暂停债券上市交易

公司债券上市交易后，公司有下列情形之一的，由证券交易所决定暂停其公司债券上市交易。

（1）公司有重大违法行为；

（2）公司情况发生重大变化不符合公司债券上市条件；

（3）公司债券所募集资金不按照核准的用途使用；

（4）未按照公司债券募集办法履行义务；

（5）公司最近 2 年连续亏损。

4. 终止债券上市交易

公司有上述第（1）项、第（4）项所列情形之一经查实后果严重的，或者有上述第（2）项、第（3）项、第（5）项所列情形之一，在限期内未能消除的，由证券交易所决定终止其公司债券上市交易。公司解散或者被宣告破产的，由证券交易所终止其公司债券上市交易。

5. 暂停基金上市交易

基金上市期间，出现下列情形之一的，将暂时停止上市。

（1）发生重大变更而不符合上市条件；

（2）违反国家法律法规，国务院证券监督管理机构决定暂停上市；

（3）严重违反投资基金上市规则；

（4）国务院证券监督管理机构和证券交易所认为须暂停上市的其他情形。

6. 终止基金上市交易

基金上市期间，有下列情形之一的，将终止上市。

（1）不再具备证券投资基金法规定的上市交易条件；

（2）基金合同期限届满；

（3）基金份额持有人大会决定提前终止上市交易；

（4）基金合同约定的或者基金份额上市交易规则规定的终止上市交易的其他情形。

开放式基金在销售机构的营业场所销售及赎回，不上市交易。

三、持续信息公开

信息披露是证券公开原则的体现，是证券市场的基石。信息披露包括证券发行时的信息披露、证券上市时的信息披露和上市后的持续信息披露。我国证券法中关于信息披露的主要包括以下内容。

（一）中期报告

中期报告是指在每一会计年度的上半年结束之日起2个月内，向国务院证券监督管理机构和证券交易所报送中期报告，并予以公告。

中期报告的内容应当包括：①公司财务会计报告和经营情况；②涉及公司的重大诉讼事项；③已发行的股票、公司债券变动情况；④提交股东大会审议的重要事项；⑤国务院证券监督管理机构规定的其他事项。

（二）年度报告

年度报告是指上市公司和公司债券上市交易的公司，应当在每一会计年度结束之日起4个月内，向国务院证券监督管理机构和证券交易所报送年度报告，并予以公告。

年度报告应记载以下内容：①公司概况；②公司财务会计报告和经营情况；③董事、监事、高级管理人员简介及其持股情况；④已发行的股票、公司债券情况，包括持有公司股份最多的前10名股东的名单和持股数额；⑤公司的实际控制人；⑥国务院证券监督管理机构规定的其他事项。

（三）临时报告

发生可能对上市公司股票交易价格产生较大影响的重大事件，投资者尚未得知时，上市公司应当立即将有关该重大事件的情况向国务院证券监督管理机构和证券交易所报送临时报告，并予公告，说明事件的起因、目前的状态和可能产生的法律后果。

下列情况为临时报告所称的重大事件：①公司的经营方针和经营范围的重大变化；

②公司的重大投资行为和重大的购置财产的决定；③公司订立重要合同，可能对公司的资产、负债、权益和经营成果产生重要影响；④公司发生重大债务和未能清偿到期重大债务的违约情况；⑤公司发生重大亏损或者重大损失；⑥公司生产经营的外部条件发生的重大变化；⑦公司的董事、1/3以上监事或者经理发生变动；⑧持有公司5%以上股份的股东或者实际控制人，其持有股份或者控制公司的情况发生较大变化；⑨公司减资、合并、分立、解散及申请破产的决定；⑩涉及公司的重大诉讼，股东大会、董事会决议被依法撤销或者宣告无效；⑪公司涉嫌犯罪被司法机关立案调查，公司董事、监事、高级管理人员涉嫌犯罪被司法机关采取强制措施；⑫国务院证券监督管理机构规定的其他事项。

（四）违反持续信息公开制度的责任

发行人、上市公司公告的招股说明书、公司债券募集办法、财务会计报告、上市报告文件、年度报告、中期报告、临时报告以及其他信息披露资料，有虚假记载、误导性陈述或者重大遗漏，致使投资者在证券交易中遭受损失的，发行人、上市公司应当承担赔偿责任；发行人、上市公司的董事、监事、高级管理人员和其他直接责任人员以及保荐人、承销的证券公司，应当与发行人、上市公司承担连带赔偿责任，但是能够证明自己没有过错的除外；发行人、上市公司的控股股东、实际控制人有过错的，应当与发行人、上市公司承担连带赔偿责任。

法条链接 ▶▶

上市公司管理层对定期报告的责任

《证券法》第68条上市公司董事、高级管理人员应当对公司定期报告签署书面确认意见。上市公司监事会应当对董事会编制的公司定期报告进行审核并提出书面审核意见。上市公司董事、监事、高级管理人员应当保证上市公司所披露的信息真实、准确、完整。

四、禁止的交易行为

为了保证证券交易的公平，维护证券市场的正常秩序，证券法严格禁止内幕交易、操纵市场、传播虚假信息、欺诈客户及其他非法交易行为。

（一）内幕交易

1. 内幕信息的知情人

内幕信息的知情人包括以下几种。

（1）发行人的董事、监事、高级管理人员；

（2）持有公司5%以上股份的股东及其董事、监事、高级管理人员，公司的实际控制人及其董事、监事、高级管理人员；

（3）发行人控股的公司及其董事、监事、高级管理人员；

（4）由于所任公司职务可以获取公司有关内幕信息的人员，比如办公室秘书、有关研究人员和业务人员、打字员等；

（5）证券监督管理机构工作人员以及由于法定的职责对证券发行、交易进行管理的其他人员；

（6）保荐人、承销的证券公司、证券交易所、证券登记结算机构、证券服务机构的有关人员；

（7）国务院证券监督管理机构规定的其他人员。

2. 内幕信息

下列信息均属于内幕信息。

①《证券法》规定的可能对上市公司股票交易价格产生较大影响而投资者尚未得知的重大事件；②公司分配股利或者增资的计划；③公司股权结构的重大变化；④公司债务担保的重大变更；⑤公司营业用主要资产的抵押、出售或者报废一次超过该资产的30%；⑥公司的董事、监事、高级管理人员的行为可能依法承担重大损害赔偿责任；⑦上市公司收购的有关方案；⑧国务院证券监督管理机构认定的对证券交易价格有显著影响的其他重要信息。

法条链接 ▶▶▶

内幕交易的禁止

《证券法》第73、第76条禁止证券交易内幕信息的知情人和非法获取内幕信息的人利用内幕信息从事证券交易活动。证券交易内幕信息的知情人和非法获取内幕信息的人，在内幕信息公开前，不得买卖该公司的证券，或者泄露该信息，或者建议他人买卖该证券。持有或者通过协议、其他安排与他人共同持有公司5%以上股份的自然人、法人、其他组织收购上市公司的股份，本法另有规定的，适用其规定。内幕交易行为给投资者造成损失的，行为人应当依法承担赔偿责任。

（二）操纵市场

操纵市场是指以获取利益或减少损失为目的，利用资金、信息等优势或滥用职权，影响证券市场价格，制造证券市场假象，诱导投资者在不了解事实真相的情况下作出证券投资决定，扰乱证券市场秩序的行为。操纵市场的行为主要包括下列四种类型。

（1）单独或者合谋，集中资金优势、持股优势或者利用信息优势联合或者连续买卖证券，操纵证券交易价格。

（2）与他人串通，以事先约定的时间、价格和方式相互进行证券交易，影响证券交易价格或者证券交易量，以抬高或者压低某种证券的价格，从中获取不当利益或是转嫁风险。

（3）在自己实际控制的账户之间进行证券交易，影响证券交易价格或者证券交易量，诱使他人购买或卖出自己所持有的券种。

（4）以其他手段操纵证券市场。

（三）传播虚假信息、虚假陈述和信息误导

禁止国家工作人员、传播媒介从业人员和有关人员编造、传播虚假信息，扰乱证券市场。禁止证券交易所、证券公司、证券登记结算机构、证券服务机构及其从业人员、证券业协会、证券监督管理机构及其工作人员，在证券交易活动中作出虚假陈述或者信息误导。

各种传播媒介传播证券市场信息必须真实、客观，禁止误导。

（四）欺诈客户

所谓欺诈客户是指证券经营机构或其工作人员在履行职责义务时实施的故意诱骗投资者买卖证券的行为。例如：证券公司挪用客户的保证金，或者证券公司不在规定时间内向客户提供交易的书面确认文件，这都属于欺诈客户。

（五）其他非法交易行为

其他禁止交易行为，主要包括：禁止法人非法利用他人账户从事证券交易；禁止法人出借自己或者他人的证券账户；禁止任何人挪用公款买卖证券；国有企业和国有资产控股的企业买卖上市交易的股票，必须遵守国家有关规定。

第三节　上市公司收购

一、上市公司收购的概念和方式

（一）上市公司收购的概念

上市公司收购在各国证券法中的含义各不相同，一般有广义和狭义之分。狭义的上市公司收购即要约收购，是指收购方通过向目标公司股东发出收购要约的方式购买该公司的有表决权证券的行为；广义的上市公司收购，除要约收购以外，还包括协议收购，即收购方通过与目标公司的股票持有人达成收购协议的方式进行收购。我国证券法中上市公司收购取广义的含义，即我国上市公司收购可以采取要约收购或者协议收购的方式。

上市公司收购是指投资者公开收购股份有限公司已经依法发行上市的股份，以达到对该公司控股或者合并目的的行为。其主要内涵可作如下理解。

①上市公司收购的目标是上市公司，收购的标的物是上市公司发行的股份，而不是目标公司的具体资产；②上市公司收购的主体是投资者，投资者既可以是个人，也可以是法人或其他经济实体；③收购的目的是为了实现对目标公司的控制股或者取得控制权。收购成功后，收购方一般并不将目标公司的法人资格解散，更不会将目标公司的上市资格主动取消。在我国，保持上市公司的上市资格，并利用该宝贵的壳资源从事资本运作以获得发展，是收购的终极目的。

（二）上市公司收购的方式

收购上市公司有协议收购和要约收购两种方式，后者是更市场化的收购方式。

协议收购是收购者在证券交易所之外以协商的方式与被收购公司的股东签订收购其股份的协议，从而达到控制该上市公司的目的。收购人可依照法律、行政法规的规定同被收购公司的股东以协议方式进行股权转让。

要约收购（即狭义的上市公司收购），是指通过证券交易所的买卖交易使收购者持有目标公司股份达到法定比例（《证券法》规定该比例为30%），若继续增持股份，必须依法向目标公司所有股东发出全面收购要约。

二、要约收购程序

【文前思考6-5】 王阳已经持有某上市公司股份的3%，并于2010年12月10日在证券交易市场上买进该公司发行在外股票的10%，于12月12日向证监会和证券交易所报告并公告，于12月13日将自己所持股票的20%卖出。

请问：王某的做法是否符合证券法的相关规定？

1. 持股5%报告制度

通过证券交易所的证券交易，投资者持有或者通过协议、其他安排与他人共同持有一个上市公司已发行的股份达到5%时，应当在该事实发生之日起3日内，向国务院证券监督管理机构、证券交易所作出书面报告，通知该上市公司，并予公告；在上述期限内，不得再行买卖该上市公司的股票。

投资者持有一个上市公司已发行股份的5%后，通过证券交易所的证券交易，其所持该上市公司已发行的股份比例每增加或者减少5%，应当依照前款规定进行报告和公告。在报告期限内和作出报告、公告后2日内，不得再行买卖该上市公司的股票。

2. 收购要约

通过证券交易所的证券交易，投资者持有一个上市公司已发行的股份的30%时，继续进行收购的，应当依法向该上市公司所有股东发出收购要约。收购人必须事先向国务院证券监督管理机构报送上市公司收购报告书，还应当同时提交证券交易所。收购人在报送上市公司收购报告书之日起15日后，公告其收购要约。收购要约的期限不得少于30日，并不得超过60日。

3. 终止上市

收购要约的期限届满，收购人持有的被收购上市公司的股份数达到该公司已发行的股份总数的75%以上的，该上市公司的股票应当在证券交易所终止上市。

4. 其他相关规定

（1）股东可要求收购人收购未收购的股票。收购要约的期限届满，收购人持有的被收购公司的股份达到该公司已发行的股份总数的90%以上时，其余仍持有被收购公司股票的股东，有权向收购人以收购要约的同等条件出售其股票，收购人应当收购，收购行为完成后，被收购公司不再具备公司法规定的条件的，应当依法变更其企业形式。

（2）要约收购期间排除其他方式收购。采取要约收购方式的，收购人在收购要约期限内，不得采取要约规定以外的形式和条件买卖被收购公司的股票。

（3）股票更换。通过要约收购方式获取被收购公司股份并将该公司撤销的，为公司合并，被撤销公司的原有股票由收购人依法更换。

5. 收购结束报告

收购上市公司的行为结束后，收购人应当在15日内将收购情况报告国务院证券监督管理机构和证券交易所，并予公告。

三、协议收购程序

【文前思考6-6】 宏扬公司是上海一家很有发展前景的公司，该公司计划于2010年12月在证券交易市场上买进另一公司发行在外股票的55%。在董事会的讨论中，大家一致认为这是上市公司的收购行为，公司应该对30%的股份采取协议收购方式进行，超过的25%股份只能以要约方式进行。

请问：董事会的有关讨论是否符合证券法的相关规定？

1. 订立协议

采取协议收购方式的，收购人可以依照法律、行政法规的规定同被收购公司的股东以协议方式进行股权转让。

2. 报告与公告

以协议方式收购上市公司时，达成协议后，收购人必须在3日内将该收购协议向国务院证券监督管理机构及证券交易所作出书面报告，并予公告。在未作出公告前不得履行收购协议。

3. 保管股票与存放资金

采取协议收购方式的，协议双方可以临时委托证券登记结算机构保管协议转让的股票，并将资金存放于指定的银行。更换股票和收购结束报告同要约收购。

四、要约收购和协议收购的法律后果

(1) 在上市公司收购中，收购人持有的被收购上市公司的股票，在收购行为完成后的12个月内不得转让。

(2) 收购行为完成后，收购人与被收购公司合并，并将该公司解散的，被解散公司的原有股票由收购人依法更换。

(3) 收购行为完成后，收购人应当在15日内将收购情况报告中国证监会和证券交易所，并予公告。

(4) 收购上市公司中由国家授权投资的机构持有的股份，应当按照国务院的规定，经有关主管部门批准。

法条链接 ▶▶

收购期限届满的规定

《证券法》第97条收购期限届满，被收购公司股权分布不符合上市条件的（公开发行的股份达到公司股份总数的25%以上），该上市公司的股票应当由证券交易所依法终止上市交易。其余仍持有被收购公司股票的股东，有权向收购人以收购要约的同等条件出售其股票，收购人应当收购。

第四节　证券机构

在我国，证券机构包括证券交易所、证券公司、证券登记结算机构、证券业协会、证券服务机构、证券监督管理机构。

一、证券交易所

【文前思考6-7】　2010年12月29日，某证券交易所发现有一能源股票交易出现异常情况，在1天内容的交易量达到了过去正常情况下1个月的成交量。于是根据交易所股票交易规则，对该能源股票紧急停牌，要求该公司调查相关情况并说明。考虑到当天交易的异常情况，证券交易所决定对当日的市场行情表不予公布，待查明事实后再进行公布。

请问：该证券交易所的相关决定是否符合证券法的有关规定？

证券交易所是为证券集中交易提供场所和设施，组织和监督证券交易，实行自律管理的法人。我国的证券交易所是不以赢利为目的，仅为证券的集中和有组织的交易提供场所、设施，并履行国家有关法律、法规、规章、政策规定的职责，实行自律性管理的会员制的事业法人。目前，我国有两家证券交易所，即1990年12月设立的上海证券交易所和1991年7月设立的深圳证券交易所。证券交易所的设立和解散由国务院决定。证券交易所有公司制和会员制之分。证券交易所设理事会。证券交易所设总经理一人，由国务院证券监督管理机构任免。

二、证券公司

【文前思考6-8】　某市计划于2010年6月发起设立了一家证券股份有限公司，其经营范围为证券经纪、证券承销与保荐和证券资产管理业务，该公司注册资本计划为4.8亿元人民币。

请问：该证券公司的注册资本是否符合证券法的相关规定？

（一）证券公司的概念

证券公司是指，依照公司法的规定并经国务院证券监督管理机构审查批准而成立的专门经营证券业务，具有独立的法人地位的金融机构。

证券公司的组织形式为有限责任公司或者股份有限公司，证券公司必须在其名称中标明"证券有限责任公司"或者"证券股份有限公司"字样。

（二）证券公司的业务范围

证券公司的业务范围。经国务院证券监督管理机构批准，证券公司可以经营下列部分或者全部业务：①证券经纪；②证券投资咨询；③与证券交易、证券投资活动有关的财务顾问；④证券承销与保荐；⑤证券自营；⑥证券资产管理；⑦其他证券业务。证券公司经营上述第①项至第③项业务的，注册资本最低限额为人民币5000万元；经营第④项至第

⑦项业务之一的，注册资本最低限额为人民币 1 亿元；经营第⑤项至第⑦项业务中两项以上的，注册资本最低限额为人民币 5 亿元。证券公司的注册资本应当是实缴资本。

国务院证券监督管理机构根据审慎监管原则和各项业务的风险程度，可以调整注册资本最低限额，但不得少于前款规定的限额。

三、证券登记结算机构

证券登记结算机构是为证券交易提供集中登记、存管与结算服务、不以赢利为目的的法人。证券登记结算机构履行下列职能：①证券账户、结算账户的设立；②证券的托管和过户；③证券持有人名册登记；④证券交易所上市证券交易的清算和交收；⑤受发行人的委托派发证券权益；⑥办理与上述业务有关的查询；⑦国务院证券监督管理机构批准的其他业务。

法条链接 ▶▶

证券登记结算机构开立证券账户

《证券法》第 166 条投资者委托证券公司进行证券交易，应当申请开立证券账户。证券登记结算机构应当按照规定以投资者本人的名义为投资者开立证券账户。投资者申请开立账户，必须持有证明中国公民身份或者中国法人资格的合法证件。国家另有规定的除外。

四、证券服务机构

证券服务机构是指依法设立的从事证券服务业务的法人机构。投资咨询机构、财务顾问机构、资信评级机构、资产评估机构、会计师事务所从事证券服务业务，必须经国务院证券监督管理机构和有关主管部门批准。

投资咨询机构、财务顾问机构、资信评级机构从事证券服务业务的人员，必须具备证券专业知识和从事证券业务或者证券服务业务两年以上经验。认定其证券从业资格的标准和管理办法，由国务院证券监督管理机构制定。

证券服务机构业务包括如下内容：证券发行、财务顾问及其他配套服务，证券投资咨询，证券资信评估服务，证券集中保管，证券清算、交割和交收服务，证券登记过户服务以及经证券监管机关认定的其他业务。

法条链接 ▶▶

证券服务机构的责任

《证券法》第 173 条证券服务机构为证券的发行、上市、交易等证券业务活动制作、出具审计报告、资产评估报告、财务顾问报告、资信评级报告或者法律意见书等文件，应当勤勉尽责，对所制作、出具的文件内容的真实性、准确性、完整性进行核查和验证。其制作、出具的文件有虚假记载、误导性陈述或者重大遗漏，给他人造成损失的，应当与发行人、上市公司承担连带赔偿责任，但是能够证明自己没有过错的除外。

五、证券业协会

（一）证券业协会的机构设置

证券业协会是证券业的自律性组织，是社会团体法人。证券公司应当加入证券业协会。

证券业协会的权力机构是全体会员组成的会员大会。证券业协会设理事会，理事会成员依章程的规定由选举产生。证券业协会的章程由会员大会制定，并报国务院证券监督管理机构备案。

📖 小贴士 ★★

证券业协会的成立

1991年8月28日，我国成立了中国证券业协会。它是中国证券发展史上第一个全国性的证券行业自律性管理组织，是证券经营机构依法自行组织的自律性会员组织，具有独立的社团法人资格。

（二）证券业协会的职责

证券业协会履行下列职责：①教育和组织会员遵守证券法律、行政法规；②依法维护会员的合法权益，向证券监督管理机构反映会员的建议和要求；③收集整理证券信息，为会员提供服务；④制定会员应遵守的规则，组织会员单位的从业人员的业务培训，开展会员间的业务交流；⑤对会员之间、会员与客户之间发生的证券业务纠纷进行调解；⑥组织会员就证券业的发展、运作及有关内容进行研究；⑦监督、检查会员行为，对违反法律、行政法规或者协会章程的，按照规定给予纪律处分；⑧证券业协会章程规定的其他职责。

六、证券监督管理机构

按证券法规定，国务院证券监督管理机构依法对我国证券市场实行监督管理。从目前国务院机构设置的情况来看，国务院证券监督管理机构即是中国证券监督管理委员会。中国证券监督管理委员会属于国务院正部级事业单位，是全国证券期货市场的主管部门，它根据国务院的授权履行其行政监管职能，依法对全国证券业和期货业进行集中统一监管。

📋 法条链接 ▶▶▶

证券监督管理机构的监督工作

《证券法》第183条国务院证券监督管理机构依法履行职责，被检查、调查的单位和个人应当配合，如实提供有关文件和资料，不得拒绝、阻碍和隐瞒。

《证券法》第 184 条规定国务院证券监督管理机构依法制定的规章、规则和监督管理工作制度应当公开。国务院证券监督管理机构依据调查结果，对证券违法行为作出的处罚决定，应当公开。

拓展阅读

证券交易所的职能

根据证券法的相关规定，证券交易所具有以下职能。

第一，为组织公平的集中竞价交易提供保障，公布证券交易即时行情，并按交易日制作证券市场行情表，予以公布。

第二，依照法律、行政法规的规定，办理股票、公司债券的暂停上市、恢复上市或者终止上市的事务。

第三，因突发性事件而影响证券交易正常进行时，证券交易所可以采取技术性停牌的措施；因不可抗力的突发性事件或者为维护证券交易的正常秩序，证券交易所可以决定临时停市；证券交易所采取技术性停牌或者决定临时停市，必须及时向中国证监会报告。

第四，对在交易所进行的证券交易实行实时监控，并按照国务院证券监督管理机构的要求，对异常的交易情况提出报告；对上市公司披露信息进行监督，督促上市公司依法及时、准确地披露信息。

第五，依照证券法律、行政法规制定证券集中竞价交易的具体规则，制定证券交易所的会员管理规章和证券交易所从业人员业务规则，并报国务院证券监督管理机构批准。

第六，对违反证券交易所交易规则的证券交易人给予纪律处分；对情节严重的，可撤销其交易资格，禁止其入场进行证券交易。

职业知识检测

一、单项选择题

1. 根据《证券法》的规定，公司申请公司债券上市时必须符合法定条件，其中公司债券实际发行额应不少于（　　）万元。

A. 1000　　　　　　　B. 3000　　　　　　　C. 5000　　　　　　　D. 6000

2. 根据证券法律制度的规定，国务院证券监督管理机构可暂停上市公司债券上市交易的情形是（　　）。

A. 公司因经济纠纷被起诉

B. 公司前一年发生亏损

C. 公司未按公司债券募集办法履行义务

D. 公司董事会成员组成发生重大变化

3. 下列各项中，符合股份有限公司股票上市条件的是（　　）。

A. 公司股本总额不少于人民币 3000 万元

B. 公开发行的股份达到公司股份总数的 25% 以上，公司股本总额超过人民币 4 亿元的，公开发行股份的比例为 15% 以上

C. 公司最近 1 年无重大违法行为，财务会计报告无虚假记载

D. 必须是国家鼓励发展的产业

4. 某上市公司 2008 年 5 月发行 5 年期公司债券 2000 万元，2 年期公司债券 1500 万元。2011 年 1 月，该公司鉴于到期债券已偿还且具备再次发行公司债券的其他条件，计划再次申请发行公司债券。经审计确认该公司 2010 年 12 月末净资产额为 6000 万元。该公司此次发行公司债券额最多不得超过（　　）。

A. 400 万元　　　　B. 500 万元　　　　C. 800 万元　　　　D. 100 万元

5. 在上市公司收购中，收购人持有的被收购的上市公司的股票，在收购行为完成后的（　　）内不得转让。

A. 10 个月　　　　B. 2 个月　　　　C. 12 个月　　　　D. 6 个月

二、多项选择题

1. 下列股份有限公司向不特定对象发行股票的情形中，应当组织承销团承销的有（　　）。

A. 股票总额为 1000 万股，每股价格为人民币 4.8 元

B. 股票总额为 5100 万股，每股价格为人民币 3.5 元

C. 股票总额为 5500 万股，每股价格为人民币 3 元

D. 股票总额为 3100 万股，每股价格为人民币 1.5 元

2. 依照法律规定，以下各项股份转让交易中不符合规定的有（　　）。

A. 为股票发行出具审计报告的人员，在该股票承销期满后 3 个月内购买了该种股票

B. 为上市公司出具审计报告的人员，在有关文件公开后 5 日后买了该种股票

C. 公司成立刚满 2 年时，发起人将其持有的本公司股票卖出

D. 公司董事辞去职务后 4 个月时，将其持有的本公司股票卖出

3. 下列属于证券投资基金上市的条件是（　　）。

A. 基金合同期限为 1 年以上

B. 基金募集金额不低于 2 亿元人民币

C. 基金持有人不少于 1000 人

D. 基金的募集符合《证券投资基金法》的规定

4. 定期报告是上市公司进行持续信息披露的主要形式之一。该上市公司下列做法中，符合证券法律制度有关定期报告的规定的有（　　）。

A. 该公司第一季度报告的披露时间早于上一年度年度报告的披露时间

B. 该公司的中期报告在该会计年度的第 7 个月披露

C. 该公司的第三季度报告在该会计年度的第 11 个月披露

D. 该公司的年度报告在该会计年度结束之日后的第 3 个月披露

5. 某投资者采取要约收购方式收购上市公司时，下列做法不符合法律规定的有（　　）。

A. 根据被收购公司股东的持股情况，发出了不同待遇的要约

B. 报送上市公司收购报告书之日起 15 日后，公告了其收购要约

C. 确定了收购期限为 90 天

D. 在收购要约确定的承诺期限内，基于资金短缺撤销了收购要约

三、判断题

1. 证券的代销、包销期限最长不得超过 90 日。（   ）

2. 某上市公司董事会秘书甲将公司收购计划告知同学乙，乙据此买卖该公司股票并获利 5 万元。该行为属于内幕交易行为。（   ）

3. 开放式基金份额是可以在基金合同约定的时间和场所申购或者赎回的基金。（   ）

4. 要约收购是指通过证券交易所的买卖交易使收购者持有目标公司股份达到 30%，若继续增持股份，必须依法向目标公司所有股东发出全面收购要约。（   ）

5. 为了保证证券交易的公平，维护证券市场的正常秩序，证券法严格禁止内幕交易、操纵市场、传播虚假信息、欺诈客户及其他非法交易行为。（   ）

职业能力检测

案例一　证券的发行

某有限责任公司注册资本为人民币 8000 万元，但后来由于经营不善，公司净资产变为 5800 万元。为了筹集资金，继续扩大生产经营规模，公司决定向社会公开发行公司债券 1000 万元。为取得发行资格，该公司在申报材料中擅自降低总负债，使其净资产虚增至 6500 万元。在募足资金后，公司经股东会决议将其中 500 万元用于改建职工宿舍。

思考：

1. 该有限责任公司是否符合公开发行债券的条件？如果该公司是股份有限公司，是否符合公开发行债券的条件？

2. 该公司对发行债券所募集资金的使用是否符合法律规定？

案例二　证券的上市

长虹电子科技股份有限公司是由海天电子有限责任公司、长远电器有限责任公司和彩虹高科股份有限公司募集设立，公司股本总额为 3.5 亿万元。其中海天、长远、彩虹公司各持有股份的 25%、25%、30%。为取得上市资格，长虹电子伙同其作财务审计报告的四方会计师事务所伪造公司财务会计报告，并将公司股本总额改为 4.2 亿万元。证券交易所在审核相关文件时发现了长虹电子的财务会计文件存在虚假记载，作出了不予上市的决定。长虹电子不服，向中国证监会提出上诉。

思考：

1. 长虹电子是否符合上市条件？其为什么要将股本总额改为 4.2 亿万元？

2. 长虹电子如不服证券交易所不予上市的决定，应当向哪一部门或机构提出？

案例三　证券交易

股民张岩于 2011 年 7 月 11 日买进某上市公司发行在外股票的 20%，成为该上市公司

的股东，但是并没有对外披露。同年 7 月 16 日张岩又买进该公司发行在外股票的 6%，并于 7 月 18 日进行披露，于 7 月 29 日和 30 日分别将该股票 2%卖出。

思考：

1. 股东张岩于 7 月 11 日买进该上市公司股票，没有对外披露是否符合证券法的相关规定？

2. 股东张岩于 7 月 29 日和 30 日卖出股票的行为是否符合证券法的相关规定？

第七章 支付结算和票据法律制度

知识目标

1. 了解支付结算和票据结算的有关法律规定；
2. 掌握支付结算的基本要求、人民币银行结算账户及银行结算工具的管理规定；
3. 掌握票据的权利、票据责任、票据行为、票据追索等法律规定；
4. 熟悉汇票、本票和支票的法律规定。

能力目标

1. 能够依据法律规定到银行办理开户支付结算等事务；
2. 正确分析解决支付结算和票据结算的案例。

知识导航

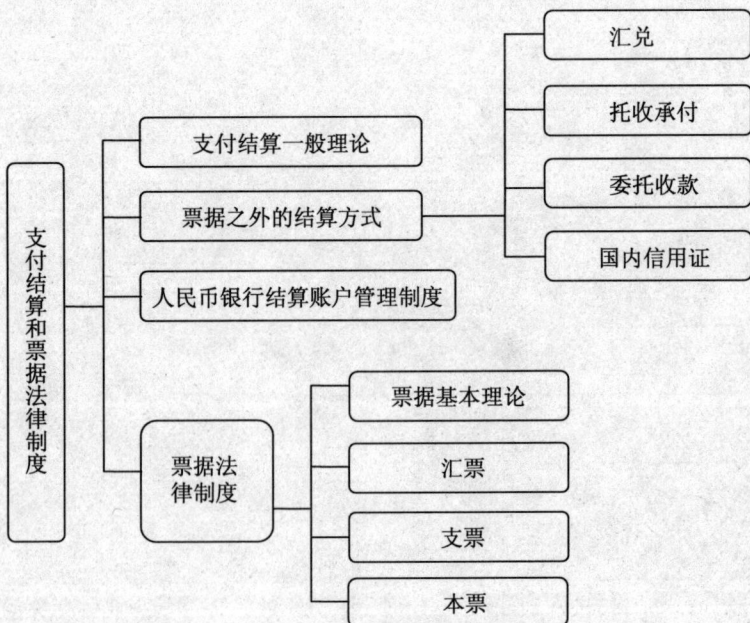

案例导入

　　某公司采购员刘某需要携带 2 万元金额的支票到某市工业区采购样品。支票由王某负责填写，由某公司财务主管加盖了财务章及财务人员印鉴，收款人一栏授权刘某填写。这一切有支票存根上记录为证。刘某持票到某市工业区某私营企业购买了 2 万元各类工业样品。该私营企业负责人李某为刘某的朋友，见支票上字迹为刘某所为，于是以资金周转困难为由，要求刘某帮忙将支票上金额改成 22 万元用于暂时周转。刘某应允，在改动过程中使用了李某提供的"涂改剂"，故外观不露痕迹。尔后，李某为支付工程款将支票背书给了某建筑工程公司。此事败露后，某公司起诉某建筑工程公司及李某，要求返还多占用的票款。

　　请思考：

　　1. 本案例刘某的行为在票据法上属于什么性质的行为？为什么？

　　2. 本案例应如何处理？为什么？

　　根据《支付结算办法》办理支付结算的基本要求规定：

　　(1) 单位、个人和银行办理支付结算必须使用按中国人民银行统一规定印制的票据和结算凭证。

　　(2) 单位、个人和银行应当按照《人民币银行结算账户管理办法》(以下简称《账户管理办法》)的规定开立、使用账户。除国家法律、行政法规另有规定外，银行不得为任何单位或者个人查询账户情况，不得为任何单位或者个人冻结、扣划款项，不得停止单位、个人存款的正常支付。

　　(3) 票据和结算凭证上的签章和其他记载事项应当真实，不得伪造、变造。

　　所谓"伪造"，是指无权限人假冒他人或虚构他人名义签章的行为。签章的变造属于伪造。所谓"变造"，是指无权更改票据内容的人，对票据上签章以外的记载事项加以改变的行为。票据上有伪造、变造的签章的，不影响票据上其他当事人真实签章的效力。

　　票据和结算凭证的金额、出票或签发日期、收款人名称不得更改，更改的票据无效；更改的结算凭证，银行不予受理。对票据和结算凭证上的其他记载事项，原记载人可以更改，更改时应当由原记载人在更改处签章证明。

第一节　支付结算的一般理论

一、支付结算的概念和特征

(一) 支付结算概念

　　支付结算是单位、个人在社会经济活动中使用票据、银行卡和汇兑、托收承付、委托收款等结算方式进行货币给付及其资金清算的行为。其主要功能是完成资金从一方当事人向另一方当事人的转移。

银行（含城乡信用合作社，下同）以及单位（含个体工商户，下同）和个人是办理支付结算的主体。其中，银行是指在中国境内经批准经营支付结算业务的银行业金融机构，是支付结算和资金清算的中介机构。非银行金融机构和其他单位不得作为中介机构办理支付结算业务。

支付结算工具包括票据和结算凭证。其中票据是指汇票、本票、支票，汇票分为银行汇票和商业汇票，结算凭证（非票据结算）是指汇兑、托收承付、委托收款、国内信用证等。

（二）支付结算法律特征

1. 中国人民银行批准的金融机构是支付结算的法定主体

《支付结算办法》第6条规定："银行是支付结算和资金清算的中介机构。未经过中国人民银行批准的非银行金融机构和其他单位不得作为中介机构经营支付结算业务。但法律、行政法规另有规定的除外。"这表明，支付结算与一般的货币给付及资金清算行为不同。

2. 支付结算必须严格依法进行

《支付结算办法》第5条规定："银行、城市信用合作社、农村信用合作社（以下简称银行）以及单位和个人（含个体工商户）办理支付结算必须遵守国家的法律、行政法规和本办法的各项规定，不得损害社会公共利益。"因此，支付结算的当事人必须严格依法进行支付结算活动。

3. 支付结算必须依照委托人的意志进行

银行"善意"且符合规定的正常操作程序审查，为伪造、变造的票据和结算凭证上的签章以及需要交验的个人有效身份证件，未发现异常而支付金额的，不再承担付款、受委托付款责任。

小贴士

为什么银行结算也叫支付结算

支付结算的概念源于"银行结算"一词。1988年12月19日中国人民银行颁布《银行结算方法》将票据以及票据之外的结算方式（如汇兑、委托收款）统称为"银行结算"。1995年5月10日全国人大常委会审议通过《中华人民共和国票据法》（以下简称《票据法》，该法于1996年1月1日起施行）之后，中国人民银行即着手制定《票据法》的配套实施办法。在修订《银行结算办法》的过程中，中国人民银行根据新形势下结算制度的特点，不再使用"银行结算"一词，而采用了"支付结算"的概念。由于结算关系的实质性权利义务关系实际就是当事人之间的权利义务关系，而银行往往是结算活动和资金清算的中介机构，因此，采用"支付结算"的概念更能体现结算制度的实质。

二、支付结算的基本原则和基本要求

(一) 基本原则

支付结算基本原则是指参与支付结算活动的各方当事人都应该遵守的原则。

(1) 恪守信用，履约付款原则。无论银行、单位和个人，在经济活动中都应该按照所签订的合同，履行各项义务，行使各项权利，不得任意毁约、不得无故拖延或者拒绝支付。

(2) 谁的钱进谁的账、由谁支配原则。银行作为办理支付结算业务的中介机构，不仅有义务为客户款项保密，而且应严格按客户的委托合规办理各项款项收付。除法律法规另有规定外，银行无权在未经存款人授权或委托的情况下，擅自动用存款人在银行账户里的资金。

(3) 银行不垫款原则。根据该原则，银行办理结算只负责办理结算当事人之间的资金转移，而不能在结算过程中为其垫付资金。

(二) 基本要求

(1) 签章。

票据和结算凭证上的签章和其他记载事项应当真实，不得伪造、变造。

票据和结算凭证上的签章，为签名、盖章或者签名加盖章；单位、银行在票据上的签章和单位在结算凭证上的签章，为该单位、银行的公章或者财务专用章加其法定代表人或者其授权的代理人的签名或者盖章。

(2) 票据和结算凭证的金额、出票或者签发日期、收款人名称不得更改，更改的票据无效；更改的结算凭证，银行不予受理。对票据和结算凭证上的其他记载事项，原记载人可以更改，更改时应当由原记载人在更改处签章证明。

票据和结算凭证的金额以中文大写和阿拉伯数码同时记载，二者必须一致，否则银行不予受理。

三、填写票据和结算凭证基本要求

【文前思考7-1】　小赵刚从一所财经大学毕业，随即被一家国营企业录取，之后被分配到财务科任出纳，财务主管李大姐让她开一张支票给 A 公司，小赵在学校里只开过模拟实习用的支票，当她看见真实的支票时候很害怕，但是她稍微镇定后用在学校里学到的知识很快地填写完这张支票，李大姐在审核小赵填写的支票时，只夸奖小赵做得很好。

请问：如果你是小赵，如何准确、及时、完整地开具这张支票？

(一) 金额大小写要求

(1) 中文大写金额数字应用正楷或行书填写，不得自造简化字。如果金额数字书写中使用繁体字，也应受理。

(2) 中文大写金额数字到"元"为止的，在"元"之后应写"整"（或"正"）字；到"角"为止的，在"角"之后可以不写"整"（或"正"）字。大写金额数字有"分"的，"分"后面不写"整"（或"正"）字。

（3）中文大写金额数字前应标明"人民币"字样，大写金额数字应紧接"人民币"字样填写，不得留有空白。大写金额数字前未印"人民币"字样的，应加填"人民币"三字。

（4）阿拉伯小写金额数字中有"0"时，中文大写应按照汉语语言规律、金额数字构成和防止涂改的要求进行书写。

①阿拉伯数字中间有"0"时，中文大写金额要写"零"字。如￥1608.8，应写成人民币壹仟陆佰零捌元捌角。

②阿拉伯数字中间连续有几个"0"时，中文大写金额中间可以只写一个"零"字。如￥5008.32，应写成人民币伍仟零捌元叁角贰分。

③阿拉伯金额数字万位或元位是"0"，或者数字中间连续有几个"0"，万位、元位也是"0"，但千位、角位不是"0"时，中文大写金额中可以只写一个"零"字，也可以不写"零"字。如￥1350.68，应写成人民币壹仟叁佰伍拾元零陆角捌分，或者写成人民币壹仟叁佰伍拾元陆角捌分；又如￥208000.38，应写成人民币贰拾万捌仟元叁角捌分，或者写成人民币贰拾万零捌仟元叁角捌分。

④阿拉伯金额数字角位是"0"，而分位不是"0"时，中文大写金额"元"后面应写"零"字。如￥18608.03，应写成人民币壹万捌仟陆佰零捌元零叁分；又如￥638.06，应写成人民币陆佰叁拾捌元零陆分。

（二）出票日期书写要求

票据的出票日期必须使用中文大写。在填写月、日时，月为壹、贰和壹拾的，日为壹至玖和壹拾、贰拾和叁拾的，应在其前加"零"；日为拾壹至拾玖的，应在其前面加"壹"。如：2月12日，应写成零贰月壹拾贰日；10月20日，应写成零壹拾月零贰拾日。票据出票日期使用小写填写的，银行不予受理。大写日期未按要求规范填写的，银行可予受理；但由此造成损失的，由出票人自行承担。票据日期的填写如表7-1所示。

表7-1　　　　　　　　　　票据日期的填写

实际日期	票据日期
月为"壹""贰"和"壹拾"的	前加"零"
日为"壹"至"玖"和"壹拾""贰拾"和"叁拾"	
日为"拾壹"至"拾玖"	前加"壹"

第二节　票据结算之外的结算方式

根据中国人民银行颁布的《支付结算办法》以及有关规范性文件，票据结算之外的结算方式包括汇兑、托收承付、委托收款、国际信用证等结算方式。

一、汇兑

(一) 汇兑的概念和种类

汇兑是汇款人委托银行将其款项支付给收款人的结算方式。单位或个人的各种款项的结算均可使用汇兑结算方式。汇兑分为信汇和电汇两种,由汇款人根据需要选择使用。汇兑结算方式适用于异地之间的各种款项结算,具有划拨款项简单、灵活的特点。

(二) 办理汇兑的程序

1. 签发汇兑凭证

签发汇兑凭证必须记载下列事项:表明"信汇"或"电汇"的字样;无条件支付的委托;确定的金额;收款人名称;汇款人名称;汇入地点、汇入行名称;汇出地点、汇出行名称;委托日期;汇款人签章。汇兑凭证记载的汇款人、收款人在银行开立存款账户的,必须记载其账号。汇款人和收款人均为个人,需要在汇入银行支取现金的,应在信汇、电汇凭证的"汇款金额"大写栏,先填写"现金"字样,后填写汇款金额。

2. 银行受理

汇出银行受理汇款人签发的汇兑凭证,经审查无误后,应及时向汇入银行办理汇款,并向汇款人签发汇款回单。汇款回单只能作为汇出银行受理汇款的依据。

3. 汇入处理

汇入银行对开立存款账户的收款人,应将汇给其的款项直接转入收款人账户,并向其发出收账通知。收账通知是银行将款项确已转入收款人账户的凭据。

支取现金的,信汇、电汇凭证上必须有按规定填明的"现金"字样,才能办理。未填明"现金"字样需要支取现金的,由汇入银行按照国家现金管理规定审查支付。转账支付的,应由原收款人填制支款凭证,并由本人向银行交验其身份证件办理支付款项。

4. 汇兑的撤销和退汇

(1) 汇兑的撤销。这是指汇款人对汇出银行尚未汇出的款项,向汇出银行申请撤销的行为。汇款人申请撤销汇款必须是该款项尚未从汇出银行汇出。在申请撤销时,汇款人应出具正式函件或本人身份证件及原信、电汇回单。

(2) 汇兑的退汇。这是指汇款人对汇出银行已经汇出的款项申请退回汇款的行为。汇款人申请退汇必须是该汇款已从汇出银行汇出。对在汇入银行开立存款账户的收款人,由汇款人与收款人自行联系退汇。换言之,如果汇款人与收款人不能达成一致退汇的意见,不能办理退汇。

汇入银行对于收款人拒绝接受的汇款,应立即办理退汇。汇入银行对于向收款人发出取款通知,经过两个月无法交付的汇款,应主动办理退汇。

电汇凭证的格式如图 7-1 所示。

中国工商银行电汇凭证（回单）　　　　　　1 NO.532940

委托日期　　年　　月　　日　　　　　　　　　　　　　第　　号

汇款人	全　称						收款人	全　称													
	账　号或地址							账　号或地址													
	汇出地点	省	市县	汇出行名　称				汇出地点	省	市县	汇出行名　称										
金额	人民币（大写）								千	百	十	万	千	百	十	元	角	分		
汇款用途：							汇出行盖章 年　　月　　日													

图7-1　电汇凭证的格式

二、托收承付

【文前思考7-2】　甲、乙两个企业在同一个城市，在一个购销合同关系中，甲是买方，乙是卖方，它们在合同中约定采用托收承付中验单付款的方式结算货款。

2011年4月5日，甲方向乙方发出价值80万元的货物，并凭运单向开户银行办理托收。甲的开户银行经过3天审查，通知乙的开户银行付款。乙方银行于4月9日向乙发出付款通知，乙一直没有表示拒付，但4月12日银行营业终了时，乙的账户内只有50万元，直到4月16日，乙才有足够的资金。

请问：

1. 甲、乙之间的合同是否适用托收承付方式？

2. 如果甲在托收凭证中没有记载委托日期，托收是否有效？

3. 乙在哪天以前不表示拒付意味着同意付款？如果采用验货付款方式，又应该是哪天？（本题假设不考虑法定节假日）

（一）托收承付的概念和适用范围

1. 含义

托收承付是指根据购销合同由收款人发货后托收银行向异地付款人收取款项，由付款单位向银行承认付款的结算方式。托收承付结算的金额起点为1万元，如新华书店系统每笔金额起点为1千元。

2. 托收承付适用的范围

（1）使用托收承付结算方式的收款单位和付款单位，必须是国有企业，供销合作社以及经营管理较好，并经开户银行审查同意的城乡集体所有制工业企业。

（2）办理托收承付的款项，必须是商品交易以及因商品交易而产生的劳务供应的款项。

上述两项规定必须同时符合。

（二）托收承付凭证的格式与必须记载事项

1. 托收承付凭证的格式

企业办理托收承付时，应填制一式五联的托收承付凭证。托收承付凭证的格式如图7－2所示。

中国工商银行托收承付结算凭证（第一联）

委托日期：2011 年 2 月 18 日

收款单位	全　称	宁波宏泰股份有限公司	付款单位	全　称	烟台华联商厦
	账号或地址	500630080063124		账号或地址	30485698375
	开户银行	工行宁波市支行营业部　行号　234		开户银行	工行烟台市支行　行号

托收金额	人民币（大写）叁佰伍拾壹万元整	千 百 十 万 千 百 十 元 角 分 ￥ 3 5 1 0 0 0 0 0 0

附　件	商品发运情况	合同名称号码

附寄单证张数或册数	1

备注　款项收妥日期

收款人开户银行盖章

　年　　月　　日　　　　　　　　　　　　　　年　　月　　日

图 7－2　托收承付凭证的格式

2. 托收承付凭证必须记载事项

①表明"委托收款"的字样；②确定的金额；③付款人名称及账号；④收款人名称及账号；⑤付款人开户银行名称；⑥收款人开户银行名称；⑦托收附寄单证张数或册数；⑧合同名称、号码；⑨委托日期；⑩收款人签章。托收承付凭证上欠缺记载上列事项之一的，银行不予受理。

（三）办理托收承付的程序

收款单位按照签订的购货合同发货后，委托银行办理托收、付款单位应在承付期内审查核对，安排资金。承付货款分为验单付款和验货付款两种，验单付款承付期为 3 天，验货付款承付期为 10 天，付款单位在承付期满日银行营业终了时，如无足够资金支付，其不足部分按逾期付款处理，并处以逾期付款赔偿金。付款单位经过验单或验货，可以在承付期内提出全部或部分拒付，并填写"拒付理由书"送交开户银行，开户行认为符合拒付条件的，即转给收款方开户银行再通知收款单位进行处理。

【文前思考7-3】 2010 年 9 月 8 日，Y 市 B 企业的财务人员持现金 150 万元和三份加盖了 B 企业财务印鉴的电汇凭证到开户银行 Y 市 A 银行办理汇兑业务。三份电汇凭证的付款人均为 B 企业，付款人账号栏为空；汇入行为 X 市 C 银行、D 银行和 E 银行，收款人为 X 市 F 企业、G 企业和 H 企业；大写金额栏均为"现金伍拾万元整"。A 银行前台业务人员认真审查了电汇凭证，认为 B 企业的财务人员应先向某银行结算账户缴存现金后才能办理电汇业务，并要求其重新签发电汇凭证，提醒其注意电汇凭证上应填写账号；大写金额栏不要填写"现金"字样。

请问：A 银行工作人员的做法是否正确？

三、委托收款

(一) 委托收款的概念和适用范围

委托收款是收款人委托银行向付款人收取款项的结算方式。委托收款结算没有金额起点，也没有最高限额，在同域、异地单位、个人均可以使用。委托收款结算款项的划回方式分邮寄和电报两种，由收款人选用。

(二) 委托收款凭证的格式和必须记载事项

1. 委托收款凭证的格式

企业办理委托收款手续时，应填制一式五联的委托收款凭证，全部联次用双面复写纸一次性套写完成。委托收款凭证填写示例如图 7-3 所示。

委托收款 凭证 （回单）

委邮

委托日期　　2010 年 12 月 8 日

付款人	全 称	烟台华联商展	收款人	全 称	宁波宏泰股份有限公司		
	账 号 或地址	30485698375		账 号 或地址	500630080063124		
	开户 银行	工行烟台市支行		开户 银行	工行宁波市支行 营业部	行号	234

委收金额	人民币 (大写)	叁佰伍拾壹万元整		千	百	十	万	千	百	十	元	角	分
			¥	3	5	1	0	0	0	0	0	0	0

款项内容	货款	委托收款凭据名称	增值税专用发票	附寄单证张数	1

图 7-3 委托收款凭证的格式

2. 委托收款凭证必须记载事项

①表明"委托收款"的字样；②确定的金额；③付款人名称；④收款人名称；⑤委托收款凭据名称及附寄单证张数；⑥委托日期；⑦收款人签章。

欠缺记载上列事项之一的，银行不予受理。

（三）办理委托收款凭证的程序

1. 签发托收凭证办理委托

收款单位要办理委托收款，应向开户银行填写委托收款凭证并提供收款依据，经收款单位开户银行审查后，转交给付款单位银行。

2. 付款

付款单位开户银行接到收款单位开户银行转来的委托收款凭证，经审查无误即通知付款单位付款。

（1）付款单位接到银行转来的付款通知和有关附件，应在规定的付款期内付款。付款期为 3 天，从付款单位开户银行发出付款通知后的次日算起（付款期内遇例假日顺延）。付款单位在付款期内未向银行提出异议，银行视作同意付款，并在付款期满的次日（例假日顺延）上午银行开始营业时，主动将款项划给收款单位。如付款单位通知银行提前付款，银行应立即办理划款。

（2）拒绝付款。付款单位审查有关账单证件后，对收款单位委托收取的款项需要全部拒付的，应在付款期内出具全部拒付理由书，连同有关单证送交开户银行。银行不负责审查拒付理由。拒付理由书和有关单证寄给收款单位开户银行转交收款单位。需要部分拒绝付款的，应出具部分拒付理由书送交开户银行，银行办理部分划款，并将部分拒付理由书寄给收款单位开户银行转交收款单位。付款单位在付款期满日营业终了前，如无足够资金支付全部款项，即为无款支付。银行应于次日上午开始营业时，通知付款单位将有关账单证件在两天内退回开户银行。银行将有关账单证件退回收款单位开户银行转交收款单位，由收付款双方协商解决。如逾期不退回账单证件，开户银行应按照委托收款的金额自发出通知的第三天起，每天处以不低于五元的万分之五罚金，并暂停付款单位委托银行向外办理结算业务，直到退回账单证件为止。

四、国内信用证

国内信用证（简称信用证），是指开证银行依照申请人（购货方）的申请向受益人（销货方）开出的有一定金额、在一定期限内凭信用证规定的单据支付款项的书面承诺。我国的信用证为不可撤销、不可转让的跟单信用证。不可撤销信用证，是指信用证开具后在有效期限内，非经信用证各有关当事人（即开证银行、开证申请人和受益人）同意，开证银行不得修改或者撤销的信用证；不可转让信用证是指受益人不能将信用证的权利转让给他人的信用证。

信用证结算方式只适用于国内企业之间商品交易产生的货款结算，并且只能用于转账结算，不得支取现金。

第三节 人民币银行结算账户管理制度

一、银行结算账户基本理论

(一) 银行结算账户的概念

银行结算账户是指银行为存款人开立的办理资金收付的活期存款账户。其中，存款人是指在中国境内开立银行结算账户的机关、团体、部队、企业、事业单位、其他组织（以下统称单位）、个体工商户和自然人。

从该定义可知，银行结算账户具有以下特点：办理人民币业务；办理资金收付结算业务；是活期存款账户。这与储蓄账户不同：储蓄的基本功能是存取本金和支取利息，储蓄账户不具有办理资金收付结算功能，其开立和使用应遵守《储蓄管理条例》的规定。

(二) 银行结算账户的分类

依据存款人的不同划分，可以分为单位银行结算账户和个人银行结算账户。个体工商户凭营业执照以字号或经营者姓名开立的银行结算账户，纳入单位银行结算账户管理。存款人凭个人身份证件以自然人名称开立的银行结算账户为个人银行结算账户。根据《账户管理办法》第三条的规定，邮政储蓄机构办理银行卡业务开立的账户也纳入个人银行结算账户管理。

此外，根据《账户管理办法》的规定，银行结算账户还可以根据开户地不同分为本地银行结算账户和异地银行结算账户。本地银行结算账户是指存款人在注册地或住所地开立的银行结算账户；异地银行结算账户是指存款人根据规定的条件在异地（跨省、市、县）开立的银行结算账户。

📱 小贴士 ✨⭐

核准制和备案制

不同的账户，设立条件不同。需要人民银行核准的账户包括基本存款账户、临时存款账户（因注册验资和增资验资开立除外）、预算单位专用存款账户和 QFII 专用存款账户。简称核准制。

符合开立一般存款账户、其他专用存款账户和个人银行结算账户的，银行应办理开户手续，并于开户之日起 5 个工作日内向中国人民银行当地分支行备案。简称备案制。

(三) 银行结算账户管理基本原则

根据《账户管理办法》的有关规定，银行结算账户管理应遵守以下基本原则。

（1）一个基本存款账户。这里指单位银行结算账户的存款人只能在银行开立一个基本存款账户，不能多头开立基本存款账户。

（2）自主选择银行开立银行结算账户原则。

（3）银行结算账户信息保密原则。这里指银行必须依法为存款人的银行结算账户信息保密。根据《账户管理办法》的规定，对单位银行结算账户的存款和有关资料，除国家法律、行政法规另有规定外，银行有权拒绝任何单位或个人查询。对个人银行结算账户的存款和有关资料，除国家法律另有规定外，银行有权拒绝任何单位或个人查询。

（4）守法原则。这里指银行结算账户的开立和使用应当遵守法律、行政法规，不得利用银行结算账户进行偷逃税款、逃废债务、套取现金及其他违法犯罪活动。

二、银行结算账户的开立

存款人开立银行结算账户应当以实名开立，并对其开具的开户申请资料实质内容的真实性负责，但法律、行政法规另有规定除外。根据《账户管理办法》规定，银行结算账户的类别不同，其开立条件也不尽相同。

（一）基本存款账户的开立

1. 基本存款账户的概念

基本存款账户是存款人因办理日常转账结算和现金收付需要开立的银行结算账户。

下列存款人，可以申请开立基本存款账户：企业法人；非企业法人；机关、事业单位；团级（含）以上军队、武警部队及分散执勤的支（分）队；社会团体；民办非企业组织；异地常设机构；外国驻华机构；个体工商户；居民委员会、村民委员会、社区委员会；单位设立的独立核算的附属机构，包括食堂、招待所、幼儿园；其他组织，即按照现行的法律、行政法规规定可以成立的组织，如业主委员会、村民小组组织。

2. 开户证明文件

开立基本存款账户应出具下列证明文件之一。

（1）企业法人，应出具当地工商行政管理机关核发的《企业法人执照》或《营业执照》正本。

（2）非法人企业，应出具企业营业执照正本。

（3）机关和实行预算管理的事业单位，应出具政府人事部门或编制委员会的批文或登记证书和财政部门同意其开户的证明；非预算管理的事业单位，应出具政府人事部门或编制委员会的批文或登记证书。

（4）军队、武警团级（含）以上单位以及分散执勤的支（分）队，应出具军队军级以上单位财务部门、武警总队财务部门的开户证明。

（5）社会团体，应出具社会团体登记证书，宗教组织还应出具宗教事务管理部门的批文或证明。

（6）民办非企业组织，应出具民办非企业登记证书。

（7）外地常设机构，应出具其驻在地政府主管部门的批文。

（8）外国驻华机构，应出具国家有关主管部门的批文或证明；外资企业驻华代表处、办事处应出具国家登记机关颁发的登记证。

（9）个体工商户，应出具个体工商户营业执照正本。

（10）居民委员会、村民委员会、社区委员会，应出具其主管部门的批文或证明。

（11）独立核算的附属机构，应出具其主管部门的基本存款账户开户登记证的批文。

（12）其他组织，应出具政府主管部门的批文或证明。

（13）经营地与注册地不在同一行政区域的存款人，在异地开立基本存款账户的，应出具注册地中国人民银行分支行的未开立基本存款账户的证明。

基本存款账户是存款人的主办账户，一个单位只能开立一个基本存款账户。存款人日常经营活动的资金收付及其工资、奖金和现金的支取，应通过基本存款账户办理。

（二）一般存款账户的开立

【文前思考7-4】 某房地产开发公司X开户银行开立有基本存款账户。2011年3月2日，该公司因贷款需要又在Y银行开立了一个一般存款账户（账号：998123668989）。3月2日，该公司财务人员签发了一张现金支票（支票上出票人账号：998123668989），并向Y银行提示付款，要求提取现金30万元。Y银行的工作人员对该支票进行审查后，拒绝为该公司办理现金取款手续。

请问：Y银行工作人员的做法是否正确？

一般存款账户是存款人因借款或其他结算需要，在基本存款账户开户银行以外的银行营业机构开立的银行结算账户。

存款人申请开立一般存款账户，应向银行出具其开立基本存款账户规定的证明文件、基本存款账户开户许可证和下列证明文件：①存款人因向银行借款需要，应出具借款合同；②存款人因其他结算需要，应出具有关证明。

一般存款账户用于办理存款人借款转存、借款归还和其他结算的资金收付。一般存款账户可以办理现金缴存，但不得办理现金支取。

（三）专用存款账户的开立

专用存款账户是指存款人按照法律、行政法规和规章，对有特定用途资金进行专项管理和使用而开立的银行结算账户。

专用存款账户适用于基本建设资金；更新改造资金；财政预算外资金；粮、棉、油收购资金；证券交易结算资金；期货交易保证金；信托基金；住房基金；社会保障基金；收入汇缴资金和业务支出资金专项管理和使用的资金。

开立基本存款账户的全部资料，包括基本账户许可证，专项资金证明文件，如果是预算单位的话，还需要财政部门同意开户的批复。如果该账户需要支取现金的话，需报管辖地人民银行账户管理部门审批。

（四）临时存款账户

1. 临时存款账户的概念

临时存款账户是指存款人因临时需要并在规定期限内使用而开立的银行结算账户。

2. 使用范围

（1）设立临时机构，例如，工程指挥部、筹备领导小组、摄制组等；

（2）异地临时经营活动，例如，建筑施工及安装等在异地的临时经营活动；

（3）注册验资、增资。

3. 开户证明文件

存款人申请开立临时存款账户，应向银行出具下列证明文件。

（1）临时机构，应出具其驻在地主管部门同意设立临时机构的批文。

（2）异地建筑施工及安装单位，应出具其营业执照正本或其隶属单位的营业执照正本，以及施工及安装地建设主管部门核发的许可证或建筑施工及安装合同。

（3）异地从事临时经营活动的单位，应出具其营业执照正本以及临时经营地工商行政管理部门的批文。

（4）注册验资资金，应出具工商行政管理部门核发的企业名称预先核准通知书或有关部门的批文。

4. 临时存款账户的使用

对于临时存款账户，应根据有关开户证明文件确定的期限或存款人的需要确定其有效期限。临时存款账户的有效期最长不得超过2年。临时存款账户支取现金，应按照国家现金管理的规定办理。

注册验资的临时存款账户在验资期间只收不付，注册验资资金的汇缴人应与出资人的名称一致。

四类银行结算账户比较如表7-2所示。

表7-2　　　　　　　　　　四类银行结算账户比较

	使用范围	现金支付	人行核准	数量	备注
基本存款	办理存款人日常经营活动的资金收付及其工资、奖金和现金的支取	可以收现，也可以付现	需要核准	1个	
一般存款	办理存款人借款转存、借款归还和其他结算的资金收付	可以办理现金缴存，但不得办理现金支取	不需核准	没有限制	一般存款在基本存款账户开户银行以外的银行营业机构开立
专用存款	办理各项专用资金的收付。针对不同的专用资金，专用存款账户有不同的使用范围	根据具体情况确定	只有预算单位的专用存款才需要核准	没有限制	注意：单位银行卡账户不得办理现金收付款业务
临时存款	注册验资、办理临时机构以及存款人临时经营活动发生的资金收付	可以收现，也可以付现	需要核准，但是注册验资的临时存款例外	临时机构1个，异地临时经营活动1个，建筑施工及安装异地多个项目：不超过合同个数	临时存款账户有效期最长不超过2年

三、银行结算账户的变更与撤销

（一）银行结算账户的变更

银行结算账户的变更是指存款人姓名、单位、法定代表人或主要负责人、住址以及其他开户资料发生的变更。

（二）银行结算账户的撤销

银行结算账户的撤销是指，存款人因开户资格或其他原因终止银行结算账户使用的行为。

办理银行结算账户撤销手续的注意事项：①未获得工商行政管理部门核准登记的单位，在验资期满后，应向银行申请撤销注册验资临时存款账户，其账户资金应退还给原汇款人账户。注册验资资金以现金方式存入，出资人提取现金的，应出具缴存现金时的现金缴款原件及其有效身份证件；②存款人尚未清偿其开户银行债务的，不得申请撤销该账户；③存款人撤销银行结算账户，必须与开户银行核对银行结算账户存款余额，交回各种重要空白票据及结算凭证和开户登记证，银行核对无误后方可办理销户手续；④银行撤销单位银行结算账户时应在其基本存款账户开户登记证上注明销户日期并签章，同时于撤销银行结算账户之日起两个工作日内，向中国人民银行报告；⑤银行对一年未发生收付活动且未欠开户银行债务的单位银行结算账户，应通知单位自发出通知之日起 30 日内办理销户手续，逾期视同自愿销户，未划转款项列入久悬未取专户管理。

四、银行结算账户的管理

（一）银行结算账户的实名制管理

（1）存款人应以实名开立银行结算账户，并对其出具的开户（变更、撤销）申请资料实质内容的真实性负责。

（2）存款人应按照账户管理规定使用银行结算账户办理结算业务，不得出租、出借银行结算账户，不得利用银行结算账户套取银行信用或进行洗钱活动。

（二）银行结算账户变更事项的管理

存款人申请临时存款账户展期，变更、撤销单位银行结算账户以及补（换）发开户许可证时，可由法定代表人或单位负责人直接办理，也可授权他人办理。

法条链接 ▶▶▶

异地银行结算账户开立条件

《账户管理办法》第 16 条存款人有下列情形之一的，可以在异地开立有关银行结算账户：①营业执照注册地与经营地不在同一行政区域（跨省、市、县）需要开立基本存款账户；②办理异地借款和其他结算需要开立一般存款账户的；③存款人因附属的非独立核算单位或派出机构发出的收入汇缴或业务支出需要开立专用存款账户的；④异地临时经营活动需要开立临时存款账户的；⑤自然人根据需要在异地开立个人银行结算账户的。

第四节　票据法律制度

一、票据基本理论

(一) 票据的含义和种类

票据的概念有广义和狭义之分。广义的票据包括各种有价证券和凭证，如股票、企业债券、发票、提单等；狭义的票据，即我国《票据法》中规定的"票据"，包括汇票、银行本票和支票，是指由出票人签发、约定自己或者委托付款人在见票时或指定的日期向收款人或持票人无条件支付一定金额的有价证券。

(二) 票据当事人

票据当事人是指票据法律关系中享有票据权利、承担票据义务的当事人，也称票据法律关系主体。票据当事人可分为基本当事人和非基本当事人。

1. 基本当事人

基本当事人是指在票据做成和交付时就业已存在的当事人，是构成票据法律关系的必要主体，包括出票人、付款人和收款人。汇票和本票的基本当事人有出票人、付款人与收款人；本票的基本当事人有出票人与收款人。

(1) 出票人。出票人是指在票据上签名并发出票据的人，或者说是签发票据的人。

(2) 付款人。付款人是受出票人委托付款的人，有的情况下，出票人也是付款人，如本票。

(3) 收款人。收款人是指从出票人那里接受票据并有权向付款人请求付款的人。

2. 非基本当事人

非基本当事人是指在票据作成并交付后，通过一定的票据行为加入票据关系而享有一定权利、义务的当事人，包括承兑人、背书人与被背书人、保证人等。

(1) 承兑人。这是指接受汇票出票人的付款委托，同意承担支付票款义务的人，它是汇票的主债务人。

(2) 背书人与被背书人。背书人是指在转让票据时，在票据背面或粘单上签字或盖章的当事人（称为前手），并将该票据交付给受让人的票据收款人或持有人。

被背书人，是指被记名受让票据或接受票据转让的人。背书后，被背书人成为票据新的持有人（称为后手），享有票据的所有权利。但是，在票据得到最终付款前，在持票人之前的所有前手不能终结其第一或第二债务人的义务。

(3) 保证人。保证人是指为票据债务提供担保的人，由票据债务人以外的第三人担当。保证人在被保证人不能履行票据付款责任时，以自己的金钱履行票据付款义务，然后取得持票人的权利，向票据债务人追索。

(三) 票据的特征和功能

1. 票据的特征

票据的特征主要表现在以下几个方面。

(1) 票据以支付一定金额为目的。

(2) 票据是出票人依法签发的有价证券。

(3) 票据所表示的权利与票据不可分离。

(4) 票据所记载的金额由出票人自行或委托他人支付。

(5) 票据的持票人只要向付款人提示付款，付款人即应无条件向持票人或收款人支付票据金额。

(6) 票据是一种可转让证券。

2. 票据的功能

①支付功能。②汇兑功能。即票据可以代替货币在不同地方之间运送，方便异地之间的支付。③信用功能。④结算功能。⑤融资功能。票据的融资功能是通过票据的贴现、转贴现和再贴现实现的。

二、票据的权利和责任

【文前思考7-5】　新华公司会计科被盗，会计人员在清点财物时，发现除现金、财务印章外，还有11张票据被盗，包括：付款方签发的尚未送交银行的现金支票4张、转账支票2张；未填明"现金"字样的银行本票5张。上述票据均在法定提示付款期限内。

请问：

1. 新华公司票据被盗后，哪些票据可以挂失止付？

2. 新华公司对票据挂失止付后，还可以采取哪些补救措施？

(一) 票据权利的概念和种类

票据权利是指持票人向票据债务人请求支付票据金额的权利，包括付款请求权和票据追索权。

付款请求权是指持票人向汇票的承兑人、本票的出票人、支票的付款人出示票据要求付款的权利，是第一顺序权利。行使付款请求权的持票人可以是票据记载的收款人或最后的被背书人；担负付款请求权付款义务的主要是主债务人。

票据追索权是指票据当事人行使付款请求权遭到拒绝或有其他法定原因存在时，向其前手请求偿还票据金额及其他法定费用的权利，是第二顺序权利。行使追索权的当事人除票据记载的收款人和最后被背书人外，还可能是代为清偿票据债务的保证人、背书人。

(二) 票据权利的取得

1. 票据取得的条件

票据的签发、取得和转让必须遵循诚实信用的原则，具有真实的交易和债权债务关系。

2. 取得票据享受票据权利的情形

主要包括：①依法接受出票人签发的票据；②依法接受背书转让的票据；③因税收、继承、赠与可以无偿取得票据。

3. 取得票据不享受票据权利的情形

主要包括：①以欺诈、偷盗或者胁迫等手段取得票据的，或者明知有前列情形，出于恶意取得票据的；②持票人因重大过失取得不符合《票据法》规定的票据的。

（三）票据权利丧失补救

《票据法》还规定了持票人在丧失票据或出现纠纷时的补救措施和处理方法。

1. 挂失止付

只有确定付款人或代理付款人的票据丧失时才可以进行挂失支付，具体包括已承兑的商业汇票，支票，填明"现金"字样和代理付款人的银行汇票以及填明"现金"字样的银行本票四种。挂失支付并不是票据丧失后采取的必经措施，而只是一种暂时的预防措施，最终还要通过申请公示催告或提起普通诉讼来补救票据权利。

2. 公示催告

其是指在票据丧失后由失票人向人民法院提出申请，请求人民法院以公告方式通知不确定的利害关系人限期申报权利，逾期未申报者，则权利失效。依据《票据法》的规定，失票人应当在通知挂失止付后的 3 日内，也可以在票据丧失后，依法向票据支付地人民法院申请公示催告。申请公示催告的主体必须是可以背书转让的票据的最后持票人。

3. 普通诉讼

其是指丧失票据的人为原告，以承兑人或出票人为被告，请求法院判决其向失票人付款的诉讼活动。如果与票据上的权利有利害关系的人是明确的，无须公示催告，可按一般的票据纠纷向法院提起诉讼。

（四）票据权利时效

票据权利时效是指票据权利在时效期间内不行使，即引起票据权利丧失。《票据法》根据不同情况，将票据权利时效划分为 2 年、6 个月、3 个月。《票据法》规定，票据权利在下列期限内不行使而消灭。

（1）持票人对票据（商业汇票）的出票人和承兑人的权利，自票据（商业汇票）到期日起 2 年；见票即付的汇票、本票，自出票日起 2 年。

（2）持票人对支票出票人的权利，自出票之日起 6 个月。

（3）持票人对前手的（首次）追索权，自被拒绝承兑或者被拒绝付款之日起 6 个月。

（4）持票人对前手的再追索权，自清偿日或者被提起诉讼之日起 3 个月。

（五）票据义务

票据义务是指票据债务人向持票人支付票据金额的义务。实务中，票据债务人承担票据义务一般有四种情况：一是汇票承兑人因承兑而应承担付款义务；二是本票出票人因出票而承担自己付款的义务；三是支票付款人在与出票人有资金关系时承担付款义务；四是汇票、支票、本票的背书人，汇票、支票的出票人、保证人，在票据不获承兑或不获付款时的付款清偿义务。

三、票据行为

票据行为是指票据当事人以发生票据债务为目的的、以在票据上签名或盖章为权利义务成立要件的法律行为。票据行为包括出票、背时、承兑和保证。其中出票是主票据行为，是其他票据行为得以发生的基础；其他票据行为是附属票据行为。

根据票据行为的性质划分，票据行为分为基本票据行为和附属票据行为，或称主票据行为和从票据行为。基本票据行为是能够引起票据法律关系的行为，如出票；附属票据行为是指出票行为以外的其他票据行为，如背书、保证、承兑、保证等。

(一) 出票

(1) 出票是产生票据关系的基础。出票包括两个动作：一是出票人写成汇票并加以签章；二是将汇票交付给收款人。出票后，票据关系成立，出票人成为汇票的主债务人，收款人成为汇票的债权人，即持票人。

(2) 收款人拥有付款请求权、追索权和背书转让权。

(二) 背书

(1) 背书是转让票据权利的行为，包括两个动作：一是持票人在票据背面签署；二是把票据交付给受让人。汇票、本票、支票都可以经过背书而转让，但并不是所有票据能经过背书转让。对于限制性抬头和记载有"不得转让"字样的票据，是不可以背书转让的。

(2) 背书方式有三种：空白背书、特别背书、限制背书。①空白背书：背书人只签名，不加注；②特别背书：背书人签名后并加注该票转让给指定的人；③限制背书：背书人签名后并加注该票的限制性条件。

(三) 承兑

承兑是汇票特有的行为，本票和支票都不存在承兑问题。承兑是指汇票的付款人按照票据法的规定，在汇票上记载一定的事项，以表示愿意支付汇票金额的票据行为。

(四) 保证

票据的保证是保证人对票据的特定债务人支付票款的担保。适用于汇票和本票，不适用于支票。

四、银行汇票

(一) 银行汇票的概念和适用范围

银行汇票是汇款人将款项交存当地出票银行，由出票银行签发的，由其在见票时，按照实际结算金额无条件支付给收款人或持票人的票据。银行汇票有使用灵活、票随人到、兑现性强等特点，适用于先收款后发货或钱货两清的商品交易。单位和个人各种款项的结算均可使用银行汇票。银行汇票可以用于转账，填明"现金"字样的银行汇票也可以用于支取现金。填明"现金"字样和代理付款人的银行汇票丧失后，可以挂失止付。

申请人或者收款人为单位的，不得在"银行汇票申请书"上填明"现金"字样。

小贴士

这里"实际结算金额"的含义

①未填明实际结算金额和多余金额或者实际结算金额超过出票金额的，银行不予受理。②实际结算金额一经填写不得更改，更改实际结算金额的银行汇票无效。③银行汇票的背书转让以不超过出票金额的实际结算金额为准。未填写实际结算金额或者实际结算金额超过出票金额的银行汇票不得背书转让。

（二）银行汇票的结算

（1）银行汇票的基本当事人是：①出票人。这里指“签发行”。②受款人。这里指收款人，收款人可以是“汇款人”，也可以是其他人。③付款人。银行汇票的出票银行为银行汇票的付款人。

（2）银行汇票的提示付款期限自出票日起 1 个月。持票人超过付款期限提示付款时，代理付款人不予受理。持票人向银行提示付款时，须同时提交银行汇票和解讫通知，缺少任何一项，银行不予受理。

银行汇票解讫通知如图 7－4 所示。

付款期　　　　　　中国工商银行

壹个月　　　　　　　　　　　　解讫

　　　　　　　　　　　　　　　通知

银行汇票（　　　　）第 3 号

签发日期（大写）　　年　　月　　日　　兑付地点：　　兑付行：　　行号：

收款人：	账号或地址：									
汇款金额　人民币（大写）										
实际结算金	人民币（大写）	千	百	十	万	千	百	十	元	角

汇款人：＿＿＿＿＿＿　账号或地址：＿＿＿＿＿＿

签发行：＿＿＿　行号：＿＿＿

汇款用途：＿＿＿＿＿＿

兑付行盖章

复核：　　　经办：

多余金额						科目（收）…………
万	千	百	十	元	角	对方科目（付）…………
						转账日期　年　月　日
						复核：　　记账：

图 7－4　银行汇票解讫通知

（3）银行汇票绝对记载事项：①表明“银行汇票”的字样；②无条件支付的承诺；③确定的金额；④付款人的名称；⑤收款人的名称；⑥出票日期；⑦出票人签章。汇票上未记载前款规定事项之一的，汇票无效。

（4）银行汇票一式四联，第一联为卡片，由签发结清汇票是做汇出付出传票；第二联为银行汇票，与第三联解讫通知一并由汇款人自带，在兑付行兑付汇票后此联做联行往来账付出传票；第三联解讫通知，在兑付行兑付后随报单基签发行，由签发行做余款收入传票；第四联是多余款通知，并在签发行结清后交汇款人。

五、商业汇票

（一）商业汇票的概念、种类和适用的范围

商业汇票是指由付款人或收款人（或承兑申请人）签发，由承兑人承兑，并于到期日

向收款人或被背书人支付款项的一种票据。商业汇票按其承兑人的不同，可以分为商业承兑汇票和银行承兑汇票两种。商业承兑汇票是指由收款人签发，经付款人承兑，或者由付款人签发并承兑的汇票；银行承兑汇票是指由收款人或承兑申请人签发，并由承兑申请人向开户银行申请，经银行审查同意承兑的汇票，同时按票面金额收取万分之五的手续费。

小贴士

承兑的定义

所谓承兑，指汇票的付款人承认到期将无条件地支付汇票金额的行为。商业承兑汇票由银行以外的付款人承兑；银行承兑汇票由银行承兑。商业汇票的付款人为承兑人。

在银行开立存款账户的法人以及其他组织之间，必须有真实的交易关系或债权债务关系，才能使用商业汇票。

（二）商业汇票的结算

（1）商业汇票一般有三个当事人，即出票人、收款人和付款人。

（2）商业汇票的特点。

①与银行汇票等相比，商业汇票的适用范围相对较窄，各企业、事业单位之间只有根据购销合同进行合法的商品交易，才能签发商业汇票。除商品交易以外，其他方面的结算，如劳务报酬、债务清偿、资金借贷等不可采用商业汇票结算方式。

②与银行汇票等结算方式相比，商业汇票的使用对象也相对较少。商业汇票的使用对象是在银行开立账户的法人。使用商业汇票的收款人、付款人以及背书人、被背书人等必须同时具备两个条件：一是在银行开立账户，二是具有法人资格。个体工商户、农村承包户、个人、法人的附属单位等不具有法人资格的单位或个人以及虽具有法人资格但没有在银行开立账户的单位都不能使用商业汇票。

③商业汇票可以由付款人签发，也可以由收款人签发，但都必须经过承兑。商业汇票的承兑期限由交易双方商定，最长不得超过 9 个月，属于分期付款的应一次签发若干张不同期限的商业汇票。

④未到期的商业汇票可以到银行办理贴现。

⑤商业汇票在同城、异地都可以使用，而且没有结算起点的限制。

⑥商业汇票一律记名并允许背书转让。商业汇票到期后，一律通过银行办理转账结算，银行不支付现金。商业汇票的提示付款期限自汇票到期日起 10 日内。

（3）出票的记载的事项。签发商业汇票必须记载下列事项：表明"商业承兑汇票"或"银行承兑汇票"的字样；无条件支付的委托；确定的金额；付款人的名称；收款人名称；出票日期；出票人签章。欠缺记载上述事项之一的，商业汇票无效。其中，"出票人签章"为该单位的财务专用章或者公章加其法定代表人或其授权的代理人的签名或者盖章。

商业汇票的结算流程如图 7-5 所示。

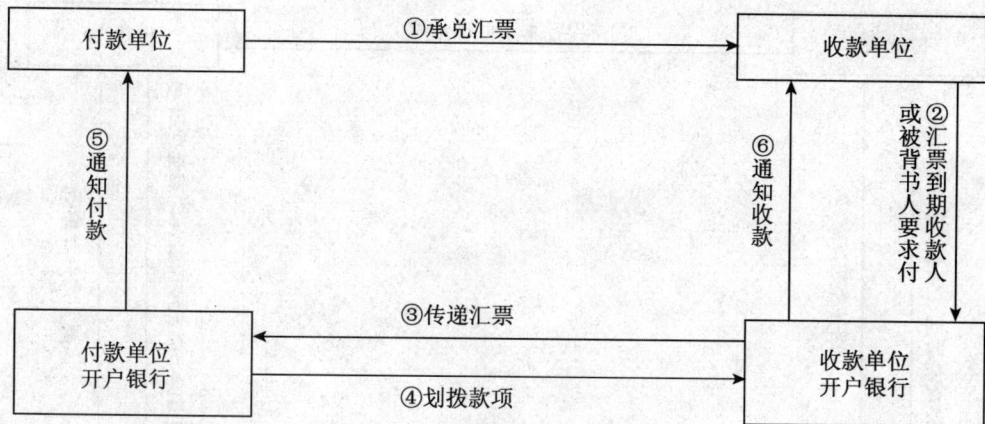

图 7 - 5 商业汇票结算流程

六、银行本票

【文前思考 7 - 6】 甲工厂某采购人员持由该厂开户银行签发的、不能用于支取现金的银行本票,前往乙公司购置一批价值 10 万元的物资。由于该采购人保管不慎,在途中将其装有银行本票的提包丢失。随后,甲工厂根据该采购人员的报告,将银行本票遗失情况通知该银行本票的付款银行,要求挂失止付。但该银行对上述情况进行审查后拒绝办理挂失止付。

请问:

该银行拒绝挂失止付是否正确,为什么?

甲工厂在被银行拒绝挂失止付后,可以采取哪些措施维护自己的权益?

(一) 本票的概念和适用的范围

银行本票是申请人将款项交存银行,由银行签发的承诺自己在见票时无条件支付确定的金额给收款人或者持票人的票据。银行本票按照其金额是否固定可分为不定额和定额两种。定额银行本票是指凭证上预先印有固定面额的银行本票:有 1000 元、5000 元、10000元和 50000 元四种,其提示付款期限自出票日起最长不得超过 2 个月。

(1) 银行本票可以用于转账,填明"现金"字样的银行本票,也可以用于支取现金,现金银行本票的申请人和收款人均为个人;

(2) 银行本票可以背书转让,填明"现金"字样的银行本票不能背书转让;

(3) 银行本票的提示付款期限自出票日起 2 个月;

(4) 单位和个人在同一票据交换区域需要支付各种款项,均可以使用银行本票。

(二) 银行本票的结算

出票银行受理"银行本票申请书",收妥款项,签发银行本票。签发银行本票必须记载下列事项;标明"银行本票"的字样;无条件支付的承诺;确定的金额;收款人名称;出票日期;出票人签章。欠缺记载上列事项之一的,银行本票无效。银行本票的结算流程如图 7 - 6 所示。

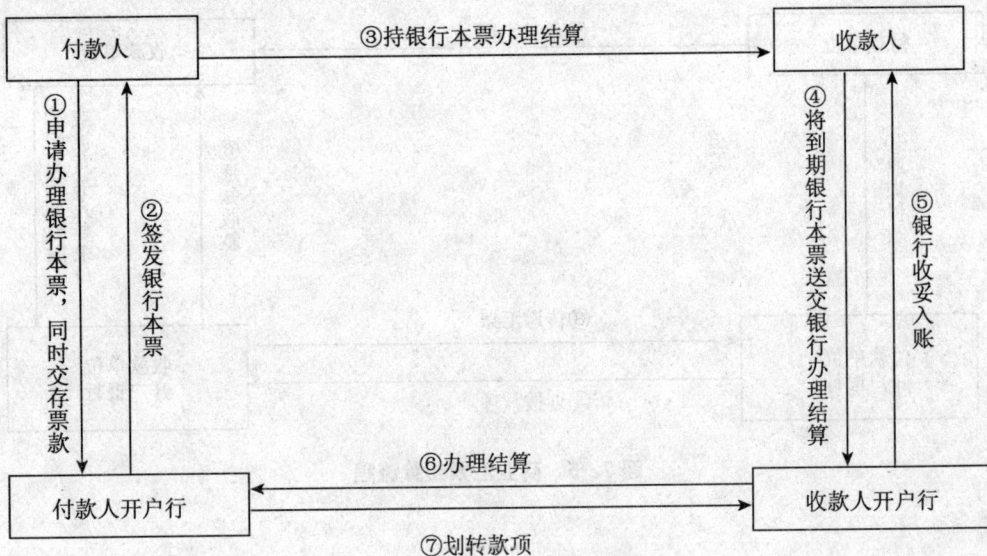

图7-6 银行本票办理结算的流程

七、支票

【文前思考7-7】 桥爱贸易公司于2010年9月8日向满论公司签发了一张金额为45000元的转账支票。出票当天，桥爱贸易公司的账户余额为26600元，因此，次日上午，桥爱贸易公司的财务人员就去开户银行存入现金20000元。由于在银行办理业务的人太多，当桥爱贸易公司的现金存入时，由于持票人已经向银行提示付款，桥爱贸易公司存入资金的时间已经超过了银行票据交换的退票时间。因此，银行只好将提入的支票以"出票人账户余额不足"为由给予退票。人民银行依法对桥爱贸易公司签发空头支票的行为给予了处罚。

请问：银行这样做对吗？

(一) 支票的概念、种类和适用的范围

1. 概念

支票是指出票人签发的、委托办理支票存款业务的银行在见票时无条件支付确定的金额给收款人或者持票人的票据。支票的基本当事人包括出票人、付款人和收款人。

2. 种类

支票分为现金支票、转账支票和普通支票三种。支票上印有"现金"字样的为现金支票，现金支票只能用于提取现金。支票上印有"转账"字样的为转账支票，转账支票只能用于转账。支票上未印有"现金"或"转账"字样的为普通支票，普通支票可以用于支取现金，也可以用于转账。在普通支票上左上角划两条平行线，为划线支票，划线支票只能用于转账，不得支取现金。

3. 适用范围

单位和个人在同一票据交换区域的各种款项结算，均可以使用支票。

（二）支票的出票

1. 开立支票存款账户

开立支票存款账户，申请人必须使用本名，提交证明其身份的合法证件，并应当预留其本名的签名式样和印鉴。

2. 出票

（1）支票的绝对记载事项。签发支票必须记载下列事项：标明"支票"字样；无条件支付的委托；确定的金额；付款人名称；出票日期；出票人签章。支票上未记载前款规定事项之一的，支票无效。其中，支票的"付款人"为支票上记载的出票人的开户银行。

支票的金额、收款人名称，可以由出票人授权补记，未补记前不得背书转让和提示付款。支票上未记载付款地的，付款人的营业场所为付款地。支票上未记载出票地的，出票人的营业场所、住所或者经常居住地为出票地。出票人可以在支票上记载自己为收款人。

（2）签发支票的注意事项。

①支票的出票人所签发的支票金额不得超过其付款时在付款人处实有的存款金额。出票人签发的支票金额超过其付款时在付款人处实有的存款金额的，为空头支票。支票的出票人不得签发与其预留本名的签名式样或者印鉴不符的支票。出票人签发空头支票、印章与银行预留印鉴不符的支票、使用支付密码但支付密码错误的支票，银行除将支票做退票处理外，还要按票面金额处以 5％但不低于 1000 元的罚款。

②支票上的出票人的签章，出票人为单位的，为与该单位在银行预留签章一致的财务专用章或者公章加其法定代表人或者授权的代理人的签名或者盖章；出票人为个人的，为与该个人在银行预留签章一致的签名或者盖章。支票的出票人预留银行签章是银行审核支票付款的依据。

③支票签发的日期、大小写金额和收款人名称不得更改，其他内容有误，可以划线更正，并加盖预留银行印鉴之一证明。

④支票一律记名，转账支票可以背书转让。

⑤支票发生遗失，可以向付款银行申请挂失；挂失前已经支付的，银行不予受理。

⑥支票提示付款期为 10 天（从签发支票的当日起，到期日遇例假顺延）。

汇票、本票、支票相关项目比较如表 7－3 所示。

表 7－3　　　　　　　　　　汇票、本票、支票相关项目比较

票据种类	适用地域	出票人		提示付款期	用途
银行汇票	同城、异地	银行		出票日起 1 个月	可用于转账，填明"现金"字样也可提现
商业汇票（自然人不得使用）	异地、同城	单位		汇票到期日起 10 日（提示：付款期限最长不得超过 6 个月）	转账
		商业承兑汇票	银行承兑汇票		

续 表

票据种类	适用地域	出票人	提示付款期	用途
银行本票	同一票据交换区域	银行	出票日起最长不得超过 2 个月	可用于转账，注明"现金"字样的也可提现
支票	同一票据交换区域	单位、个人	出票日起 10 日内	现金支票用来支取现金；转账支票用来转账；普通支票可用于提现，也可用于转账

拓展阅读

票据结算中应注意的签章问题

票据上的签章是银行办理票据支付结算的重要依据。《票据法》第 7 条规定：票据上的签章为签名、盖章或者签名加盖章。

《支付结算办法》第 23 条对银行、单位和个人在票据上的签章作了更明确规定，应该说没有什么问题，但在实际工作中，仍有一些具体问题有待研究统一：

第一，对印章采用什么字体、形状需要作出了规定。如有的票据上的签章采用篆体字，难以识别；有的银行经办人员在票据上的签章太小，模糊不清，而出票签章的不规范、不完整已经对银行票据的持票人利益造成了损害。

第二，对签名的字体、使用文字需要进行规范。如有的票据上的签名字体潦草不易辨认，有的使用外国文字或少数民族文字记载，给银行审查票据带来了困难。

第三，银行为单位办理汇票贴现时在票据上的签章需要明确。中国人民银行会计司（1997）第 33 号文，只对贴现背书和贴现、转贴现、再贴现银行提示付款时的签章作出了规定，而对银行在为单位办理贴现时是否在汇票上签章和签什么章没有明确。由于《票据法》等相关规章对上述问题未作出统一规定，使银行在实际结算中难以操作处理。

为了规范签章的使用，促进票据的流通，保障银行审查支付票据款项，中国人民银行应对此作出统一规定。建议票据签章的使用明确为汉字正楷、行书、隶书三种字体，个人在票据上的盖章一律使用方形章，单位在票据上的盖章应为圆形章或椭圆形章；票据上的签名必须使用汉语文字记载，使用少数民族文字或外国文字记载签名的必须同时有中文签名的记载；为了体现贴现银行对贴现票据债权人的地位，防止利用票据作案的发生，建议规定银行在办理汇票贴现时，加盖汇票专用章和法定代表人或授权经办人的签章。

职业知识检测

一、单项选择题

1. 下列可用于支付工资及奖金的账户是（　　　）。

A. 基本存款账户　　B. 一般存款账户　　C. 临时存款账户　　D. 专用存款账户

2. 票据的基本当事人为（　　）。

A. 出票人　　　　　B. 承兑人　　　　　C. 背书人　　　　　D. 保证人

3. 基本存款账户可以进行的结算内容不包括（　　）。

A. 工资、奖金的支取　　　　　　B. 现金缴存

C. 现金支取　　　　　　　　　　D. 日常转账结算

4. 商业汇票的付款期限，最长不得超过（　　）。

A. 3 个月　　　　　B. 6 个月　　　　　C. 9 个月　　　　　D. 12 个月

5. 存款人签发空头支票不以骗取钱财为目的的，由中国人民银行处以票面金额 5％但不低于（　　）的罚款。

A. 500 元　　　　　B. 1000 元　　　　　C. 5000 元　　　　　D. 10000 元

二、多项选择题

1. 下列存款人，可以申请开立基本存款账户的是（　　）。

A. 具有营业执照的分公司　　　　B. 个体工商户

C. 异地常设机构　　　　　　　　D. 外国驻华机构

2. 根据《票据法》的规定，支票上可以由出票人授权补记的事项是（　　）。

A. 收款人名称　　B. 出票日期　　C. 支票金额　　D. 付款人名称

3. 票据丧失是指票据因灭失、遗失、被盗等原因而使票据权利人脱离其对票据的占有。票据丧失后可以采取（　　）形式进行补救。

A. 作废　　　　　B. 公示催告　　　　C. 普通诉讼　　　　D. 声明

4. 下列各项中，属于违反支付结算规定的行为有（　　）。

A. 银行对到期的票据故意压票、拖延支付的

B. 出票人签发无资金保证的汇票、本票

C. 单位签发空头支票

D. 出租、出借银行结算账户

5. 下列有关银行汇票的陈述中，正确的有（　　）。

A. 填明"现金"字样的银行汇票可以提取现金

B. 填明"现金"字样的银行汇票可以挂失止付

C. 填明"现金"字样的银行汇票可以背书转让

D. 填明"现金"字样的银行汇票不可以背书转让

三、判断题

1. 出票人在填制票据时，必须以中文和数码同时记载票据金额，二者不一致时，以中文记载金额为准。（　　）

2. 单位的工资、奖金等现金的支取可以通过一般存款账户办理。（　　）

3. 支票分为现金支票、转账支票和普通支票。现金支票可用于支取现金，也可进行转账；转账支票只能用于转账；普通支票可以用于支取现金，也可以用于转账。（　　）

4. 票据和结算凭证的金额、出票或者签发日期、收款人名称不得更改，更改的票据无效；更改的结算凭证，银行不予受理。（　　）

5. 一个单位在几家银行开户的，可以在一至二家银行开设基本存款账户，支取现金。
（   ）

职业能力检测

案例一　支票的绝对记载事项和法律责任的承担

2011 年 3 月 10 日，甲、乙两个企业签订了 100 万元的买卖合同。根据合同约定乙企业于 3 月 20 日向甲企业发货后，甲企业向乙企业签发了 100 万元的支票，出票日期为 2011 年 4 月 1 日，付款人为丙银行。但甲企业在支票上未记载支票金额，授权乙企业补记。乙企业在支票上补记金额后，于 2011 年 4 月 8 日向丙银行提示付款，但甲企业的银行账户上只有 20 万元。

思考：

1. 甲在出票时未记载金额即将支票交给乙，该支票是否有效并说明理由？

2. 对于甲企业签发空头支票的行为，应承担何种法律责任？

3. 如果持票人乙企业于 2011 年 4 月 18 日向丙银行提示付款，出票人甲企业的票据责任能否解除？并说明理由。

案例二　空头支票的法律规定

A 公司销售给 B 公司一批货物，A 公司按合同约定按期交货，B 公司签发一张金额为 20 万元的转账支票，交给 A 公司。A 公司到银行提示付款时，发现该支票是空头支票。A 公司认为，中国人民银行有权力对 B 公司处以罚款，并有权要求 B 公司给予经济赔偿。

思考：A 公司的提法是否正确，请详述具体规定，并计算出金额。

案例三　银行汇票的票面金额与实际结算金额

A 企业向 B 公司购买一批物资，向其交付了一张 30 万元的银行汇票，该汇票的收款人为 B 公司，付款人为 C 银行。因受市场变化的影响，该业务的实际结算金额为 35 万元。B 公司接受此银行汇票后，到 C 银行提示付款时，C 银行拒绝付款。

思考：C 银行的做法是否正确，为什么？

第八章　财税法律制度

知识目标

1. 了解预算、预算法的概念、特征；掌握预算管理体制、预算的收支范围、预算的编制原则和方法、预算的程序；

2. 了解政府采购的相关法律法规；掌握政府采购的方式；

3. 了解我国税收的相关法律知识；掌握主要税种的计算方法。

能力目标

1. 能够运用所学看懂并分析政府预算，公正评价政府采购事务；

2. 能进行企业常见的税种的基本计算。

知识导航

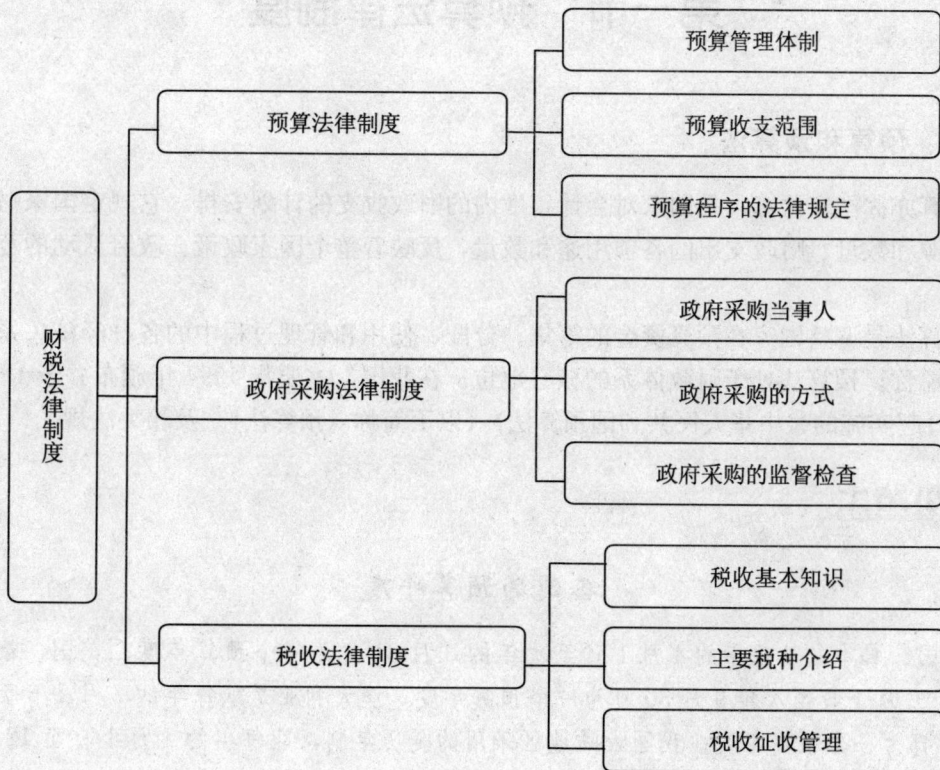

案例导入

A省政府部门要做2011年度的预算计划，找到部门里面的人员王某编制计划，老职员李某为其出谋划策，拿出上年度编制好了的2010年的预算计划。王某根据以往的预算计划进行了2011年度预算计划的编制。

请思考：

1. 财政预算收支的范围包括哪些？
2. 财政收入的主要来源是什么，财政支出主要有哪些用途？
3. 各级政府在使用财政款项进行政府采购时要注意哪些问题？

财政是国家为了实现其政府职能，运用国家政治权利强制参与社会产品的分配和再分配的职能活动。财政具有分配收入、配置资源和稳定社会的职能，涉及面广，政策性强，需要强有力的法律保障。

财政法是调整国家财政收支关系的法律规范的总称。它是规范市场经济主体、维护市场经济秩序的重要工具。广义的财政法体系由预算法、税法、国债法、政府采购法和转移支付法等构成。本章将进行预算法律制度、政府采购法律制度和税收法律制度的学习。

第一节　预算法律制度

一、预算和预算法

预算亦称国家预算，是国家对会计年度内的财政收支的计划安排。它规定国家财政收入的来源和数量、财政支出的各项用途和数量，反映着整个国家政策、政府活动的范围和方向。

预算法是调整国家在预算资金的筹集、分配、使用和管理过程中的各种经济关系的法律规范总称。预算法处于财政体系的核心地位。在我国，主要指1994年颁布并于1995年1月1日起实施的《中华人民共和国预算法》（以下简称《预算法》）及相关法规。

小贴士

各国的预算年度

英国、日本是从每年的4月1日至次年的3月31日为一个预算年度；美国、泰国是从每年10月1日至次年9月30日为一个预算年度；澳大利亚是从每年的7月1日至次年6月30日为一个预算年度；我国大陆地区采用的是历年制，即每年的1月1日至12月31日为一个预算年度。

二、预算管理体制

预算管理体制是确定中央和地方以及各个地方政府之间分配关系的根本制度，它规定了中央、地方政权和地方各级政权之间以及各级政府各部门和单位预算管理职权。我国的预算管理体制是根据我国的政权结构和行政管理体制建立的。

（一）预算级次的法律规定

《预算法》规定，国家实行一级政府一级预算。据此，依据我国的政权结构，我国共分为五级预算，即中央预算、省级预算、市级预算、县级预算、乡级预算。这五级预算构成国家的预算体系，即中央预算和地方预算。

中央预算（也称中央政府预算）由中央各部门（含直属单位，下同）的预算组成。中央预算包括地方向中央上解的收入数额和中央对地方返还或者给予补助的数额。

地方预算由各省、自治区、直辖市总预算组成。地方各级总预算由本级政府预算（以下简称本级预算）和汇总的下一级总预算组成；下一级只有本级预算的，下一级总预算即指下一级的本级预算。没有下一级预算的，总预算即指本级预算。地方各级政府预算由本级各部门（含直属单位，下同）的预算组成。地方各级政府预算包括下级政府向上级政府上解的收入数额和上级政府对下级政府返还或者给予补助的数额。

（二）预算管理职权

按照我国的预算级次，我国的预算管理职权分类如下。

1. 各级权力机关的预算管理职权

（1）全国人民代表大会及其常务委员会的预算管理权。全国人民代表大会审查中央和地方预算草案及中央和地方预算执行情况的报告等工作；常务委员会监督中央和地方预算的执行等工作。

（2）地方各级人民代表大会及常务委员会的预算管理权。各级人民代表大会审查本级总预算草案及本级总预算执行情况的报告等工作；常务委员会监督本级总预算的执行等工作。

2. 各级政府部门的预算管理职权

（1）国务院的预算管理权。国务院编制中央预算、决算草案；向全国人民代表大会作关于中央和地方预算草案的报告等。

（2）地方政府部门的预算管理权。地方各级政府编制本级预算、决算草案；向本级人民代表大会作关于本级总预算草案的报告等。

3. 各级财政部门的预算管理职权

（1）国务院财政部门的预算管理权。国务院财政部门具体编制中央预算、决算草案；具体组织中央和地方预算的执行等。

（2）地方各级政府财政部门的预算管理权。地方各级政府财政部门具体编制本级预算、决算草案；具体组织本级总预算的执行等。

4. 其他部门和单位的预算管理职权

各部门编制本部门预算、决算草案；组织和监督本部门预算的执行；定期向本级政府财政部门报告预算的执行情况。

法条链接 ▶▶

中央各部门和本级各部门的含义

《中华人民共和国预算法实施条例》第3条预算法第4条第1款所称"中央各部门"，是指与财政部直接发生预算缴款、拨款关系的国家机关、军队、政党组织和社会团体；所称"直属单位"，是指与财政部直接发生预算缴款、拨款关系的企业和事业单位。

三、预算收支范围

【文前思考8-1】 以下是某县2010年财政预算（草案）。

（一）一般预算收支计划。①预算收入计划。2010年全县完成财政总收入28690万元，同比增加676万元，增长2.41%。②预算支出的安排。2010年我县人员经费及公用经费测算为34972.28万元。

（二）基金预算收支计划。①2010年基金预算收入。预算收入合计为3946万元，分别为新型墙体材料、散装水泥专项基金21万元、育林基金110万元、地方水利建设基金175万元等。②2010年基金预算支出。预算支出为3946万元。

（三）部门预算收支计划。2010年，全县79家一级预算单位全部纳入部门预算编制范围。预算收入合计64574万元，预算支出合计64574万元，其中基本支出35542万元、专项支出28890万元、其他支出142万元。

请问：从该县的预算草案中可看出预算编制的主要内容有哪些？

预算由预算收入和预算支出组成。预算收入划分为中央预算收入、地方预算收入、中央和地方预算共享收入。预算收入应当统筹安排使用；确需设立专用基金项目的，须经国务院批准。上级政府不得在预算之外调用下级政府预算的资金。下级政府不得挤占或者截留属于上级政府预算的资金。预算支出划分为中央预算支出和地方预算支出。

中央预算与地方预算有关收入和支出项目的划分、地方向中央上解收入、中央对地方返还或者给予补助的具体办法，由国务院规定，报全国人民代表大会常务委员会备案。

（一）预算收入

（1）税收收入。国家的税收收入作为预算收入的主要部分，主要包括增值税、消费税、营业税、企业所得税、个人所得税、关税、土地增值税等。

（2）依照规定应当上缴的国有资产收益。这是指各部门和各单位占有、使用和依法处分境内外国有资产产生的收益，按照国家有关规定应当上缴预算的部分。

（3）专项收入。这是指根据特定需要，由国务院批准或者经国务院授权由财政部批准，设置、征集和纳入预算管理、有专项用途的收入。我国列入专项收入的项目非常多，主要包括排污费收入、水资源费收入等。

（4）其他收入。其他收入是指除了上述收入以外的收入，包括基本建设贷款归还收入、基本建设收入、捐赠收入等。

（二）预算支出

（1）经济建设支出。其包括基本建设投资支出、挖潜改造支出、生产性贷款贴息支出等。

（2）教育、科学、文化、卫生、体育等事业发展支出。具体包括公益性基本建设支出、设备购置支出、人员费用支出、业务费用支出以及其他事业发展支出等。

（3）国家管理费用支出。其主要包括国家权力机关经费支出、国家行政机关经费支出、国家各级审判、检察机关的经费支出等。

（4）国防支出。国防支出指国家预算用于国防建设和保卫国家安全的支出，包括国防费、国防科研事业费、民兵建设以及专项工程支出等。

（5）各项补贴支出。各项补贴支出是指经国家批准，由国家财政拨给用于粮、棉、油等产品的价格补贴支出，主要包括粮、棉、油差价补贴，农业生产资料价差补贴、粮食风险基金等。

（6）其他支出，是指除了上述支出以外的支出。

小贴士

2009 年中国的财政支出情况

中国财政部部长谢旭人 2010 年 6 月 23 日向十一届全国人大常委会第十五次会议作 2009 年中央决算报告。他透露，2009 年中国国防支出 4825.01 亿元，完成预算的 102.2%。

谢旭人介绍，2009 年中央财政支出 43819.58 亿元。其中，教育支出 567.62 亿元，完成预算的 91.1%。医疗卫生支出 63.5 亿元，完成预算的 112.8%。社会保障和就业支出 454.37 亿元，完成预算的 151.2%。保障性住房支出 26.43 亿元，完成预算的 84.2%。

此外，文化体育与传媒支出 154.75 亿元，完成预算的 108.8%。科学技术支出 1433.82 亿元，完成预算的 100.4%。公共安全支出 845.79 亿元，完成预算的 115.5%。外交支出 249.71 亿元，完成预算的 92.9%。

四、预算程序的法律规定

（一）预算编制

政府预算的编制是预算程序的起点。预算可以依据国民经济和社会发展的计划以及财政中长期计划和公共资源配置的要求进行编制。中央政府公共预算不列赤字。地方各级预算按照量入为出、收支平衡的原则编制，不列赤字。

中央预算的编制内容：①本级预算收入和支出；②上一年度结余用于本年度安排的支出；③返还或者补助地方的支出；④地方上解的收入。中央财政本年度举借的国内外债务和还本付息数额应当在本级预算中单独列示。

地方各级政府预算的编制内容：①本级预算收入和支出；②上一年度结余用于本年度

安排的支出；③上级返还或者补助的收入；④返还或者补助下级的支出；⑤上解上级的支出；⑥下级上解的收入。

中央预算和地方各级政府预算按照复式预算编制。复式预算是指将预算年度的各项预算收入和支出，分别按照性质反映在两个以上的不同预算上。复式预算一般分经常预算、资本预算和专项基金预算。国务院应当及时下达关于编制下一年预算草案的指示。编制预算草案的具体事项，由国务院财政部门部署。

（二）预算的审批和备案

地方各级财政部门在本级人民代表大会会议举行的一个月前将预算草案提交本级人大常委或专门委员会初步审查。地方各级政府预算由本级人民代表大会审查和批准。

省、自治区、直辖市政府应当按照国务院规定的时间，将本级总预算草案报国务院审核汇总。

国务院财政部门应当在每年全国人民代表大会会议举行的一个月前，将中央预算草案的主要内容提交全国人民代表大会财政经济委员会进行初步审查。中央预算由全国人民代表大会审查和批准。

（三）预算的执行

政府预算经过各级人民代表大会审查批准后，即可进入预算执行阶段。预算的执行过程中，会出现各种客观情况，比如发生特大自然灾害等，这时需要对预算作出新的调整。预算执行的机关主要有政府财政部门、各级税务、海关等预算收入征收部门等。

政府财政部门负责预算执行的具体工作，主要任务是：制定组织预算收入和管理预算支出的制度和办法；督促各预算收入征收部门、各预算缴款单位完成预算收入任务等。

各级财政、税务、海关等预算收入征收部门，必须依照有关法律、行政法规和财政部的有关规定，积极组织预算收入，按照财政管理体制的规定及时将预算收入缴入中央国库和地方国库，未经财政部批准，不得将预算收入存入在国库外设立的过渡性账户。

（四）预算的调整

预算调整是指，经全国人民代表大会批准的中央预算和经地方各级人民代表大会批准的本级预算，在执行中因特殊情况需要增加支出或者减少收入，使原批准的收支平衡的预算的总支出超过总收入，或者使原批准的预算中举借债务的数额增加的部分变更。

预算调整方案由政府财政部门负责具体编制。预算调整方案应当列明调整的原因、项目、数额、措施及有关说明，经本级政府审定后，提请本级人民代表大会常务委员会审查和批准。我国预算调整过程中，一般采用两种方式：一是全局调整；二是局部调整。

在预算执行中，因上级政府返还或者给予补助而引起的预算收支变化，不属于预算调整。

（五）决算与监督

【文前思考8—2】　广东省十一届人大四次会议2011年1月21日开幕，代表们都收到了《广东省2011年省级部门预算草案》获得通过，那么8所幼儿园今年将花费6863.56万元财政支出。省财政厅一位处级干部曾向记者解释，由于历史原因，这些幼儿园是相关机关的一个附属事业单位。在没改革事业单位之前，按现在体制，这些幼儿园的运作就会像其他附属事业单位一样，使用财政资金进行运作。

　　请问：你如何看待幼儿园享受公共财政拨款？如何监督预算收支执行情况？

　　决算是指对国家预算年度收支执行情况的会计报告，是执行情况的总结。

　　决算草案，是指各级政府、各部门、各单位编制的未经法定程序审查和批准的预算收支的年度执行结果。决算草案由各级政府、各部门、各单位，在每一预算年度终了后按照国务院规定的时间编制。

　　国务院财政部门编制中央决算草案，县级以上地方各级政府财政部门编制本级决算草案，乡、民族乡、镇政府编制本级决算草案。县级以上各级政府决算草案经本级人民代表大会常务委员会批准后，本级政府财政部门应当自批准之日起 20 日内向本级各部门批复决算。各部门应当自本级政府财政部门批复本部门决算之日起 15 日内向所属各单位批复决算。

　　全国人民代表大会及其常务委员会对中央和地方预算、决算进行监督。县级以上地方各级人民代表大会及其常务委员会对本级和下级政府预算、决算进行监督。乡、民族乡、镇人民代表大会对本级预算、决算进行监督。

第二节　政府采购法律制度

一、政府采购法概述

　　政府采购，是指各级国家机关、事业单位和团体组织，使用财政性资金采购依法制定的从国内外市场上集中采购目录以内的或者采购限额标准以上的货物、工程和服务的行为。与一般的采购相比，政府采购具有以下特征：采购资金来源的公共性；政府采购范围的广泛性；政府采购规模的庞大性；政府采购的公开性；政府采购的法定性。

　　政府采购法是指，在调整政府采购过程中发生的社会关系的法律规范的总称。我国主要指 2002 年 6 月 29 日第九届全国人民代表大会常务委员会第二十八次会议通过并于 2003 年 1 月 1 日起施行《中华人民共和国政府采购法》（以下简称《政府采购法》）及其相关法规。

二、政府采购当事人

　　【文前思考 8-3】　某市上百里洲"长江江堤加固金属结构工程"公开招标采购开标会如期举行。经审查，采购人资格符合法律规定；采购人出示的标的物预算价格，属省级专家预算，预算总额为 87.1 万元，具有法定效力。开标会上，采购人会同评审小组，对前来参与投标的四家投标人资质进行了审查，结果是投标资质、投标文件合法有效。

　　请问：该政府采购工程涉及哪些当事人？供应商参加政府采购应具备哪些条件？

　　政府采购当事人是指在政府采购活动中享有权利和承担义务的各类主体，包括采购人、采购代理机构和供应商等。

（一）采购人、采购代理机构

采购人是指依法进行政府采购的国家机关、事业单位、团体组织。

集中采购机构为采购代理机构。设区的市、自治州以上人民政府根据本级政府采购项目组织集中采购的需要设立集中采购机构。集中采购机构是非营利事业法人，根据采购人的委托办理采购事宜。

采购人依法委托采购代理机构办理采购事宜的，应当由采购人与采购代理机构签订委托代理协议，依法确定委托代理的事项，约定双方的权利义务。

（二）供应商

供应商是指向采购人提供货物、工程或者服务的法人、其他组织或者自然人。供应商参加政府采购活动应当具备下列条件。

（1）具有独立承担民事责任的能力；

（2）具有良好的商业信誉和健全的财务会计制度；

（3）具有履行合同所必需的设备和专业技术能力；

（4）有依法缴纳税收和社会保障资金的良好记录；

（5）参加政府采购活动前三年内，在经营活动中没有重大违法记录；

（6）法律、行政法规规定的其他条件。

除上述规定外，采购人可以根据采购项目的特殊要求，规定供应商的特定条件，但不得以不合理的条件对供应商实行差别待遇或者歧视待遇。

两个以上的自然人、法人或者其他组织可以组成一个联合体，以一个供应商的身份共同参加政府采购。以联合体形式进行政府采购的，参加联合体的供应商均应当具备供应商采购的基本条件，并应当向采购人提交联合协议，载明联合体各方承担的工作和义务。联合体各方应当共同与采购人签订采购合同，就采购合同约定的事项对采购人承担连带责任。

三、政府采购的方式

（一）公开招标方式

【文前思考8-4】 广东元正招标采购有限公司受广东省公安消防总队的委托，对东莞、湛江、茂名、清远、揭阳、潮州支队消防车项目进行公开招标采购，欢迎符合资格条件的供应商投标。

一、采购项目编号：0835—1001237N2861。

二、采购项目名称：东莞、湛江、茂名、清远、揭阳、潮州支队消防车项目。

三、采购预算：1379.6万元。

四、项目内容及需求：采购项目技术规格、参数及要求。

按国家标准及用户需求书，详见招标文件。

投标人可选择个别包或全部包进行投标，但必须对包内所有内容进行投标，不允许只对其中部分内容进行投标。

投标样品递交时间：2011年1月20日9：00。

五、供应商资格:

1. 具有独立承担民事责任能力的在中华人民共和国境内注册的法人;

2. 投标人必须为所投产品的生产厂家;

3. 投标人所投车辆必须取得中国国家强制性产品认证证书("3C"认证证书),或承诺交货前提供"3C"认证证书;

4. 投标人的所投设备必须符合国家相关规定,能在消防车辆管理部门上牌、过户、年审;

5. 本项目不允许代理商投标也不接受联合体投标;

6. 符合《政府采购法》第22条规定。

六、符合资格的供应商应当在2010年12月31日起至2011年1月19日期间(办公时间内,法定节假日除外)到广东元正招标采购有限公司(详细地址:广州市天河区龙岗路8号粤信大厦19楼)购买招标文件,招标文件每套售价150元(人民币),售后不退。

七、投标截止时间:2011年1月20日9时30分。

八、投标文件递交地点:广州市天河区龙岗路8号粤信大厦19楼;投标样品递交地点:沙河中队。

请问:上述招标文件需要补充什么内容?

公开招标,是指招标人以招标公告的方式邀请不特定的法人或者其他组织投标。公开招标为政府采购的主要采购方式。采购人不得将应当以公开招标方式采购的货物或者服务化整为零或者以其他任何方式规避公开招标采购。招标通告和投标邀请函包括以下主要内容。

(1)招标人的名称和地址等信息;

(2)标的的名称、用途、数量和交货日期;

(3)对投标人的资格要求和评标办法;

(4)获取招标文件的办法和时间;

(5)投标截止时间和地点;

(6)开标地点和时间;

(7)政府采购管理机关规定的其他内容。

法条链接 ▶▶▶

公开招标的法律条文

《政府采购招标投标管理暂行办法》第33条 采用公开招标方式的,招标人(或者代理机构,下同)必须在《中国财经报》上发布招标通告,同时也可在省级以上政府采购管理机关指定的其他报刊和信息网络上发布。

(二)邀请招标

邀请招标,是指招标人以投标邀请书的方式邀请特定的法人或者其他组织投标。符合下列情形之一的货物或者服务，可以采用邀请招标方式采购。

（1）具有特殊性，只能从有限范围的供应商处采购的；

（2）采用公开招标方式的费用占政府采购项目总价值的比例过大的。

招标人采用邀请招标方式的，应当向三个以上具备承担招标项目的能力、资信良好的特定的法人或者其他组织发出投标邀请书。投标邀请书应当载明招标人的名称和地址、招标项目的性质、数量、实施地点和时间以及获取招标文件的办法等事项。

（三）竞争性谈判

竞争性谈判，是指采购人或者采购代理机构直接邀请三家以上供应商就采购事宜进行谈判，最后从中确定成交供应商的一种采购方式。这种采购方式具有采购周期短、采购成本低等优点，方便灵活。符合下列情形之一的货物或者服务，可以采用竞争性谈判方式采购。

（1）招标后没有供应商投标或者没有合格标的、或者重新招标未能成立的；

（2）技术复杂或者性质特殊，不能确定详细规格或者具体要求的；

（3）采用招标所需时间不能满足用户紧急需要的；

（4）不能事先计算出价格总额的。

（四）单一来源采购

单一来源采购是指采购人或采购代理机构向唯一的供应商进行采购的一种方式。采取这种方式采购的，采购人与供应商应当遵循规定的原则，在保证采购项目质量和双方商定合理价格的基础上进行采购。符合下列情形之一的货物或者服务，可以采用单一来源方式采购。

（1）只能从唯一供应商处采购的；

（2）发生了不可预见的紧急情况，不能从其他供应商处采购的；

（3）必须保证原有采购项目一致性或者服务配套的要求，需要继续从原供应商处添购，且添购资金总额不超过原合同采购金额10％的。

（五）询价采购

询价采购是指采购人或采购代理机构邀请特定的对象，向其询问价格，从而选择最符合采购要求的供应商的采购方式。采购的货物规格、标准统一、现货货源充足且价格变化幅度小的政府采购项目，可以采用询价方式采购。

采购文件的保存期限为从采购结束之日起至少保存15年。采购文件包括采购活动记录、采购预算、招标文件、投标文件、评标标准、评估报告、定标文件、合同文本、验收证明、质疑答复、投诉处理决定及其他有关文件、资料。

四、政府采购的监督检查

【文前思考8-5】　2008年9月格力参与广州市政府采购中心公开竞标的番禺中心医院"门诊楼变频多联空调设备及其安装"采购项目，并给出1707万元的最低报价，结果却被排除在外，而中标的广东石化报价金额为2151万元。格力不服，向番禺区财政局投诉，要求恢复己方中标候选人资格，取消广东石化中标资格。

2009年6月番禺区财政局在政府采购专家库中抽取7人组成评标核实小组。小组认为：格力空调的投标文件不能满足招标文件要求。据此番禺区财政局再次驳回格力空调的投诉。格力空调又向广州市财政局申请复议，该财政局作出维持番禺区财政局新决定的行政复议。

投诉无效之后，格力一纸诉状将广州市财政局告上法庭。2009 年 12 月 31 日，广州天河法院以"广州市财政局不是本案的适格被告"为由驳回格力起诉。

2010 年 1 月 9 日，广州格力空调随即正式向广州市中级人民法院递交"行政上诉状"，要求撤销广州市天河区人民法院于 2009 年 12 月 31 日作出的行政裁定，责令原审法院继续受理、继续审理广州格力空调的诉讼请求，被上诉人依然为原审被告的广州市财政局。

2010 年 4 月 21 日，格力案第二次庭审未宣判，被告不同意调解。4 月 28 日，格力达成无条件撤诉的协议。

请问：你如何看待格力遭遇"废标案"的始末？

政府采购监督管理部门应当加强对政府采购活动及集中采购机构的监督检查。监督检查的主要内容是：

（1）有关政府采购的法律、行政法规和规章的执行情况；

（2）采购范围、采购方式和采购程序的执行情况；

（3）政府采购人员的职业素质和专业技能。

政府采购监督管理部门不得设置集中采购机构，不得参与政府采购项目的采购活动。政府采购监督管理部门应当对政府采购项目的采购活动进行检查，政府采购当事人应当如实反映情况，提供有关材料。政府采购监督管理部门应当对集中采购机构的采购价格、节约资金效果、服务质量、信誉状况、有无违法行为等事项进行考核，并定期如实公布考核结果。

审计机关应当对政府采购进行审计监督。政府采购监督管理部门、政府采购各当事人有关政府采购活动，应当接受审计机关的审计监督。

监察机关应当加强对参与政府采购活动的国家机关、国家公务员和国家行政机关任命的其他人员实施监察。

任何单位和个人对政府采购活动中的违法行为，有权控告和检举，有关部门、机关应当依照各自职责及时处理。

第三节　税收法律制度

一、税收基本知识

【文前思考 8-6】　林岚沮丧地从某知名企业财务部门面试出来，财务经理刚才的提问让他不知所措。该企业主要从事化妆品生产销售，同时还经营几家美容连锁店。财务经理的问题是，请林岚大致说说税法的主要构成要素。

请问：结合该企业谈谈本企业主要需要缴纳哪些税，基本计算方法如何？

（一）税收和税法

税收是指以国家为主体，为实现其职能，凭借政治权力，按照法定标准，无偿取得财政收入的一种特定分配形式。税收是国家财政收入的主要来源，也是现代市场经济国家对经济进行宏观调控的重要手段之一。税收具有强制性、无偿性、固定性三大特点。

税法是调整国家与纳税人之间征纳税关系的法律规范的总称。它分为实体税法和程序税法。实体税法指规定每一具体税种的纳税义务人、征税对象、税率、纳税环节、纳税期限等内容的法律规范的总称。在我国，实体税法采取一个税种一部立法的模式，即针对不同的税种制定不同的法律规范。如《中华人民共和国企业所得税法》（以下简称《企业所得税法》）《中华人民共和国个人所得税法》（以下简称《个人所得税法》）等。程序税法主要是为了保障实体税法的实施而规定的征税程序上的问题。我国的程序税法就是《中华人民共和国税收征收管理法》（以下简称《税收征管法》），主要内容包括税务管理、税款征收、税务检查与法律责任等。简单地说，税收实体法规定了哪些行为应该纳税以及怎样计算税额等问题；程序税法规定了按照怎样的程序来交税以及税收征管中的日常管理等问题。

小贴士

税收关系的主体

税法的调整对象是在征纳税活动中产生的税收关系，简称税收关系。税收关系的主体包括征税主体和纳税主体。征税主体如国家税务局、地方税务局和海关；纳税主体即负有纳税义务的主体，包括法人、自然人和其他组织。

（二）税法的构成要素

税法的构成要素一般包括纳税义务人、征税对象、税目、税率、计税依据、纳税环节、纳税期限、减免税、罚则等。

（1）纳税义务人。其又叫纳税主体，简称纳税人，是指税法规定的直接负有纳税义务的单位或个人。

（2）征税对象。其亦称征税客体，即对什么征税。它是一种税区别于另一种税的主要标志。按照征税对象的不同，可分为对流转额征税、对所得额征税、对财产征税、对资源征税、对特定行为征税。

（3）税目。税目是征税对象的具体化，是征税的具体品目。税目的设置有两种方法：一是列举法，即按照每种商品或经营项目分别设置税目，必要时还可以设置子目。如消费税中的"粮食白酒""鞭炮焰火"等税目。二是概括法，即按照商品大类或行业采用概括方法设计税目。比如消费税"酒及酒精"税目中的"其他酒"、资源税中的"其他非金属矿原矿"税目等。不是所有的税种都规定税目，有些税种征税对象简单、明确，没有另行规定税目的必要，如房产税等。

（4）税率。其是应纳税额与征税对象的比例，是计算应纳税额的尺度，也是衡量税负轻重与否的重要标志。我国现行的税率种类如下表所示。

我国现行税率种类

税率种类	含　义	形　式	举　例
比例税率	对同一征税对象，不论其数额大小，均按同一个比例征税	单一比例税率 差别比例税率 幅度比例税率	增值税 城市维护建设税 娱乐业营业税
累进税率	根据征税对象数额的大小，规定不同等级的税率，即征税对象数额越大，税率越高	超额累进税率 超率累进税率	工资薪金所得税 土地增值税
定额税率	按征税对象的计量单位直接规定固定的税额		资源税、车船税等

纳税义务人、征税对象、税率构成了税法的三大基本要素。

（5）计税依据。这是指计算应纳税额的依据或标准。即根据什么来计算纳税人应缴纳的税款。计税依据一般有两种：一是从价计征，即根据计税金额来计税。大多数税种采用此方法计税，如增值税、营业税、所得税等。二是从量计征，是以征税对象的重量、体积、数量等为计税依据。如资源税、消费税中的黄酒、啤酒、汽油、柴油等。

（6）纳税环节。其指税法规定的征税对象从生产到最终消费的整个流转过程中应当缴纳税款的环节。纳税环节有广义、狭义之分。广义的纳税环节指全部征税对象在再生产中的分布，如资源税分布在生产环节，流转税分布在流转环节，所得税分布在分配环节等。狭义的纳税环节指应税商品在流转过程中应纳税的环节，是商品流转课税中的特殊概念。在商品经济条件下，商品从生产到消费通常经过产制、批发、零售等环节。这些环节都存在商品流转额，都可以成为纳税环节。但为了公平税负、保持财政收入的稳定以及征收管理，国家往往对不同的商品确定不同的纳税环节。比如消费税大多在产制环节纳税，而增值税在各个环节纳税。

（7）纳税期限。这是指纳税人按照税法规定缴纳税款的期限。我国现行税制的纳税期限有三种：①按期纳税。即根据纳税义务的发生时间，通过确定纳税间隔期，实行按日纳税。如增值税法规定，按期纳税的纳税间隔期分为 1 日、3 日、5 日、10 日、15 日和 1 个月，或者一个季度。以 1 个月或者一个季度为纳税期的，自期满之日起 15 日内申报；以其他间隔期为纳税期的，自期满之日起 5 日内预缴，于次月 1 日起 15 日内申报缴纳并结清上月税款。②按次纳税。即根据纳税行为的次数确定纳税期限。如车辆购置税、个人所得税中的劳务报酬所得等。③按年计征，分期预缴或缴纳。如企业所得税按规定的期限预缴税款，年终汇算清缴，多退少补；房产税、城镇土地使用税实行按年计算、分期缴纳。

（8）减免税。这是指从应征税额中减征部分税款或免征全部税款。减免税可分为固定减免、定期减免和临时减免税三种。

（9）罚则。这是对有违反税法行为的纳税人采取的惩罚措施，包括加收滞纳金、罚款、送交司法机关依法处理等。罚则是税收强制性在税收制度中的体现，纳税人必须及时足额地缴纳税款；凡有拖欠、逾期不缴、偷逃税等违反税法行为的，都应受到法律制裁。

二、主要税种介绍

(一) 增值税

【文前思考 8-7】 2011 年 3 月，某电脑公司（一般纳税人）销售给某商场 100 台电脑，不含税单价为 4300 元/台，已开具税控专用发票，双方议定送货上门，商场支付运费 1500 元（开具普通发票），当月该企业可以抵扣的进项税额为 3400 元。

请问：

1. 计算该电脑公司应纳增值税。

2. 如果该公司为小规模纳税人，含税单价为 4300 元/台并开具普通发票；其他条件不变，试求该电脑公司应纳增值税。

1. 概念

增值税是对在我国境内销售货物，提供加工、修理修配劳务以及进口货物的单位和个人取得的以增值额为计税依据的一种流转税。

2. 纳税人和征税对象

只要在我国境内销售货物或提供加工、修理修配劳务以及进口货物的单位和个人，都是增值税的纳税人。依据纳税人的年销售额大小（从事货物生产或提供应税劳务类，50 万元；其他，80 万元）以及会计核算水平，增值税的纳税人分为一般纳税人和小规模纳税人。一般情况下，达到规定标准的，应申请一般纳税人资格认定。增值税的征税对象为增值额。

3. 税率

(1) 基本税率 17%。适用于除实行低税率和零税率以外的所有销售或进口货物；提供加工、修理修配劳务一律为 17%。

(2) 低税率 13%。纳税人销售或进口下列货物，适用 13% 税率：①粮食、食用植物油；②自来水、暖气、冷气、热水、煤气、石油液化气、天然气、沼气、居民用煤炭制品；③图书、报纸、杂志；④饲料、化肥、农药、农机、农膜；⑤国务院规定的其他货物。

(3) 增值税零税率。除国务院另有规定外，出口货物增值税税率为零。

另外，由于小规模纳税人会计核算不健全，无法准确核算进项税额和销项税额，在征收管理中，采用简便方式，按其销售额与规定的征收率计算缴纳增值税，不允许抵扣进项税，也不允许使用增值税专用发票。征收率为 3%。

4. 应纳税额的计算

一般纳税人采取税款抵扣的方法。计算公式为：

$$应纳税额 = 当期销项税额 - 当期进项税额$$

当期销项税额小于当期进项税额不足抵扣时，其不足部分可以结转下期继续抵扣。

(1) 销项税额。销项税额是纳税人销售货物或者应税劳务，按照销售额和规定的税率计算并向购买方收取的增值税额。计算公式为：

$$销项税额＝不含税销售额×税率$$

销售额是指纳税人销售货物或应税劳务向购买方收取的全部价款和价外费用（如手续费、违约金、包装费等），但不包括收取的销项税额。含税销售额需要还原成不含税销售额。销售额的确认时间总原则是不得滞后。

（2）进项税额。这是指纳税人购进货物或者接受应税劳务支付的增值税额。销售方收取的销项税额，就是购买方支付的进项税额。

准予从销项税额中抵扣的进项税额有：从销售方取得的增值税专用发票上注明的增值税额；从海关取得的完税凭证上注明的增值税额；购进农产品按照农产品收购发票或者销售发票上注明的农产品买价和13％的扣除率计算的进项税额；购进或者销售货物以及在生产经营过程中支付运输费用的，按照运输费用结算单据上注明的运输费用金额（包括建设基金）和7％的扣除率计算的进项税额。纳税人购进货物或者应税劳务，取得的增值税扣税凭证不符合有关规定的，其进项税额不得从销项税额中抵扣。进项税额的抵扣时间总原则是不得提前。

（二）消费税

【文前思考8-8】　2011年11月，①某化妆品生产企业（一般纳税人）向某大型商场销售化妆品一批，开具增值税专用发票上的销售额为50万元，增值税额8.5万元，向某单位零售化妆品一批，取得含税销售额11.7万元；②某啤酒厂销售啤酒500吨，每吨出厂价3200元；③某白酒厂销售粮食白酒150吨，当月取得不含税销售额2000万元。（备注：化妆品消费税率30％，啤酒每吨出厂价在3000元及以上的单位税额250元，粮食白酒从量部分单位税额0.5元/斤、从价税率20％）

请问：分别计算上述各单位当月应纳的消费税。

1. 概念

消费税是对在我国境内从事生产、委托加工及进口应税消费品的单位和个人，就其消费品的销售额或销售数量或者销售额与销售数量相结合征收的一种流转税。它是在普遍征收增值税的基础上，选择了少数消费品再征收的一个税种。

2. 纳税人和征税对象

只要在我国境内生产、委托加工和进口应税消费品的单位和个人，为消费税的纳税人。列入消费税征税范围的消费品可以归纳为以下几类：①过度消费会对人身体健康、社会秩序、生态环境等造成危害的，如烟、酒、鞭炮、焰火、木质一次性筷子、实木地板等；②奢侈品、非生活必须品，如化妆品、贵重首饰及珠宝玉石、高尔夫球及球具、高档手表等；③高能耗及高档消费品，如游艇、小汽车等；④使用和消耗不可再生和替代的稀缺资源的消费品，如成品油等；⑤税基宽广、消费普遍、征税后不影响广大居民基本生活，增加财政收入的消费品，如摩托车、汽车轮胎等。

3. 税率

消费税税率采取比例税率和定额税率两种。除后述列举的外，其他应税消费品都采取比例税率，比例税率最高为56％，最低为3％。定额税率即单位税额，如黄酒、啤酒和成品油的全部。

4. 应纳税额的计算

（1）从价定率计算公式：

$$应纳税额＝应税消费品的销售额×比例税率$$

（2）从量定额计算公式：

$$应纳税额＝应税消费品的销售数量×单位税额$$

（3）从价定率和从量定额混合计算公式：

$$应纳税额＝应税消费品的销售数量×单位税额＋应税消费品的销售额×比例税率$$

(三) 营业税

【文前思考 8-9】　某地方有限电视台 2011 年 12 月取得以下收入：有限电视节目收视费 100 万元、有限电视初装费 5 万元、广告播放收入 20 万元、"点歌台"栏目收费 3 万元、向其他电视台出售某专题片播映权收入 10 万元。

请问：该电视台当月应纳的营业税是多少？

1. 概念

营业税是对在我国境内提供应税劳务、转让无形资产或销售不动产的单位和个人所取得的营业额征收的一种商品与劳务税。

2. 纳税人和征税对象

只要在我国境内提供应税劳务、转让无形资产或销售不动产的单位和个人，都是营业税的纳税人。征税对象包括在我国境内：①提供应税劳务（包括交通运输业、建筑业、金融保险业、邮电通信业、文化体育业、娱乐业、服务业）；②转让无形资产；③销售不动产。

3. 税率

营业税税率实行行业差别比例税率。其中，①3%税率：交通运输业、建筑业、邮电通信业、文化体育业；②5%税率：金融保险业、服务业、转让无形资产、销售不动产；③5%～20%的幅度比例税率：娱乐业。

4. 应纳税额的计算

营业税的计算公式：

$$应纳税额＝营业额×比例税率$$

营业额为纳税人提供应税劳务、转让无形资产或销售不动产收取的全部价款和价外费用，另有规定的除外。

法条链接 ▶▶

混合销售和兼营销售行为的规定

《增值税暂行条例实施细则》第 5 条　一项销售行为如果既涉及货物又涉及非增值税应税劳务，为混合销售行为。除本细则第 6 条的规定外，从事货物的生产、批发或者零售的企业、企业性单位和个体工商户的混合销售行为，视为销售货物，应当缴纳增值税；其他单位和个人的混合销售行为，视为销售非增值税应税劳务，不缴纳增值税。

《增值税暂行条例实施细则》第6条 纳税人的下列混合销售行为，应当分别核算货物的销售额和非增值税应税劳务的营业额，并根据其销售货物的销售额计算缴纳增值税，非增值税应税劳务的营业额不缴纳增值税；未分别核算的，由主管税务机关核定其货物的销售额：①销售自产货物并同时提供建筑业劳务的行为；②财政部、国家税务总局规定的其他情形。

《增值税暂行条例实施细则》第7条 纳税人兼营非增值税应税项目的，应分别核算货物或者应税劳务的销售额和非增值税应税项目的营业额；未分别核算的，由主管税务机关核定货物或者应税劳务的销售额。

（四）企业所得税

【文前思考8-10】 某企业全年应纳税所得额为1000万元，没有其他特殊事项。请问：该企业全年应纳的所得税是多少？

1. 概念

企业所得税是对我国境内的企业和其他取得收入的组织的生产经营所得和其他所得征收的一种税。

2. 纳税人和征税对象

在我国境内，企业和其他取得收入的组织（以下统称企业）为企业所得税的纳税人，除个人独资企业和合伙企业外。企业所得税的纳税人分为居民企业和非居民企业。企业所得税的征税对象是企业取得的生产经营所得、其他所得和清算所得。其中，居民企业就其来源于中国境内、境外的所得作为征税对象；非居民企业一般仅就来源于中国境内的所得纳税。

3. 税率

我国企业所得税实行比例税率。

（1）基本税率25％。

（2）低税率20％。适用于在中国境内未设立机构、场所的，或者虽设立机构、场所但取得的所得与机构、场所没有实际联系的非居民企业。但在实际征税时适用10％的税率。

此外，现行税法对企业所得税还规定了许多税收优惠，包括减免税、加计扣除、加速折旧、减计收入、税额抵免等。比如符合条件的小型微利企业减按20％的税率征收企业所得税；国家需要重点扶持的高新技术企业减按15％的税率征收企业所得税。

小贴士

小型微利企业的条件

①工业企业，年度应纳税所得额不超过30万元，从业人数不超过100人，资产总额不超过3000万元；②其他企业，年度应纳税所得额不超过30万元，从业人数不超过80人，资产总额不超过1000万元。

4. 应纳税额的计算

企业所得税应纳税额的计算公式为：

$$应纳税额＝应纳税所得额×适用税率$$

一般来说，纳税人每一纳税年度的收入总额减去准予扣除项目后的余额为应纳税所得额。企业的税前会计利润与应纳税所得额不一致的，需要调整。比如国债利息收入就免征所得税，不计入应纳税所得额；再如，超标准的业务招待费、广告费等，不可以在所得税前扣除。

（五）个人所得税

【文前思考 8－11】 某经理为中国公民，2011 年每月的工资收入为 5000 元。

请问：该经理全年应纳的个人所得税是多少？

1. 概念

这是以个人（自然人）取得的各项应税所得为征税对象所征收的一种税。

2. 纳税人和征税对象

个人所得税的纳税人包括：①在中国境内有住所，或者虽无住所但在境内居住满 1 年，并从中国境内和境外取得所得的个人；②在中国境内无住所又不居住或者无住所而在境内居住不满 1 年但有从中国境内取得所得的个人。

个人所得税的征税对象是个人取得的应税所得，具体包括：①工资、薪金所得；②个体工商户的生产、经营所得；③对企事业单位的承包经营、承租经营所得；④劳务报酬所得；⑤稿酬所得；⑥特许权使用费所得；⑦利息、股息、红利所得；⑧财产租赁所得；⑨财产转让所得；⑩偶然所得和其他所得。

3. 税率

个人所得税分别按不同个人所得项目，规定了超额累进税率和比例税率两种形式。①工资、薪金所得，适用 5％～45％的九级超额累进税率（具体参见《个人所得税法》个人所得税税率表一）；②个体工商户的生产、经营所得，对企事业单位的承包经营、承租经营所得，个人独资企业和合伙企业的生产经营所得，适用 5％～35％的九级超额累进税率（具体参见《个人所得税法》个人所得税税率表二）；③其他所得，适用 20％的比例税率。

小贴士

个人所得税 20％比例税率的一些特殊规定

①稿酬所得，按应纳税额减征 30％，即只征收 70％的税额；②从 2008 年 3 月 1 日起，对个人出租住房取得的所得暂减按 10％税率征收；③对劳务报酬所得一次收入畸高的，规定在适用 20％的基础上，加成征收，最高税率为 40％；④从 2008 年 10 月 9 日起，暂免征收储蓄存款利息所得税。

4. 应纳税额的计算

由于个人所得税采取分项计税的办法，每项个人收入的扣除范围和扣除标准不尽相同，应纳所得税额的计算方法存在差异，本书只介绍一般工资、薪金所得应纳税额的计算。工资、薪金所得实行按月计征的办法。计算公式为：

$$应纳税额＝应纳税所得额×适用税率－速算扣除数$$
$$＝（每月收入额－2000元）×适用税率－速算扣除数$$

（六）其他税费

【文前思考8－12】 2011年3月，①A市某生产销售小汽车（1.8升排量及以上）的企业，本月实际缴纳增值税1000万元、消费税300万元。②张某从该企业购买1辆应税车辆，支付含增值税价款共102100元，另支付代收临时牌照费150元、代收保险费350元、支付购买工具件和零配件价款2000元，车辆装饰费400元，支付的各项价费款均由该企业开具"机动车销售统一发票"和有关票据。同时张某本月还取得出租住房收入3000元。

请问：

1. 计算小汽车生产企业本月应纳的城市维护建设税、教育费附加。

2. 计算张某应纳的车辆购置税和房产税。

1. 城市维护建设税和教育费附加

这是以单位或个人缴纳的增值税、消费税以及营业税税额为计税依据的一种税或附加费。城市维护建设税实行地区差别比例税率。具体为：纳税人所在地为城市市区的，税率为7％；在县城、建制镇的，税率为5％；其他地方的，税率为1％。教育费附加的征收比率为3％。计算公式分别为：

$$应纳城市维护建设税或教育费附加＝（实际缴纳的增值税＋实际缴纳的消费税＋实际缴纳的营业税）×适用税率或征收比率$$

2. 车辆购置税

这是以在中国境内购置规定的车辆为征税对象，在特定环节向车辆购置者征收的一种税。车辆购置税的纳税人为在我国境内购置应税车辆的单位和个人，征收范围包括汽车、摩托车、电车、挂车、农用运输车，实行统一比例税率10％。计算公式为：

$$应纳税额＝计税价格×税率$$

3. 房产税

这是以房屋为征税对象，以房屋的计税余值或租金收入为计税依据，向房屋产权所有人征收的一种税。房产税的纳税人为在征税范围内的房屋产权所有人或管理人等，征税范围为在我国城市、县城、建制镇和工矿区的房屋。房产税采取比例税率：从价计征的，税率为1.2％；从租计征的，税率为12％。2008年3月1日起，对个人出租住房的，不区分用途，按4％的税率征收房产税。计算公式为：

$$应纳税额＝房产计税余值（或租金收入）×适用税率$$

其中，房产计税余值＝房产原值×（1－原值减除比例）。对原值减除的具体比例，由各省、自治区、直辖市和计划单列市财政和地方税务部门在国家规定的幅度范围内自行确定。

三、税收征收管理

(一) 税务管理

1. 税务登记

税务登记又称纳税登记，是税务机关根据税法规定，对纳税人的生产、经营活动进行登记管理的一项法定制度，也是纳税人依法履行纳税义务的法定手续。

根据规定，凡有法律法规规定的应税收入、应税财产或应税行为的各类纳税人，均应办理税务登记；扣缴义务人应当在发生扣缴义务时，到税务机关申报登记，领取扣缴税款凭证。税务登记包括：开业登记、变更登记、停业复业登记、注销登记和外出经营报验登记等。

从事生产、经营的纳税人应当自领取营业执照之日起 30 日内，向生产、经营地或者纳税义务发生地主管税务机关申报办理税务登记，如实填写税务登记表并按照税务机关的要求提供有关证件、资料。纳税人发生解散、破产、撤销以及其他情形，依法终止纳税义务的，应当在向工商行政管理机关办理注销登记前，持有关证件向原税务登记机关申报办理注销税务登记；按照规定不需要在工商行政管理机关办理注册登记的，应当自有关机关批准或者宣告终止之日起 15 日内，持有关证件向原税务登记机关申报办理注销税务登记；纳税人被工商行政管理机关吊销营业执照的，应当自营业执照被吊销之日起 15 日内，向原税务登记机关申报办理注销税务登记；其他类型的税务登记按规定时间进行。

2. 账簿、凭证管理

纳税人、扣缴义务人按照规定依法设置账簿，根据合法有效的凭证进行记账核算。按照规定的保管期限保管账簿、凭证以及其他有关资料，不得伪造、变造或擅自损毁。单位、个人在购销商品、提供或者接受经营服务以及从事其他经营活动中，应按照规定开具、使用、取得发票，发票的管理办法由国务院规定。国家根据税收征管的需要，积极推广使用税控装置。纳税人应当按照规定安装、使用税控装置，不得损毁或者擅自改动。

3. 纳税申报

纳税人、扣缴义务人必须依照法律、行政法规规定或者税务机关依照法律、行政法规的规定确定的申报期限、申报内容如实办理纳税申报，报送纳税申报表、财务会计报表、代扣代缴、代收代缴税款报告表以及税务机关根据实际需要要求报送的其他纳税资料。纳税申报的方式包括直接申报、邮寄申报、数据电文申报以及其他方式申报。不能按期办理纳税申报的，经税务机关核准，可以延期申报。纳税人享受减税、免税待遇的，在减税、免税期间也应当按照规定办理纳税申报。

(二) 税款征收

【文前思考 8-13】　某服装企业纳税期限为 15 天。在此期间，其主管税务机关接到关于该企业有逃避纳税行为的举报信。主管税务机关经核查发现举报属实，便责令该纳税人 5 天内缴纳税款；在限期 5 天，该纳税人不纳税，而将其应纳税收入从原开户银行转入其他银行；税务机关责成其提供纳税担保，该纳税人仍置之不理。税务机关申请县税务局局长批准到该纳税人的经营场所，扣押、查封了该纳税人价值相当于应缴税款的服装。

请问：

1. 判断该税务机关采取的是何种措施，该税务机关是否有权采取此措施？

2. 执行该措施的程序、内容是否合法？

1. 税款征收的含义

税款征收是指税务机关按照规定将纳税人应纳的税款以及扣缴义务人代扣代缴、代收代缴的税款通过不同的方式组织征收入库的活动。它是税收征收管理的核心内容和中心环节，是实现税收职能的最关键环节。

2. 税款征收的方式

根据《税收征管法》及其实施细则，我国的税款征收方式主要有：查账征收、查定征收、查验征收、定期定额征收、代扣代缴、代收代缴、委托代征等。纳税人有依法规定情形的，税务机关有权核定其应纳税额。

3. 税收保全与强制执行

（1）税收保全。税务机关有根据认为从事生产、经营的纳税人有逃避纳税义务行为的，可以在规定的纳税期之前，责令限期缴纳应纳税款；在限期内发现纳税人有明显的转移、隐匿其应纳税的商品、货物以及其他财产或者应纳税收入的迹象的，税务机关可以责成纳税人提供纳税担保。如果纳税人不能提供纳税担保，经县以上税务局（分局）局长批准，税务机关可以采取下列税收保全措施：①书面通知纳税人开户银行或者其他金融机构冻结纳税人的金额相当于应纳税款的存款。②扣押、查封纳税人的价值相当于应纳税款的商品、货物或者其他财产。纳税人在规定的限期内缴纳税款的，税务机关必须立即解除税收保全措施；限期期满仍未缴纳税款的，经县以上税务局（分局）局长批准，税务机关可以书面通知纳税人开户银行或者其他金融机构从其冻结的存款中扣缴税款，或者依法拍卖或者变卖所扣押、查封的商品、货物或者其他财产，以拍卖或者变卖所得抵缴税款。

（2）强制执行。强制执行与前述的税收保全不同，它并不是通过期前征收来实现防止和杜绝纳税人逃避纳税义务的目的，而是在纳税人未按期履行纳税义务的情况下，对纳税人的资财予以强制执行的一种特别措施。经县以上税务局（分局）局长批准，税务机关可以采取下列强制执行措施：①书面通知其开户银行或者其他金融机构从其存款中扣缴税款。②扣押、查封、依法拍卖或者变卖其价值相当于应纳税款的商品、货物或者其他财产，以拍卖或者变卖所得抵缴税款。

税务机关采取税收保全措施和强制执行措施必须依照法定权限和法定程序，不得查封、扣押纳税人个人及其所扶养家属维持生活必需的住房和用品。税务机关滥用职权违法采取税收保全措施、强制执行措施，或者采取税收保全措施、强制执行措施不当，使纳税人、扣缴义务人或者纳税担保人的合法权益遭受损失的，应当依法承担赔偿责任。

拓展阅读

实际纳税过程中与纳税义务人相关的概念

企业在实际纳税过程中与纳税义务人相关的概念有以下。

第一，负税人，是最终负担税款的单位和个人。通常情况下，纳税人同时也是负税人，如所得税的纳税人就是负税人。纳税人如果能够通过一定途径把税款转嫁或转移出去，纳税人就不再是负税人。如流转税的税款虽由生产销售商品或提供劳务的纳税人缴纳，但税收负担却是由商品或服务的最终消费者承担的。

第二，代扣代缴义务人，是有义务从持有的纳税人收入中扣除其应纳税款并代为缴纳的单位或个人。如个人所得税就是由支付所得的单位或个人代扣代缴。

第三，代收代缴义务人，是指有义务借助与纳税人的经济交往而向纳税人收取应纳税款并代为缴纳的单位。如委托加工应税消费品的受托方在向委托方交货时代收代缴消费税，除受托方为个人的外。

第四，代征代缴义务人，指因税法规定，受税务机关委托而代征代收税款的单位和个人。如海关代征进口货物或物品应纳的增值税、消费税。

第五，纳税单位，是指申报缴纳税款的单位，是纳税人的有效集合。所谓有效，是指为了征管和缴纳税款的方便，可以允许在法律上负有纳税义务的同类型纳税人作为一个纳税单位，填写一份申报表纳税。如企业所得税可以每个分公司为一个纳税单位，也可以总公司为一个纳税单位。

职业知识检测

一、单项选择题

1. 采购人向3家以上潜在的供应商发出询价单，对各供应商一次性报出的价格进行分析比较，按照符合采购需求、质量和服务相等且报价最低的原则确定中标供应商的采购方式为（　　）。

A. 公开招标　　　B. 邀请招标　　　C. 竞争性谈判　　　D. 询价

2. 我国《预算法》规定的预算收入形式不包括（　　）。

A. 依法应当上缴的国有资产投资产生的股息收入

B. 征收排污费收入

C. 福利彩票销售收入

D. 规费收入

3. 下列有关对预决算监督的表述中不正确的是（　　）。

A. 全国人民代表大会及其常务委员会对中央和地方预算、决算进行监督

B. 县级以上地方各级人民代表大会对本级和下级预算、决算进行监督

C. 乡、民族乡、镇人民代表大会对本级预算、决算进行监督

D. 各级政府审计部门对本级各部门、各单位和下级政府预算的执行情况和决算，进行审计监督

4. 下列税种采用比例税率的有（　　）。

A. 个人所得税　　　B. 增值税　　　C. 车船使用税　　　D. 土地增值税

5. 下列税种采用定额税率的有（　　）。

A. 营业税　　　B. 车船使用税　　　C. 企业所得税　　　D. 土地增值税

6. 我国现有19个税种。区分不同税种的主要标志是（　　）。

A. 纳税义务人　　　B. 征税对象　　　C. 适用税率　　　D. 纳税环节

7. 以征税对象数额的相对率划分若干级距，分别规定相应的差别税率，相对率每超过一个级距的，对超过的部分就按高一级的税率计算纳税。这种税率称为（　　）。

A. 差别比例税率　　B. 超额累进税率　　C. 全率累进税率　　D. 超率累进税率

8. 纳税人因违法被工商行政机关吊销营业执照的，应当自营业执照被吊销之日起（　　）内办理税务注销登记。

A. 30 日　　　　　B. 60 日　　　　　C. 15 日　　　　　D. 10 日

二、多项选择题

1. 下列有关我国国家预算体系，表述正确的是（　　）。

A. 按照"一级政权，一级财政"的原则，我国《预算法》规定，国家实行一级政府一级预算

B. 我国国家预算共分为五级，具体包括：中央预算、省级预算、地市级预算、县市级预算、乡镇级预算

C. 对于不具备设立预算条件的乡、民族乡、镇，经省、自治区、直辖市政府确定，可以暂不设立预算

D. 县级以上地方政府的派出机关，根据本级政府授权进行预算管理活动，也应当作为一级预算

2.《政府采购法》规定，采购未纳入集中采购目录的政府采购项目，可以实行(　　)。

A. 自行采购

B. 公开招标

C. 委托集中采购机构在委托的范围内代理采购

D. 竞争性谈判

3. 政府采购可以采用的采购方式有（　　）。

A. 公开招标　　　B. 邀请招标　　　C. 单一来源　　　D. 询价

4. 纳税申报的方式有（　　）。

A. 直接申报　　　　　　　　　B. 邮寄申报

C. 数据电文申报　　　　　　　D. 核查申报

5. 税务机关实施税收强制执行措施的方式有（　　）。

A. 书面通知纳税人开户银行或其他金融机构冻结纳税人的金额相当于应纳税款的存款

B. 扣押、查封纳税人的价值相当于应纳税款的商品、货物或者其他财产

C. 书面通知纳税人的开户银行或者其他金融机构从其存款中扣缴税款

D. 扣押、查封、依法拍卖或者变卖其价值相当于应纳税款的商品、货物或者其他财产，以拍卖或者变卖所得抵缴税款

三、判断题

1. 在政府采购招标过程中，如果出现了影响采购公正的违法、违规行为，应予废标。（　　）

2. 国家预算是指经法定程序批准的、国家在一定期间内的财政收支计划，是国家进行财政分配的依据和宏观调控的重要手段。（　　）

3. 我国国家预算分为中央预算、省级预算、地市级预算、县市级预算、乡镇级预算五级。（　　）

4. 政府采购中公开招标是政府采购的主要采购方式。（　　）

5. 纳税人享受减税、免税待遇的，在减税、免税期间可以不用办理纳税申报。（　　）

职业能力检测

案例一　政府采购合同的签订

2010 年 11 月，某市电业局因新建电力调度营业用房需购买电梯两台，通过邀请招标的采购方式，邀请信成机电设备公司（以下简称信成公司）等六家单位参加投标。接到投标邀请书后，信成公司于 2010 年 11 月 25 日提交了投标文件，并交纳投标保证金 1 万元。2010 年 12 月 10 日，采购主体在电业局三楼会议室主持开标仪式，经过评标后，确定信成公司为预中标单位，中标价为 120 万元。2010 年 12 月 16 日，信成公司向电业局交纳履约保证金 10 万元。次日，采购人电业局向供应商信成公司发出《中标单位通知书》，正式确定原告信成公司中标，并约定于 2010 年 12 月 24 日下午 5 时前签订采购合同。此后，采购人电业局一直未与中标供应商信成公司签订采购合同。

2011 年 1 月 16 日，被告电业局以邀请招标不符合法律规定，招投标程序不到位，缺少评标标准且评标委员会成员为 8 人，均不符合《中华人民共和国招标投标法》的有关规定为理由，决定该次中标无效。原告信成公司经与被告电业局协商多次无果，又向有关部门反映情况未果。无奈之下，作为中标供应商，于 2011 年 2 月 6 日向法院提起民事诉讼，要求被告电业局赔偿可得利润损失 17.64 万元。之前，2011 年 1 月 18 日，中标供应商信成公司从采购人电业局处退回了履约保证金 10 万元。

思考：

本案信成公司的中标是否有效？电业局拒绝签订采购合同的行为是否违法，其应当承担哪些法律责任？

案例二　企业应纳税款的计算

位于某县城的甲企业，主要生产销售实木地板，同时兼营房屋装修业务。2010 年全年发生以下业务：取得实木地板销售收入 5000 万元并开具增值税专用发票，可以抵扣的增值税进项税额为 150 万元；取得房屋装修收入 1000 万元并开具普通发票；发生的各项准予扣除的费用为 2000 万元。（实木地板消费税税率为 5%）

思考：

1. 根据题意，判断甲企业应该缴纳哪些税种？

2. 分别计算各税种的应纳税额？

第九章 物权法律制度

知识目标

1. 掌握物权的概念和物权的特征；物权的一些重要分类；所有权的四种权能；抵押权、质押权、留置权的概念、适用范围和效力；

2. 理解物权的效力；所有权的取得和消灭，共有财产的性质和处分；

3. 了解用益物权的概念及其社会作用；并能分清用益物权的几种种类。

能力目标

1. 正确分析解决有关物权纠纷的案例；

2. 能够利用我国民法中的相关理论来解决实际生活中的物权纠纷问题。

知识导航

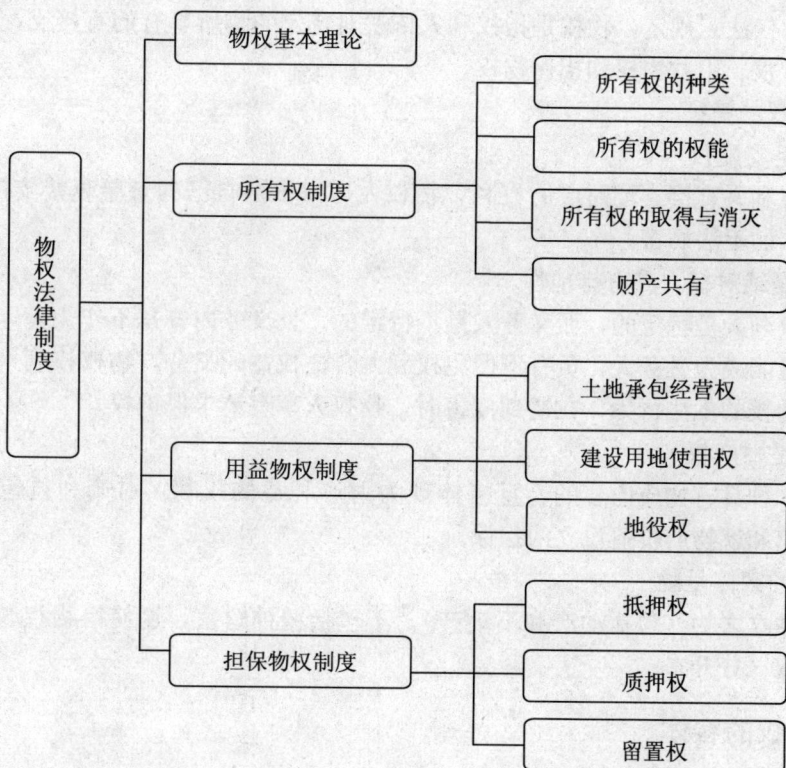

案例导入

村民赵某新买的摩托车在一天夜里被盗，赵某随后到派出所报警，警察立案侦查。盗贼钱某盗窃之后，将摩托车以低廉的价格卖给了孙某，孙某明知该车是赃物，仍以 2000 元购买了赃车。后钱某被警方抓获，供出了赃物的所在地，警方随后将孙某的摩托车没收，归还赵某所有。孙某因贪图小便宜而购买赃物，结果偷鸡不成蚀把米，后悔莫及。

请思考：被盗的财产最终物归原主，这里面包含了哪些法律依据？

第一节　物权基本理论

一、物权的含义与特征

【文前思考 9-1】　小王和小李在讨论物权的有关问题，小王说："我的手机是我自己买的，我可以自由地支配它，所以我拥有这台手机的物权。"小李说："我的文章是我自己写的，我也能自由地支配它，所以我拥有这篇文章的物权。"

请问：什么是物权？谁的说法有道理？为什么？

(一) 物权的含义

根据《物权法》规定，物权是指权利人依法对特定的物所享有的直接支配和排他的权利，包括所有权、用益物权和担保物权。

(二) 物权的特征

1. 物权是支配权

物权是权利人直接支配财产的权利，物权人可以依据自己的意愿直接支配自己的物，并能排除他人的不法妨害。

2. 物权是绝对权，具有排他性

物权的权利人是特定的，而义务人是不特定的，且义务内容是不作为，即权利人以外的其他人都可能成为义务人，负有不侵犯权利人合法权益的义务，物权权利人可以排除任何人侵犯其物权的不法行为，在遭到侵害时，物权人享有请求保护权。

3. 物权是财产权

物权是一种具有物质内容的、直接体现为财产利益的权利，财产利益包括对物的利用、物的归属和就物的价值设立的担保。

4. 物权的客体是物

物权是独立之物（包括动产和不动产），不包括精神财富，这使得物权与债权、知识产权和人身权区分开来。

二、物权的客体

【文前思考 9-2】　王某是个体户，经营一家音像店，从事光碟销售和出租业务，在一次公安执法过程中，警察查获了王某的一批黄色光碟，并发现王某一直利用音像店作为掩护，偷偷贩卖黄色光碟。公安局将该批光碟进行销毁处理，查封了王某的音像店，并对王某进行拘留。

请问：为什么王某会受到公安局的查处？

《中华人民共和国物权法》（以下简称《物权法》）所称的物，包括不动产和动产。法律规定权利作为物权客体的，依照其规定，也可以成为物权的客体，如《物权法》中对于物权担保的规定，权利质押中所指的各项权利。物按照不同的划分标准，可以划分为不同的类型，常见的主要有以下几种划分形式。

（一）动产和不动产

1. 动产和不动产的概念

按财产移动后是否损害物的价值作为划分标准，可以将物划分为动产和不动产。动产是指能够移动且不会损害其价值的物，如桌子、椅子等。不动产是指不能移动或者虽然能够移动，但是移动会损害其价值的物，如房子、土地等。

2. 区分动产与不动产的意义

（1）物权变动的要件不同。不动产物权的变动，采取登记公示，即不动产物权的变动，必须向国家有关机关申请登记，否则不受法律保护。动产物权的变动，一般采取交付公示，即动产物权的变动，是以实际交付为生效要件。但是一些特殊的动产，如机动车辆、船舶等所有权的变动，也应当到有关部门办理登记手续，未经登记，不得对抗善意第三人。

（2）地域管辖不同。在物权的诉讼管辖及涉外法律适用上，动产是属人主义，不动产是属物主义。也就是说，因不动产发生的纠纷，一律由不动产所在地的人民法院或者仲裁机构管辖；而动产纠纷的管辖就比较灵活。

法条链接 ▶▶

不动产的登记

《物权法》第 9、第 10 条不动产物权的设立、变更、转让和消灭，经依法登记，发生效力；未经登记，不发生效力，但法律另有规定的除外。依法属于国家所有的自然资源，所有权可以不登记。不动产登记，由不动产所在地的登记机构办理。

（二）流通物、限制流通物和禁止流通物

按照物能否流通和流通的范围分为流通物、限制流通物和禁止流通物。流通物是指法律允许在民事主体之间自由流通的物，如市场上交易的各种生活资料等。限制流通物是指法律对于其转让给予一定的限制或者禁止私相转让的物，如外币、黄金、私人收藏的文物等。禁止流通物是指法律不允许在任何主体之间自由流通的物，如矿藏、土地、军用物资、毒品、淫秽物品等。

区分流通物、限制流通物和禁止流通物的意义在于辨别民事行为的法律效力。违反有关限制流通物和禁止流通物的相关规定，从事的民事行为无效，情节严重的，需要承担民事责任、行政责任或刑事责任。

(三) 原物与孳息

按照原有物和产生的新物之间的关系，可以将物分为原物和孳息。原物与孳息是相对应的。原物是指依自然属性或法律的规定，能够产生收益的物，如产出幼仔的母畜、产生利息的存款等；而孳息是原物所产生的收益，如家畜产出的幼仔、存款产生的利息等。孳息包括天然孳息和法定孳息：天然孳息是根据自然规律所产生的物，如植物结出的果实、动物的产出物（仔、奶、蛋）等；法定孳息是原物根据法律规定所产生的物，如利息、租金、股利等。

区分原物与孳息的意义主要在于界定孳息的归属。天然孳息，由所有权人取得；既有所有权人又有用益物权人的，由用益物权人取得。当事人另有约定的，按照约定。法定孳息，当事人有约定的，按照约定取得；没有约定或者约定不明确的，按照交易习惯取得。孳息的归属，在买卖合同中采用交付主义，在标的物交付之前产生的孳息，归出卖人所有，交付后产生的孳息，归买受人所有。

三、物权的效力

【文前思考 9-3】　甲购买了某房地产开发商预售的房屋，双方签订了房屋预售合同，房价为 50 万元，约定半年后交房，交房时一次性付清房款，甲给了 2 万元定金。后来因房价上涨较快，开发商又将此房以 55 万元的价格卖给了乙，并办理了过户手续。

请问：甲乙两人谁能取得房屋所有权？为什么？

物权是指权利人直接支配其标的物的排他性权利，这种权利主要表现在以下方面。

1. 排他效力

物权的排他效力，是指在同一标的物之上只能存在一个物权，不能有两个或两个以上互不相容的物权存在，即"一物一权"原则。

2. 优先效力

物权的优先效力，也称优先权，是指当同一标的物上有数个相互矛盾、冲突的权利并存时，效力较强的权利排斥具效力较弱的权利的实现。这主要包括两个方面的含义：①同一标的物上有两个或两个以上物权并存时，先设立的物权优于后设立的物权。②当同一标的物上，物权与债权并存时，物权优于债权。

3. 追及效力

物权的追及效力，是指物权的标的物无论辗转落入何人之手，一般而言，物权人都可追及其物之所在并向非法占有人索取，请求其返还原物。

4. 物权请求权

物权作为一种法律上的权利，受到法律的保护，当物权受到妨害时，物权人有排除妨害的请求权，有权利请求不法妨害行为的实施者停止其妨害行为，以保持物权的完整性。这种权利称为物权请求权，亦称为物上请求权。

第二节 所有权制度

一、所有权的概念

所有权是指所有人依法对自己财产所享有的占有、使用、收益、处分的权利。它是一种财产权，又称为财产所有权。所有权是物权制度当中，一种最完全的权利。

二、所有权的种类

【文前思考9-4】 家住山区的李某，将其房屋后面的荒山开垦出一块作为耕作之用。后来，李某所在的村村委会将该片荒山的承包经营权承包给甲企业，并办理了相关手续。对此，李某提出异议，认为自己开垦出来的那块荒山是属于自己的，村委会不能将其承包给企业。

请问：李某的说法是否有道理？为什么？

所有权的种类就是指所有权的不同类型，是对所有制形式的反映。我国现阶段财产所有权有三种基本形式：国家所有权、集体所有权、私人所有权。

1. 国家所有权

国家所有权，是指中华人民共和国对全民所有的财产享有占有、使用、收益、处分的权利，是全民所有制在法律上的体现。国家所有权的权利主体是国家，由国务院代表国家行使所有权，并授权各级国家机关和企事业单位行使。

国有财产主要指以下财产：矿藏、水流、海域；城市的土地；法律规定属于国家所有的农村和城市郊区的土地；森林、山岭、草原、荒地、滩涂等自然资源，属于国家所有，但法律规定属于集体所有的除外；法律规定属于国家所有的野生动植物资源；无线电频谱资源；法律规定属于国家所有的文物；国防资产；铁路、公路、电力设施、电信设施和油气管道等基础设施，依照法律规定为国家所有的，属于国家所有。

2. 集体所有权

集体所有权，是指集体组织在法律规定的范围内对自己的财产享有占有、使用、收益、处分的权利，是劳动群众集体所有制在法律上的表现。

集体所有的不动产和动产包括：法律规定属于集体所有的土地和森林、山岭、草原、荒地、滩涂；集体所有的建筑物、生产设施、农田水利设施；集体所有的教育、科学、文化、卫生、体育等设施；集体所有的其他不动产和动产。

一般而言，集体组织所有权的各项权能都是由集体组织行使，但根据生产经营活动的需要，集体组织也可以将其所有权的权能转移给个人行使。

3. 私人所有权

私人所有权，是指公民依法对其私人所有的财产享有占有、使用、收益、处分的权利，私人的财产包括生活资料和生产资料。我国《物权法》规定，私人对其合法的收入、房屋、生活用品、生产工具、原材料等不动产和动产享有所有权。私人合法的储蓄、投资及其收益、私人的继承权及其他合法权益受法律保护。私人的合法财产受法律保护，禁止任何单位和个人侵占、哄抢、破坏。

三、所有权的权能

【文前思考 9 - 5】 王某拥有一套房子，原本为自己居住用。后来，王某将房子租给了李某，每月租金 1000 元。两年后，王某因到外地发展，将房子卖给了张某，获得房款50 万元。

请问：王某自己居住房子、将房子租给李某获取房租、将房子卖给张某获得房款，分别是属于所有权中的什么权能？

所有权的权能是指所有权的具体内容和实现方式，是所有权法律关系中的权利主体所依法享有的权利。所有权权能包括四个方面：占有权、使用权、收益权、处分权。

(一) 占有权

1. 占有权的含义

占有，是对财产的实际控制，占有权是指民事主体对某物或某财产的实际控制权，即在事实上或法律上控制某物或某财产的权利。财产通常为所有人占有，即占有权与所有权合一；但在特定条件下，占有权也可与所有权分离，形成为非所有人享有的独立的权利。例如：甲将自己的房子租给了乙，则乙拥有了该房子的占有权，但所有权仍然归甲所有。

2. 占有的分类

根据对财产的占有人的不同，占有分为所有人占有和非所有人占有。

(1) 所有人占有。所有人占有是指财产的所有权人对在事实上直接控制自己所有的财产亲自行使占有权，如公民对自己生活用品的占有。

(2) 非所有人占有。非所有人占有是指所有人以外的其他人占有不属于自己所有的财产。根据占有财产的途径不同，非所有人占有分为合法占有和非法占有。

①合法占有，是指非所有人根据法律规范、所有权人的意愿或者合同的约定等合法原因而占有他人的财产。如在房屋租赁合同中，租客根据合同的约定而合法占有房东的房子。在合法占有期间，占有人有权排除其他任何人（包括所有权人）对其占有权的不法妨害或干涉。

②非法占有，是指无合法原因而占有他人的财产。非法占有，根据占有人在对他人财产实施占有时，主观意识上是否知道其占有行为是非法为标准，可以分为善意占有和恶意占有。

善意占有是指非法占有人在对他人财产实施占有时，主观上不知道其占有是非法的，如在路上拾得他人遗失的财产后，一方面对财产进行暂时保管，另一方面寻找失主。

恶意占有是指非法占有人在对他人财产实施占有时，明知道或者应当知道其占有行为是非法的，但仍然继续占有财产，如小偷对赃物的占有、捡到财物并将其据为所有。

（二）使用权

使用，是不改变财产的本质而对其性能和用途加以利用，以满足生活或生产的某种需要。使用权是民事主体对财产进行利用的权利，如公民穿自己的衣服、驾驶自己的汽车等。使用权与占有权一样，可以通过法律、合同或授予等方式将使用权转移给所有权人以外的其他人。

（三）收益权

收益权，是指获得从财产上产生的一定经济利益的权利，如公民出租自己的房子而获得房租等。大部分财产都能产生一定的经济利益或者增加其价值，所有权的存在以实现经济利益和价值增值为目的，主要体现在收益权上。

（四）处分权

处分权是财产所有人对其财产在法律允许的范围内进行处置的权利。财产的处分可以分为法律上的处分和事实上的处分，法律上的处分是指通过具有法律意义的行为对财产进行的处分，以变更、转让或消灭对于物的权利，比如赠与合同中对标的物的交付，是对标的物进行的处分，法律上的处分产生法律上的效力。而事实上的处分是指通过不具有法律意义的行为进行的处分，比如吃馒头就是对馒头的处分，

财产的处分权包括对财产的消费、转让、出售、抛弃、销毁等方面的权利。处分权直接体现了民事主体对物的支配，被认为是拥有所有权的标志，也是所有权四项权能的核心，是财产所有人最基本的权利。

四、所有权的取得

【文前思考 9 - 6】 公路上，一辆疾驰而过的货车掉下了一箱苹果。正好被路过的甲捡到了，随后甲便将这箱苹果卖给乙，声称苹果是别人送给他的，他自己不喜欢吃才卖的。甲乙两人遂以 50 元的价格成交。

请问：甲和乙对这箱苹果的占有是否合法？如果此时失主（货车司机）回来寻找苹果，你认为这件事情应该如何解决？

财产所有权的取得，是指民事主体获得财产所有权的合法方式和根据。财产所有权的取得必须是合法取得，否则，不受法律承认与保护。财产所有权的合法取得方式可分为原始取得与继受取得两种。

（一）原始取得

原始取得，是指根据法律规定，最初取得财产的所有权或不依赖于原所有人的意志而取得财产的所有权。原始取得的根据主要包括：劳动生产、孳息、添附、拾得遗失物、善意取得、发现埋藏物、先占等。下面介绍其中几种主要的取得方式。

1. 劳动生产

这是指民事主体通过自己的劳动生产活动获取劳动产品，以及通过扩大再生产取得其所创造的劳动产品。

2. 孳息

这是指民事主体通过合法途径取得的物质利益，包括天然孳息和法定孳息。

3. 添附

添附是指民事主体把不同所有人的财产或劳动成果合并在一起，从而形成另一种新形态的财产，如果要恢复原状在事实上不可能或者在经济上不合理。

对于新产生的财产所有权的归属，应由当事人协商处理，或归一方所有，或归当事人共有。如果不能达成协议，应该对新财产的添附价值和原财产的价值进行比较，新财产的所有权归价值高的一方所有，但取得所有权的一方应对另一方提供适当的经济补偿。若不能分出价值大小的归两人共有，且为按份共有。要注意的是，如果添附行为出于恶意，则原所有人有权向添附人要求恢复原状，并赔偿因添附所造成的损失。

小贴士

添附的方式

添附主要有混合、附合和加工三种方式。①混合，是指将属于不同所有人的财产互相渗合，难以分开并形成新财产；②附合，是指将属于不同所有人的财产密切结合在一起而形成新财产，虽未达到混合程度，但非经拆毁不能达到原来的状态；③加工，是指一方使用他人财产加工改造为具有更高价值的新财产。

4. 拾得遗失物

拾得遗失物是指拾到他人不慎丢失的动产。遗失物并非无主物，也不是所有人抛弃的或因为他人的侵害而丢失的物，而是因所有人和合法占有人不慎丢失的动产。

拾得遗失物应当返还权利人。拾得人应当及时通知权利人领取，或者送交公安等有关部门。有关部门收到遗失物，知道权利人的，应当及时通知其领取；不知道的，应当及时发布招领公告。遗失物自发布招领公告之日起 6 个月内无人认领的，归国家所有。

法条链接

遗失物的归属

《物权法》第 107 条所有权人或者其他权利人有权追回遗失物。该遗失物通过转让被他人占有的，权利人有权向无处分权人请求损害赔偿，或者自知道或者应当知道受让人之日起两年内向受让人请求返还原物，但受让人通过拍卖或者向具有经营资格的经营者购得该遗失物的，权利人请求返还原物时应当支付受让人所付的费用。权利人向受让人支付所付费用后，有权向无处分权人追偿。

5. 善意取得

善意取得是指无权处分人将他人的动产或者不动产转让给第三人，如受让人在取得该财产时出于善意，付出了合理的对价，并进行了公示，则受让人依法取得该物的所有权，原权利人丧失对该物的所有权。《物权法》规定，善意取得财产所有权必须同时符合三个条件。

（1）受让人受让该不动产或者动产时是善意的；

（2）以合理的价格转让；

（3）转让的不动产或者动产依照法律规定应当登记的已经登记，不需要登记的已经交付给受让人。

受让人依照善意取得制度取得不动产或者动产所有权的，原所有权人无权要求受让人返还财产，但可以向无处分权人请求赔偿损失。

（二）继受取得

继受取得，是指通过某种法律行为从原财产所有人那里取得对某项财产的所有权。这种方式是以原所有人有权处分该项财产作为前提条件的，继受取得的方式主要包括买卖、互易、赠与、继承、遗赠等。在继受取得中，受让人取得所有权的时间因标的物的性质不同而有所不同：不动产所有权从登记时起取得，动产所有权从标的物交付或移转占有时取得。

五、所有权的消灭

【文前思考9-7】　2008年5月12日14时28分，四川省汶川发生8级强烈地震，瞬间山河移位，房屋倒塌，许多人因此无家可归。庄稼被毁，牲口被埋，许多人在瞬间失去了自己的全部财产。

请问：什么情况下会引起所有权的消灭？

所有权的消灭是指财产的所有人因法定原因丧失了对财产的所有权。引起所有权消灭的原因主要有以下几个方面：①财产所有权客体灭失，如因自然灾害、生活或生产消费等行为而导致财产所有权的客体灭失；②财产所有权主体消灭，如公民死亡或者被宣告死亡，法人、其他组织被撤销或者解散；③财产所有权被依法转让，如民事主体通过合同买卖、赠与他人等方式将财产所有权转让给他人；④财产所有权被抛弃，如所有权人丢弃某项财物；⑤财产所有权被依法强制消灭，如国家依法征收某项财产。

六、所有权的法律保护

【文前思考9-8】　甲租用乙的计算机，后甲将计算机卖给了丙，丙知道该计算机是属于乙的财产，但仍然以低廉的价格受让了该计算机。乙得知后，认为自己拥有计算机的所有权，要求丙返还其计算机；但丙坚持自己拥有计算机的所有权。

请问：谁的说法正确？丙是否应该返还计算机？

根据我国法律规定，个人、法人和其他组织的合法财产受到法律保护。当所有权人的财产所有权受到不法侵害的时候，权利人可以依法请求侵害人为一定行为或者不为一定行为，也可以向人民法院提起诉讼，请求保护其财产所有权。国家对财产所有权的保护主要有以下几个方面。

1. 请求确认权

当因财产所有权的归属不清而产生纠纷时，当事人可以向人民法院提起诉讼，请求确认财产所有权。

2. 请求返还原物

当所有权人的财产被他人非法占有时，权利人可依法请求不法占有人返还原物，或请求人民法院责令不法占有人返还原物。在行使该权利时，应注意的是，返还原物是否应当返还原物所产生的孳息，应当区分善意占有和恶意占有两种情况。在善意占有的情况下，占有人返还原物而不返还孳息，并且可以请求所有人补偿因对所有物的保管和改良所支付的必要费用；在恶意占有的情况下，占有人不仅要返还原物，还应返还在恶意占有期间所获得的一切孳息，并且无权要求所有人补偿相关费用。

3. 请求排除妨害

当所有权遭到他人不法妨害时，当事人可以请求侵害人排除妨害，或者请求人民法院责令侵害人排除妨害。

4. 请求恢复原状

请求恢复原状，是指所有人的财产被他人非法侵害遭到损坏时，如果能够修理，则所有人有权要求加害人通过修理恢复财产原来的状态；加害人不修理时，所有人有权请求有关部门责令加害人恢复原状。恢复原状不仅要在实际上可能，而且要在经济上合理，否则，就不应该采取这种方式。

5. 赔偿损失

赔偿损失，是指所有人的财产遭到他人的不法侵害，致使财产损坏无法修复或者财产已经灭失的，所有人可以请求不法侵害人赔偿财产损失，侵害人不予赔偿的，所有人可以请求人民法院责任侵害人赔偿损失。通过返还原物、恢复原状等方法仍不足以补偿所有人损失的，所有人在行使请求返还原物、请求恢复原状的权利的同时，还可以请求不法侵害人赔偿损失。

七、财产共有

【文前思考 9-9】　甲、乙、丙三人是好朋友，各自出资 10 万元，共同购买了一套房子。为提高房屋的价值，甲主张对该房内部进行豪华装修，乙表示同意，但丙表示反对。经查明，甲、乙、丙之前对此情形并没有明确约定。

请问：该房屋是属于按份共有还是共同共有？甲和乙两人能否对房屋进行装修？为什么？

财产共有是指两个或者两个以上的权利主体对同一项财产共同享有所有权。如家庭财产是共有的，合伙的财产是共有的等。共有的权利主体称为共有人，共有的客体称为共有财产或者共有物。财产共有有两种形式：按份共有与共同共有。

（一）按份共有

1. 按份共有的概念

按份共有是指两个或两个以上共有人，按照各自的份额分别对其共有财产享有权利和承担义务的一种共有关系。

2. 按份共同的特征

按份共有与共同共有相比，具有以下的法律特征。

(1) 各个共有人对共有物按份额享有不同的权利，其数额一般由共有人事先约定，没有约定或者约定不明确的，按照出资额确定；不能确定出资额的，视为等额享有。

(2) 各个共有人对共有财产承担义务是根据其不同的份额确定的。也就是说，共有人对共有物持的份额越大，所承担的义务就越大，反之则越小。

(3) 各个共有人的权利和义务不是局限于财产的某一具体部分，而是及于财产的全部。如果因共有财产在使用过程中对他人造成损害的，对外应由每个按份共有人承担连带赔偿责任；对内则按照各自的份额确定各个共有人的清偿责任。

(4) 优先购买权。共有人有权处分自己的共有份额，无须取得其他人的同意。但是共有人将财产份额转让给共有人以外的第三人时，其他共有人在同等条件下，有优先购买的权利。

(二) 共同共有

共同共有是指两个或两个以上的权利主体，对全部共有财产不分份额地享有平等的所有权。共有人对共有财产不分份额地、平等地享有权利和承担义务。共有人对于共有的不动产或者动产没有约定为按份共有或者共同共有，或者约定不明确的，除共有人有家庭关系外，视为按份共有。

共同共有关系存续期间，各共有人无权请求分割共有财产，各共有人擅自划分份额并分割共有财产的，应认定该行为无效。

(三) 共有物的处分

《物权法》第97、第98条对共有物的处分作出了明确规定：处分共有的不动产或者动产以及对共有的不动产或者动产作重大修缮的，应当经占份额 2/3 以上的按份共有人或者全体共同共有人同意，但共有人之间另有约定的除外。对共有物的管理费用以及其他费用负担，有约定的，按照约定；没有约定或者约定不明确的，按份共有人按照其份额负担，共同共有人共同负担。

第三节　用益物权制度

一、用益物权概述

【文前思考 9 - 10】　老李承包了山里的一片林地用于果树种植，承包期为 40 年。老李认为自己在有生之年都能够占有这片林地，所以自己拥有这片林地的土地所有权。而老李的儿子小李却告诉父亲，老李拥有的是土地承包经营权，是属于用益物权，而不是土地所有权。

请问：父子两人的说法，哪一种是正确的？

用益物权,是指非所有人对他人的财产所享有的占有、使用、收益的排他性的权利。建立用益物权制度,可以促进和规范社会资源的有效和有序利用。随着社会经济的发展,人们对各种资源的需求不断扩大,而可供人类生产生活的资源又是有限的,特别是土地等资源相对稀缺。建立用益物权制度解决了人类对社会不可再生资源的有效利用问题。

用益物权主要包括:土地承包经营权、宅基地使用权、建设用地使用权、地役权等,本书主要介绍土地承包经营权、建设用地使用权、地役权这三种。

二、土地承包经营权

【文前思考 9-11】 王某承包了村里的一个鱼塘,承包期为 5 年,1 年后,王某将该鱼塘转让给李某,转让期同样为 5 年,转让费用为每年 2000 元,双方就此签订了书面协议。

请问:该协议中哪些地方不符合法律规定?

(一) 土地承包经营权概述

土地承包经营权是指承包人因从事种植业、林业、畜牧业、渔业生产或其他生产经营项目而承包使用、收益集体所有或国家所有的土地或森林、山岭、草原、荒地、滩涂、水面的权利。

农村土地承包经营制度包括两种承包方式,即家庭承包和通过招标、拍卖、公开协商等方式的承包。通过这两种方式承包的,都应当签订承包合同,土地承包经营权自土地承包合同生效时设立。县级以上地方人民政府应当向土地承包经营权人发放土地承包经营权证、林权证、草原使用权证,并登记造册,确认土地承包经营权。

(二) 土地承包经营权的期限

《物权法》第 125 条土地承包经营权人依法对其承包经营的耕地、林地、草地等享有占有、使用和收益的权利,有权从事种植业、林业、畜牧业等农业生产。

《物权法》第 126 条耕地的承包期为三十年。草地的承包期为三十年至五十年。林地的承包期为三十年至七十年;特殊林木的林地承包期,经国务院林业行政主管部门批准可以延长。

(三) 土地承包经营权的流转

土地承包经营权人依照农村土地承包法的规定,有权将土地承包经营权采取转包、互换、转让等方式流转。流转的期限不得超过承包期的剩余期限。

《物权法》规定,通过招标、拍卖、公开协商等方式承包荒地等农村土地,依照农村土地承包法等法律和国务院的有关规定,其土地承包经营权可以转让、入股、抵押或者以其他方式流转。土地承包经营权人将土地承包经营权互换、转让,当事人要求登记的,应当向县级以上地方人民政府申请土地承包经营权变更登记;未经登记,不得对抗善意第三人。

三、建设用地使用权

【文前思考 9-12】 甲房地产公司是某市的纳税大户，为了扶持本地的龙头企业，发展本市的经济，某市政府将一块面积约五百亩的地皮划拨给了甲公司，用于兴建商品房。并约定，商品房建成出售后，政府向甲公司征收商品房销售额的 10% 作为财政收入。

请问：某市政府将地皮划拨给房地产公司兴建商品房的做法是否合法？

（一）建设用地使用权概述

建设用地使用权，是指民事主体对国家所有的土地，依法享有占有、使用和收益的权利，有权利用该土地建造建筑物、构筑物及其附属设施。

建设用地使用权，是使用国家所有的土地的权利。建设用地使用权可以在土地的地表、地上或者地下分别设立。新设立的建设用地使用权，不得损害已设立的用益物权。

（二）建设用地使用权的取得

建设用地使用权的取得方式主要有划拨、出让等方式。

1. 划拨方式

划拨土地使用权是指土地使用者通过各种方式依法无偿取得的土地使用权。我国法律严格限制以划拨方式设立建设用地使用权，采取划拨方式的，应当遵守法律、行政法规关于土地用途的规定。

2. 出让方式

建设用地使用权出让是国家以土地所有人身份将建设用地使用权在一定期限内让与土地使用者，并由土地使用者向国家支付建设用地使用权出让金的行为。凡是工业、商业、旅游、娱乐和商品住宅等经营性用地的，应当采取招标、拍卖等公开竞价的方式出让。

采取招标、拍卖、协议等出让方式设立建设用地使用权的，当事人应当采取书面形式订立建设用地使用权出让合同，并且办理登记手续。

小贴士

土地使用权的最高年限

根据《城镇国有土地使用权出让和转让暂行条例》第 12 条的规定，按照土地的不同用途，土地使用权出让的最高年限为：①居住用地 70 年；②工业用地 50 年；③教育、科技、文化、卫生、体育用地 50 年；④商业、旅游、娱乐用地 40 年；⑤综合或者其他用地 50 年。每一块土地的实际使用年限，在最高年限内，由出让方和受让方双方商定。

四、地役权

【文前思考 9-13】 甲、乙两人的住房相邻，为了防止乙今后建造高层楼房挡住自己房屋的光线，甲与乙约定，甲向乙支付每年 5000 元作为补偿金，乙在 10 年内不得兴建高层建筑。双方签订合同后，并未办理地役权登记。两年后，乙将房屋卖给了不知情的丙。丙取得房屋后便开始兴建五层小楼，甲对此不满，要求丙停止兴建高层建筑。

请问：

1. 什么是地役权？

2. 甲的要求能否得到法院的支持？为什么？

（一）地役权的概念

地役权，是指不动产权利人，为了自己利用不动产的方便或者不动产利用价值的提高，通过约定得以利用他人不动产的权利。其中，称他人的不动产为供役地，自己的不动产为需役地。

（二）地役权的设立

地役权自地役权合同生效时设立。当事人要求登记的，可以向登记机构申请地役权登记；未经登记，不得对抗善意第三人。地役权的期限由当事人约定，但不得超过土地承包经营权、建设用地使用权等用益物权的剩余期限。

（三）地役权的特征

地役权具有从属性，主要表现在两个方面：①地役权不得单独转让。土地承包经营权、建设用地使用权等转让的，地役权一并转让，但合同另有约定的除外。②地役权不得单独抵押。土地承包经营权、建设用地使用权等抵押的，在实现抵押权时，地役权一并转让。

小贴士

地役权的消灭

根据《物权法》第 168 条的规定，地役权人有下列情形之一的，供役地权利人有权解除地役权合同，地役权消灭：①违反法律规定或者合同约定，滥用地役权；②有偿利用供役地，约定的付款期间届满后在合理期限内经两次催告未支付费用。

第四节　担保物权制度

担保物权，是为确保债权的实现而设定的，以特定的物的交换价值作为债务不履行时优先受偿的物权权利。担保权人在债务人不履行到期债务或者发生当事人约定的实现担保物权的情形下，依法享有就担保财产优先受偿的权利。担保物权有抵押权、质押权、留置权三种。

一、担保物权的一般规定

【文前思考 9－14】　甲向乙借款 8 万元，并以一幅清朝名画设定质押担保，将字画交付给乙占有，甲为该字画购买了一份意外损失险，保价 10 万元。在质押期间，乙的家里因雷击引起火灾，字画被烧毁。

请问：如果甲到期没有按时还款，乙能否就保险金优先受偿？为什么？

（一）担保的范围

当事人在借贷、买卖等民事活动中，为保障实现其债权，需要担保的，可以设立担保物权。担保物权的担保范围包括主债权及其利息、违约金、损害赔偿金、保管担保财产和实现担保物权的费用。当事人另有约定的，按照约定。

（二）担保物权的设立

设立担保物权，应当依照《物权法》和《中华人民共和国担保法》（以下简称《担保法》）的规定订立担保合同。担保合同是主债权合同的从合同，具有从属性。主合同无效的，担保合同无效，但法律另有规定的除外。担保合同被确认无效后，债务人、担保人、债权人有过错的，应当根据其过错各自承担相应的民事责任。

担保期间，担保财产毁损、灭失或者被征收等，担保物权人可以就获得的保险金、赔偿金或者补偿金等优先受偿。被担保债权的履行期未届满的，也可以提存该保险金、赔偿金或者补偿金等。

有下列情形之一的，担保物权消灭：主债权消灭；担保物权实现；债权人放弃担保物权；法律规定担保物权消灭的其他情形。

《担保法》与《物权法》的规定不一致的，适用于《物权法》。

二、抵押权

【文前思考 9 - 15】　甲向乙借款，以自己的一部手提电脑作为抵押，并在抵押合同中约定，如果甲到期不还钱，则电脑直接归乙所有。

请问：什么是抵押？手提电脑能否设定抵押？该抵押条款是否有效？为什么？

（一）抵押权的概念

抵押权，为担保债务的履行，债务人或者第三人不转移财产的占有而将该财产作为债权的担保，当债务人不履行到期债务或者发生当事人约定的实现抵押权的情形时，债权人对该财产拥有优先受偿权。其中，提供财产担保的人称为抵押人，债权人称为抵押权人，担保的财产称为抵押财产或抵押物。

（二）抵押财产的范围

1. 可以抵押的财产范围

抵押物可以是动产或者不动产，但并非所有具有使用价值的财产都可以抵押，《物权法》对抵押财产的范围作出了相应的规定，债务人或者第三人有权处分的下列财产可以抵押。

（1）建筑物和其他土地附着物；

（2）建设用地使用权；

（3）以招标、拍卖、公开协商等方式取得的荒地等土地承包经营权；

（4）生产设备、原材料、半成品、产品；

（5）正在建造的建筑物、船舶、航空器；

（6）交通运输工具；

（7）法律、行政法规未禁止抵押的其他财产。

除此之外，《物权法》还设定了浮动抵押制度，浮动抵押是指抵押人将其现在和将来所有的全部财产或者部分财产上设定的担保，在行使抵押权之前，抵押人对抵押财产保留在正常经营过程中的处分权。

《物权法》规定，经当事人书面协议，企业、个体工商户、农业生产经营者可以将现有的以及将有的生产设备、原材料、半成品、产品抵押，债务人不履行到期债务或者发生当事人约定的实现抵押权的情形，债权人有权就实现抵押权时的动产优先受偿。以上述的动产抵押的，应当向抵押人住所地的工商行政管理部门办理登记。抵押权自抵押合同生效时设立；未经登记，不得对抗善意第三人。依照上述规定抵押的，不得对抗正常经营活动中已支付合理价款并取得抵押财产的买受人。

2. 禁止抵押的财产范围

根据《物权法》规定，下列财产不得抵押。

（1）土地所有权；

（2）耕地、宅基地、自留地、自留山等集体所有的土地使用权，但法律规定可以抵押的除外；

（3）学校、幼儿园、医院等以公益为目的的事业单位、社会团体的教育设施、医疗卫生设施和其他社会公益设施；

（4）所有权、使用权不明或者有争议的财产；

（5）依法被查封、扣押、监管的财产；

（6）法律、行政法规规定不得抵押的其他财产。

根据《担保法解释》规定，如果学校、幼儿园、医院等以公益为目的的事业单位、社会团体的教育设施、医疗卫生设施和其他社会公益设施以外的财产为自身的债务设定抵押的，人民法院可以认定抵押有效。

（三）抵押权的设定

债权人与抵押人之间设立抵押的，双方当事人应当签订书面抵押合同和办理登记手续。抵押权设立的要件因抵押财产的性质不同而有所不同。

1. 不动产抵押权的设定

不动产抵押权的设立，除抵押人和抵押权人之间签订书面抵押合同之外，还应当到国家有关部门办理抵押登记，抵押权自登记之日起设立。未办理抵押登记，该抵押权无效。

2. 动产抵押权的设定

动产抵押权的设立，采用自愿登记原则，当事人可以自愿办理登记，无论当事人是否办理登记，抵押权均自抵押合同生效时设立。但未经登记的，不得对抗善意第三人。

当事人在订立抵押合同时，不得在合同中约定，债务人不履行到期债务时，抵押物直接归债权人所有。如果在合同中出现这样的条款的，该条款无效，即"流押条款无效"。

流押条款无效不影响抵押合同其他条款的效力。

（四）抵押权的效力

抵押权的效力主要表现在抵押关系当事人的权利和义务上。

1. 抵押人的权利

（1）抵押物的占有权。由于抵押并不转移财产占有，所有抵押权设定以后，除法律和合同另有约定之外，抵押人仍继续占有抵押物，并有权取得抵押物的孳息。

（2）抵押物的收益权。抵押权设定后，抵押人有权将抵押物出租。要注意的是，如果抵押权设定在先，出租在后的，抵押权实现后，租赁合同对受让人不具有约束力。抵押人在将其抵押物出租时有向承租人告知租赁物已设定抵押的义务，如未履行告知义务，因此对造成租赁人的损失，抵押人应承担赔偿责任。

（3）抵押物的处分权。在抵押期间，经抵押权人同意，抵押人可以将抵押物进行转让，但应当将转让的价款向抵押权人提前偿还债务或者进行提存。转让抵押物的价款超过债权数额的部分归抵押人所有，不足的部分由债务人继续清偿。

（4）设定多项抵押的权利。抵押人可以就同一抵押物设定多个抵押权，但是，相同价值不同重复抵押。在同一抵押物上有数个抵押权时，各抵押权人应依照法律规定的顺序行使抵押权。

2. 抵押权人的权利

（1）保全抵押物。在抵押物受到抵押人或第三人的侵害时，抵押权人有权要求停止侵害、恢复原状或赔偿损失。因抵押人的行为致使抵押物价值减少时，抵押权人有权要求抵押人恢复抵押物的价值或提供与减少的价值相当的担保。

（2）优先受偿权。在债务人不履行债务时，抵押权人就抵押财产处分所获得的价款优先于一般债权人受偿。抵押物拍卖、折价或者变卖的价款不足清偿债权的，不足的部分由债务人继续清偿。

（五）抵押权的实现

当出现债务人不履行债务或者出现当事人约定的实现抵押的情形时，抵押权人可以与抵押人协议以抵押财产折价或者以拍卖、变卖该抵押财产所得的价款优先受偿。

同一财产向两个以上债权人抵押的，拍卖、变卖抵押财产所得的价款依照下列规定清偿：抵押权已登记的，按照登记的先后顺序清偿；顺序相同的，按照债权比例清偿；抵押权已登记的先于未登记的受偿；抵押权未登记的，按照债权比例清偿。

三、质押

【文前思考9-16】 甲向乙借款，并将自己所有的一辆摩托车质押给乙。乙在质押期间，未经甲的同意，将摩托车开出路面，由于驾驶技术不过关，乙在驾驶摩托车过程中撞上了树干，致使摩托车严重受损，需要支付维修费1000元。

请问：

1. 这笔维修费应该由谁来支付？为什么？

2. 除了实物可以质押外，还有哪些财产可以用于质押？

（一）质押概述

1. 质押的概念

质押也称质权，是指债务人或者第三人将其动产或者权利移交债权人占有，作为债权的担保，当债务人不履行债务或者出现当事人约定的情形时，债权人有权就该财产优先受偿。其中，该财产称为质物，提供财产担保的人称为出质人，享有质权的人称为质权人。质押分为动产质押和权利质押。

2. 质押的特征

质押与抵押相比，具有一定的区别。①质押的标的物是动产或者权利，不动产不能设定质押；抵押的标的物是动产或者不动产。②质权的设定必须转移质物的占有，抵押权的设定并不转移抵押物的占有。

（二）动产质押

动产质押，是为担保债务的履行，债务人或者第三人将其动产出质给债权人占有，债务人不履行到期债务或者发生当事人约定的实现质权的情形，债权人有权就该动产优先受偿。

1. 动产质押的设定

设定动产质押的，出质人与质权人应签订书面质押合同，质押合同的内容应当包括如下条款：被担保的主债权种类、数额；债务人履行债务的期限；质物的名称、数量、质量、状况；质押担保的范围；质物移交的时间。

质权自出质人交付质押财产时设立。质权人在债务履行期届满前，不得与出质人约定债务人不履行到期债务时质押财产归债权人所有。如果违反该规定，则约定的"流质条款"无效，但不影响质押合同其他部分的效力。

2. 动产质押的效力

动产质押设定后，在主债务清偿之前，质权人有权占有质物，并有权收取质物所生的孳息。质权人在质权存续期间，负有妥善保管质押财产的义务；因保管不善致使质押财产毁损、灭失的；或者未经出质人同意，擅自使用、处分质押财产，给出质人造成损害的，应当承担赔偿责任。质权人的行为可能使质押财产毁损、灭失的，出质人可以要求质权人将质押财产提存，或者要求提前清偿债务并返还质押财产。

（三）权利质押

权利质押是以可转让的权利为标的物所设立的质权。

1. 权利质押的质物

根据《物权法》规定，债务人或者第三人有权处分的下列权利可以出质：

（1）汇票、支票、本票；

（2）债券、存款单；

（3）仓单、提单；

（4）可以转让的基金份额、股权；

（5）可以转让的注册商标专用权、专利权、著作权等知识产权中的财产权；

（6）应收账款；

（7）法律、行政法规规定可以出质的其他财产权利。

2. 权利质押的设定

以汇票、支票、本票、债券、存款单、仓单、提单出质的，当事人应当订立书面合同。质权自权利凭证交付质权人时设立；没有权利凭证的，质权自有关部门办理出质登记时设立。

以基金份额、股权出质的，当事人应当订立书面合同。以基金份额、证券登记结算机构登记的股权出质的，质权自证券登记结算机构办理出质登记时设立；以其他股权出质的，质权自工商行政管理部门办理出质登记时设立。

以注册商标专用权、专利权、著作权等知识产权中的财产权出质的，当事人应当订立书面合同。质权自有关主管部门办理出质登记时设立。

以应收账款出质的，当事人应当订立书面合同。质权自信贷征信机构办理出质登记时设立。

四、留置权

【文前思考 9-17】 甲公司的一台精密机床由乙公司代为保管，保管期限 3 年，至 2011 年 1 月 31 日止，保管费 30 万元。1 月 30 日，甲公司将机床提走并约定 10 天内支付保管费，否则，乙公司可对该机床行使留置权。

请问：若甲公司未能按期支付保管费，乙公司能否对该机床行使留置权？为什么？

（一）留置权概述

留置权是指债权人合法占有债务人的动产，在债务人不履行到期债务时，有权依法留置该财产，以该财产折价或者以拍卖、变卖该财产的价款优先受偿。留置权属于法定的担保权，其产生不是当事人之间的约定，而是在符合法律规定的条件时产生。当事人可以通过合同的约定排除留置权的适用。

（二）留置权产生要件

（1）债权人合法占有债务人的动产。

如果债权人没有占有债务人的财产，则无留置权可言，债权人丧失对债务人动产的占有，则留置权归于消灭。同时，债权人的占有必须是合法的，动产如果是因侵权行为而占有的，不能产生留置权。

（2）占有的动产与债权属于同一法律关系。

（3）债务履行期届满且债务人未按规定履行义务。

（三）留置权的效力

1. 留置标的物

根据《物权法》的规定，债权人在占有留置物期间，留置权人有权收取留置财产的孳息。留置财产为可分物的，留置财产的价值应当相当于债务的金额。留置物为不可分物的，留置人可以就其留置物的全部行使留置权。

2. 优先受偿权

留置权人与债务人应当约定留置财产后的债务履行期间；没有约定或者约定不明确的，留置权人应当给债务人两个月以上履行债务的期间，但鲜活易腐等不易保管的动产除外。债务人逾期未履行的，留置权人可以与债务人协议以留置财产折价，也可以就拍卖、变卖留置财产所得的价款优先受偿。留置财产折价或者拍卖、变卖后，其价款超过债权数额的部分归债务人所有，不足部分由债务人继续清偿。

同一动产上已设定抵押权或质权，该动产又被留置的，留置权人优先受偿，即留置权优于抵押权和质权。

拓展阅读

70年后对我们的房子何去何从的设想

在房地产交易过程中，大家经常会接触到"产权证"和"土地证"这两个概念。所谓产权是指房屋的所有权，而对于土地来说，业主只具有使用权，没有所有权。一般来说，居住用地的使用期限是70年。从开发商拿地到销售通常会间隔1~3年，无形中使居住用地使用权年限受损；除了销售不畅的尾房、空置房外，一些新建商品房的开发土地实际上也已闲置了许多年，购房者买了这样的房子，其土地使用权年限也已不足70年。

近日，上海一则关于国有建设用地土地使用权预申请的公告中，规定土地使用权期满之后，由出让人收回并补偿相应残余价值，更有甚者，在《国有建设用地使用权出让预申请须知》中明确规定，土地期满后由"出让人无偿收回"。

"土地无偿收回"引起了多数人的关注，到底70年后，我们的房子又该如何处理？让我们一起来设想。

设想一，房随地走，国家给予一定补偿。业界认为，尽管目前尚无具体政策出台，但随着时间的推移和局部矛盾的显露，这一问题会得到有效解决，只是暂不排除短期内引发争议和投诉的可能。由于土地是国家的，业主只是拥有土地使用权，并且是附年限的。从理论上讲，70年届满后，国家有权利收回土地；而房屋产权是没有期限的，这里就存在着国家土地所有权与个人房屋所有权之间的矛盾。具体的解决方法可以是，国家将土地使用权收回，房随地走，个人的房屋也被收回，国家给予一定的补偿。

设想二，产权人重新签订土地出让合同。土地使用权期限届满之后，国家将收回土地，产权人则可以重新办理土地使用权出让手续，签订土地出让合同，向国家交纳土地出让金。如果70年后由于城市建设或其他政府行为要拆除房屋，收回土地，同样会根据相关拆迁管理办法给予业主相应的补贴。当然在这70年的时间中，随着城市的发展需要，有可能会在这方面制定更加完善的政策，更好地保护消费者的权益。

设想三，等待政府出台适宜政策。依据目前的拆迁政策来看，由于房屋土地使用年限问题给购房者造成明显经济利益损失的可能性不大，除非涉及未来遗产继承等方面的问题。因此涉及商品房土地使用年限等问题，需要上端、中端、下端单位及个人的共同努力，从长远来看，开征物业税将是一项行之有效的解决办法。但目前政府还没有出台相应的法规，且距离商品房土地使用70年还有一段时间。物权法规定住宅使用期满自动续期，但目前还没有对于居民使用期满如何续期的具体说明。

总的来说，我们每个人都将或早或晚地面临"土地续期"的问题。正是因为涉及面广，因此政策迟迟没有出台。但可以肯定，一刀切的政策不符合现在中国实际的土地情况。从全球范围来看，有些国家的土地使用权是没有期限甚至是可以买卖的，因此不存在续期的问题；而另一些国家则规定土地使用权到期后，由政府收回土地和地上的房屋，同时给予房主一定的经济补偿。不少业内人士在赞同这种做法的同时也给出了另外两种建议：一是延长土地使用的期限。另一个办法是通过"拆迁安置"来解决业主们的居住问题。

职业知识检测

一、单项选择题

1. 下列可为物权客体的有（　　）。

A. 房屋　　　　　B. 人身上的器官　　　C. 专利　　　　　D. 商标

2. 下列属于天然孳息的是（　　）。

A. 房屋租金　　　　　　　　　B. 梨树上结下的梨子

C. 存款利息　　　　　　　　　D. 股利分红

3. 为避免绕远路，与他人协商通过他人土地直接到达自己的土地，其所享有的通行权属于（　　）。

A. 所有权　　　　B. 地役权　　　　C. 地上权　　　　D. 土地使用权

4. 某造船厂以正在建造中的大型客船作为抵押向银行借款，但未办理抵押登记。下列说法符合《物权法》规定的是（　　）。

A. 建造中的客船不能设定抵押权

B. 因未办理抵押登记，借款合同无效

C. 因未办理抵押登记，抵押合同无效

D. 因未办理抵押登记，银行不得对抗善意第三人

5. 有关留置权，下列表述正确的是（　　）。

A. 承运人为取得运费对承运的扶贫物资可行使留置权

B. 保管人为取得保管费对保管的救灾物资可行使留置权

C. 加工人为取得加工费对加工物可行使留置权

D. 在到期未交付修理费的情况下，财产侵占人可以行使留置权

二、多项选择题

1. 财产所有权包括（　　）。

A. 占有权　　　　B. 收益权　　　　C. 使用权　　　　D. 处分权

2. 下列情形中，不发生标的物所有权转移的是（　　）。

A. 甲委托乙保管名贵字画一幅，已经交付

B. 甲借给乙100元，已经交付

C. 甲赠送乙手机一部，已经交付

D. 甲将自己的汽车出租给乙，已经交付

3. 抵押权担保范围包括（　　　）。

A. 主债权和利息　　　B. 违约金

C. 损害赔偿金　　　　D. 实现抵押权的费用

4. 下列财产，不能用于抵押的是（　　　）。

A. 甲企业自有的一栋宿舍楼

B. 乙学校的一批多媒体教学设施

C. 丙公司已经被法院查封的一批货物

D. 丁医院的一批医疗设备

5. 下列表述正确的是（　　　）。

A. 所有权与抵押权可以同时存在于同一物上

B. 用益物权与抵押权可以同时存在于同一物上

C. 一间房屋可以同时存在两个所有权

D. 一间房屋可以同时存在两个抵押权

三、判断题

1. 公民的全部私人财产受法律保护，禁止任何单位和个人侵占、哄抢、破坏。（　　　）

2. 拾得遗失物，不知道物主的，应当及时发布招领公告，遗失物自发布招领公告之日起 6 个月内无人认领的，归拾获人所有。（　　　）

3. 以房屋设定抵押的，双方签订书面合同之外，还应当到有关部门进行登记，否则，该抵押权无效。（　　　）

4. 企业可以将现有的以及将有的生产设备、原材料、半成品、产品设定抵押。（　　　）

5. 当事人以动产设定质押的，债务人未按期履行债务时，债权人有权将该动产收归自己所有。（　　　）

职业能力检测

案例一　善意取得的有关规定

甲公司购买一辆轿车作为办公用车，给业务经理张某使用，并将轿车登记在张某名下。后来，张某未经公司同意，擅自将车卖给不知情的王某，并办理了过户手续。甲公司知道后，要求王某返还轿车，遭到王某拒绝。

思考：甲公司的主张能否得到法院支持？简要说明理由。

案例二　地役权的设定

2010 年 10 月 30 日，甲公司通过拍卖取得了某市郊区的一块工业建设用地，为了本公司员工出让方便，2011 年 1 月 3 日，甲公司与其相邻土地的建设用地使用权人乙公司签订了书面合同，合同约定：甲公司在乙公司的土地上修建一条机动车道，使用期限为 20 年，甲公司向乙公司一次性支付 20 万元作为补偿。该合同设立的权利没有办理登记手续。

思考：甲公司和乙公司合同拟设立的是何种物权？该物权是否已经设立？简要说明理由。

案例三　抵押财产出租的有关规定

2010 年 1 月 30 日，甲以自己的房屋作为抵押向乙借款，借款期一年。2010 年 3 月 1 日，甲将房屋出租给丙，每月租金 1000 元，租期两年，甲未告知丙关于房屋抵押的事宜。2011 年 2 月，因甲到期未还本付息，乙行使抵押权，将房屋进行拍卖，就房款优先受偿。受让人丁取得房屋所有权后，要求乙搬离该房。

思考：

1. 乙在租赁合同的有效期内，是否能仍有权居住？

2. 如果乙因被迫搬离房子而造成一定的经济损失，该损失由谁负责？简要说明理由。

第十章 知识产权法律制度

知识目标

1. 掌握知识产权、商标权、专利权的概念；商标注册的原则；不授予专利权的内容；

2. 理解我国知识产权法律体系；发明、实用新型的概念；取得商标权的原则和途径；商标权的侵权行为及法律后果；

3. 了解使用新型与发明的区别；外观设计的概念、保护方式。

能力目标

1. 能够依据法律规定办理商标权、专利权的注册、申请手续和工作；
2. 正确分析解决著作权、商标权、专利权的纠纷案例。

知识导航

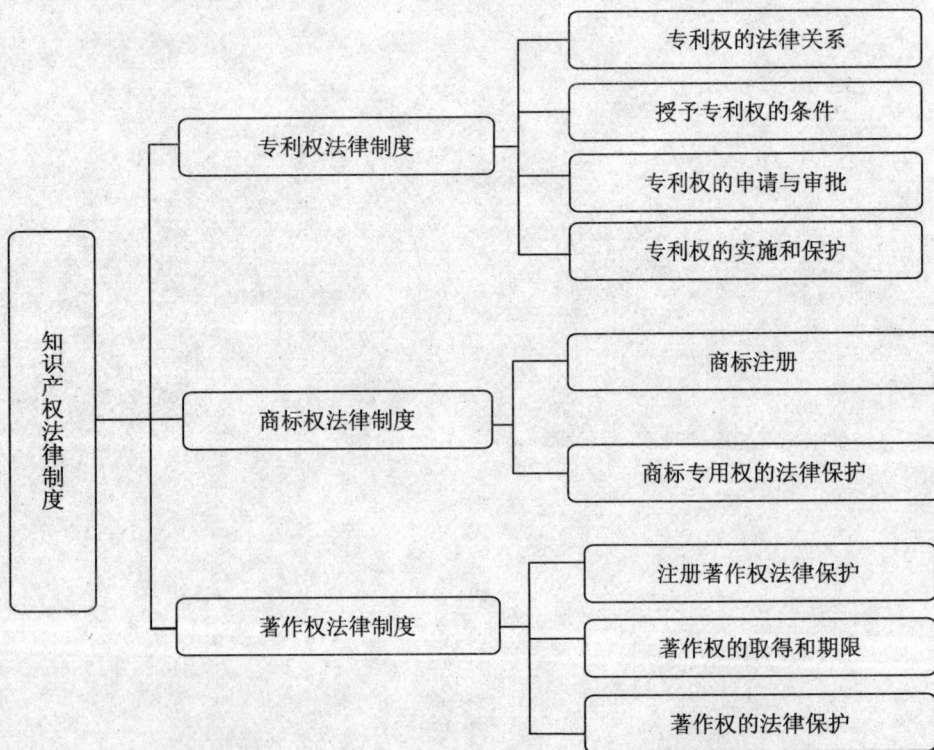

案例导入

世界知识产权组织（EIPO）在 2000 年召开的第 35 届成员大会上通过决议，确定从 2001 年起，将每年的 4 月 26 日定为"世界知识产权日"。设立世界知识产权日旨在全世界范围内树立尊重知识，崇尚科学和保护知识产权的意识，营造鼓励知识创新和保护知识产权的法律环境。

世界知识产权日近年主题回顾：

2007 年主题：鼓励创造

2008 年主题：赞美创新，增进人们对知识产权的尊重

2009 年主题：绿色创新

2010 年主题：创新将世界联系在一起

请思考：什么是知识产权？知识产权包括哪些内容？知识产权与一般的民事权利有什么不同？为什么要保护知识产权？

知识产权属于民事权利的范畴，它是同物权、债权并列的民事权利，一般来说，知识产权是指创造性智力成果的完成人或工商业标志的所有人依法所享有的权利的通称。知识产权包括工业产权和著作权，其中工业产权主要是指专利权和商标权。

知识产权它与一般的民事权利特别是物权有一定的区别，知识产权的法律特征表现为：

①专有性。其又称为排他性，是指权利一经确认或授予，权利人对该权利具有独占权，未经权利人许可，任何人不得擅自使用该权利。

②时间性。法律对知识产权的保护有一定时间的限制，在法律规定的时间内，知识产权受到法律保护，一旦超过了法律保护的期限，该项智力成果就成为社会公共财富，为社会公众无偿使用。

③地域性。知识产权的保护受到一定地域范围的限制。根据一国的法律，在该国取得的知识产权只在该国内生效，其他国家没有承认和保护该项权利的义务。国家之间的对知识产权的保护，通常通过共同参加的国家公约、双边协议等来实现。

④法律确认性。并非任何形式的智力成果都能受到法律保护，要取得法律的确认和保护，必须履行特定的法律程序或经国家主管机关依法审批。

知识产权法是指因调整知识产权的归属、行使、管理和保护等活动中产生的社会关系的法律规范的总称。我国现行的知识产权方面的法律有《中华人民共和国专利法》（以下简称《专利法》）、《中华人民共和国商标法》（以下简称《商标法》）、《中华人民共和国著作权法》（以下简称《著作权法》）等。

1883 年 3 月 20 日在巴黎签订的《保护工业产权巴黎公约》（以下简称《巴黎公约》），是世界上最早签订的关于工业产权保护的国际公约。我国于 1985 年 3 月 15 日正式成为该公约成员国。巴黎公约的规定分三类，即国民待遇原则、优先权原则、共同规则。

第一节 专利权法律制度

一、专利权概述

【文前思考 10－1】 王某拥有一份治疗胃痛的祖传配方，并就该配方申请了专利权。其朋友张某窃取了王某的配方，进行批量生产，由于该药疗效显著，销路很好。王某发现张某窃取了自己的配方后，要求张某停止对该药品的生产，遭到拒绝。无奈，王某只能诉诸法律。

请问：王某的要求是否合理？有什么法律根据？

专利权简称专利，是国家专利机关依法授予发明创造的发明人、设计人或者其所在的单位，在一定期限内对特定的发明创造依法享有的专有权。

专利法是调整因确认和保护发明创造的专利权，以及因使用发明创造而产生的各种社会关系的法律规范的总称。

二、专利权的法律关系

【文前思考 10－2】 某机械厂工程师李某于 2009 年 12 月退休，退休前专业从事发动机开发设计，退休后仍继续其研究，并于 1 年内完成一项新的发动机开发技术，2010 年 8 月，李某就该发明创造以个人名义向专利局申请专利。同年 10 月，专利局驳回了李某的申请。对此，李某表示不解，自己是发明人，为什么不能申请专利？

请问：

1. 什么是专利权的主体？

2. 什么是职务发明？谁能成为该成果的专利申请人？

3. 是否所有的研究成果都能申请专利？

(一) 专利权的主体

专利权的主体是指有权提出专利申请、获得专利权，并且承担相应义务的自然人、法人和其他组织。根据我国《专利法》的有关规定，专利权的主体可以是发明人或设计人、职务发明的发明人所在单位以及专利权的合法受让人。

1. 发明人或设计人

发明人或设计人是指对发明创造的实质性特点作出了创造性贡献的人。其中，发明人是指发明或实用新型的完成人；设计人是指外观设计的完成人。要注意的是，在完成发明创造的过程中，那些只负责组织工作的人、为物质技术提供便利条件的人或是从事辅助性工作的人，并非发明人或设计人。

如果由两个（含）以上的人对同一项发明创造的实质性特点是，共同作出了创造性贡献，则这两个（含）以上的人成为共同发明人或共同设计人。

2. 申请人

专利申请人是指依法享有就某项发明创造向国务院专利部门提出专利申请的自然人、法人和其他组织。一般情况下，专利申请人指的是发明人或设计人，但是，以下两种情况申请人并非发明人或设计人。

（1）发明人或设计人以外的其他人通过合同转让或者继承而得到专利申请权。发明人或设计人在发明创造完成之后，可以选择自己申请专利，也可以通过合同形式将申请权进行转让；发明人或设计人死亡后，由其继承人依法取得申请权。

（2）职务发明。职务发明是指执行本单位的任务或者主要是利用本单位的物质条件所完成的发明创造。职务发明的专利权属于职务发明人所在的单位，利用本单位的物质技术条件所完成的发明创造，单位与发明人或者设计人订有合同，对申请专利的权利和专利权的归属作出约定的，从其约定。

📖 **小贴士** ✦✧

职务发明的类型

第一类是执行本单位任务所完成的发明创造。包括以下三种情况。

①发明人在本职工作中完成的发明创造；②履行本单位交付的与本职工作无关的任务时所完成的发明创造；③退职、退休或者调动工作后一年内做出的、与其在原单位承担的本职工作或者原单位分配的任务有关的发明创造。

第二类是主要利用本单位的物质条件（包括资金、设备、零部件、原材料或者不向外公开的技术资料等）完成的发明创造。

3. 专利权人

专利权人是指依法享有专利权的单位或个人。专利权的申请人并不必然成为专利权人，只有在专利获得批准后才能成为专利权人。

（二）专利权的客体

我国专利权的客体指的是发明、实用新型和外观设计。

1. 发明

发明是指对产品、方法或者其改进所提出的新的技术方案，发明是专利权保护的主要对象。发明创造是指运用现有的科学知识和科学技术，首创出先进、新颖、独特的具有社会意义的事物及方法，来有效地解决某一实际需要。因此，《专利法》规定了不授予专利权的几种情形：①科学发现；②智力活动的规律和方法；③疾病的诊断和治疗方法；④动物和植物品种（但是其生产方法，可以授予专利）；⑤用原子核变换方法获得的物质；⑥对平面印刷品的图案、色彩或者二者的结合作出的主要起标识作用的设计。

2. 实用新型

实用新型是指对产品的形状、构造或者其结合所提出的适于实用的新的技术方案，又称小发明或小专利。它的创造性和技术水平较发明专利低，但实用价值大。

3. 外观设计

外观设计，是指对产品的形状、图案或者其结合以及色彩与形状、图案的结合所作出的富有美感并适于工业应用的新设计。外观设计是产品的装饰性或艺术性外表设计，与实用新型不同，实用新型是对产品形状、构造的新设计，以实用性为标准，而外观设计则是以美观为标准。

(三) 专利权的内容

专利权的内容包括专利权人在法定期限内所享有的权利和负有的义务。

1. 专利权人的权利

(1) 独占实施权。实施权是指专利权人有权利依照自己的意愿，自行制造、使用、销售其专利产品或使用专利方法以及销售依照该专利方法直接获得的产品的权利。

独占实施权是指专利权被授予后，任何单位或者个人未经专利权人许可，不得实施其专利，即不得以生产经营为目的制造、销售、进口其专利产品。

(2) 许可实施权。许可实施权是指专利权人可以通过合同方式，许可他人使用其专利权并收取专利使用费的权利。受许可人只能在许可范围内实施该专利，也无权允许合同规定以外的任何人实施该专利。

(3) 转让权。这是指专利权人可以将其获得的专利所有权转让给他人的权利。

(4) 标记权。这是指权利权人有权决定是否在其专利产品上标明专利标记和专利号。

(5) 请求保护权。当专利权人的权利受到侵害时，可以直接向人民法院起诉，或者要求专利管理部门维护其专利权。

(6) 放弃权。专利权人可以通过书面声明放弃其专利权，并要经过登记、公告等程序。

2. 专利权人的义务

(1) 缴纳年费。专利权人应当在专利权授予的当年起开始缴纳年费。

(2) 实施专利。实施发明创造是专利权人的义务，只有将发明创造应用到工商业中，才能体现出发明创造的实用性。

三、授予专利权的条件

【文前思考10-3】 某高科技公司完成了一种新的发明：滚动轴承的制造方法，该技术在国际上处于领先地位，国内外尚未有相似的制造方法，这种方法可以提高轴承的质量、提高产量，还可以降低成本。

请问：这项发明能否申请发明专利？为什么？

(一) 发明与实用新型专利的授予条件

1. 新颖性

新颖性，是指该发明或实用新型不属于现有技术；并且在该发明或实用新型申请日之前，没有任何单位或个人就同样的发明创造向国务院专利行政部门提出过申请，并记载在申请日以后公布的专利申请文件或者公告的专利文件中。

2. 创造性

创造性，是指与现有技术相比，该发明具有突出的实质性特点和显著的进步，该实用新型具有实质性特点和进步。发明创造应该是发明人创造性的构思，而不是简单的技术组合，并且与相近的技术相比，在技术上要有所进步。

3. 实用性

实用性，是指该发明或实用新型能够在工商业上制造或者使用，并且能够产生积极效果。只有具有实用性的发明创造，才能给社会带来真正的受益，促进工商业的发展。

（二）外观设计权利的授予条件

外观设计专利权的取得与发明和实用新型有所不同，取得外观设计专利的关键条件只有一个，就是新颖性。我国《专利法》规定：授予专利权的外观设计与现有设计或者现有设计特征的组合相比，应当具有明显区别。

四、专利权的申请与审批

【文前思考10-4】　甲洗衣机厂为了降低洗衣机噪声，提高揉洗效率，组织科研力量，对其机械传动机构加以改进，于2010年1月研制出新的传动部件。新产品推出市场后，受到消费者的好评。乙洗衣机厂一直也在研究解决这个问题，通过对甲厂新产品的研究，熟练掌握了该项技术，并于2010年12月5日向专利局提出专利申请，甲厂得知该消息后，于2011年1月5日就同一项技术向专利局提出专利申请。

请问：

1. 对于两个厂家的专利申请，专利局应该将专利权授予谁？

2. 专利申请应遵循哪些原则？

3. 申请专利时应该提交哪些文件？

专利权的申请和审批，是关于专利权取得程序的法律制度。我国《专利法》对专利权的申请和审批程序作出了明确规定，只有符合法律规定的申请原则和程序的研究成果，才能授予专利权。

（一）专利权的申请原则

1. 书面原则

办理专利申请手续，必须采用书面形式。在整个审批的所有手续中，都必须采用书面形式办理，不得以口头说明或提交实物的形式来代替书面说明。

2. 先申请原则

对于同样的发明创造，只能授予一项专利。两个或两个以上的申请人就同样的发明创造申请专利时，专利权授予最先申请的人。确定申请先后，以申请日为准，国务院专利行政部门收到专利申请文件之日为申请日。如果申请文件是邮寄的，以寄出的邮戳日为申请日。

3. 优先权原则

优先权是指，申请人自发明或者实用新型在外国第一次提出专利申请之日起12个月内，或者自外观设计在外国第一次提出专利申请之日起6个月内，又在中国就相同主题提出专利申请的，依照该外国同中国签订的协议或者共同参加的国际条约，或者依照相互承认优先权的原则，可以享有优先权。

申请人自发明或者实用新型在中国第一次提出专利申请之日起 12 个月内，又向国务院专利行政部门就相同主题提出专利申请的，可以享有优先权。

申请人要求优先权的，应当在申请的时候提出书面声明，并且在 3 个月内提交第一次提出的专利申请文件的副本；未提出书面声明或者逾期未提交专利申请文件副本的，视为未要求优先权。

4. 单一性原则

单一性原则是指一份专利申请文件只能就一项发明创造提出专利申请，即"一申请一发明"原则。一件发明或者实用新型专利申请应当限于一项发明或者实用新型。属于一个总的发明构思的两项以上的发明或者实用新型，可以作为一件申请提出。一件外观设计专利申请应当限于一项外观设计。同一产品两项以上的相似外观设计，或者用于同一类别并且成套出售或者使用的产品的两项以上外观设计，可以作为一件申请提出。

（二）专利权的申请

专利权不能自动取得，申请人必须依照《专利法》的有关规定，以书面形式向国务院专利行政部门提交必要的申请文件。

1. 发明和使用新型专利申请文件

申请发明或者实用新型专利的，应当提交请求书、说明书及其摘要和权利要求书等文件。请求书应当写明发明或者实用新型的名称，发明人的姓名，申请人姓名或者名称、地址，以及其他事项。说明书应当对发明或者实用新型作出清楚、完整的说明，以所属技术领域的技术人员能够实现为准；必要的时候，应当有附图。摘要应当简要说明发明或者实用新型的技术要点。依赖遗传资源完成的发明创造，申请人应当在专利申请文件中说明该遗传资源的直接来源和原始来源；申请人无法说明原始来源的，应当陈述理由。

2. 外观设计专利申请文件

申请外观设计专利的，应当提交请求书、该外观设计的图片或者照片以及对该外观设计的简要说明等文件。申请人提交的有关图片或者照片应当清楚地显示要求专利保护的产品的外观设计。

（三）专利权的审批

以发明专利申请为例，说明专利权的审批。

（1）初审和公开。国务院专利行政部门收到发明专利申请后，经初步审查认为符合《专利法》要求的，自申请日起满 18 个月即行公布。也可以根据申请人的请求早日公布其申请。

（2）实质审查。公布后发明专利进入实质审查阶段，发明专利申请自申请日起 3 年内，国务院专利行政部门可以根据申请人随时提出的请求，对其申请进行实质审查；申请人无正当理由逾期不请求实质审查的，该申请即被视为撤回。国务院专利行政部门认为必要的时候，也可以自行对发明专利申请进行实质审查。发明专利的申请人请求实质审查的时候，应当提交在申请日前与其发明有关的参考资料。

（3）授权决定。国务院专利行政部门对发明专利申请进行实质审查后，认为不符合《专利法》规定的，应当通知申请人，要求其在指定的期限内陈述意见，或者对其申请进行修改；无正当理由逾期不答复的，该申请即被视为撤回。发明专利申请经申请人陈述意见或者进行修改后，国务院专利行政部门仍然认为不符合规定的，应当予以驳回。发明专利申请经实质审查没有发现驳回理由的，由国务院专利行政部门作出授予发明专利权的决定，发给发明专利证书，同时予以登记和公告。发明专利权自公告之日起生效。

四、专利权的实施和保护

【文前思考 10-5】 请求人广州某制药有限公司合法拥有"一种治疗风湿病的中药"的发明专利权。该制药公司通过合同形式许可东莞某制药厂实施该项专利。东莞某制药厂在没有征求广州某制药有限公司同意的情况下，擅自授权惠州某制药有限公司生产并销售该中药。广州某制药有限公司得知此事后，认为东莞某制药厂侵犯了请求人发明专利权，为此，请求广东省知识产权局处理。

请问：

1. 东莞某制药厂是否可以授权惠州某制药有限公司实施该项专利？

2. 该行为是否违法？知识产权局应如何处理？

（一）专利权的实施

专利权人的一项重要权利就是专利的实施权。任何单位或者个人实施他人专利的，应当与专利权人订立实施许可合同，向专利权人支付专利使用费。被许可人无权允许合同规定以外的任何单位或者个人实施该专利。

（二）专利权的保护

1. 专利权的法律保护期限

法律对专利权的保护期限具有一定时间的限制，发明专利的保护期限是 20 年，实用新型和外观设计的保护期限是 10 年，均自申请日起计算。

2. 侵犯专利权的行为

侵犯专利权是指未经专利权人的许可，擅自实施其专利的行为。侵犯专利的行为可分为：

（1）未经专利权人许可，以生产经营为目的制造、使用、销售、许诺销售专利产品，或者使用专利方法以及使用、销售、许诺销售、进口依专利方法直接获得的产品。

（2）假冒他人专利：即违背专利权人的意愿，以欺骗他人为目的，冒充已获得专利权的发明创造。但是，以下几种行为不视为侵犯专利权。

①在申请日以前已经制造相同产品，使用相同方法或者已经做好了制造、使用的必要准备，并且仅仅在原有范围内继续制造、使用的，不视为侵犯。

②临时通过中国领土、领海、领空的外国运输工具，依照其所属国同中国签订的协议或者共同参加的国际条约，或者依照互惠原则，为运输工具自身需要而在其装置和设备中使用有关专利的，不视为侵权。

③专门为科学研究和实验而使用有关专利的行为，不视为侵权，因为该行为不属于商业行为。

3. 侵犯专利权的法律后果

侵犯专利权的应承担停止侵权、没收违法所得、赔偿专利权人损失、被处以罚款等法律责任，情节严重构成犯罪，应依法承担刑事责任。

4. 专利权的终止

专利权的终止是指专利权保护期限届满或由于某种原因专利权失效。专利权终止以后，受该项专利权保护的发明创造便成为全社会的财富，任何人都可以无偿利用。专利权终止的情况主要有三种：①没有按照规定交纳年费；②专利权人以书面声明放弃专利权；③专利权期满，专利权即行终止。

第二节 商标权法律制度

一、商标、商标权与商标法

(一) 商标

1. 商标的含义

商标就是通常所说的"牌子"。商标是商品的生产者或经营者在其提供的商品上使用的，或服务的提供者在其提供的服务上采用的，用于区别商品或服务来源的显著标志。商标由文字、图形、字母、数字、三维标志和颜色组合，或者上述要素的组合。

2. 商标的分类

根据不同的划分标准，可以将商标分成不同的种类。

(1) 根据商标的构成要素，可分为文字商标、图形商标、数字商标以及组合商标。文字商标是以文字为主组成的商标，如"海尔""格力"等。图形商标是指用图形构成的商标，如"李宁"商标，是以一个长尾巴的"L"表示。数字商标是以阿拉伯数字组成的商标，如"999"等。组合商标是指由文字、图形、记号、数字等组合而成的商标。

(2) 按商标的功能和用途划分，可分为商品商标、服务商标、集体商标、证明商标、联合商标、防御商标等。商品商标是指用于商品上的商标，如"百事可乐""NOKIA"等。服务商标是指服务项目上的商标，如"工商银行"等。

(3) 按照商标的知名度，可分为驰名商标、著名商标和知名商标。驰名商标由国家工商总局商标局认定的在市场上享有较高声誉并为全国相关公众所熟知的商标，如"伊利""蒙牛"等。著名商标是由省级工商部门认定的，在该行政区划范围内享有较高声誉和市场知名度的商标，如广东省著名商标"格兰仕"等。知名商标是由市一级工商部门认定的，在该行政区划范围内享有较高声誉和市场知名度的商标，如广州知名商标"蓝月亮"洗涤剂等。

(二) 商标权

商标权是指商标所有人对其商标拥有的独占的、排他的权利。有关商标权的主体、客体内容将在后面的内容详细介绍。

(三) 商标法

商标法是调整因商标的注册、使用、转让、管理、保护过程中所发生的社会关系的法律规范的总称。我国商标法的立法宗旨是：加强商标管理，保护商标专用权，促使生产、经营者保证商品和服务质量，维护商标信誉，以保障消费者和生产、经营者的利益，促进社会主义市场经济的发展。

二、商标注册

【文前思考 10 - 6】 2010 年 1 月 31 日，福建省漳州市某计算器生产厂商向商标局申请将使用在该计算器上的"漳州"标志注册为商标。4 月 15 日，商标局审查后认为"漳州"系县级以上行政区划名称，违反《商标法》的相关规定，驳回该申请。该厂商于 4 月 20 日收到该驳回申请的决定。

请问：

1. 商标局驳回申请的理由对吗，为什么？

2. 商标注册时应遵守哪些原则？

3. 如该计算器生产厂商不服商标局驳回申请的决定，应于何时向谁提出申请复议？

由于知识产权具有法律确认性，因此，商标的拥有者想要得到商标的专有权，必须经过相应的法律途径进行注册，核准授予后方能得到注册商标权，受到法律的保护。

我国对商标管理实行集中注册、分级管理的原则，设有专门的商标主管机关来进行商标管理。国家工商行政管理局商标局主管全国商标注册和管理工作，地方各级工商行政管理部门的商标管理机关负责本地区商标管理工作。国务院工商行政管理部门设立商标评审委员会，负责处理商标争议事宜。

（一）注册原则

商标注册以自愿为原则。商标使用者可以按照自己的意愿选择是否进行商标注册，未注册的商标同样可以使用，但是，只有注册商标才能享有商标专有权。

虽然商标注册以自愿为原则，但是也有例外的情况，国家工商行政管理局 1988 年 1 月 4 日在《关于公布必须使用注册商标的商品的通知》中明确规定，对人用药品和烟草制品等国家规定的商品必须使用注册商标。另外，在商标注册申请时应注意一些原则。

1. 先申请先得原则

有两个或两个以上的申请人，在同一类商品或类似商品上，就相同或相似商标提出申请的，以初步审定并公告申请在先的商标；同一天申请的，初步审定并公告使用在先的商标，驳回其他人的申请，不予公告。

2. 优先权原则

我国《商标法》规定，商标注册申请人自其商标在外国第一次提出商标注册申请之日起 6 个月内，又在中国就相同商品以同一商标提出商标注册申请的，依照该外国同中国签订的协议或者共同参加的国际公约，或者按照相互承认优先权的原则，可以享有优先权。

3. 一类商品一件商标一份申请原则

在一份商标注册申请中，申请人只能按照分类表在一类商品申请注册一件商标，不能在不同类别的商品上申请注册同一商标，也不能在同一类别的商品上申请注册两个或者两个以上的商标。也就是说，如果申请人需要在不同类别商品上申请注册同一商标，或者在同一类别上申请注册不同商标，都应当分别提出申请。

小贴士

注册商标符号

使用注册商标，可以在商品、商品包装、说明书或者其他附着物上标明"注册商标"或者注册标记。注册标记包括（注外加〇）和（R外加〇）。使用注册标记，应当标注在商标的右上角或者右下角。

（二）注册条件

1. 申请人的资格

注册商标申请人是指申请商标的主体，可以是自然人、法人或者其他组织。申请人可以自行到商标局申请商标注册，也可以委托商标代理机构进行申请。

法条链接

对商标申请人资格的规定

《商标法》第4条自然人、法人或者其他组织对其生产、制造、加工、拣选或者经销的商品，需要取得商标专有权的，应当向商标局申请商品商标注册。

自然人、法人或者其他组织对其提供的服务项目，需要取得商标专有权的，应当向商标局申请服务商标注册。

2. 商标必须具备的条件

（1）商标必须具备法定的构成要素。根据《商标法》规定：任何能够将自然人、法人或者其他组织的商品与他人的商品区别开的可视性标志，包括文字、图形、字母、数字、三维标志和颜色组合，以及上述要素的组合，均可以作为商标申请注册。

（2）商标必须具备显著特征。商标的最主要作用是区分商品和服务的来源，表明商品或服务的质量，不同商家使用的商标应该具有自身的特征，才能使消费者对商品或服务的来源进行识别。

（3）商标必须不是禁止使用或者禁止注册的标志。根据《商标法》规定，下列标志不得作为商标使用。

①同中华人民共和国的国家名称、国旗、国徽、军旗、勋章相同或者近似的，以及同中央国家机关所在地特定地点的名称或者标志性建筑物的名称、图形相同的；

②同外国的国家名称、国旗、国徽、军旗相同或者近似的，但该国政府同意的除外；

③同政府间国际组织的名称、旗帜、徽记相同或者近似的，但经该组织同意或者不易误导公众的除外；

④与表明实施控制、予以保证的官方标志、检验印记相同或者近似的，但经授权的除外；

⑤同"红十字""红新月"的名称、标志相同或者近似的；

⑥带有民族歧视性的；

⑦夸大宣传并带有欺骗性的；

⑧有害于社会主义道德风尚或者有其他不良影响的。

县级以上行政区划的地名或者公众知晓的外国地名，不得作为商标。但是，地名具有其他含义或者作为集体商标、证明商标组成部分的除外；已经注册的使用地名的商标继续有效。

法条链接 ▶▶

不得作为商标注册的标志

《商标法》还规定了不得作为商标注册的标志：①仅有本商品的通用名称、图形、型号的；②仅仅直接表示商品的质量、主要原料、功能、用途、重量、数量及其他特点的；③缺乏显著特征的。上述所列标志经过使用取得显著特征，并便于识别的，可以作为商标注册。

（三）注册程序

1. 提出申请

商标注册申请人向商标局提出申请商标注册，应当按照公布的商品和服务分类表按类申请。

2. 初审和公告

商标注册的申请，凡符合规定的，由商标局初步审定并予以公告；凡是不符合规定的，由商标局驳回申请，不予公告。对于被驳回申请、不予公告的商标，商标局应当以书面形式通知申请人。申请人不服的，可以自收到通知之日起 15 日内向商标评审委员会提出复审，由商标评审委员会作出决定，并书面通知申请人。当事人对商标评审委员会的决定不服的，可以自收到通知之日起 30 日内向人民法院提起诉讼。当事人在法定期限内对商标局作出的裁定不申请复审，或者对商标评审委员会作出的裁定不向人民法院提起诉讼的，裁定生效。

3. 异议和裁定、核准

通过初审并公告的商标，进入异议期，自公告之日起 3 个月内，任何人可以对公告的商标提出异议。当有人提出异议时，商标局应听取异议人和申请人陈述事实和理由，经调查核实后，做出裁定。经裁定异议成立的，不予以核准注册；经裁定，异议不能成立或者异议期满无异议的，予以核准注册商标，发给商标注册证，并予以公告。

（四）注册商标的期限和续展

注册商标的法律保护期限为 10 年，自核准注册之日起计算。如果商标保护期限届满，商标持有人仍需继续使用该商标的，可以经通过申请续展来延长商标专有权的保护期限。每续展一次，有效期为 10 年，自该商标上一次有效期届满次日开始计算。需要申请注册商标续展的，应当在有效期届满的前 6 个月申请续展注册；在此期间未能提出申请的，可以给予 6 个月的宽展期。宽展期内仍未提出申请的，注销其注册商标。

三、注册商标专用权的法律保护

【文前思考 10-7】 2010 年 4 月，红星纺织厂为自己生产的毛巾申请注册了"林山"商标，由于生产质量好，销路也很好。2011 年 3 月，前进棉纺厂在自己生产的窗帘上也使用"林山"商标，华丽纺织厂在自己生产的地毯上也使用了"林山"商标。这两个厂使用"林山"商标都没有经过红星纺织厂的许可。

请问：

1. 前进棉纺厂和华丽纺织厂的行为是否构成侵权？为什么？

2. 商标权人享有哪些权利？

（一）商标权人的权利和义务

1. 商标权人的权利

（1）续展权。

（2）许可使用权。商标权人可以通过签订商标使用许可合同许可他人使用其注册商标。被许可人未经商标权人同意，不得许可其他任何单位或个人使用该注册商标。

（3）转让权。商标转让权，是指商标权人依法享有的将其注册商标依照法定程序和条件，转让给他人的权利，转让后，受让人得到该商标的专用权。转让注册商标的，转让人和受让人应当签订书面转让协议，并共同向商标局提出申请。转让注册商标经核准后，予以公告，受让人自公告之日起享有商标专用权。

商标转让除了合同转让形式之外，还有继承转让。继承转让是指原商标专用权人死亡而由其继承人依法继承其注册商标专用权。

2. 商标权人的义务

商标权人在享有以上权利的同时，还应承担相应的义务，主要有以下几个方面。

（1）按规定使用注册商标。商标权人应当使用其注册商标，若连续 3 年停止使用注册商标，商标局可撤销其该注册商标。

（2）保证使用注册商标的商品质量。商标权人在生产商品或提供服务时，应当保证商品或服务的质量符合有关质量标准，不得粗制滥造，以次充好，欺骗消费者。

（3）按规定在申请商标注册和办理其他商标事宜时，缴纳相关费用。

（二）侵犯注册商标专用权的行为及法律后果

1. 侵犯注册商标专用权的行为

根据《商标法》第 52 条规定，有下列行为之一的，均属侵犯注册商标专用权。

（1）未经注册商标人的许可，在同一种商品或者类似商品上使用与其注册商标相同或者近似的商标的；

（2）销售侵犯注册商标专用权的商品的；

（3）伪造、擅自制造他人注册商标标识或者销售伪造、擅自制造的注册商标标识的；

（4）未经注册商标人同意，更换其注册商标并将该更换商标的商品又投入市场的；

（5）给他人的注册商标专用权造成其他损害的。

（三）侵犯注册商标专用权的法律后果

因侵犯注册商标专用权的行为引起纠纷的，由当事人协商解决；不愿协商或者协商不成的，商标注册人或者利害关系人可以向人民法院起诉，也可以请求工商行政管理部门处理。对侵犯注册商标专用权的行为，工商行政管理部门有权依法查处；涉嫌犯罪的，应当及时移送司法机关依法处理。对于侵犯商标专用权的行为，应当视其情节严重程度，依法追究其民事责任、行政责任或刑事责任。

第三节　著作权法律制度

一、著作权法概述

著作权又称为版权，是指文学、艺术和科学作品的作者及其相关主体依法对其作品所享有的权利。

著作权法是调整著作权人之间以及著作权人与著作权主管机关在作品的创作、传播、使用、管理过程中产生的社会关系的法律规范的总称。我国著作权法的基本原则主要有以下几个方面：以维护作者的权益为核心原则；作者利益与公众利益互相协调一致的原则；符合著作权国际保护基本准则原则。我国《中华人民共和国著作权法》（以下简称《著作权法》）不止保护中国公民的著作权，同样根据知识产权的国际条约对外国人的著作权进行保护。

二、著作权法律关系

【文前思考 10-8】　2010 年 4 月，歌唱演员李某去作曲家王某家作客，得知王某前天刚创作完成歌曲《兄弟》，便提出试唱一遍，王某欣然同意。李某领悟能力极强，试唱效果甚佳，两人皆满意。李某提出是否可专由他演唱此歌，王某答复先考虑一下，以后再说。李某于几天后，在一次赈灾义演上演唱此歌，并称是其新创造的歌曲。李某的演唱引起轰动，一曲成名。一个月后，某市电视台邀请李某在庆"台庆"文艺晚会上演唱《兄弟》，李某因此获得 2000 元的酬劳。

请问：

1. 歌曲《兄弟》的著作权归谁？哪些人能成为著作权的主体？

2. 李某称歌曲《兄弟》是由其新创作的歌曲的行为是否侵权？作者依法享有哪些人身权？

3. 李某在庆"台庆"文艺晚会上演唱《兄弟》的行为是否侵权？为什么？

（一）著作权的主体

著作权的主体，也称著作权人，是指依据法律规定，对文学、艺术和科学作品享有著作权的人。我国《著作权法》规定，著作权人包括：作者、其他依法享有著作权的公民、法人或其他组织。

1. 作者

作者是指进行文学、艺术或科学创作的人，即进行直接产生文学、艺术或科学作品的智力活动的人。一般来说，如无相反证明，在作品上署名的公民、法人或者其他组织为作者。

2. 其他著作权人

这是指除作者以外，其他依法享有著作权的公民、法人或其他组织。其他人成为著作权人的途径主要有以下几种。

（1）依照合同转让而取得。著作权因合同而取得著作权，主要是指通过著作权转让合同而取得著作权。

（2）依照继承关系取得著作权。依我国《继承法》规定，公民所享有的著作权中的财产权利可作为遗产，在公民死亡后可由其继承人继承。

3. 外国著作权人

依据我国《著作权法》规定，外国人、无国籍人的作品首先在中国境内出版的，依法享有著作权。外国人、无国籍人的作品根据其作者所属国或者经常居住地国同中国签订的协议或者共同参加的国际条约享有的著作权，受《著作权法》的保护。

（二）著作权的客体

著作权的客体指我国《著作权法》保护的对象，主要指的是作品。

1. 作品

根据我国《著作权法》第三条规定，作品主要包括以下列形式创作的文学、艺术和自然科学、社会科学、工程技术等。

（1）文字作品；

（2）口述作品；

（3）音乐、戏剧、曲艺、舞蹈、杂技艺术作品；

（4）美术、建筑作品；

（5）摄影作品；

（6）电影作品和以类似摄制电影的方法创作的作品；

（7）工程设计图、产品设计图、地图、示意图等图形作品和模型作品；

（8）计算机软件；

（9）法律、行政法规规定的其他作品。

2. 不受《著作权法》保护的对象

并非所有的作品都受到著作权法的保护，不受《著作权法》保护的对象主要有以下几种类型。

（1）依法禁止出版、传播的作品；

（2）法律法规，国家机关的决议、决定、命令和其他具有立法、行政、司法性质的文件，及其官方正式译文；

（3）时事新闻；

（4）历法、通用数表、通用表格和公式。

（三）著作权的内容

著作权的内容，即著作权人依法对其作品所享有的权利和应承担的义务。著作权人的权利主要包括人身权和财产权。

1. 人身权

著作权人的人身权，是指从作者创作出作品后才产生的，由作者终身享有，不可转让和剥夺，依据《著作权法》规定，著作权人享有以下人身权。

（1）发表权。这是指决定作品是否公之于众的权利；

（2）署名权。这是指表明作者身份，在作品上署名的权利；

（3）修改权。这是指修改或者授权他人修改作品的权利；

（4）保护作品完整权。这是指保护作品不受歪曲、篡改的权利。

2. 财产权

著作权人的财产权，是从著作权人发表、转让或者许可他人使用其创作的作品而产生的财产权，是可以转让的。根据《著作权法》规定，著作权人依法享有下列财产权：复制权、发行权、出租权、展览权、表演权、放映权、广播权、信息网络传播权、摄制权、改编权、翻译权、汇编权、应当由著作权人享有的其他权利。

（四）著作权的限制

【文前思考 10-9】　王某是一名初中语文老师，他认为李某的博客上发表的文章《我的家乡》非常适合作为教学案例，于是对当中的两个段落进行分析、点评，标明该文章的出处，并将点评资料复印 50 份，发给学生作为课堂教学的辅助资料，未向学生收费。

请问：王某的行为是否侵犯了李某的著作权？为什么？

著作权保护的目的不仅在于保护作者的正当权益，鼓励他们进行创作，同时还在于促进作品的传播与使用。如果片面地强调作者的权利，使权利绝对化，则会限制和妨碍作品的传播与使用。因此，法律在规定作者权利的同时，还相应地规定了作者对社会所承担的义务，这些义务主要通过对著作权的限制来体现。

1. 合理利用

合理利用是指非著作权人在法定情况下可以不经著作权人许可，不向其支付报酬而合理使用其作品，但应当指明作者姓名、作品名称，并且不得侵犯著作权人依照本法享有的其他权利。《著作权法》第 22 条规定，以下情况属于对作品的合理利用。

（1）为个人学习、研究或者欣赏，使用他人已经发表的作品；

（2）为介绍、评论某一作品或说明某一问题，在作品中适当引用他人已经发表的作品；

（3）为报道时事新闻，在报纸、期刊、广播电台、电视台等媒体中不可避免地再现或者引用已经发表的作品；

（4）报纸、期刊、广播电台、电视台等媒体刊登或者播放其他报纸、期刊、广播电台、电视台等媒体已经发表的关于政治、经济、宗教问题的时事性文章，但作者声明不许刊登、播放的除外；

（5）报纸、期刊、广播电台、电视台等媒体刊登或者播放在公众集会上发表的讲话，但作者声明不许刊登、播放的除外；

（6）为学校课堂教学或者科学研究，翻译或者少量复制已经发表的作品，供教学或者科研人员使用，但不得出版发行；

（7）国家机关为执行公务在合理范围内使用已经发表的作品；

（8）图书馆、档案馆、纪念馆、博物馆、美术馆等为陈列或者保存版本的需要，复制本馆收藏的作品；

（9）免费表演已经发表的作品，该表演未向公众收取费用，也未向表演者支付报酬；

（10）对设置或者陈列在室外公共场所的艺术作品进行临摹、绘画、摄影、录像；

（11）将中国公民、法人或者其他组织已经发表的以汉语言文字创作的作品，翻译成少数民族语言文字作品在国内出版发行；

（12）将已经发表的作品改成盲文出版。

2. 法定许可

著作权的法定许可，是指非著作权人在法定情况下，可以不经著作权人许可而使用其作品，但应当支付报酬的一种制度。

根据《著作权法》规定，为实施九年制义务教育和国家教育规划而编写出版教科书，除作者事先声明不许使用的外，可以不经著作权人许可，在教科书中汇编已经发表的作品片段或者短小的文字作品、音乐作品或者单幅的美术作品、摄影作品，但应当按照规定支付报酬，指明作者姓名、作品名称，并且不得侵犯著作权人依照本法享有的其他权利。

三、著作权的取得和期限

【文前思考10-10】　甲乙两人对文学非常感兴趣，尤其是对鲁迅的文章很有研究，2010年3月，甲乙两人对鲁迅的杂文进行整理汇编，起名《鲁迅杂文集》并出版发行，销路很好。

请问：

1. 鲁迅的文章是否仍受到法律的保护？

2. 甲乙两人的行为是否侵权并说明理由？《鲁迅杂文集》的著作权自何时取得？

（一）著作权的取得

1. 自动取得原则

自动取得原则是指作品创作完毕，不需要履行任何手续，作品本身也不需要载有任何标记，便自动地无条件地享有著作权。我国著作权法实行的是自动保护原则，中国公民、法人或者其他组织的作品，不论是否发表，均依法享有著作权。

2. 注册登记原则

我国法律制度在确认著作权适用于自动取得的同时，又规定了著作权的注册登记原则。著作权人可以依据自己的意愿，决定是否进行著作权的登记，采用登记手续会使著作权的保护更加明确。

（二）著作权的期限

著作权的期限是指著作权受法律保护的时间界限。一旦著作权的法定保护期届满，作品将自动地进入了公共领域，成为社会公共财富，公众可以自由地复制或者作其他的使用。

1. 人身权的期限

根据《著作权法》规定，作者的署名权、修改权、保护作品完整权的保护期不受限制。

2. 发表权和财产权的期限

根据《著作权法》规定，公民的作品，其发表权、财产权的保护期为作者终生及其死亡后 50 年，截止于作者死亡后第 50 年的 12 月 31 日；如果是合作作品，截止于最后死亡的作者死亡后第 50 年的 12 月 31 日。

电影作品和以类似摄制电影的方法创作的作品、摄影作品，其发表权、财产权的保护期为 50 年，截止于作品首次发表后第 50 年的 12 月 31 日，但作品自创作完成后 50 年内未发表的，《著作权法》不再保护。

四、著作权的法律保护

【文前思考 10 - 11】　王海是一位文学爱好者，生前曾创作过一篇散文《春天》，尚未发表。王海去世后其儿子王洋在整理其父遗物时，发现散文稿复写有两份，留下其中一份，遂将第二份作为废纸卖掉。李某在废纸中发现该散文稿后，仅作个别文字改动，便附上自己名字在一杂志上发表，获得稿酬 200 元。王洋发觉其父作品为李某发表，遂要求李某承担侵犯其著作权的侵权责任。

请问：李某的行为是否构成侵权？李某应不应当承担著作权侵权责任？

著作权人依法所享有的各项权利具有专属性，任何人不得侵犯。如果违反著作权法规定，侵害他人依法享有的著作权，则应承担相应的法律责任，若侵犯著作权的行为构成犯罪的，应依法追究其刑事责任。

拓展阅读

邻接权的种类

邻接权，是作品传播者所享有的权利，在我国《著作权法》中，邻接权包括出版者权、表演者权、录制者权和广播电视组织权。

第一，出版者权。出版者通常包括出版各种图书、杂志、报纸的出版社、杂志社和报社。图书出版者出版图书应当和著作权人订立出版合同，并支付报酬。出版者有权许可或者禁止他人使用其出版的图书、期刊的版式设计。该项的权利的保护期为 10 年，截止于使用该版式设计的图书、期刊首次出版后第 10 年的 12 月 31 日。

第二，表演者权。表演者，是指演员、演出单位或其他表演文学、艺术作品的人。表演者依法对其表演享有下列权利：表明表演者身份；保护表演形象不受歪曲；许可他人从现场直播和公开传送其现场表演，并获得报酬；许可他人录音录像，并获得报酬；许可他人复制、发行录有其表演的录音录像制品，并获得报酬；许可他人通过信息网络向公众传播其表演，并获得报酬。

第三，录制者权。录音制作者，是指录音制品的首次制作人；录像制作者，是指录像制品的首次制作人。录音、录像制作者对其制作的录音、录像制品，享有许可他人复制、发行、出租、通过信息网络向公众传播并获得报酬的权利；权利的保护期为50年，截止于该制品首次制作完成后第50年的12月31日。同时，录音、录像制作者制作录音、录像制品，应当同表演者订立合同，并支付报酬。

第四，广播电视组织权。广播电台、电视台有权禁止未经其许可将其播放的广播、电视转播；或将其播放的广播、电视录制在音像载体上以及复制音像载体。该权利的保护期为50年，截止于该广播、电视首次播放后第50年的12月31日。

此外，电视台播放他人的电影作品和以类似摄制电影的方法创作的作品、录像制品，应当取得制片者或者录像制作者许可，并支付报酬；播放他人的录像制品，还应当取得著作权人许可，并支付报酬。

职业知识检测

一、单项选择题

1. 知识产权的有效保护期限是（　　）。

A. 权利人申请决定　　　　　　　B. 以存在为前提

C. 法定的　　　　　　　　　　　D. 永久的

2. 下列关于商标的认识中最正确的是（　　）。

A. 商标是一种可视性标记

B. 商标的使用者和所有者没有范围限制

C. 商标标识的对象是其使用者和所有者

D. 采用商标的目的是为了区分商品的来源或服务的提供者，便于推销商品或推广服务

3. 以下产品必须使用注册商标的是（　　）。

A. 羽绒服　　　　B. 雪茄烟　　　　C. 矿泉水　　　　D. 电磁治疗仪

4. 注册商标的有效期是（　　），自核准注册之日起计算。

A. 5年　　　　B. 10年　　　　C. 15年　　　　D. 20年

5. 我国《著作权法》不保护的客体是（　　）。

A. 戏剧作品　　　　B. 建筑作品　　　　C. 美术作品　　　　D. 时事新闻

二、多项选择题

1. 专利权包括（　　）。

A. 发明　　　　B. 科学发现　　　　C. 实用新型　　　　D. 商标

2. 下列各项中，根据《专利法》的规定，属于《专利法》保护的智力成果是（　　）。

A. 科学发现　　　　　　　　　　B. 疾病治疗方法

C. 调味品　　　　　　　　　　　D. 动物品种的生产方法

3. 根据我国《商标法》规定，下列标志不得作为商标使用的是（　　　）。

A. 苹果　　　　　　B. 红十字　　　　　　C. 吉林　　　　　　D. 兰花

4. 某蛋糕店注册了"好心情"商标，用于各式糕点的外包装上，该商标的性质属于（　　　）。

A. 文字商标　　　　B. 服务商标　　　　　C. 商品商标　　　　D. 图形商标

5. 邻接权包括（　　　）。

A. 出版者权　　　　B. 表演权　　　　　　C. 录制权　　　　　D. 复制权

三、判断题

1. 法人不可能是知识产权享有的主体。（　　　）

2. 发明是指利用已知的科学理论、自然规律、科学技术所创造的新事物、新产品、新方法，特别是科学技术方面的新成就。（　　　）

3. 注册商标的有效期为 20 年，自核准注册之日起计算。（　　　）

4. 我国商标法对商标续展时间规定是期满前 6 个月，期满后给 6 个月宽展期。（　　　）

5. 两个或两个以上的商标注册申请人，同一天相同或者相近似的商标申请注册的，以抽签方式确定申请人并予以公告。（　　　）

职业能力检测

案例一　专利权的法律保护

金星科技有限公司是一家专业生产太阳能热水器的企业，于 2009 年 4 月 1 日向国家专利局提出了一项太阳能热水器核心生产技术的专利申请，并于 2010 年 3 月 1 日获得了该专利。光明电子厂在上述专利申请日前已独立开发该项技术，并于 2008 年 8 月试生产该产品，生产规模较小。2010 年，光明电子厂见该产品销路不错，决定扩大生产规模，大量生产。金星科技有限公司发现后，向人民法院起诉，要求光明电子厂承担专利权侵权责任。

思考：

1. 光明电子厂是否构成侵权？为什么？

2. 如果光明电子厂不扩大生产规模，在原有规模上继续生产，则金星科技的请求能否得到法院支持？为什么？

案例二　侵犯他人注册商标专用权的行为

2009 年 12 月 21 日，某县工商局在对当事人叶某所经营的店铺依法检查时，发现有销假行为，随即执法人员顺藤摸瓜，捣毁一处藏匿假冒烟酒窝点，现场查获侵权"茅台""五粮液"等省内外名优品牌白酒共 373 瓶，查获侵权"芙蓉王""中华"牌香烟 101 条及大量侵权商标标志，因违法数额较大，案件移交司法部门调查处理。

思考：

1. 叶某销售假冒烟酒是否构成违法？如果是，违反了什么法律？

2. 对于叶某的行为，工商局可以予以什么惩罚？

案例三　著作权的合理使用

2009 年 6 月，作家李某发表了一部长篇小说《思念》，随后李某与某电影公司签订合同，将《思念》的影视改编权和拍摄权在 3 年的专有使用权授予电影公司。小王是某电影学院学生，2009 年 9 月，小王为完成作业将此作品改编为电影剧本，作为作业上交给学校。电影学院选定该剧本为毕业生作品进行拍摄，于 2010 年 6 月完成拍摄，并在毕业典礼上播放，观众为本校学生和老师。对此，电影公司表示不满。

思考：

1. 小王将《思念》改编为剧本作为作业上交给学校是否侵犯了作者的著作权并说明理由？

2. 电影学院的做法是否构成侵权？为什么？

3. 你认为在电影公司和李某签订的合同中，电影公司享有哪些权利和负有哪些义务？

第十一章 市场管理法律制度

知识目标

1. 了解不正当竞争、产品质量、消费者等相关概念内容及监督管理体制；

2. 熟悉不正当竞争行为的表现，掌握生产者、销售者的产品质量责任和义务，熟悉消费者的权利和义务；

3. 掌握违反市场管理法律制度的法律责任的确定与承担。

能力目标

能识别不正当竞争行为、正确判断产品责任归属、明辨侵犯消费者权益的行为并能运用所学保护自身的合法权益。

知识导航

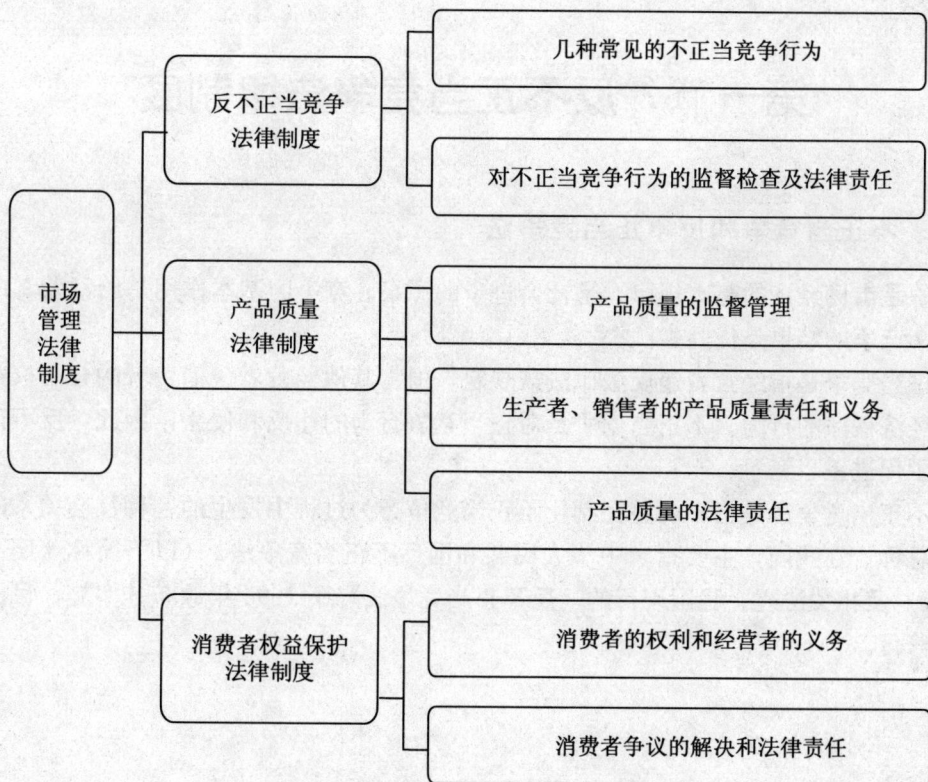

案例导入

从 2008 年 3 月，南京儿童医院把 10 例婴幼儿泌尿结石样本送至该市鼓楼医院泌尿外科专家孙西钊处进行检验，三鹿问题奶粉事件浮出水面。9 月 17 日，三鹿三聚氰胺事件及中国乳业的三聚氰胺丑闻被全面揭开。截至 11 月 27 日 8 时，全国累计报告因食用三鹿牌奶粉和其他个别问题奶粉导致泌尿系统出现异常的患儿 29 万余人。与此同时，伊利、蒙牛、光明等中国免检、中国名牌产品的卷入，直接导致国家免检制度被废止，多家企业产品中国名牌称号被取消。另外，作为高官问责的对象，三鹿集团原董事长田文华被刑事拘留，河北省石家庄市副市长张发旺被免职，国家质检总局局长李长江也引咎辞职，黯然下台。

请思考：

1. 作为市场活动主体的商品生产者、经营者应该承担什么责任和义务？

2. 消费者应该如何维护自己的权利？

市场管理法律制度是调整国家在市场管理过程中发生的经济关系的法律规范的总称。市场管理法律制度通过反不正当竞争行为以及规范各类生产经营者的生产经营行为，恢复和维护公平竞争机制，提高市场配置资源的效率，保护经营者和消费者的权利和利益。市场管理法律制度主要包括反不正当竞争法律制度、产品质量法律制度、消费者权益保护法律制度等。

第一节　反不正当竞争法律制度

一、不正当竞争和反不正当竞争法

竞争是市场经济的基本规律，是社会进步的源泉。竞争的基本作用是给经营者以动力和压力，竞争的结果是优胜劣汰。

不正当竞争是指经营者违反法律法规规定，损害其他经营者、消费者的合法权益，扰乱社会经济秩序的行为。不正当竞争是对正当竞争行为的违反和侵害，因此，反不正当竞争是为了促进正当竞争。

反不正当竞争法是指，调整在制止不正当竞争行为过程中发生的各种社会关系的法律规范的总称。在我国，主要指《中华人民共和国反不正当竞争法》（以下简称《反不正当竞争法》）及相关法规。我国现行的《反不正当竞争法》于 1993 年颁布并实施，目前正在进行大修订。

小贴士

不正当竞争行为的四大特征

①行为的主体是经营者；②是违法行为；③是一种侵权行为；④具有社会危害性。

二、几种常见的不正当竞争行为

【文前思考 11 - 1】 杭州奥普电器有限公司法务部经理崔强最近忙得焦头烂额，因为市场上出现了一家"奥普集成吊顶"，但卖的并非杭州奥普的产品，可是消费者出现质量投诉，却都算在了杭州奥普的头上。原来浙江凌普电器有限公司的商标"aopu 奥普"和杭州奥普电器有限公司的商标"aupu 奥普"之间只有一个字母之差。

请问：浙江凌普电器有限公司的行为涉嫌何种不正当竞争行为？

(一) 混淆行为

混淆行为是在商品标记上的假冒和欺诈行为。商品标记包括注册商标、商标名称、包装、企业名称、个人名称、质量标志等。混淆的目的是为了使购买者误认，谋取非法利益或取得竞争优势。混淆行为包括：

(1) 假冒他人的注册商标。商标注册人对已经注册的商标享有专用权，未经许可任何人都不得在同一种商品、服务或类似商品、服务上使用与其注册商标相同或近似的商标。

(2) 与知名商品相混淆。擅自使用知名商品特有的名称、包装、装潢，或使用与知名商品近似的名称、包装、装潢，造成和他人的知名商品相混淆，使购买者误认为是该知名商品。

(3) 擅自使用他人的企业名称或姓名，引人误认为是他人的商品。

(4) 伪造、冒用各种质量标志和产地的行为。在商品上伪造或者冒用认证标志、名优标志等质量标志，伪造产地，对商品质量作引人误解的虚假表示。

【文前思考 11 - 2】 某自来水公司强制要求新开用水户必须到其公司购买比市场同等型号及质量的产品价格高出 5% 左右的水表、管件等材料，否则不予安装水管及供水。

请问：该自来水公司的行为属于何种不正当竞争行为？应该受到怎样的处罚？

(二) 限购排挤行为与限制竞争行为

限购排挤行为指公用企业或者其他依法具有独占地位的经营者，限定他人购买其指定的经营者的商品，以排挤其他经营者的公平竞争。公用企业是指供水、供电、供热、供气、邮政、电信、交通运输等公用事业或行业的经营者。依法具有独占地位的经营者如烟草等专营专卖企业、保险公司及其分支机构、商业银行及其分支机构等。

限制竞争行为指政府机关及其所属部门滥用行政权利限制竞争的行为，主要表现为限定他人购买其指定的经营者的商品、限制其他经营者正当的经营活动、限制外地商品进入本地市场或者本地商品流向外地市场。

（三）商业贿赂行为

商业贿赂行为是指经营者采用财物或者其他手段进行贿赂以销售或者购买商品。

经营者在购销商品时，可以给对方折扣，也可以给中间人佣金。但条件一是明示，二是给付双方都必须如实入账。经营者在账外暗中给予对方单位或者个人回扣的，以行贿论处；对方单位或者个人在账外暗中收受回扣的，以受贿论处。

（四）虚假宣传行为

虚假宣传行为是指经营者利用广告或其他方法，对商品的质量、制作成分、性能、用途、生产者、有效期限、产地等作引人误解的虚假宣传。

以广告或其他方式销售商品，是现代社会最常见的促销手段。但各类虚假广告和其他虚假宣传，或乱人视听，有害社会主义精神文明；或直接误导用户及消费者，使其作出错误的消费决策，引发了大量社会问题；或侵犯其他经营者，特别是同行业竞争对手的合法利益，造成公平竞争秩序的混乱。广告法、反不正当竞争法均将此类行为作为必须禁止的违法行为予以规范。

另外，广告的经营者不得在明知或者应知的情况下，代理、设计、制作、发布虚假广告。

（五）侵犯商业秘密行为

1. 商业秘密的概念

商业秘密是指不为公众所知悉，能为权利人带来经济利益，具有实用性并经权利人采取保密措施的技术信息和经营信息。商业秘密不是专利，但只要符合法定条件，也受法律保护。

2. 侵犯商业秘密行为

侵犯商业秘密行为是指以不正当手段获取、披露、使用他人商业秘密的行为。经营者不得采用下列手段侵犯商业秘密：①以盗窃、利诱、胁迫或者其他不正当手段获取权利人的商业秘密；②披露、使用或者允许他人使用以前项手段获取的权利人的商业秘密；③违反约定或者违反权利人有关保守商业秘密的要求，披露、使用或者允许他人使用其所掌握的商业秘密。第三人明知或者应知前款所列违法行为，获取、使用或者披露他人的商业秘密，视为侵犯商业秘密。

【文前思考 11 - 3】 2010 年国庆，某服装商城为了减少夏季库存的服装，采取降价销售和有奖销售相结合的促销手段。价格为原价的 1 折（远低于成本价）。奖项设置为：一等奖 1000 元、二等奖 100 元、三等奖 10 元。只要有购买此类服装的顾客都可以凭小票参与抽奖。但实际其中并无一等奖。

请问：该服装商城的行为是否属于不正当竞争行为？为什么？

（六）低价倾销行为

低价倾销行为是指经营者以排挤竞争对手为目的，以低于成本的价格销售商品。并不是只要低于成本销售的行为就是不正当竞争行为。有下列情形之一的，不属于不正当竞争行为：一是销售鲜活商品；二是处理有效期限即将到期的商品或者其他积压的商品；三是季节性降价；四是因清偿债务、转产、歇业降价销售商品。

（七）不正当有奖销售行为

有奖销售是一种有效的促销手段，其方式大致可分为两种：一种是奖励给所有购买者的附赠式有奖销售，另一种是奖励部分购买者的抽奖式有奖销售。法律并不禁止所有的有奖销售行为，而仅仅对可能造成不良后果、破坏竞争规则的有奖销售加以禁止。

不正当有奖销售是指经营者在销售商品或提供服务时，以提供奖励为名，实际上采取欺骗或者其他不当手段损害用户、消费者的利益，或者损害其他经营者合法权益的行为。

经营者不得从事下列有奖销售：一是采用谎称有奖或者故意让内定人员中奖的欺骗方式进行有奖销售；二是利用有奖销售的手段推销质次价高的商品；三是抽奖式的有奖销售，最高奖的金额超过 5000 元。

另外，《反不正当竞争法》还规定：经营者销售商品，不得违背购买者的意愿搭售商品或者附加其他不合理的条件。经营者不得捏造、散布虚伪事实，损害竞争对手的商业信誉、商品声誉。投标者不得串通投标，抬高标价或者压低标价；投标者和招标者不得相互勾结，以排挤竞争对手的公平竞争。

三、对不正当竞争行为的监督检查及法律责任

县级以上人民政府工商行政管理部门对不正当竞争行为进行监督检查；法律、行政法规规定由其他部门监督检查的，依照其规定。监督检查部门在对不正当竞争行为进行监督检查时的职权有：询问相关当事人的权力；查询、复制相关资料的权力；检查相关财物的权力。

对不正当竞争行为，主要规定了民事责任和行政责任，也涉及了刑事责任。

经营者违反《反不正当竞争法》，给被侵害的经营者造成损害的，应当承担损害赔偿责任，被侵害的经营者损失难以计算的，赔偿额为侵权人在侵权期间因侵权所获得的利润；并应当承担被侵害的经营者因调查该经营者侵害其合法权益的不正当竞争行为所支付的合理费用。被侵害的经营者的合法权益受到不正当竞争行为损害的，可以向人民法院提起诉讼。

第二节　产品质量法律制度

一、产品质量法概述

（一）产品和产品质量

1. 产品

广义的产品，指凡与自然物相对的一切劳动生产物。产品质量法上所讲的产品是指经过加工、制作，用于销售的产品。下列产品不属于产品质量法调整的范围。

（1）未经加工天然形成的产品以及初级农产品。如原矿、石油、稻谷、香蕉等。

（2）虽经过加工、制作，但不销售的产品。

（3）建设工程如房屋、道路、桥梁等不动产性质的产品。但是建设工程使用的建筑材

料、建筑构配件和设备适用本法。

(4) 军工产品。军工产品质量监督管理办法，由国务院、中央军事委员会另行制定。

2. 产品质量

产品质量是指产品在正常使用条件下，满足合理使用要求所必须的特征和特性的总和。它具体指产品的适用性、安全性、可用性、可靠性、维修性和经济性等指标。反映、代表了产品的质量状况。

(二) 产品质量法

1. 产品质量法概念

产品质量法有广义和狭义之分。广义的产品质量法是指调整在生产、流通、消费及监督过程中因产品质量所发生的经济法律关系的法律规范的总称。狭义的产品质量法，即指《中华人民共和国产品质量法》（以下简称《产品质量法》）。

2. 产品质量法的适用范围

凡是在中华人民共和国境内从事产品生产、销售活动，包括生产出口产品和销售进口产品都适用《产品质量法》。

二、产品质量的监督管理

(一) 产品质量监督管理体制

国务院产品质量监督部门主管全国产品质量监督工作；县级以上地方产品质量监督部门主管本行政区域内的产品质量监督工作。国务院有关部门、县级以上地方人民政府有关部门在各自的职责范围内负责产品质量监督工作。法律对产品质量的监督部门另有规定的，依照有关法律的规定执行。

(二) 产品质量监督管理制度

【文前思考 11-4】 ①某市质检人员检查发现，某工地使用的电线均为"三无"产品，遂对建筑商进行了处罚。建筑商不服，一纸诉状告上了法庭。原告主张：电线是建筑工程不可分割的部分，不属于产品质量法规定的产品范围，质检部门无权进行处罚。②某地有关部门对加油站销售的汽油进行抽查检验，执法人员开着货车灌了几大桶汽油。

请问：

1. 建筑商的主张是否成立，为什么？

2. 执法人员的做法有无不妥，为什么？

1. 产品质量检验制度

产品质量应当检验合格，不得以不合格产品冒充合格产品。可能危及人体健康和人身、财产安全的工业产品，必须符合保障人体健康和人身、财产安全的国家标准、行业标准；未制定国家标准、行业标准的，必须符合保障人体健康和人身、财产安全的要求。禁止生产、销售不符合保障人体健康和人身、财产安全标准和要求的工业产品。

2. 企业质量体系认证制度

企业质量体系认证是指依据国际通用的《质量管理和质量保证》系列标准，经过国家认可的质量体系认证机构对企业的质量体系进行全面审核与评价，对于符合条件要求的，通过颁发认证证书的形式，证明企业质量管理和质量保证能力符合相应标准要求的活动。质量体系认证的作用有：①提高企业作为供方的质量信誉；②增强企业竞争能力，提高经济效益；③降低承担产品责任的风险；④保证产品质量，降低废次品损失。国际通用的质量标准为 ISO 即国际标准化组织推行的 ISO 9000（质量标准）系列标准和 ISO 14000（环境标准）。企业根据自愿原则向相关机构申请企业质量体系认证。

3. 产品质量认证制度

产品质量认证制度是指依据产品标准和相应的技术要求，经认证机构确认并通过颁发证书和认证标志，以证明企业某一产品符合相应技术要求的活动。企业根据自愿原则申请产品质量认证；经认证合格的，由认证机构颁发证书，企业可在自己的产品或其包装上使用认证标志，如真皮标志、纯羊毛标志等。

产品质量认证分为安全认证（多为强制性认证）和合格认证。凡属法律规定的强制性产品认证范围内的产品必须经国家指定的认证机构认证。我国的强制性产品的认证使用统一的标志，即"CCC"，简称 3C 认证，比如电线电缆、开关、低压电器、电动工具、家用电器、信息设备、电信终端、机动车辆、医疗器械等产品就需要 3C 认证。

小贴士 ★★

企业质量体系认证和产品质量认证的显著区别

企业质量体系认证和产品质量认证的显著区别是：①认证的对象不是产品，而是企业的质量体系；②认证依据的标准不是产品标准而是质量管理标准；③认证的结论不是产品是否符合产品标准，而是证明企业质量体系是否符合质量管理标准。获得企业质量体系认证的企业，并不等于获得产品质量认证，因不得在其产品上使用产品质量认证标志。

4. 产品质量监督检查制度

国家对产品质量实行以抽查为主要方式的监督检查制度，对可能危及人体健康和人身、财产安全的产品，影响国计民生的重要工业产品以及消费者、有关组织反映有质量问题的产品进行抽查。根据监督抽查的需要，可以对产品进行检验。检验抽取样品的数量不得超过检验的合理需要，并不得向被检查人收取检验费用。生产者、销售者对抽查检验的结果有异议的，可以自收到检验结果之日起 15 日内向实施监督抽查的产品质量监督部门或者其上级产品质量监督部门申请复检，由受理复检的产品质量监督部门作出复检结论。监督抽查的产品质量不合格的，由实施监督抽查的产品质量监督部门责令其生产者、销售者限期改正。逾期不改正的，由省级以上人民政府产品质量监督部门予以公告；公告后经复查仍不合格的，责令停业，限期整顿；整顿期满后经复查产品质量仍不合格的，吊销营业执照。监督抽查的产品有严重质量问题的，按有关规定处理。

三、生产者、销售者的产品质量责任和义务

（一）生产者的产品质量责任和义务

【文前思考 11 - 5】　日本一消费者买了一台电视机，在电视机上放了一个花盆。某

日,他给花盆的花浇水,引起电视机爆炸。原来,该广告有电视机上放花盆的画面。他以此为由上告到法院。法院以该电视机生产厂商的广告为据,判厂商赔偿。厂商狡辩说是塑料花。但法庭认为:消费者不知道,只当是真花可以浇水。经过法庭辩论,厂商认罚。

请问:法庭的理由有法律依据吗?

生产者应当对其生产的产品质量负责。具体包括作为和不作为两方面的义务。

1. 作为义务

(1) 对产品质量承担明示和默示担保义务。生产者应当对其生产的产品质量负责,产品质量应当符合下列要求:①不存在危及人身、财产安全的不合理的危险,有保障人体健康和人身、财产安全的国家标准、行业标准的,应当符合该标准;②具备产品应当具备的使用性能,但是,对产品存在使用性能的瑕疵作出说明的除外;③符合在产品或者其包装上注明采用的产品标准,符合以产品说明、实物样品等方式表明的质量状况。其中,前两条为默示担保义务,第三条为明示担保义务。

(2) 产品或其包装上的标识义务。产品或者其包装上的标识必须真实,并符合下列要求:①有产品质量检验合格证明;②有中文标明的产品名称、生产厂厂名和厂址;③有根据产品的特点和使用要求标注产品的标记;④有限期使用产品的标识要求;⑤有涉及使用安全的标识要求;⑥特殊产品包装要满足警示性标识要求。比如易碎、易燃、易爆等物品。

2. 不作为义务

《产品质量法》以禁止性规范的形式,规定了以下不作为义务。

①生产者不得生产国家明令淘汰的产品。②生产者不得伪造产地,不得伪造或者冒用他人的厂名、厂址。③生产者不得伪造或者冒用认证标志等质量标志。④生产者生产产品,不得掺杂、掺假,不得以假充真、以次充好,不得以不合格产品冒充合格产品。

(二) 销售者的产品质量责任和义务

【文前思考 11-6】 A 在 B 美容院使用 C 厂的产品致脸部皮肤严重灼伤,A 为此到医院治疗共花费 5000 元。

请问:B 美容院在此事件中的产品质量责任有哪些? A 可以要求哪些单位如何赔偿?

销售者的产品质量责任概括起来有三方面:一是担保责任。当产品出现质量问题时,销售者应消费者的请求,应承担赔偿责任,然后再向生产者追偿。二是连带责任。发生产品质量问题时,消费者即可以向生产者也可以向销售者主张权利。三是销售者找不到生产者时,由其自己承担赔偿责任。

销售者的产品质量责任和义务具体有:①进货检查验收义务,销售者应当建立并执行进货检查验收制度,验明产品合格证明和其他标识;②保持销售产品质量的义务;③正确标识的义务,这一义务与生产者相同;④禁止性义务:销售者不得有以下行为:销售国家明令淘汰并停止销售的产品和失效、变质的产品;伪造产地,伪造或者冒用他人的厂名、厂址;伪造或者冒用认证标志等质量标志;掺杂、掺假,以假充真、以次充好,以不合格产品冒充合格产品。

我国缺陷汽车产品召回管理相关规定

《缺陷汽车产品召回管理规定》第4、第5条售出的汽车产品存在本规定所称缺陷时，制造商应按照本规定中主动召回或指令召回程序的要求，组织实施缺陷汽车产品的召回。

本规定所称缺陷，是指由于设计、制造等方面的原因而在某一批次、型号或类别的汽车产品中普遍存在的具有同一性的危及人身、财产安全的不合理危险，或者不符合有关汽车安全的国家标准的情形。

本规定所称召回，指按照本规定要求的程序，由缺陷汽车产品制造商（包括进口商，下同）选择修理、更换、收回等方式消除其产品可能引起人身伤害、财产损失的缺陷的过程。

四、产品质量的法律责任

产品质量法律责任是指行为人违反《产品质量法》的规定，所应当承受的法律后果。这里的行为人不仅包括产品的生产者、销售者，还包括产品质量检验机构、认证机构、从事产品质量监督管理的国家工作人员以及其他有关人员；这里的法律后果包括民事责任、行政责任和刑事责任3种形式。在产品质量事故中，受害人最关心的就是获得赔偿，挽回经济损失，由此可见，民事责任是产品质量责任的主要责任形式，而产品质量的民事责任包括产品瑕疵担保责任和产品缺陷损害赔偿责任。

（一）产品瑕疵担保责任

【文前思考11-7】　2010年1月，B在C商场购买的D厂生产有书面承诺保证（1个月内不减退货）的减肥茶。B回家后按使用说明服用。一个月后，体重并无减少。

请问：B有权利要求C商场退货吗？

产品瑕疵担保责任是基于消费者从销售者手中取得物权之时产生的产品质量责任，即销售者出售的产品没有达到规定的质量要求，消费者不能按规定的要求正常使用，因此销售者是承担瑕疵担保责任的主体。售出的产品有下列情形之一的，销售者应当负责修理、更换、退货；给购买产品的消费者造成损失的，销售者应当赔偿损失。

（1）不具备产品应当具备的使用性能而事先未作说明的；

（2）不符合在产品或者其包装上注明采用的产品标准的；

（3）不符合以产品说明、实物样品等方式表明的质量状况的。

销售者按规定承担责任后，属于生产者的责任或者属于向销售者提供产品的其他销售者（以下简称供货者）的责任的，销售者有权向生产者、供货者追偿。生产者之间，销售者之间，生产者与销售者之间订立的买卖合同、承揽合同有不同约定的，合同当事人按照合同约定执行。

（二）产品缺陷损害赔偿责任

【文前思考11-8】　高某是某电吹风生产厂的研发人员，研发出了一款新型的电吹风并送了一个给朋友钱某。钱某在使用过程中，因质量问题漏电烧伤，钱某找厂家索赔。厂家以该产品尚未投入市场为由，拒绝承担赔偿责任。

请问：该电吹风厂家的理由是否有法律依据？

产品缺陷是指产品存在危及人身、他人财产安全的不合理的危险；产品有保障人体健康和人身、财产安全的国家标准、行业标准的，是指不符合该标准。产品缺陷一般包括：设计缺陷、制造缺陷、警告缺陷三类。产品缺陷责任是指产品制造者、销售者或者提供有缺陷产品导致他人遭受财产、人身损害后所应承担的民事法律后果。

1. 产品责任的归责原则

（1）生产者的无过错责任。无过错责任又称严格责任，即是说生产者对于生产的缺陷产品无论有无过错，只要造成了他人的人身或财产损害，都应承担民事责任。

根据《产品质量法》的规定，因产品存在缺陷，造成人身、缺陷产品以外的其他财产损害的，生产者应当承担赔偿责任。据此，生产者因其生产的缺陷产品致他人人身、财产损害的，应当承担无过错责任。但无过错责任并非绝对责任，并不意味着产品的生产者没有抗辩理由，他可以依据法律规定的条款免除责任。生产者能够证明有下列情形之一的，不承担赔偿责任：①未将产品投入流通的；②产品投入流通时，引起损害的缺陷尚不存在的；③将产品投入流通时的科学技术水平尚不能发现缺陷的存在的。

（2）销售者的过错责任。过错责任原则是指以行为人主观上有过错为承担民事责任的必要原则的归责原则。依照《产品质量法》的有关规定，由于销售者的过错使产品存在缺陷，造成人身、他人财产损害的，销售者应当承担赔偿责任。销售者不能指明缺陷产品的生产者，也不能指明缺陷产品的供货者的，销售者应当承担赔偿责任。

2. 损害赔偿

因产品存在缺陷造成人身、他人财产损害的，受害人可以向产品的生产者要求赔偿，也可以向产品的销售者要求赔偿。属于产品的生产者的责任，产品的销售者赔偿的，产品的销售者有权向产品的生产者追偿。属于产品的销售者的责任，产品的生产者赔偿的，产品的生产者有权向产品的销售者追偿。

3. 诉讼时效与请求权

（1）诉讼时效的规定。因产品存在缺陷造成损害要求赔偿的诉讼时效期间为 2 年，自当事人知道或者应当知道其权益受到损害时起计算。

（2）除斥期间的规定。因产品存在缺陷造成损害要求赔偿的请求权，在造成损害的缺陷产品交付最初消费者满 10 年丧失；但是，尚未超过明示的安全使用期的除外。

第三节　消费者权益保护法律制度

一、消费者和消费者权益保护法概述

【文前思考 11 - 9】　①武汉一位消费者购买了 10 多个随身听，怀疑是假冒名牌产品，向法院起诉，法院认为一次购买如此多的产品显然不是以消费为目的，判决原告败诉。②王海被认为是知假买假者的代表，涉讼颇多，争议不少。③某旅客在乘坐铁路客运列车旅行时，因列车刹车跌落在轨道上，双腿被轧断。④一位18岁的农村女孩辛辛苦苦考上了大学，却因大学录取通知书被投递延误，而失去了上大学的机会。

请问：

1. 一次购买大量商品或花费大额金钱者、知假买假者是否属于消费者？

2. 上述③、④案例是否适用消费者权益保护法？

（一）消费者和消费者权益保护法

消费者是指为生活消费需要而购买、使用商品或接受服务的个人。消费者一般是个人。

消费者权益保护法是调整国家机关、经营者、消费者之间因保护消费者利益而产生的各种社会关系的法律规范的总称。1993年10月31日，第八届全国人大常委会第四次会议通过并于1994年1月1日实施的《中华人民共和国消费者权益保护法》（以下简称《消费者权益保护法》），是我国制定的第一部保护消费者权益的专门法律。广义的消费者权益保护法还包括前面的《反不正当竞争法》《产品质量法》等。

（二）《消费者权益保护法》的立法宗旨与适用范围

1. 立法宗旨

保护消费者的合法权益，维护社会经济秩序，以促进社会主义市场经济健康发展。

2. 适用范围

①消费者为生活消费需要购买、使用商品或接受服务，其权益受该法保护。②经营者为消费者提供其生产、销售的商品或服务，应当遵守该法。③农民购买、使用直接用于农业生产的生产资料，参照本法执行。

小贴士

3·15的由来与中国消费者协会

1983年国际消费者联盟组织确定每年的3月15日为"国际消费者权益日"。这是基于美国前总统约翰·肯尼迪于1962年3月15日在美国国会发表了《关于保护消费者利益的总统特别咨文》，首次提出了著名的消费者的"四项权利"，即有权获得安全保障；有权获得正确资料；有权自由决定选择；有权提出消费意见。肯尼迪提出这四项权利以后，逐渐为世界各国消费者组织所公认并作为最基本的工作目标。同时，选择这样一天作为"国际消费者权益日"，也是为了扩大宣传，促进各国消费者组织的合作和交往，在国际范围内引起重视，推动保护消费者的活动。

从1983年以来，每年的3月15日，世界各地的消费者组织都要举行多种多样的纪念活动：举行记者招待会或发布新闻公报。中国消费者协会于1987年9月加入国际消费者联盟组织后，每年的3月15日"国际消费者权益日"，也都组织全国各地的消费者举办大规模的"国际消费者权益日"宣传咨询服务活动。中国消费者协会的宗旨是：对商品和服务进行社会监督，保护消费者的合法权益，引导广大消费者合理、科学消费，促进社会主义市场经济健康发展。

二、消费者的权利和经营者的义务

(一) 消费者的权利

【文前思考 11 - 10】 某公司生产销售一款新车，该车在有些新设计上不够成熟，导致部分车辆在驾驶中出现故障，甚至因此造成交通事故。事后，该公司拒绝就故障原因作出说明，也拒绝对受害人提供赔偿。

请问：该公司的行为侵犯了消费者哪些权利？

1. 安全保障权

这是指消费者在购买、使用商品或接受服务时享有保障人生、财产安全不受损害的权利。消费者有权要求经营者提供的商品和服务，符合保障人身、财产安全的要求。安全保障权包括人身安全权和财产安全权，是消费者最重要的权利。

2. 知悉真情权

这指消费者享有知悉其购买、使用的商品或者接受的服务的真实情况的权利。消费者有权根据商品或者服务的不同情况，要求经营者提供商品的价格、产地、生产者、用途、性能、规格、等级、主要成分、生产日期、有效期限、检验合格证明、使用方法说明书、售后服务，或者服务的内容、规格、费用等有关情况。

3. 自主选择权

自主选择权是指消费者有权根据自己的消费需求、意向和兴趣，自主选择自己满意的商品或服务。自主选择权包括：①自主选择提供商品或者服务的经营者；②自主选择商品品种或者服务方式；③自主决定购买或者不购买任何一种商品、接受或者不接受任何一项服务；④在自主选择商品或者服务时，有权进行比较、鉴别和挑选。

4. 公平交易权

公平交易是市场经济的基本原则，消费者享有公平交易的权利。公平交易权是指消费者在购买商品或者接受服务时享有获得质量保障、价格合理、计量正确等公平交易条件以及拒绝经营者的强制交易行为的权利。其核心是消费者以一定数量的货币换取同等价值的商品或服务。

5. 依法求偿权

这是指消费者在因购买、使用商品或者接受服务受到人身、财产损害时享有依法获得赔偿的权利。它是一项救济性权利。

6. 依法结社权

依法结社权是指消费者享有依法成立维护自身合法权益的社会团体的权利。消费者成立社会团体的目的在于通过集体力量来改变自身的弱小地位，从而维护自身的合法权益，如消费者协会。

7. 获得知识权

消费者享有获得有关消费和消费者权益保护方面的知识的权利。消费者应当努力掌握所需商品或者服务的知识和使用技能，正确使用商品，提高自我保护意识。

8. 受尊重权

这是指消费者在购买、使用商品和接受服务时，享有其人格尊严、民族风俗习惯得到尊重的权利。这是保障和尊重人权的重要体现。消费者在消费过程中不受非法搜查、检查、侮辱、诽谤等。

9. 监督批评权

这是指消费者享有对商品和服务以及保护消费者权益工作进行监督的权利。消费者有权检举、控告侵害消费者权益的行为和国家机关及其工作人员在保护消费者权益工作中的违法失职行为，有权对保护消费者权益工作提出批评、建议。

（二）经营者的义务

【文前思考 11－11】　张某于 2011 年 2 月 1 日把一件价值 1500 元（有发票）的羽绒大衣送 A 县某连锁干洗店，并交干洗费 20 元。第二天张某取衣服时发现羽绒严重不均匀，经市产品质量监督检验所检验证明，造成这种情况的原因是洗涤不当。张某找干洗店赔偿，干洗店承认失误，但只同意赔偿 200 元。理由是该店的服务规定：由于该店造成的损失，应按衣物价值赔偿，但最高赔偿额不得高于服务费的 10 倍。张某不接受，于 2 月 15 日向县消费者协会投诉。县消费者协会受理后，经了解情况属实。由消费者协会出面进行调解，双方于 3 月 1 日达成协议：按衣服的新旧程度，由该干洗店按衣服原价的 90％赔偿张某的损失 1350 元。

请问：

1. 该干洗店的理由是否充分并说明理由？

2. 县消费者协会在此事件中体现了哪些职能？

1. 履行法定或约定的义务

经营者和消费者有约定的，应当按照约定履行义务，但双方的约定不得违背法律法规的规定。

2. 接受监督的义务

经营者应当听取消费者对其提供的商品或者服务的意见，接受消费者的监督。

3. 保障安全的义务

经营者应当保证其提供的商品或者服务符合保障人身、财产安全的要求。对可能危及人身、财产安全的商品和服务，应当向消费者作出真实的说明和明确的警示，并说明和标明正确使用商品或者接受服务的方法以及防止危害发生的方法。

经营者发现其提供的商品或者服务存在严重缺陷，即使正确使用商品或者接受服务仍然可能对人身、财产安全造成危害的，应当立即向有关行政部门报告和告知消费者，并采取防止危害发生的措施。

4. 提供真实信息义务

经营者应当向消费者提供有关商品或者服务的真实信息，不得作引人误解的虚假宣传。经营者对消费者就其提供的商品或者服务的质量和使用方法等问题提出的询问，应当作出真实、明确的答复。商店提供的商品应当明码标价。

5. 标明真实名称和标记的义务

经营者应当标明其真实名称和标记。租赁他人柜台或者场地的经营者，应当标明其真实名称和标记。

6. 出具凭证或单据义务

经营者提供商品或者服务，应当按照国家有关规定或者商业惯例向消费者出具购货凭证或者服务单据；消费者索要购货凭证或者服务单据的，经营者必须出具。

7. 保证产品质量的义务

经营者应当保证在正常使用商品或者接受服务的情况下其提供的商品或者服务应当具有的质量、性能、用途和有效期限；但消费者在购买该商品或者接受该服务前已经知道其存在瑕疵的除外。经营者以广告、产品说明、实物样品或者其他方式表明商品或者服务的质量状况的。应当保证其提供的商品或者服务的实际质量与表明的质量状况相符。

8. 履行"三包"的义务

经营者提供商品或者服务，按照国家规定或者与消费者的约定，承担包修、包换、包退或者其他责任的，应当按照国家规定或者约定履行，不得故意拖延或者无理拒绝。

9. 不得以格式合同等方式损害消费者权益的义务

经营者不得以格式合同、通知、声明、店堂告示等方式作出对消费者不公平、不合理的规定，或者减轻、免除其损害消费合法权益应当承担的民事责任。格式合同、通知、声明、店堂告示等含有前款所列内容的，其内容无效。

10. 尊重消费者的义务

经营者不得对消费者进行侮辱、诽谤，不得搜查消费者的身体及其携带的物品，不得侵犯消费者的人身自由。

三、消费争议的解决和法律责任

(一) 消费争议的解决方式

消费者和经营者发生消费者权益争议的，可以通过下列途径解决：与经营者协商和解；请求消费者协会调解；向有关行政部门申诉；根据与经营者达成的仲裁协议提请仲裁机构仲裁；向人民法院提起诉讼。

(二) 消费者协会

消费者协会和其他消费者组织是依法成立的对商品和服务进行社会监督的保护消费者合法权益的社会团体。消费者协会履行下列职能：①向消费者提供消费信息和咨询服务；②参与有关行政部门对商品和服务的监督、检查；③就有关消费者合法权益的问题，向有关行政部门反映、查询，提出建议；④受理消费者的投诉，并对投诉事项进行调查、调解；⑤投诉事项涉及商品和服务质量问题的，可以提请鉴定部门鉴定，鉴定部门应当告知鉴定结论；⑥就损害消费者合法权益的行为，支持受损害的消费者提起诉讼；⑦对损害消费者合法权益的行为，通过大价传播媒介予以揭露、批评。

各级人民政府对消费者协会履行职能应当予以支持。消费者组织不得从事商品经营和营利性服务，不得以牟利为目的向社会推荐商品和服务。

【文前思考 11－12】 2011年2月1日，某公司老总欧某与员工年底聚餐。其间，与欧某同桌的方某刚拿起两瓶啤酒准备开启时，其中一个啤酒瓶爆炸，导致欧某左眼被炸伤，经医院抢救也未能幸免左眼失明的厄运。欧某向法院提起诉讼，要求啤酒销售商和生产商承担赔偿责任。法庭上，啤酒生产商提供了其啤酒用瓶质量符合国家有关标准的证据，并提出其啤酒用瓶是向啤酒瓶供应商购买，所有因啤酒瓶质量问题所造成的损害后果，应由啤酒瓶供应商承担法律责任。

请问：

1. 啤酒生产商的理由成立吗？

2. 如果你是法官，你会如何判决？

（三）法律责任

《消费者权益保护法》采取民事的、行政的、刑事的三种法律手段来实现对消费者权益的保护，具体表现在根据违法行为的性质、情节以及社会危害性等因素由经营者分别承担民事责任、行政责任和刑事责任。

拓展阅读

三包相关知识

三包是零售企业对所售商品实行"包修、包换、包退"的简称。指商品进入消费领域后，卖方对买方所购物品负责而采取的在一定限期内的一种信用保证办法。对不是因用户使用、保管不当，而属于产品质量问题而发生的故障提供该项服务。

第一，三包责任范围。消费者购买的产品出现以下情况，有权要求经销者承担三包责任：

①不具备产品应当具备的使用性能，而事先没有说明的；②不符合明示采用的产品标准要求；③不符合以产品说明、实物样品等方式表明的质量状况；④产品经技术监督行政部门等法定部门检验不合格；⑤产品修理两次仍不能正常使用。

第二，三包责任时间规定。

①"7 日"规定：产品自售出之日起 7 日内，发生性能故障，消费者可以选择退货、换货或修理；②"15 日"规定：产品自售出之日起 15 日内，发生性能故障，消费者可以选择换货或修理；③"三包有效期"规定："三包"有效期自开具发票之日起计算；④"90 日"规定和"30 日"规定：在"三包"有效期内，因生产者未供应零配件，自送修之日起超过 90 日未修好的，修理者应当在修理状况中注明，销售者凭此据免费为消费者调换同型号同规格产品。因修理者自身原因使修理超过 30 日的，由其免费为消费者调换同型号同规格产品，费用由修理者承担；⑤"30 日"和"5 年"的规定：修理者应保证修理后的产品能够正常使用 30 日以上，生产者应保证在产品停产后 5 年内继续提供符合技术要求的零配件。

第三，不属于三包的范围。属下列情况之一者，不实行三包，但是可以实行收费修理。

①消费者因使用、维护、保管不当造成损坏的；②非承担三包修理者拆动造成损坏的；③无三包凭证及有效发票的；④三包凭证型号与修理产品型号不符或者涂改的；⑤因不可抗拒力造成损坏的。

最后，提醒广大消费者，在三包有效期内，消费者依法办理修理、换货、退货时，要以购货发票及三包凭证作为依据。因此，在购买产品时，一定要销售者出具发票，检查是否附有三包凭证；二是办理修理、换货、退货时，要带上三包凭证和有效发票；三是在日常生活中要妥善保管好上述证明。

职业知识检测

一、单项选择题

1. 在账外暗中给予对方单位或者个人回扣的，以（　　）论处。

A. 受贿　　　　B. 行贿　　　　C. 贪污　　　　D. 盗窃

2. 下列行为，属于不正当竞争行为的有（　　）。

A. 以低于成本价格销售鲜活产品　　　B. 以低于成本价格处理积压商品

C. 抽奖式有奖销售最高奖为 3000 元　　　D. 发布虚假广告

3. 消费者享有知悉其购买、使用的商品或者接受的服务的（　　）的权利。

A. 真实用途　　　B. 真实价格　　　C. 真实情况　　　D. 真实产地

4. 国家对产品质量实行以（　　）为主要方式的监督检查制度。

A. 检查　　　　B. 质检　　　　C. 排查　　　　D. 抽查

5. 因产品存在缺陷造成损害要求赔偿的诉讼时效期间为（　　）年，自当事人知道或者应当知道其权益受到损害时起计算。

A. 1　　　　B. 2　　　　C. 3　　　　D. 4

6. 社会团体、社会中介机构对产品质量作出承诺、保证，而该产品又不符合其承诺、保证的质量要求，给消费者造成损失的，与产品的生产者、销售者承担（　　）责任。

A. 民事　　　　B. 连带　　　　C. 赔偿　　　　D. 清偿

二、多项选择题

1. 不属于不正当行为的有（　　）。

A. 销售鲜活商品

B. 处理有效期限即将到期的商品或者其他积压的商品

C. 季节性降价

D. 因清偿债务、转产、歇业降价销售商品

2. 消费者协会履行下列职能正确的有（　　）。

A. 向消费者提供消费信息和咨询服务

B. 参与有关行政部门对商品和服务的监督检查

C. 就有关消费者合法权益的问题，向有关行政部门反映、查询，提出建议

D. 受理消费者的投诉，并对投诉事项进行调查、调解

3. 经营者不得以（　　）等方式作出对消费者不公平、不合理的规定，或者减轻、

免除其损害消费合法权益应当承担的民事责任。

　　A. 格式合同　　　　B. 通知　　　　　　C. 声明　　　　　　D. 店堂告示

　　4. 消费者享有自主选择商品或者服务的权利。以下正确的有（　　）。

　　A. 消费者有权自主选择提供商品或者服务的经营者

　　B. 消费者有权自主决定购买或者不购买任何一种商品、服务

　　C. 消费者有权自主选择商品品种或者服务方式

　　D. 消费者在自主选择商品或者服务时，有权进行比较、鉴别和挑选

　　5. 生产者能够证明有下列（　　）情形的，不承担赔偿责任。

　　A. 未将产品投入流通的

　　B. 产品投入流通时，引起损害的缺陷尚不存在的

　　C. 将产品投入流通时的科学技术水平尚不能发现缺陷的存在的

　　D. 不具备产品应当具备的使用性能而事先未作说明的

三、判断题

　　1.《反不正当竞争法》所称的经营者，是指从事商品经营或者营利性服务的法人。（　　　）

　　2. 县级以上人民政府工商行政管理部门对不正当竞争行为进行监督检查。（　　　）

　　3. 消费者有权要求经营者提供的商品和服务，符合保障人身、财产安全的要求。（　　　）

　　4. 消费者协会和其他消费者组织是依法成立的对商品和服务进行社会监督的保护消费者合法权益的社会团体。（　　　）

　　5.《产品质量法》所称产品是用于销售的产品。（　　　）

　　6. 生产者、保管者依照《产品质量法》规定承担产品质量责任。（　　　）

职业能力检测

案例一　不正当竞争行为的表现与处罚

　　2007—2011 年，A 市某医院收取与医院有业务关系的医药公司给予的"赞助费"共计 10 万元；此期间，该医院给予外院大夫 CT 提成、体检提成、转诊费等计 3 万元；2010 年 9 月份，医院接受某公司的高速软片洗片机一台，价值 4 万元。

　　思考：

　　1. 判断上述案例中的某医院的行为分别属于什么行为？

　　2. 该医院应该受到何种处罚，由哪个部门来执行？

案例二　产品质量责任及其承担

　　A 市技术监督局在 2011 年年初连续接到菜农投诉：由于使用了有毒棚膜，造成 3 万平方米的大棚蔬菜绝收，经济损失达 100 万余元。这批有毒棚膜是 A 市某蔬菜供销服务站从 B 市某厂进的货，经专业机构检验，此膜含有国家早已明令禁用于农膜生产的磷苯二甲酸二异丁脂。当地农民根据此检验结果去找 A 市某蔬菜供销服务站，要求其赔偿经济损

失，但 A 市某蔬菜供销服务站认为责任在 B 市某厂，自己不愿意承担赔偿责任。

思考：

1. A 市某蔬菜供销服务站是否应承担赔偿责任？

2. 产品质量法对产品的生产者有哪些禁止性义务要求？

案例三　消费者的权利及保护

现在的大商场都在搞活动，什么买 100 送 20，"买多少送多少"。消费者关某买了台电脑是 9000 多元，送了他大概 2000 多元的（券），这个消费者很高兴，他就拿着这 2000 多元券去买电脑其他的配件，譬如说软盘啊什么的东西。他去买时，被告知：这个券只能在你购买这个电脑的柜台上购买。那么在这个电脑柜台上购买的话，最少的价格也要 5000 多元。也就是说：给了你消费者 2000 多元，必须再掏 3000 多元买这个东西。

所以消费者认为自己的合法权益受到了损害，到消保委投诉，消保委把这个情况也向主管部门的领导反映。

思考：

1. 上述商场侵犯了消费者的什么权利？

2. 关某可以通过哪些途径维护自己的权利？

第十二章　劳动和社会保障法律制度

知识目标

1. 了解工作时间、休息休假、工资、职业安全卫生和社会保险法律制度；
2. 掌握用人单位和劳动者、劳动合同的概念和种类、形式和内容的法律规定；
3. 理解劳动合同的法律效力、履行变更与终止、集体合同、劳务派遣等法律规定；
4. 掌握劳动争议的处理机构和解决方式的法律规定；
5. 熟悉社会保险基本法律制度。

能力目标

1. 能够依据法律规定办理劳动合同、劳动基准、社会保险等事务；
2. 能够运用所学分析解决生活中的劳动合同、社会保险和劳动争议纠纷案。

知识导航

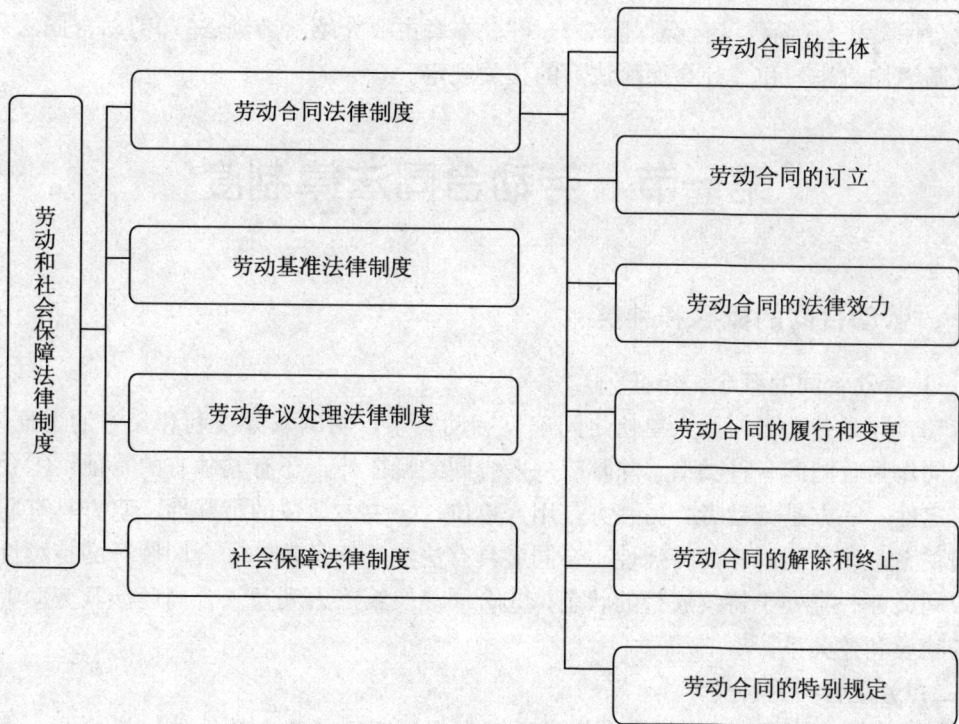

劳动和社会保障法律制度
- 劳动合同法律制度
  - 劳动合同的主体
  - 劳动合同的订立
  - 劳动合同的法律效力
  - 劳动合同的履行和变更
  - 劳动合同的解除和终止
  - 劳动合同的特别规定
- 劳动基准法律制度
- 劳动争议处理法律制度
- 社会保障法律制度

案例导入

童某在某学校进修期间与公司签订了五年期限的劳动合同。因童某所学专业是电子商务，所以双方在合同中约定，童某毕业后公司安排其专业对口的工作。2009 年童某毕业后回到公司，此时由于公司更换了法人代表，将童某安排到公司下属一家企业当推销员。童某要求公司按合同约定安排工作，而公司以合同是前任领导签订的为由，不同意童某的要求，双方发生争议，童某向劳动争议仲裁委员会提出申诉，要求公司履行劳动合同。

请思考：

1. 什么是劳动合同？该劳动合同的主体是谁？
2. 什么是劳动争议？解决劳动争议的途径有哪些？

劳动和社会保障法是调整劳动关系、社会保障关系以及与之密切相关的其他社会关系的法律规范的总称。劳动和社会保障法的立法目的是保护劳动者的合法权益，构建和发展和谐稳定的劳动和社会保障关系，建立和维护适应社会主义市场经济的劳动和社会保障制度，促进我国经济发展和社会进步。劳动和社会保障法包括劳动法和社会保障法两部分。目前，我国的劳动和社会保障单行法主要包括：《中华人民共和国劳动法》（简称《劳动法》）《中华人民共和国劳动合同法》（简称《劳动合同法》）《中华人民共和国劳动争议调解仲裁法》（简称《劳动争议调解仲裁法》）《中华人民共和国公务员法》（简称《公务员法》）《中华人民共和国就业促进法》（简称《就业促进法》）《中华人民共和国工会法》（简称《工会法》）《中华人民共和国职业病防治法》（简称《职业病防治法》）和《中华人民共和国社会保险法》（简称《社会保险法》）等。本章主要介绍《劳动法》《劳动合同法》《劳动争议调解仲裁法》和《社会保险法》的相关规定。

第一节　劳动合同法律制度

一、劳动合同的概念和种类

(一) 劳动合同的概念、特征

劳动合同是劳动者与用人单位之间确立劳动关系，明确双方权利和义务的书面协议。劳动合同作为合同的一种类型，除具有一般合同的特征外，还有其独有的特征：①合同主体的特定性。一方是劳动者，另一方是用人单位；②主体地位的特殊性。双方具有职责上的从属关系；③合同内容的特殊性。合同应具有法定必备条款；④合同履行的持续性。双方的权利义务一直处于持续履行的状态；⑤合同涉及第三人利益。合同还涉及劳动者直系亲属的物质利益关系。

(二) 劳动合同的种类

【文前思考 12-1】　2009 年 3 月王某到某餐馆做服务员，餐馆老板答应在一个月之内签订劳动合同，但是直到 2010 年 2 月，双方也没有签订劳动合同，王某认为双方没有签订劳动合同，所以双方没有建立劳动关系。

请问：双方是否建立了劳动关系？如果建立了劳动关系，是哪种类型的劳动合同？如何处理餐馆老板未与王某签订劳动合同的事实？

按照不同的标准，可将劳动合同划分为不同的种类。我国 2008 年 1 月 1 日起施行的《劳动合同法》以合同期限为标准将劳动合同划分为以下三类。

1. 固定期限劳动合同

这是指用人单位与劳动者约定合同终止时间的劳动合同。合同期限由双方当事人根据工作需要和各自的实际情况协商确定，可以是长期的，如 5 年或者 10 年等；也可以是短期的，如 6 个月、1 年等。

合同约定的期限届满，如果双方无续订劳动合同的意思表示，劳动合同即告终止；如果双方有续订劳动合同的意思表示的，可以续订劳动合同。但我国《劳动合同法》对固定期限劳动合同有订立次数的限制，连续 2 次订立固定期限劳动合同后续订的，劳动者提出要求签订无固定期限劳动合同的，用人单位应当按照法律规定签订无固定期限的劳动合同。

固定期限的劳动合同在具备法定终止情形时，如劳动者丧失劳动能力，用人单位破产、解散，该固定期限劳动合同亦终止。

2. 无固定期限劳动合同

这是指用人单位与劳动者约定无确定终止时间的劳动合同。即双方当事人在合同书上只约定合同生效的起始日期，没有约定合同失效的终止日期。为保证劳动者签订无固定期限劳动合同权利的实现，《劳动合同法》规定，"用人单位违反本法规定不与劳动者订立无固定期限劳动合同的，自应当订立无固定期限劳动合同之日起向劳动者每月支付 2 倍的工资。"法律规定无固定期限劳动合同的目的在于保护劳动者的"黄金年龄"，保护劳动者的职业稳定权，解决劳动合同短期化问题。

3. 以完成一定工作任务为期限的劳动合同

这是指用人单位与劳动者约定以某项工作的完成为合同期限的劳动合同。此类合同适用于建筑业、临时性、季节性的工作任务，或者由于工作性质可以采取此类合同的工作。它便于用人单位根据工作性质、工作任务的完成情况，灵活确定劳动合同开始和结束的时间。

二、劳动合同的主体

劳动关系是劳动法的主要调整对象。劳动关系从狭义上仅指劳动者与用人单位之间在实现劳动过程中发生的社会关系。其特征是：劳动关系的当事人是特定的，一方是劳动者，另一方是用人单位；劳动关系是在实现劳动过程中发生的社会关系；劳动关系具有人身关系和财产关系的双重属性；劳动关系具有平等关系和从属关系的双重属性。我国劳动法的主体适用范围是用人单位和劳动者。

（一）用人单位

【文前思考 12-2】 17 岁的在校生陈某家境贫寒，想利用假期积攒学费，于是放弃回家，利用暑假到学校附近的某公司勤工俭学，该公司业务繁忙经常加班。后来，陈某与该公司就加班工资发生争议。

请问：在校生陈某是否为我国《劳动法》上的劳动者？双方是否建立了劳动关系？

用人单位是指使用和管理劳动者并付给其劳动报酬的单位。用人单位必须具备一定的条件，具有相应的主体资格，即同时具有用人权利能力和用人行为能力。对不具备合法经营资格的用人单位的违法犯罪行为，依法追究法律责任；给劳动者造成损害的，应当承担赔偿责任。个人承包经营者违反法律规定招用劳动者，给劳动者造成损害的，发包组织与个人承包经营者承担连带赔偿责任。

法条链接 ▶▶

《劳动法》和《劳动合同法》的主体适用范围

《劳动法》第 2 条在中华人民共和国境内的企业、个体经济组织（以下统称用人单位）和与之形成劳动关系的劳动者，适用本法。国家机关、事业组织、社会团体和与之建立劳动合同关系的劳动者，依照本法执行。

《劳动合同法》第 2 条中华人民共和国境内的企业、个体经济组织、民办非企业单位等组织（以下称用人单位）与劳动者建立劳动关系，订立、履行、变更、解除或者终止劳动合同，适用本法。国家机关、事业单位、社会团体和与其建立劳动关系的劳动者，订立、履行、变更、解除或者终止劳动合同，依照本法执行。

（二）劳动者

1. 劳动者的概念和主体资格

劳动者是指达到法定年龄，具有劳动能力，以从事劳动获取合法劳动报酬的自然人，包括我国公民、外国人、无国籍人。自然人要成为劳动者，须同时具有劳动权利能力和劳动行为能力。根据规定：凡年满 16 周岁且具有劳动能力的公民是具有劳动权利能力和劳动行为能力的劳动者，即劳动者的法定最低就业年龄为 16 周岁，退休年龄为男年满 60 周岁，女工人年满 50 周岁，女干部年满 55 周岁。

2. 劳动者的特殊类型

（1）童工。童工是指未满 16 周岁的劳动者，国家法律法规和文件明确规定禁止使用童工。用人单位使用的童工患病或者受伤的，用人单位应当负责送到医疗机构治疗，并负担治疗期间的全部医疗和生活费用；拐骗童工，强迫童工劳动，使用童工从事高空、井下、放射性、高毒、易燃易爆以及国家规定的第四级体力劳动强度的劳动，使用不满 14 周岁的童工或造成童工死亡或严重伤残的，依照《刑法》关于拐卖儿童罪、强迫劳动罪或者其他罪的规定追究刑事责任。

（2）未成年工。未成年工是指年满 16 周岁未满 18 周岁的劳动者。国家对未成年工实行特殊劳动保护，对有可能危害未成年人健康、安全或道德的职业或工作，最低就业年龄不应低于 18 周岁；用人单位不得招用已满 16 周岁未满 18 周岁的未成年人从事过重、有毒、有害的劳动或者危险作业。

三、劳动合同的订立

（一）合同形式

劳动合同应当采用书面形式。签订书面劳动合同是《劳动合同法》规定的用人单位应履行的强制性义务。如果不签订书面劳动合同，用人单位自用工之日起超过 1 个月不满 1 年未与劳动者订立书面劳动合同的，应当向劳动者每月支付 2 倍的工资。

（二）合同内容

【文前思考 12-3】 利达软件公司与王某签订协议，利达公司支付 2 万元委托某大学计算机学院对王某进行为期 1 年的技术培训，培训后王某应在利达公司工作满 5 年，否则王某应向利达公司支付 10 万元的违约金，王某培训结束后在利达公司工作满 2 年后提出辞职。

请问：请代双方拟写一份劳动合同，并说说利达公司是否有权要求 10 万元的违约金？

合同内容是劳动者和用人单位双方通过平等协商所达成的关于劳动权利和劳动义务的具体条款。劳动合同的条款，一般分为必备条款和约定条款。必备条款不完善，会导致劳动合同不能成立。缺少约定条款，并不影响劳动合同的成立，但约定条款不得违反法律法规的强制性、禁止性规定。

1. 必备条款

①用人单位的名称、住所和法定代表人或者主要负责人；②劳动者的姓名、住址和居民身份证或者其他有效身份证件号码；③劳动合同期限；④工作内容和工作地点；⑤工作时间和休息休假；⑥劳动报酬；⑦社会保险；⑧劳动保护、劳动条件和职业危害防护；⑨法律法规规定应当纳入劳动合同的其他事项。

2. 约定条款

一般包括：

（1）试用期条款。劳动合同的试用期是劳动者和用人单位为相互了解、选择而约定的考察期。试用期满，被试用者即成为正式职工。我国《劳动合同法》对试用期规定如下。

①试用期的长短。根据劳动合同期限规定了不同的试用期。劳动合同期限 3 个月以上不满 1 年的，试用期不得超过一个月；劳动合同期限 1 年以上不满 3 年的，试用期不得超过 2 个月；3 年以上固定期限和无固定期限的劳动合同，试用期不得超过 6 个月。

②试用期的约定次数。同一用人单位与同一劳动者只能约定 1 次试用期。劳动者在同一用人单位调整或变更工作岗位，用人单位不得再次约定试用期。

③不得约定试用期的情形。以完成一定工作任务为期限的劳动合同或者劳动合同期限不满 3 个月的，不得约定试用期。非全日制用工不得约定试用期。

④试用期不成立的情形。试用期包含在劳动合同期限内。劳动合同仅约定试用期的，

试用期不成立，该期限为劳动合同期限。

⑤试用期的劳动报酬。劳动者在试用期的工资不得低于本单位相同岗位最低档工资或者劳动合同约定工资的 80%，并不得低于用人单位所在地的最低工资标准。

⑥试用期的劳动权利。试用期内用人单位为试用者提供的劳动条件不得低于劳动法律法规规定的标准，用人单位应为试用者缴纳社会保险费。

⑦试用期中解除劳动合同。除有证据证明劳动者不符合录用条件、劳动者有违规违纪违法行为、不能胜任工作等情形外，用人单位不得解除劳动合同。用人单位在试用期解除劳动合同的，应当向劳动者说明理由。

（2）服务期条款。服务期是指因用人单位为劳动者提供专业技术培训，双方约定的劳动者必须为用人单位提供服务的期限。

（3）保守商业秘密和竞业限期条款。对负有保密义务的劳动者，用人单位可以在劳动合同或者保密协议中与劳动者约定竞业限制条款，并约定在解除或者终止劳动合同后，在竞业限制期限内给予劳动者经济补偿。劳动者违反竞业限制约定的，应当按照约定向用人单位支付违约金。我国法律规定解除或者终止劳动合同后竞业限制的期限最长不得超过2年。

（4）违约金条款。我国《劳动合同法》对违约金条款进行了限制，规定只有在双方约定服务期条款以及保守商业秘密和与知识产权相关的保密事项条款时，用人单位才可与劳动者约定由劳动者承担违约金。

四、劳动合同的法律效力

【文前思考 12-4】　飞花公司招聘前台服务人员，要求应聘者具有大专以上学历，中专毕业生陈某伪造了大专学历应聘，飞花公司聘用了陈某，与陈某签订了 1 年期劳动合同，陈某工作认真负责获得公司一致好评，2 个月后公司人力资源部发现陈某的大专学历系伪造。

请问：陈某与飞花公司的劳动合同是否有效？

根据我国《劳动合同法》的规定，劳动合同由用人单位与劳动者协商一致，并经用人单位与劳动者在劳动合同文本上签字或者盖章生效。劳动合同依法成立，即具有法律效力，对双方当事人都产生约束力，双方必须履行劳动合同中规定的义务。双方当事人自愿约定须鉴证或公证方可生效的劳动合同，其生效时间始于劳动合同鉴订或公证之日。

劳动合同的无效是指由于双方当事人订立的劳动合同不符合法定条件，因而不能发生当事人所预期的法律后果。我国《劳动合同法》规定了劳动合同的无效情形主要有：①以欺诈、胁迫的手段或者乘人之危，使对方在违背真实意思的情况下订立或者变更劳动合同的；②用人单位免除自己的法定责任、排除劳动者权利的；③违反法律、行政法规强制性规定的。对劳动合同的无效或者部分无效有争议的，由劳动争议仲裁机构或者人民法院确认。

五、劳动合同的履行和变更

【文前思考 12-5】 某公司预计 2009 年棉花丰收而订立了招收工人的劳动合同，并且要求每名工人缴纳 1000 元的"进入费"。后来，由于棉花大量减产，该公司遂提出变更原劳动合同，但工人不同意变更劳动合同。

请问：某公司能否单方面变更劳动合同？

用人单位与劳动者应当按照劳动合同的约定，全面履行各自的义务。用人单位应当按照劳动合同约定和国家规定，向劳动者及时足额支付劳动报酬。用人单位拖欠或者未足额支付劳动报酬的，劳动者可以依法向当地人民法院申请支付令，人民法院应当依法发出支付令。用人单位应当严格执行劳动定额标准，不得强迫或者变相强迫劳动者加班。劳动者拒绝用人单位管理人员违章指挥、强令冒险作业的，不视为违反劳动合同。

用人单位与劳动者协商一致，可以变更劳动合同约定的内容；变更劳动合同，应当采用书面形式；变更后的劳动合同文本由用人单位和劳动者各执一份；用人单位变更名称、法定代表人、主要负责人或者投资人等事项，不影响劳动合同的履行；用人单位发生合并或者分立等情况，原劳动合同继续有效，劳动合同由承继其权利和义务的用人单位继续履行。

六、劳动合同的解除和终止

（一）劳动合同的解除

【文前思考 12-6】 李某已经在甲企业连续工作 25 年，且距退休时间尚有 3 年，有一次，李某外出游玩时发生车祸导致瘫痪，生活不能自理，无法胜任甲企业的任何一个岗位。

请问：甲企业是否有权单方解除与李某的劳动合同？

劳动合同的解除可分为双方解除和单方解除两种。

1. 双方解除劳动合同

双方协商解除劳动合同，用人单位应向劳动者支付解除劳动合同的经济补偿。

2. 单方解除劳动合同

可分为用人单位单方解除劳动合同和劳动者单方解除劳动合同。

（1）用人单位单方解除劳动合同。即具备法定条件时，无须双方协商达成一致意见，用人单位享有单方解除权。用人单位单方解除劳动合同，应当事先将理由通知工会。用人单位单方解除劳动合同的三种情形。

①过错性解除。即劳动者存在法定过错时，用人单位有权单方解除劳动合同。劳动者有下列情形之一的，用人单位可以解除劳动合同：在试用期间被证明不符合录用条件的；严重违反用人单位的规章制度的；严重失职，营私舞弊，给用人单位造成重大损害的；劳动者同时与其他用人单位建立劳动关系，对完成本单位的工作任务造成严重影响，或者经用人单位提出，拒不改正的；以欺诈、胁迫的手段或者乘人之危，使对方在违背真实意思

的情况下订立或者变更劳动合同的；被依法追究刑事责任的。

②非过错性解除。即劳动者本人无过错，但由于主客观原因致使劳动合同无法履行。用人单位在符合法定情形，履行法定程序后有权单方解除劳动合同。《劳动合同法》规定：有下列情形之一的，用人单位提前30日以书面形式通知劳动者本人或者额外支付劳动者一个月工资后，可以解除劳动合同：劳动者患病或者非因工负伤，在规定的医疗期满后不能从事原工作，也不能从事由用人单位另行安排的工作的；劳动者不能胜任工作，经过培训或者调整工作岗位，仍不能胜任工作的；劳动合同订立时所依据的客观情况发生重大变化，致使劳动合同无法履行，经用人单位与劳动者协商，未能就变更劳动合同内容达成协议的。同时，用人单位应当依法向非过错性解除劳动合同的劳动者支付经济补偿。

③经济性裁员。即用人单位为降低劳动成本，改善经营管理，因经济或技术等原因依法同部分劳动者解除劳动关系的行为。市场形势的变化或用人单位自身的经营问题是经济性裁员的动因。

（2）劳动者单方解除劳动合同。劳动者单方解除劳动合同有三种情形。

①通知性解除。即劳动者提前通知用人单位后单方解除劳动合同。《劳动合同法》规定：劳动者提前30日以书面形式通知用人单位，可以解除劳动合同；劳动者在试用期内提前3日通知用人单位，可以解除劳动合同。

②违法性解除。即用人单位有违法违约情形时，劳动者有权单方解除劳动合同。《劳动合同法》规定：用人单位有下列情形之一的，劳动者可以解除劳动合同：未按照劳动合同约定提供劳动保护或者劳动条件的；未及时足额支付劳动报酬的；未依法为劳动者缴纳社会保险费的；用人单位的规章制度违反法律、法规的规定，损害劳动者权益的；因用人单位以欺诈、胁迫的手段或者乘人之危，使劳动者在违背真实意思的情况下订立或者变更劳动合同而致使劳动合同无效的；法律、行政法规规定劳动者可以解除劳动合同的其他情形。

③立即性解除。即用人单位有危及劳动者人身自由和人身安全的情形时，劳动者有权单方立即解除劳动合同。《劳动合同法》规定：用人单位以暴力、威胁或者非法限制人身自由的手段强迫劳动者劳动的，或者用人单位违章指挥、强令冒险作业危及劳动者人身安全的，劳动者可以立即解除劳动合同，不需事先告知用人单位。

（二）劳动合同的终止

【文前思考12－7】　王某与明城公司签订的劳动合同于2011年3月1日到期，但王某于2011年2月20日突发急病住院，于2011年3月20日痊愈出院。

请问：王某的劳动合同于何时终止？

劳动合同的终止是指劳动合同依法生效后，在符合法定情形时，双方当事人的权利义务不复存在，劳动合同的效力即行消灭。有下列情形之一的，劳动合同终止：①劳动合同期满的；②劳动者开始依法享受基本养老保险待遇的；③劳动者死亡；④劳动者被人民法院宣告死亡或者宣告失踪的；⑤用人单位被依法宣告破产的；⑥用人单位被吊销营业执照、责令关闭、撤销或者用人单位决定提前解散的；⑦法律、行政法规规定的其他情形。

为了体现对某些劳动者的特殊保护，《劳动合同法》规定，劳动合同期满，有下列情形之一的，劳动合同应当续延至相应的情形消失时终止：从事接触职业病危害作业的劳动者未进行离岗前职业健康检查，或者疑似职业病病人在诊断或者医学观察期间的；患病或者非因工负伤，在规定的医疗期内的；女职工在孕期、产期、哺乳期的；在本单位连续工作满15年，且距法定退休年龄不足5年的；法律、行政法规规定的其他情形。对于在本单位患职业病或者因工负伤并被确认丧失或者部分丧失劳动能力的劳动者，其劳动合同的终止，按照国家有关工伤保险的规定执行。

（三）经济补偿

经济补偿是用人单位解除或终止劳动合同时，依法给予劳动者的一次性货币补偿金。法律规定经济补偿的意义在于：从经济方面制约用人单位解除劳动合同的行为，对失去工作的劳动者给予经济上的补偿，避免出现生活困难，并解决劳动合同短期化问题。《劳动合同法》规定，经济补偿按劳动者在本单位工作的年限，每满1年支付1个月工资的标准向劳动者支付。6个月以上不满1年的，按1年计算；不满6个月的，向劳动者支付半个月工资的经济补偿。经济补偿金应在劳动者离职办理工作交接时支付给劳动者。

七、劳动合同的特别规定

集体合同、劳务派遣和非全日制用工属于《劳动合同法》的特别规定。

（一）集体合同

【文前思考12-8】　某企业与职工一方签订了集体合同，集体合同中约定职工的月最低工资不得低于500元，职工王某与企业协商签订的劳动合同中，约定王某的工资为每月450元。集体合同与王某签订的劳动合同规定不一致。

请问：集体合同与王某签订的劳动合同规定不一致，应该如何处理？

1. 集体合同

集体合同，是用人单位与本单位职工一方通过集体平等协商，就劳动报酬、工作时间、休息休假、劳动安全卫生、保险福利等事项订立的书面协议。

2. 集体合同与劳动合同关系

（1）劳动合同规定的劳动标准不得低于集体合同规定的劳动标准。

（2）劳动合同约定不明时，适用集体合同的规定。

（3）未订立书面劳动合同时，适用集体合同的规定。

3. 集体合同的订立与效力

（1）集体合同的订立。《劳动合同法》规定：集体合同由工会代表企业职工一方与用人单位订立；尚未建立工会的用人单位，由上级工会指导劳动者推举的代表与用人单位订立。集体合同草案应当提交职工代表大会或者全体职工讨论通过。在县级以下区域内，建筑业、采矿业、餐饮服务业等行业可以由工会与企业方面代表订立行业性集体合同，或者订立区域性集体合同。

（2）集体合同的效力。集体合同的生效与劳动合同的生效不同，法律对集体合同的生效规定了特殊程序。《劳动合同法》规定：集体合同订立后，应当报送劳动行政部门。劳动行政部门自收到集体合同文本之日起15日内未提出异议的，集体合同即行生效。依法订立的集体合同对用人单位和劳动者具有约束力。行业性、区域性集体合同对当地本行业、本区域的用人单位和劳动者具有约束力。

（二）劳务派遣

【文前思考12-9】 某劳务派遣公司与被派遣劳动者李某签订了期限为1年的固定期限劳动合同，规定按月支付劳动报酬，同时规定，在李某无工作期间，不支付劳动报酬。

请问：该劳动合同哪些方面不符合法律规定？

1. 劳务派遣含义

劳务派遣，是指依法设立的劳务派遣单位与劳动者订立劳动合同后，由劳务派遣单位与实际用工单位（要派单位）签订劳务派遣协议，将劳动者派遣到要派单位工作，由劳务派遣单位向劳动者支付工资、福利及社会保险费用，要派单位提供劳动条件，对劳动者行使管理权并支付用工费用的行为。劳务派遣是典型的"有关系无劳动，有劳动无关系"用工行为。劳务派遣涉及三方当事人、两个合同关系，一般适用于临时性、辅助性或者替代性的工作岗位，可以降低就业成本。

2. 劳务派遣单位

劳务派遣单位是将劳动者派遣到实际用工单位的企业法人。《劳动合同法》规定：劳务派遣单位应当依照公司法的有关规定设立，注册资本不得少于50万元。劳务派遣单位是《劳动合同法》所称用人单位，应当履行用人单位对劳动者的义务。劳务派遣单位应当与被派遣劳动者订立2年以上的固定期限劳动合同，按月支付劳动报酬；被派遣劳动者在无工作期间，劳务派遣单位应当按照所在地人民政府规定的最低工资标准，向其按月支付报酬。

3. 劳务派遣协议

劳务派遣协议是劳务派遣单位与实际用工单位就劳务派遣事项签订的书面协议。《劳动合同法》规定：劳务派遣协议应当约定派遣岗位和人员数量、派遣期限、劳动报酬和社会保险费的数额与支付方式以及违反协议的责任。用工单位应当根据工作岗位的实际需要与劳务派遣单位确定派遣期限，不得将连续用工期限分割订立数个短期劳务派遣协议。劳务派遣单位应当将劳务派遣协议的内容告知被派遣劳动者。劳务派遣单位和用工单位不得向被派遣劳动者收取费用。

4. 被派遣劳动者的权利

为保障被派遣劳动者的合法权利，《劳动合同法》规定：被派遣劳动者享有与用工单位的劳动者同工同酬的权利。用工单位无同类岗位劳动者的，参照用工单位所在地相同或者相近岗位劳动者的劳动报酬确定。被派遣劳动者有权在劳务派遣单位或者用工单位依法参加或者组织工会，维护自身的合法权益。被派遣劳动者可以与用人单位协商一致解除劳动合同，以及在用人单位违法、违约时单方解除劳动合同。

（三）非全日制用工

【文前思考12-10】 2010年2月5日，孔某进入上海某公司从事媒体宣传工作，双方口头约定孔某每天只工作3小时，劳动报酬为60元/小时，工作至2010年10月20日，但孔某提出公司未与自己签订书面劳动合同，要求每月支付双倍工资，提起劳动争议仲裁。

请问：孔某属于全日制用工吗？其主张是否符合法律规定？

非全日制用工是相对于全日制用工的一种用工形式。根据我国《劳动合同法》的规定：非全日制用工，是指以小时计酬为主，劳动者在同一用人单位一般平均每日工作时间不超过 4 小时，每周工作时间累计不超过 24 小时的用工形式。非全日制用工是一种灵活的用工形式，有利于兼职，许多规定与全日制用工不同。非全日制用工双方当事人可以订立口头协议。从事非全日制用工的劳动者可以与一个或者一个以上用人单位订立劳动合同；但是，后订立的劳动合同不得影响先订立的劳动合同的履行。非全日制用工双方当事人不得约定试用期。非全日制用工双方当事人任何一方都可以随时通知对方终止用工。终止用工，用人单位不向劳动者支付经济补偿。非全日制用工小时计酬标准不得低于用人单位所在地人民政府规定的最低小时工资标准。非全日制用工劳动报酬结算支付周期最长不得超过 15 日。

第二节　劳动基准法律制度

劳动基准就是劳动条件的最低标准。《劳动法》中规定和确认了一系列劳动标准，要求用人单位向劳动者提供的劳动条件只能等于或优于劳动基准，劳动合同和集体合同中约定的劳动条件不得低于劳动基准，以保证劳动者权益的实现。劳动基准法律制度由规定劳动标准的各项法律制度所构成，主要包括工作时间和休息休假、工资制度、职业安全卫生制度等。

一、工作时间和休息休假

【文前思考 12 - 11】　2011 年 3 月，某公司取得了大量订单，为了在短期内完成交货任务，必须组织突击生产，于是该公司在没有与工会和劳动者协商的情况下，每天延长劳动者工作时间 2 小时。刘某是 2 年前与公司签订了为期 3 年的劳动合同并未休过年假，刘某准备申请年休假 10 天。

请问：该公司延长劳动者工作时间是否符合法律规定？刘某能否享受带薪年休假？

（一）工作时间的概念和种类

工作时间又称劳动时间，是指法律规定的劳动者在一昼夜和一周内从事劳动的时间限度。它包括劳动者每日工作的小时数、每周工作的天数和小时数。工作时间的种类包括：标准工作时间、缩短工作时间、延长工作时间、不定时工作时间和综合计算工作时间。标准工作时间是确定其他工作时间的基础，也是确定加班加点的基础。我国的标准工作时间为劳动者每日工作 8 小时，每周工作 40 小时，在 1 周（7 日）内工作 5 天。实行不定时工作时间和综合计算工作时间应与工会和劳动者协商，履行审批手续。

（二）休息休假的概念和种类

休息休假，是指劳动者为实现休息权，在国家规定的法定工作时间以外，免予履行劳动义务，不从事生产或工作而自行支配的时间。

1. 休息时间的种类

休息时间包括工作日内的间歇时间、工作日间的休息时间和公休假日。公休假日一般安排在周六和周日，一般为每周休息2日。不能实行国家标准工时制度的企业和事业组织，可根据实际情况灵活安排周休息日，用人单位应当保证劳动者每周至少休息1日。

2. 休假的种类

（1）法定节假日。这是指法律统一规定的用以开展纪念、庆祝活动的休息时间。

（2）探亲假。这是指劳动者享有的保留工作、带薪休息而同分居两地的父母或配偶团聚的假期。探亲假适用于在国家机关、人民团体、事业单位等工作满1年的固定职工。

（3）年休假。这是指劳动者工作满一定年限后，每年可享有的带薪连续休息的时间。国家实行带薪年休假制度。劳动者连续工作1年以上的，享受带薪年休假。《职工带薪年休假条例》规定：职工累计工作已满1年不满10年的，年休假5天；已满10年不满20年的，年休假10天；已满20年的，年休假15天。国家法定休假日、休息日不计入年休假的假期。

（三）加班加点的主要法律规定

用人单位不得违反本法规定延长劳动者的工作时间。

用人单位由于生产经营需要，经与工会和劳动者协商后可以延长工作时间，一般每日不得超过1小时；因特殊原因需要延长工作时间的，在保障劳动者身体健康的条件下延长工作时间每日不得超过3小时，但是每月不得超过36小时。

有下列情形之一的，用人单位应当按照下列标准支付高于劳动者正常工作时间工资的工资报酬：①安排劳动者延长工作时间的，支付不低于工资的150%的工资报酬；②休息日安排劳动者工作又不能安排补休的，支付不低于工资的200%的工资报酬；③法定休假日安排劳动者工作的，支付不低于工资的300%的工资报酬。

二、工资法律制度

工资是指用人单位依据国家有关规定和集体合同、劳动合同约定的标准，根据劳动者提供劳动的数量和质量，以货币形式支付给劳动者的劳动报酬。我国的工资形式主要有：计时工资、计件工资、奖金、津贴、补贴和特殊情况下的工资。

我国《劳动法》规定：工资分配应当遵循按劳分配原则，实行同工同酬。工资水平在经济发展的基础上逐步提高。国家对工资总量实行宏观调控。工资应当以货币形式按月支付给劳动者本人，不得克扣或者无故拖欠劳动者的工资。

最低工资是指劳动者在法定工作时间或依法签订的劳动合同约定的工作时间内提供了正常劳动的前提下，用人单位依法应支付的最低劳动报酬。最低工资标准应当高于当地的社会救济金和失业保险金标准，但低于平均工资。最低工资应以法定货币支付。

三、职业安全卫生法律制度

（一）职业安全卫生法律制度的概念

职业安全卫生法律制度，是指以保护劳动者在职业劳动过程中的安全和健康为宗旨，以劳动安全卫生规则等为内容的法律制度。其目的是维护劳动者合法权益，减少和避免因工伤亡事故以及职业危害、职业中毒和职业病等。我国目前在职业安全卫生方面的立法比较健全，主要有《矿山安全法》《职业病防治法》《安全生产法》等。

（二）职业安全卫生法律制度的主要内容

【文前思考 12-12】　某厂规定，女工产假 70 天。其中产前 10 天，产后 60 天，产假期间发生活费 100 元。2010 年 3 月 20 日，该厂女职工李某生育一对双胞胎后在家休息。5 月 18 日，厂方通知李某次日上班。但李某因身体恢复较慢，直到 6 月初才回厂上班。厂方以李某违反厂规为由，扣发了李某部分工资。

请问：该厂的做法是否符合法律规定？

职业安全卫生法律制度包括职业安全制度和职业卫生制度两类。职业安全制度是为防止和消除劳动过程中的伤亡事故而制定的各种法律制度；职业卫生制度是为保护劳动者在劳动过程中的健康，预防和消除职业病、职业中毒和其他职业危害而制定的各种法律制度。本节主要介绍对女职工和未成年工的特殊劳动保护规定。

（1）女职工的特殊劳动保护规定。这是指根据女职工的生理特点和抚育子女的需要，对其采取的特殊安全健康劳动保护。为保护女职工的身体健康，我国《劳动法》规定：禁止安排女职工从事矿山井下、国家规定的第四级体力劳动强度的劳动和其他禁忌从事的劳动；不得安排女职工在怀孕期间从事国家规定的第三级体力劳动强度的劳动和孕期禁忌从事的劳动。对怀孕 7 个月以上的女职工，不得安排其延长工作时间和夜班劳动；女职工生育享受不少于 90 天的产假；不得安排女职工在哺乳未满一周岁的婴儿期间从事国家规定的第三级体力劳动强度的劳动和哺乳期禁忌从事的其他劳动，不得安排其延长工作时间和夜班劳动。

（2）未成年工的特殊劳动保护规定。我国《劳动法》规定：未成年工是指年满 16 周岁未满 18 周岁的劳动者。未成年工正处于成长发育时期，生理和心理尚不成熟，因此需要特别保护。对未成年工的特殊劳动保护措施主要有：未成年工上岗，用人单位应对其进行有关的职业安全卫生教育、培训；用人单位不得安排未成年工从事矿山井下、有毒有害、国家规定的第四级体力劳动强度的劳动和其他禁忌从事的劳动；用人单位应当对未成年工定期进行健康检查。

第三节 劳动争议处理法律制度

一、劳动争议的概念和范围

【文前思考 12-13】 李某与某生产企业于 2011 年 2 月 20 日签订了为期 5 年的劳动合同，合同中约定试用期为 1 年，工作岗位为一车间操作工。同年 4 月李某两次自感身体不适，经企业指定医院诊断为一种原料过敏症，若不脱离过敏源，该症状将会反复发作。为保障员工的健康，企业提议调整李某的工作岗位，到三车间工作；李某拒绝了企业的建议，要求到企业总部的职能科室工作。因企业有严格的科室人员的定员标准，不能满足李某的要求，双方多次协商未果。5 月 11 日，企业解除了与李某的劳动合同。

请问：

1. 企业可以调整李某的工作岗位吗？

2. 该争议是否属于劳动争议？企业处理劳动争议的途径有哪些？

（一）劳动争议的概念

劳动争议又称劳动纠纷，是指劳动关系双方当事人之间因执行劳动法律法规或履行劳动合同、集体合同发生的纠纷。为了公正及时解决劳动争议，保护当事人合法权益，促进劳动关系和谐稳定，我国于 2007 年颁布了《劳动争议调解仲裁法》。

（二）劳动争议的范围

根据规定，中国境内的用人单位与劳动者发生的下列劳动争议适用本法：因确认劳动关系发生的争议；因订立、履行、变更、解除和终止劳动合同发生的争议；因除名、辞退和辞职、离职发生的争议；因工作时间、休息休假、社会保险、福利、培训以及劳动保护发生的争议；因劳动报酬、工伤医疗费、经济补偿或者赔偿金等发生的争议；法律法规规定的其他劳动争议。

二、劳动争议的处理机构

（一）劳动争议调解机构

我国《劳动争议调解仲裁法》规定的劳动争议调解机构包括：企业劳动争议调解委员会、依法设立的基层人民调解组织。企业劳动争议调解委员会由职工代表和企业代表组成。职工代表由工会成员担任或者由全体职工推举产生，企业代表由企业负责人指定。企业劳动争议调解委员会主任由工会成员或者双方推举的人员担任。

（二）劳动争议仲裁机构

劳动争议仲裁委员会是国家授权、依法独立地对劳动争议案件进行仲裁的专门机构。劳动争议仲裁委员会由劳动行政部门代表、工会代表和企业方面代表组成。劳动争议仲裁委员会组成人员应当是单数。劳动争议由劳动合同履行地或者用人单位所在地的劳动争议仲裁委员会管辖。双方当事人分别向劳动合同履行地和用人单位所在地的劳动争议仲裁委员会申请仲裁的，由劳动合同履行地的劳动争议仲裁委员会管辖。劳动争议仲裁不收费，劳动争议仲裁委员会的经费由财政予以保障。

（三）劳动争议审判机构

人民法院是审理劳动争议案件的司法机构。劳动争议案件由各级人民法院的民事审判庭审理。

三、劳动争议的解决方式和处理程序

劳动争议的解决方式包括：协商、调解、仲裁和诉讼。下面主要介绍劳动争议的调解和仲裁两种解决方式。

（一）调解

当事人申请劳动争议调解可以书面申请，也可以口头申请。口头申请的，调解组织应当当场记录申请人基本情况、申请调解的争议事项、理由和时间。

经调解达成协议的，应当制作调解协议书。调解协议书由双方当事人签名或者盖章，经调解员签名并加盖调解组织印章后生效，对双方当事人具有约束力，当事人应当履行。

自劳动争议调解组织收到调解申请之日起 15 日内未达成调解协议的，当事人可以依法申请仲裁。达成调解协议后，一方当事人在协议约定期限内不履行调解协议的，另一方当事人可以依法申请仲裁。

因支付拖欠劳动报酬、工伤医疗费、经济补偿或者赔偿金事项达成调解协议，用人单位在协议约定期限内不履行的，劳动者可以持调解协议书依法向人民法院申请支付令。人民法院应当依法发出支付令。调解不是解决劳动争议的必经程序。

（二）仲裁

【文前思考 12-14】 2010 年 2 月 1 日，姚某与某咨询公司签订了 1 年的劳动合同，合同终止日为 2011 年 2 月 1 日。2010 年 5 月起，因咨询公司资金周转困难，拖欠姚某 5 月和 6 月的工资 500 元。7 月起，咨询公司按照劳动合同的约定向姚某支付了以后各月的工资，但 5 月和 6 月的工资一直未支付，姚某也未索要。2010 年 2 月 2 日，双方终止了劳动关系。2010 年 10 月，姚某向咨询公司索要拖欠的工资，咨询公司拒绝支付，于是姚某提起仲裁。

请问：姚某应向何地的仲裁机构提起仲裁？其申请是否已经超过时效期间？

仲裁是解决劳动争议案件必经的法律程序，主要仲裁程序如下。

1. 申请和受理

劳动争议申请仲裁的时效期间为 1 年。仲裁时效期间从当事人知道或者应当知道其权利被侵害之日起计算。申请人申请仲裁应当提交书面仲裁申请，并按照被申请人人数提交副本。书写仲裁申请确有困难的，可以口头申请，由劳动争议仲裁委员会记入笔录，并告知对方当事人。

2. 开庭和裁决

劳动争议仲裁委员会裁决劳动争议案件实行仲裁庭制。仲裁庭由三名仲裁员组成，设首席仲裁员。简单劳动争议案件可以由一名仲裁员独任仲裁。当事人申请劳动争议仲裁

后，可以自行和解。达成和解协议的，可以撤回仲裁申请。仲裁庭在作出裁决前，应当先行调解。调解达成协议的，仲裁庭应当制作调解书。调解书由仲裁员签名，加盖劳动争议仲裁委员会印章，送达双方当事人。调解书经双方当事人签收后，发生法律效力。

仲裁庭裁决劳动争议案件，应当自劳动争议仲裁委员会受理仲裁申请之日起 45 日内结束。案情复杂需要延期的，延长期限不得超过 15 日。逾期未作出仲裁裁决的，当事人可以就该劳动争议事项向人民法院提起诉讼。

仲裁庭对追索劳动报酬、工伤医疗费、经济补偿或者赔偿金的案件，根据当事人的申请，可以裁决移送人民法院先予执行。

裁决应当按照多数仲裁员的意见作出，少数仲裁员的不同意见应当记入笔录。裁决书应当载明仲裁请求、争议事实、裁决理由、裁决结果和裁决日期。裁决书由仲裁员签名，加盖劳动争议仲裁委员会印章。

第四节　社会保障法律制度

一、社会保障法律制度概述

社会保障法律制度，是指国家和社会为了保障社会安全和经济发展，依法通过国民收入分配和再分配来提供物质帮助，以维持公民一定生活水平和质量的法律制度。社会保障法律制度针对公民由于年老、疾病、伤残、失业、灾害等情况提供物质帮助，以保障公民的基本生活需要。社会保障法律制度主要由社会保险、社会福利、社会救助、社会优抚等法律制度组成。本节主要介绍社会保险法律制度。

二、社会保险法律制度

(一) 社会保险的概念和特征

社会保险，是指劳动者在暂时或永久丧失劳动能力或在失业期间，为保障其基本生活需要，由国家和社会提供物质帮助的一种制度。社会保险是基于劳动风险产生的，是对劳动风险的社会保障。社会保险是社会保障的一种，是社会保障体系中的核心和重要组成部分。占有资金最为丰厚，涉及对象最为广泛，影响最为深远。社会保险的特征是：

(1) 具有国家强制性。用人单位和劳动者不得任意取舍，从而体现了国家的社会责任。

(2) 具有社会性。社会保险范围广泛，享受待遇人数众多，遍及全社会不同地区、行业和经济形式中的所有劳动者。社会保险由国家设立专门的社会保险机构统一管理。

(3) 具有保障性。社会保险旨在保障每个劳动者在生、老、病、死、伤、残、失业等情况下得到必要的安全保障，给劳动者以安全感，安全感正是社会安定的基础。

(4) 具有福利性。社会保险属于非营利性、公益性服务事业，缴纳保险费的多少不完全取决于风险发生的概率，享受保险待遇的水平不完全取决于缴纳保险费的多少。

(5) 具有互助性。社会保险一般由国家、用人单位和劳动者三方合理负担，统一调剂使用，因此社会保险具有互助性，以分担劳动风险。

小贴士

商业保险

商业保险是专业保险公司经营的保险，主要包括财产保险和人身保险。其中人身保险也称为人寿保险，也是以人的生命和身体作为保险对象的。如健康保险、死亡保险和人身意外伤害保险等。商业保险不同于社会保险，商业保险具有自愿性和营利性；其保险对象是被保险人，不限于劳动者；其保险费由被保险人负担；其只具有风险经济补偿的作用；其适用的法律是《保险法》，而不是《社会保险法》。

（二）社会保险的类型

【文前思考 12 - 15】 2005 年，国有企业某市食品公司 17 名正式职工，先后下岗待业、自谋出路。而公司却欠付职工的基本养老保险费、基本医疗保险费和失业保险费。近几年公司变卖多处经营场所收入几百万元，但所欠下岗职工社保费用却分文未解决。为维护自身的合法权益，下岗职工便联名向劳动争议仲裁庭申请仲裁，要求公司支付每人的基本养老保险费、基本医疗保险费和失业保险费。

请问：《社会保险法》如何规定基本养老保险、基本医疗保险和失业保险？某市食品公司应该支付下岗职工的基本养老保险费、基本医疗保险费和失业保险费吗？

根据我国 2010 年 10 月颁布的《社会保险法》规定：国家建立基本养老保险、基本医疗保险、工伤保险、失业保险、生育保险等社会保险制度，保障公民在年老、疾病、工伤、失业、生育等情况下依法从国家和社会获得物质帮助的权利。灵活就业人员、进城务工的农村居民、被征地农民、在中国境内就业的外国人都要参加社会保险。

（1）基本养老保险。职工应当参加基本养老保险，由用人单位和职工共同缴纳基本养老保险费。无雇工的个体工商户、未在用人单位参加基本养老保险的非全日制从业人员以及其他灵活就业人员可以参加基本养老保险，由个人缴纳基本养老保险费。公务员和参照公务员法管理的工作人员养老保险的办法由国务院规定。基本养老保险实行社会统筹与个人账户相结合。基本养老保险基金由用人单位和个人缴费以及政府补贴等组成。用人单位应当按照国家规定的本单位职工工资总额的比例缴纳基本养老保险费，记入基本养老保险统筹基金。职工应当按照国家规定的本人工资的比例缴纳基本养老保险费，记入个人账户。基本养老保险基金出现支付不足时，政府给予补贴。个人死亡的，个人账户余额可以继承。个人跨统筹地区就业的，其基本养老保险关系随本人转移，缴费年限累计计算。国家建立和完善新型农村社会养老保险制度和城镇居民社会养老保险制度。

（2）基本医疗保险。职工应当参加职工基本医疗保险，由用人单位和职工按照国家规定共同缴纳基本医疗保险费。无雇工的个体工商户、未在用人单位参加职工基本医疗保险的非全日制从业人员以及其他灵活就业人员可以参加职工基本医疗保险，由个人按照国家规定缴纳基本医疗保险费。国家建立和完善新型农村合作医疗制度和城镇居民基本医疗保险制度。城镇居民基本医疗保险实行个人缴费和政府补贴相结合。享受最低生活保障的人、丧失劳动能力的残疾人、低收入家庭60周岁以上的老年人和未成年人等所需个人缴费部分，由政府给予补贴。职工基本医疗保险、新型农村合作医疗和城镇居民基本医疗保险的待遇标准按照国家规定执行。社会保险行政部门和卫生行政部门应当建立异地就医医疗费用结算制度，方便参保人员享受基本医疗保险待遇。个人跨统筹地区就业的，其基本医疗保险关系随本人转移，缴费年限累计计算。

（3）工伤保险。职工应当参加工伤保险，由用人单位缴纳工伤保险费，职工不缴纳工伤保险费。国家根据不同行业的工伤风险程度确定行业的差别费率，并根据使用工伤保险基金、工伤发生率等情况在每个行业内确定费率档次。用人单位应当按照本单位职工工资总额，根据社会保险经办机构确定的费率缴纳工伤保险费。职工因工作原因受到事故伤害或者患职业病，且经工伤认定的，享受工伤保险待遇；其中，经劳动能力鉴定丧失劳动能力的，享受伤残待遇。工伤认定和劳动能力鉴定应当简捷、方便。

（4）失业保险。职工应当参加失业保险，由用人单位和职工按照国家规定共同缴纳失业保险费。符合条件的失业人员，从失业保险基金中领取失业保险金：失业人员失业前用人单位和本人累计缴费满1年不足5年的，领取失业保险金的期限最长为12个月；累计缴费满5年不足10年的，领取失业保险金的期限最长为18个月；累计缴费10年以上的，领取失业保险金的期限最长为24个月。重新就业后，再次失业的，缴费时间重新计算，领取失业保险金的期限与前次失业应当领取而尚未领取的失业保险金的期限合并计算，最长不超过24个月。

（5）生育保险。职工应当参加生育保险，由用人单位按照国家规定缴纳生育保险费，职工不缴纳生育保险费。用人单位已经缴纳生育保险费的，其职工享受生育保险待遇；职工未就业配偶按照国家规定享受生育医疗费用待遇。

（三）社会保险费征缴

用人单位应当自成立之日起30日内凭营业执照、登记证书或者单位印章，向当地社会保险经办机构申请办理社会保险登记。社会保险经办机构应当自收到申请之日起15日内予以审核，发给社会保险登记证件。用人单位应当自用工之日起30日内为其职工向社会保险经办机构申请办理社会保险登记。未办理社会保险登记的，由社会保险经办机构核定其应当缴纳的社会保险费。自愿参加社会保险的无雇工的个体工商户、未在用人单位参加社会保险的非全日制从业人员以及其他灵活就业人员，应当向社会保险经办机构申请办理社会保险登记。国家建立全国统一的个人社会保障号码。个人社会保障号码为公民身份号码。

拓展阅读

大学生就业中的见习期与试用期

在大学生毕业求职中，经常遇到"见习期"与试用期的困惑。见习期制度是我国针对应届毕业生进行业务适应及考核的一种制度，适用于用人单位招收应届毕业生的情况，见习期满如果合格，则对职工办理转正手续，为其评定专业职称。如果见习期满，达不到见习要求的，可延长见习期半年到一年，或者降低工资标准；表现特别不好的，用人单位可予以辞退。

试用期是用人单位和劳动者建立劳动关系后为相互了解、选择而约定的考察期，适用于初次就业或再次就业时改变劳动岗位或工种的劳动者。在试用期内，劳动者可随时通知用人单位解除劳动合同。根据1996年劳动部的规定，大中专、技校毕业生新分配到用人单位工作的，仍应按原规定执行为期一年的见习期制度，见习期内可以约定不超过半年的试用期。

与此相关的还有"学徒期"。学徒期是对进入某些工作岗位的新招工人熟悉业务、提高工作技能的一种培训方式。在实行劳动合同制度后，这一培训方式仍应继续采用，并按照技术等级标准规定的期限执行。上述三种形式的区别在于：

第一，期限不同。学徒期是按照技术等级标准所要求的时间来确定；见习期有一年的时间；试用期则不超过6个月。

第二，效力不同。学徒期、见习期是来源于现有政策、法规的规定；而试用期则是双方当事人约定达成的，双方可以在6个月的时间内自行协商确定期限。

第三，适用范围不同。学徒期主要在某些特定岗位的新招工人中执行；见习期主要在新录取的大中专、技校毕业生中执行；而试用期则对包括上述人员在内的劳动者均可以适用。

职业知识检测

一、单项选择题

1. 我国《劳动法》规定：用人单位自用工之日起满（　　）年不与劳动者订立书面劳动合同的，视为用人单位与劳动者已订立无固定期限劳动合同。

A. 1　　　　　　　B. 2　　　　　　　C. 3　　　　　　　D. 4

2. 下列属于我国《劳动合同法》规定的劳动合同约定条款的是（　　）。

A. 合同期限　　　B. 社会保险　　　C. 劳动报酬　　　D. 服务期

3. 根据我国《劳动合同法》的规定：三年以上固定期限和无固定期限的劳动合同，试用期不得超过（　　）。

A. 1个月　　　　　B. 2个月　　　　　C. 3个月　　　　　D. 6个月

4. 我国实行带薪年休假制度，职工累计工作已满1年不满10年的，年休假（　　）。

A. 5日　　　　　　B. 10日　　　　　C. 15日　　　　　D. 20日

5. 劳动争议申请仲裁的时效期间为（　　）。

A. 90天　　　　　B. 半年　　　　　　C. 一年　　　　　　D. 二年

6. 失业人员失业前用人单位和本人累计缴费十年以上的，领取失业保险金的期限最长为（　　）。

A. 十二个月　　　B. 十八个月　　　C. 二十四个月　　　D. 三十个月

二、多项选择题

1. 属于我国《劳动法》和《劳动合同法》等法律法规规定的用人单位的是（　　）。

A. 个体经济组织
B. 民办非企业单位

C. 事业单位
D. 社会团体

2. 属于劳动合同所具有的独有特征的是（　　）。

A. 合同主体的特定性
B. 主体地位的特殊性

C. 合同内容的特殊性
D. 合同履行的持续性

3. 属于我国《劳动合同法》规定的劳动合同必备条款的是（　　）。

A. 合同期限
B. 工作内容和工作地点

C. 试用期
D. 工作时间和休息休假

4. 非全日制用工在同一用人单位一般采取平均每日工作时间不超过（　　），每周工作时间累计不超过（　　）的用工形式。

A. 二小时　　　　B. 四小时　　　　C. 十二小时　　　　D. 二十四小时

5. 劳动争议的解决方式包括（　　）。

A. 协商　　　　　B. 调解　　　　　C. 仲裁　　　　　D. 诉讼

三、判断题

1. 民办非企业单位是指企业事业单位、社会团体和其他社会力量以及公民个人利用非国有资产举办的，从事营利性社会服务活动的社会组织。（　　）

2. 我国《劳动合同法》规定：连续两次订立固定期限劳动合同后续订的，劳动者提出签订无固定期限劳动合同的，用人单位应当按照法律规定签订无固定期限的劳动合同。（　　）

3. 劳动者违反服务期约定的，应当按照约定向用人单位支付违约金，违约金的数额不得超过用人单位提供的培训费用。（　　）

4. 《劳动合同法》规定，经济补偿按劳动者在本单位工作的年限，每满一年支付两个月工资的标准向劳动者支付。（　　）

5. 劳动争议仲裁不收费，劳动争议仲裁委员会的经费由财政予以保障。（　　）

职业能力检测

案例一　用人单位过错性单方解决劳动合同

技校毕业的陈某与一家快递公司签订了为期一年的劳动合同，从事分拣邮件的工作。公司发给陈某一本《劳动纪律手册》，着重指出如属于严重违反劳动纪律的行为，就要受到立即解除劳动合同的处分，但陈某对此并不太在意。当月 10 日陈某领到了第一份工资。当月月底前后，由于大意，陈某将一份邮件掉在了办公桌和墙壁之间的缝隙中。等到发现时，早已超过了投送日期，导致客户利益受到重大损失。快递公司为此不得不支付给客户一笔赔偿金。公司决定，按照《劳动纪律手册》的规定，陈某严重违反了公司的规章制度，给公司造成重大损失，遂将其除名，并收回当月 10 日发给陈某的工资，作为一种惩罚。陈某不服，于是向劳动争议仲裁委员会申请仲裁。

思考：

1. 快递公司能否因为陈明的工作失误将其除名，为什么？

2. 快递公司能否收回当月 10 日发放给陈明的工资，为什么？

案例二　劳动合同订立过程中的如实告知义务

大学生王某在人才市场上找到了一家外资制药公司，凭着自己的实力，获得了宝贵的面试机会。面试时，考官关于王某健康状况的问题却让他犯了难。原来王某是肝炎病毒携带者（俗称"小三阳"）。而在简历中，王某为了找工作方便，没有写明这一点。因为制药公司对员工的健康有非常高的要求。为了得到工作，于是王某答复考官："我身体很健康。"几天以后公司回复王某其已经被录用了，同时通知其第 5 日到公司指定的医院进行身体检查。检查结果可想而知，于是制药公司收回录用决定，转为不予录用。

思考：

1. 王某是否应当如实告知其健康状况，为什么？
2. 用人单位是否可以在试用期中单方解除劳动合同，为什么？

案例三　无固定期限的劳动合同

王某是某保健品企业中一位有十年工龄的老工人。一天，王某从朋友处得知，工作满十年的员工可以与企业签订无固定期限的劳动合同。只要签订了无固定期限的劳动合同，企业就不能随便辞退他，他在退休前的生活就有保障了。于是王某向单位人事科提出了签订无固定期限劳动合同的要求。两天后，人事科领导通知他，单位不准备与其签订无固定期限劳动合同，拒绝了其要求，于是王某决定向劳动争议仲裁委员会提起仲裁。

思考：

1. 如何理解无固定期限的劳动合同？
2. 王某是否可以与企业签订无固定期限的劳动合同，为什么？

参 考 文 献

[1] 杨福强．经济法原理与案例教程［M］．北京：对外经济贸易大学出版社，2010．

[2] 张建斌．经济法［M］．北京：电子工业出版社，2009．

[3] 王永吉，吴春一．经济法基础知识［M］．北京：中国财政经济出版社，2010．

[4] 葛现琴．经济法原理与实务［M］．北京：中国政法大学出版社，2009．

[5] 财政部会计资格评价中心．经济法［M］．北京：中国财政经济出版社，2008．

[6] 中国注册会计师协会．经济法［M］．北京：中国财政经济出版社，2010．

[7] 平云旺．不可不知的1000法律常识［M］．北京：中国法制出版社，2009．

[8] 华本良，王凯宏．经济法概论［M］．大连：东北财经大学出版社，2009．

[9] 叶林．公司法与证券法练习题集［M］．北京：中国人民大学出版社，2009．

[10] 王利明，房绍坤，王轶．合同法［M］．北京：中国人民大学出版社，2007．

[11] 李建伟．民法60讲［M］．北京：人民法院出版社，2009．

[12] 徐景泰，胡乐亭．财政与金融基础知识［M］．北京：中国财政经济出版社，2009．

[13] 牛慧，银福成．经济法［M］．北京：经济科学出版社，2010．

[14] 张波．经济法实务［M］．北京：机械工业出版社，2010．

[15] 潘慧明．经济法［M］．3版．杭州：浙江大学出版社，2008．

[16] 中华会计网校．经济法（应试指南）［M］．北京：人民出版社，2010．

[17] 裴斐，辛丽燕．实用经济法教程［M］．北京：机械工业出版社，2008．

[18] 姜吾梅．经济法［M］．北京：机械工业出版社，2009．

[19] 郑尚元．劳动法学［M］．北京：中国政法大学出版社，2007．

[20] 刘金祥，郭文龙，李磊．劳动与社会保障法案件精选——以劳动合同法为考察重点［M］．2版．上海：华东理工大学出版社，2009．

[21] 黎建飞．劳动与社会保障法教程［M］．2版．北京：中国人民大学出版社，2010．

[22] 国家司法考试辅导用书编辑委员会．国家司法考试辅导用书：第一卷，第三卷［M］．修订版．北京：法律出版社，2008．

[23] 曲振涛，王福友．经济法［M］．3版．北京：高等教育出版社，2007．

[24] 法律考试中心．司法考试辅导用书配套测试题解［M］．北京：法律出版社，2008．